国家示范性高等职业教育汽车类“十三五”规划教材

高等职业教育汽车类专业“双证课程”培养方案教材

汽车故障诊断技术

主　编　代　洪　王　辉　陆孟雄

副主编　冉庆华　张得仓　侍孝虎　陆　旭

参　编　伍文昌

华中科技大学出版社
http://www.hustp.com
中国·武汉

内 容 提 要

本书主要以汽车故障诊断技术为主线，选取了16个汽车系统典型故障的诊断过程作为学习项目，这些学习项目分属汽车故障诊断基础知识、汽车发动机常见故障诊断、汽车底盘常见故障诊断、汽车电器常见故障诊断4个模块。每个项目按汽车故障诊断的思维与过程需要设置了问诊、汽车故障现象认知与故障原因分析、汽车故障诊断方法与技能等任务。各任务按学习需要设计了“任务导入”“知识准备”“任务实施”等环节。

本书可作为高等职业院校汽车技术类专业的教材或参考用书，也可作为社会培训机构、成人高等教育学校以及技工学校等的汽车类相关专业的学生用书，还可作为汽车维修人员和工程技术人员的参考用书。

图书在版编目(CIP)数据

汽车故障诊断技术/代洪，王辉，陆孟雄主编. —武汉：华中科技大学出版社，2016. 12
ISBN 978-7-5680-1874-6

Ⅰ.①汽… Ⅱ.①代… ②王… ③陆… Ⅲ.①汽车-故障诊断 Ⅳ.①U472.42

中国版本图书馆 CIP 数据核字(2016)第 130248 号

汽车故障诊断技术
Qiche Guzhang Zhenduan Jishu

代　洪　王　辉　陆孟雄　主编

策划编辑：张　毅
责任编辑：沈　萌
封面设计：孢　子
责任校对：李　琴
责任监印：朱　玢
出版发行：华中科技大学出版社(中国・武汉)　　电话：(027)81321913
武汉市东湖新技术开发区华工科技园　　邮编：430223
录　　排：武汉楚海文化传播有限公司
印　　刷：武汉科源印刷设计有限公司
开　　本：787mm×1092mm　1/16
印　　张：22
字　　数：590 千字
版　　次：2016 年 12 月第 1 版第 1 次印刷
定　　价：43.00 元

国家示范性高等职业教育汽车类“十三五”规划教材

高等职业教育汽车类专业“双证课程”培养方案教材

编审委员会

前言 QIANYAN

随着汽车电子化进程的飞速发展，汽车产品中大量采用电子控制技术，引起了汽车检测与维修技术的巨大变革，新型的汽车检测技术、故障诊断技术、维护修理技术，即新的诊断维修理念、新的检测方式、新的维修方法和新型维修设备以及新的维修业的组织形式和管理体制应运而生。本书就是结合高职专业的要求和特点，以及当前汽车故障诊断与维修行业的要求而编写的。

本书选取汽车发动机、汽车底盘和汽车电器等系统 16 种典型故障的诊断排除作为项目，围绕企业典型工作任务来设计学习过程，在每个汽车典型故障的诊断学习项目中，注重工作过程的结构完整，选取故障案例描述、故障现象认知与确认、故障原因分析、故障诊断流程制定、故障的检测与诊断等典型工作任务，采取任务驱动形式的理实一体化教学，体现"学习的内容是工作，通过工作实现学习"的工学结合特色。

在各个学习任务的实施环节中，以引导式问题推动学生充分思考，训练规范的汽车故障诊断思维方式，充分体现以学生为主体的思想，进一步强化学生的地位，增加学生的学习兴趣，有效提高学生的学习积极性和主动性，使学生在学习完后能够发挥较强的专业知识特长。

本书由常州信息职业技术学院代洪、武汉城市职业学院王辉、常州信息职业技术学院陆孟雄担任主编，天门职业学院冉庆华、湖北三峡职业技术学院张得仓、常州信息职业技术学院侍孝虎、南阳农业职业学院陆旭担任副主编，信阳职业技术学院伍文昌参加编写。全书由代洪统稿。

在本书的编写过程中，得到了许多汽车企业专家和老师的帮助，参考了国内外有关著作、教材、论文、相关汽车网络资料，借鉴了许多汽车企业有价值的成果，在此对有关作者、编者和同行表示真诚的感谢。

由于编者水平有限，时间仓促，书中难免存在不足之处，恳请同行、专家、学者及广大读者批评指正。

编　者

2016 年 10 月

目录 MULU

模块 1　汽车故障诊断基础知识

模块 2　汽车发动机常见故障诊断

模 块 1

汽车故障诊断基础知识

项目1 汽车故障诊断基础知识

【案例引入】

有一辆宝来轿车不能着火，从外面拖进厂里。小王先给车辆做了初步的诊断，将车辆需要维修的项目、所需时间、费用估算报给了服务顾问，以便让服务顾问与车主进行有效沟通。你知道汽车故障诊断的工作流程、内容和方法是怎样的吗?

学习任务1 认识汽车故障的特性

【任务导入】

了解汽车故障的定义与分类、现象与特征、成因，理解汽车故障的变化规律等。

【知识准备】

一、汽车故障的定义与分类

1.汽车故障的定义

汽车故障是指汽车部分或完全丧失工作能力的现象，其实质是汽车零件本身或零件之间的配合状态发生了异常变化。

汽车按技术文件规定的使用性能指标执行规定功能的能力，称为汽车的工作能力，也称为汽车的工作能力状况。汽车的工作能力是汽车动力性、经济性、安全环保性和工作可靠性等性能的总称。只要汽车工作能力遭到破坏，汽车就处于故障状态。

汽车故障发生的类型较多，其产生的原因也多种多样，当其某个零部件出现故障时，因损坏程度不同可能会造成汽车不同的故障现象，而同一种故障现象却有可能是不同的故障零部件或多个故障原因造成的。这些故障现象看起来很复杂，而且在一定程度上看似偶然，但实质上，汽车故障的发生有一定的变化规律，绝大多数故障通过故障现象的细致分析和诊断，最终都能找到故障产生的原因。

2.汽车故障的分类

汽车故障的分类方法多种多样，常见的分类方法如下。

(1)按汽车丧失工作能力的程度可分为局部故障和完全故障。

局部故障是指使汽车部分丧失工作能力、使用性能降低的故障。完全故障是指使汽车完全丧失工作能力、不能行驶的故障。

(2)按故障发生的后果可分为轻微故障、一般故障、严重故障和致命故障。

轻微故障不会导致汽车停驶,暂不影响正常行驶,故障排除时不需要更换零件,可用随车工具在短时间内排除。一般故障是指在汽车运行中能及时排除的故障或不能排除的局部故障。严重故障是指在汽车运行中无法排除的完全故障。致命故障是指导致汽车产生严重损坏的故障,还可能导致人身伤亡。

(3)按故障发生的性质可分为自然故障和人为故障。

自然故障是指在汽车使用期内,由于内、外部不可抗拒的自然因素的影响而产生的故障。人为故障是指在汽车制造和维修过程中,由于使用了不合格的零件或违反了装配技术要求,或在使用中没有遵守使用条件和操作工艺规程,以及运输、保管不当等人为因素所造成的故障。

(4)按故障发生的速度可分为突发性故障和渐进性故障。

突发性故障是指零件在损坏前没有可以察觉的征兆,故障是瞬间产生的,具有偶然性和突发性,一般不受运行时间的影响,难以预测。但这种故障易于排除,通常不影响汽车的使用寿命。渐进性故障是由于汽车某些零件的初始参数逐渐恶化,其参数值超出允许范围而引起的故障,其故障率与运行时间有关,在汽车有效寿命的后期才会明显地表现出来。渐进性故障是汽车需进行大修的标志,通过诊断和检测,可以预测故障发生的时间。

(5)按故障表现的稳定程度可分为持续性故障和间歇性故障。

持续性故障的症状稳定,故障规律较明显,故障部位技术状况稳定,一般容易进行诊断和排除。间歇性故障时有时无,具有突发性,且无明显规律可循,其故障部位的技术状况会发生不规则变化。

(6)按故障显现程度可分为可见性故障和潜在性故障。

可见性故障是指已经导致汽车功能丧失或性能下降的故障。潜在性故障是指逐渐发展但尚未对汽车性能产生影响的故障。

二、汽车故障的现象与特征

1. 汽车故障的现象

汽车故障的症状也称为汽车故障的现象,是故障的具体表现。汽车故障有下面一些症状。

1)工况突变

所谓工况突变,是指汽车的工作状况突然出现不正常现象,这是比较常见的故障症状。例如:发动机突然熄火后再发动困难,甚至不能发动;发动机在行驶中动力突然降低,使汽车行驶无力;汽车在行驶中突然制动失灵或跑偏等。这种故障虽然症状明显,容易察觉,但其成因复杂,而且往往是由渐变到突变,因此在诊断时,必须认真调查分析突变前有无可疑症状,去伪存真,判明故障的位置。

2)声响异常

有些故障往往可以引起汽车发动机或底盘部分的不正常声响,这种故障症状明显,一般可以及时发现。应当指出的是,有些声响异常的故障可能会酿成机件事故,故必须认真对待。经验表明,凡声响沉重并伴有明显振抖的现象,多数是恶性故障,应立即停车并查明原因。一般的声响常因成因不同而带有不同的特征,在判断时,应当仔细查听,正确分辨。

3)过热现象

过热现象通常表现在发动机、变速器、驱动桥和制动器等总成上。在正常情况下,无论汽车工作多长时间,这些总成均应保持一定的工作温度。除发动机外,若用手触试时,感到烫疼难忍,则表明该处过热。发动机过热说明冷却系统存在故障,如果不及时排除,则会引起爆震、早燃、行驶无力,甚至造成活塞等部件的烧熔事故。驱动桥过热通常是由装配不良或缺少机油等故障所致,如果不及时排除,则会引起齿轮及轴承等零件烧损。因此,对过热症状不可掉以轻心。

4)渗漏现象

渗漏是指汽车的燃油、机油、冷却液、制动液(或压缩空气)以及动力转向系统油液的渗漏现象。这也是一种明显可察的故障症状。渗漏易造成过热、烧损及转向、制动失灵等故障,一旦发现,应及时排除。

5)排烟颜色不正常

发动机在工作过程中,正常的燃烧生成物的主要成分应当是二氧化碳和少量的水蒸气。如果发动机燃烧不正常,废气中会掺有未燃烧完全的碳粒、碳氢化合物(HC)、一氧化碳及氮氧化物等。对于汽油机而言,正常的废气应无明显的烟雾。但是,气缸上机油时,废气呈蓝色;燃烧不完全时,废气呈黑色;油中掺水时,废气呈白色。柴油发动机的排气颜色不正常,通常是发动机无力或不易发动的伴随现象。因此,烟色是诊断柴油机故障的重要依据之一。

6)失控或振抖

汽车或总成工作时,可能出现操纵困难或失灵,有时可能出现自身振抖。例如:由于前轮定位不准确而出现前轮振摆或跑偏;由于曲轴或传动轴动不平衡而相应使发动机或传动系统在运转中产生振抖等。

7)燃油、润滑油消耗异常

燃油、润滑油消耗异常,也是一种故障症状。燃油消耗增多,一般是由发动机工作不良或底盘(传动系统、制动系统)调整不当所致。润滑油的消耗过甚,除了渗漏的原因之外,多数是发动机存在故障,这时常常伴有加机油口处大量冒烟或脉动冒烟、排气烟色不正常等现象,其原因主要是活塞与气缸壁的配合间隙过大或活塞与气缸壁有严重损伤。若发动机在工作中,润滑油的消耗量有增无减,则可能是因为润滑系统中掺入了冷却水或汽油。因此,燃油、机油消耗异常是发动机存在故障的一个重要标志。

8)有特殊气味

汽车在运行中,若有制动拖滞或离合器打滑等故障,则会散发出摩擦片的焦臭味;发动机过热或润滑油、制动液(带有真空增压器的液压制动系统)燃烧时,会散发出一种特殊气味;电路短路、搭铁导致导线烧毁时,也会产生异味。行车中一旦发觉车内有特殊气味,应立即停车并查明故障的位置。

9)汽车外观异常

将汽车停放在平坦场地上,检查其外形状况,若有横向或纵向歪斜等现象,则为外观异常,其原因多数是车架、车身、悬挂、轮胎等出现了异常。汽车外观异常会引起方向不稳、行驶跑偏、重心转移、车轮吃胎等故障。

2. 汽车故障的特征

汽车故障的特征是汽车故障现象通过各个工作部位表现出来的性能和状态特点,有许多故障现象同时具有多种特征。表 1-1 所示为常见的一些故障特征。

表 1-1　常见的一些故障特征

故障部位	故障特征
转动配合部位	磨损、不平衡、发热、变形、震动、异响
滑动配合部位	松动、磨损、发热、熔焊

续表

故障部位	故障特征
密封部位	泄漏、分离、漏气
导电部位	接触不良、断线、脱落、电压下降、短路、发热
摩擦力配合部位	磨耗、打滑、发热、衰损、震动、异响
啮合传动部位	磨损、破损、发热、异响、位移
弹簧推顶部位	老化、打滑、磨槽、弯曲、多个弹簧弹力不均
弹簧拉吸部位	衰损、老化、多个弹簧弹力不均
弹簧支撑部位	衰损、老化、破损、冲击、变形
大负荷部位	弯曲、扭曲、磨损、破损、断裂、发热、异响
高温部位	磨耗、烧蚀、熔焊、变形、硬度变软、附着异物
液体流通部位	泄漏、堵塞、蒸发、气阻、渗漏

三、汽车故障的成因

1.汽车故障的成因

汽车故障的成因主要包括自然故障和人为故障。

1)自然故障

自然故障是指汽车在正常的使用和维护条件下，由于不可抗拒的原因而形成的故障。例如：在汽车的使用过程中，零件会产生自然磨损；在长期交变载荷作用下，零件会产生疲劳；在外载荷及温度残余内应力作用下，零件会产生变形。此外，非金属零件及电器元件会产生老化等，这些原因均会引起故障。

2)人为故障

人为故障是指由于人为不慎而造成的汽车故障。这类故障起因于在汽车设计、制造、维护过程中的人为因素。

(1)汽车设计制造上的因素。

在汽车设计中，尽管车辆设计者考虑得很周全，但也难免在设计中存在薄弱环节和不足之处。例如：因发动机水套内的冷却水流向欠合理而影响散热，导致个别气缸磨损剧烈；因空气压缩机结构不合理而严重影响上机油；因总体布置不合理或其他因素而导致制动侧滑等。

(2)维修配件质量的因素。

随着汽车保有量的急剧增长，维修配件的需求量大大增加。由于使用单位把关不严，致使伪劣产品鱼目混珠，引发了各种各样的故障。例如：同一发动机气缸盖各燃烧室容积不等，导致发动机动力不足或爆震；凸轮轴正时齿轮键槽位置超差，会破坏正常的配气相位，降低发动机的动力性；空气滤清器的滤清效果差，会引起气缸早期磨损；前轮左右钢板弹簧的刚度、挠度不一致、不标准，会影响前轮的定位参数，破坏汽车的操纵稳定性等。

(3)燃油、机油选用因素。

根据车型选用燃油和机油，是保证汽车正确使用的必要条件。例如：要求使用97号汽油的车辆，若选用了93号汽油，发动机就会产生爆震，冲坏气缸垫或烧毁活塞顶，并使动力性下降；若压缩比高、热负荷大的汽油发动机使用了与之不配套的机油，则会使气缸活塞的配合副产生早期磨损；若柴油车在严寒地区使用高凝固点的柴油，则会导致汽车启动困难等。

(4)使用操作不当。

汽车在使用中经常超载,各系统、零件长时间超负荷工作,会出现早期损伤,导致故障的发生。汽车驾驶员应了解汽车日常维护、故障处理的基本方法,掌握新车型、新装置使用注意事项。汽车驾驶员若是技术不熟练,行车中频繁制动,则会加速损坏制动系统和行驶系统;若是变速换挡不熟练,则会造成打齿和变速器齿轮早期磨损。

(5)维修质量的问题。

维修质量的问题主要是指维修人员技术水平较低,维修工艺不合理、不规范,检测维修设备不齐全,配件质量差等。

2. 汽车零件的磨损规律

零件的磨损规律是指两个相配合零件的磨损量与汽车行驶里程的关系,又称为零件的磨损特性。图 1-1 为二者的关系曲线——汽车零件的磨损特性曲线。

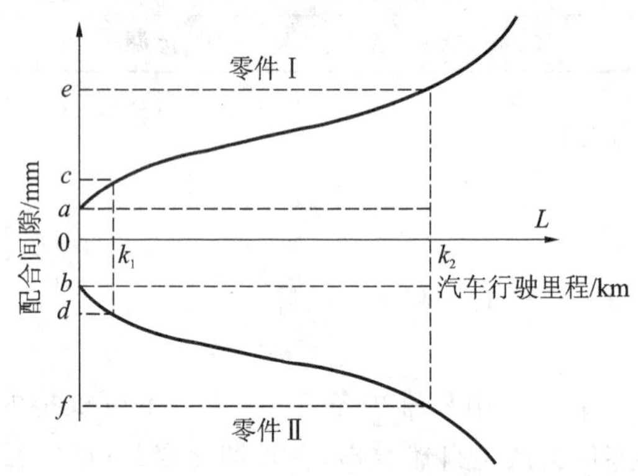

图 1-1　汽车零件的磨损特性曲线

零件的磨损可分为如下三个阶段。

1)零件的磨合期

由于零件表面粗糙度的存在,在配合初期,零件的实际接触面积较小,比压力极高,因此初期磨损量较大。但随着行驶里程的增加,配合质量不断提高,磨损量的增长速度开始减慢。零件在磨合期的磨损量主要与零件的表面加工质量及磨合规程有关。

2)正常工作期

在正常工作期($k_1 \sim k_2$),由于零件已经过了初期磨合阶段,零件的表面质量、配合特性均达到最佳状态,润滑条件也得到相应改善,因而磨损量较小,磨损量的增长也比较缓慢,就整个阶段的平均情况来看,其单位行驶里程的磨损量变化不大。零件在正常工作期的磨损属于自然磨损,磨损程度取决于零件的结构、使用条件和使用情况,合理使用将会使正常工作期相应延长。

3)加速磨损期

加速磨损期又称为极限磨损期。行驶里程在 k_2 点以后,随着磨损量的不断积累,零件间的配合间隙不断增大。当配合间隙达到极限值时,润滑条件恶化,磨损量急剧增加,若继续使用,则会由自然磨损发展为事故性磨损,造成零件恶性损坏。

由上述分析可知,要延长零件的使用寿命,应降低磨合期的磨损,减缓正常工作期的磨损,推迟加速磨损期的到来。

四、汽车故障的变化规律

汽车故障的变化规律是指汽车故障率随行驶里程的变化规律。

汽车故障率是指使用到某行驶里程的汽车，在单位行驶里程内发生故障的概率，也称为失效率或故障程度。它是度量汽车可靠性的一个重要参数，体现了汽车在使用中工作能力的丧失程度。

汽车故障的变化规律曲线就是汽车的故障率 $\lambda(L)$ 与行驶里程 L 的关系曲线，也称为浴盆曲线，它与汽车零件的磨损特性曲线存在一定的对应关系，如图 1-2 所示。

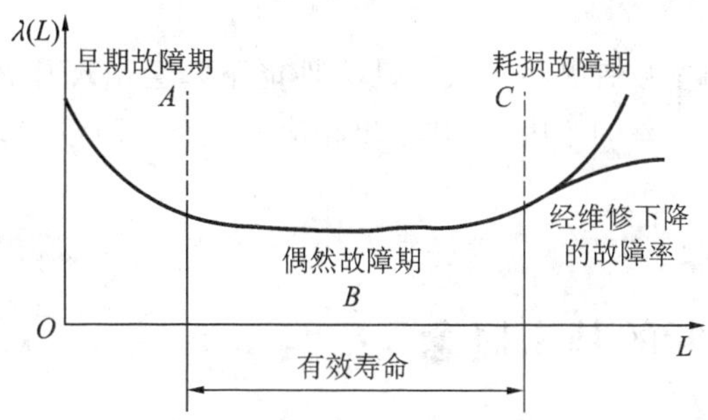

图 1-2　汽车故障的变化规律曲线

与零件的磨损规律相对应，汽车故障的变化规律也分为如下三个阶段。

1. 早期故障期

早期故障期相当于汽车的走合期。因初期磨损量较大，所以故障率较高，但故障率随行驶里程的增加而逐渐下降。

2. 偶然故障期

在偶然故障期，故障的产生是随机的，没有一种特定的因素起主导作用，多是使用操作不当、润滑不良、未正常维护，以及材料内部隐患、工艺和结构缺陷等偶然因素所致，此阶段又称为随机故障期。在此期间，汽车或总成处于最佳状态，故障率低而稳定，其对应的行驶里程一般称为汽车的有效寿命。

3. 耗损故障期

在耗损故障期，由于零件磨损量急剧增加，大部分零件严重耗损，特别是大多数受交变载荷作用而极易磨损的零件已经老化衰竭，导致故障率急剧上升，出现大量故障，若不及时维修，将导致汽车或总成报废。因此，必须把握好耗损点，制定合适的维修周期。

早期故障期和随机故障期所对应的行驶里程即汽车的修理周期或修理间隔里程。

【任务实施】

问题 1　观察并描述实训车辆的故障现象。

故障现象检查记录：____

____

____。

问题 2　什么是汽车故障？汽车故障如何分类？汽车故障的成因有哪些？

问题 3　如何理解汽车零件磨损与汽车故障率曲线的特点及其关系？

(1)零件磨损可分三个阶段：________、________和____________。

(2)汽车故障率曲线两端高、中间低平，呈浴盆状，也称为浴盆曲线。与零件磨损规律相对应，汽车故障率曲线也分为三个阶段：________、________和____________。

学习任务2　汽车故障原因分析与诊断方法

【任务导入】

反映汽车技术状况的参数有哪些？汽车动力性能下降会出现什么样的故障现象？利用故障树分析方法分析动力性变差的原因，并列举出相应的汽车故障诊断方法。

【知识准备】

一、汽车故障诊断的基本概念

1. 汽车技术状况

汽车技术状况是指定量测得的表征某一时刻汽车外观和性能的参数值的总和，如外观尺寸、功率、油耗、车速、转速等。

汽车技术状况的好坏一般用汽车使用性能指标、汽车装备的完善程度以及车辆外部的完好状况来进行综合评价。汽车使用性能指标包括动力性、经济性、制动性、操纵稳定性和平顺性等。

2. 汽车故障诊断

1)汽车故障诊断含义

汽车故障诊断是指在不解体(或仅拆下个别小零件)的情况下，确定汽车的技术状况，查明故障部位及故障原因。

2)汽车故障诊断方法

汽车技术状况的诊断是通过检查、测量、分析、判断等一系列活动来完成的，其基本方法主要有人工经验诊断法、现代仪器设备诊断法和故障码诊断分析法。

(1)人工经验诊断法是指诊断人员凭丰富的实践经验和一定的理论知识，在汽车不解体或局部解体的情况下，依靠直观的感觉印象，借助简单工具和仪表，采用眼观、耳听、手摸和鼻闻等手段，进行检查、试验、分析，确定汽车的技术状况，查明故障原因和故障部位的诊断方法。在使用本方法时，一般应先了解汽车的使用和维护情况，弄清楚故障特征及其伴随现象，然后由简到繁、由表及里地进行推理分析，做出判断。其大致可分为望问法、观察法、听觉法、嗅觉法、触摸法和试验法六种。

①望问法，即查看和询问。看和问是快速诊断汽车故障的有效方法。除驾驶员诊断自己驾驶的车辆之外，其他人在诊断前，必须先了解情况，包括车辆的型号、使用的年限和行驶里程、使用条件、近期维护修理情况、故障的预兆和现象，以及故障是渐变还是突变、发生故障后做了哪些检查和修理等。此外，车辆的技术档案是一个重要的调查资料和依据。即便是有丰富经验的诊断人员，若不先问清楚情况就着手诊断，也难免会出现错误。

②观察法，即按照汽车使用者指出的故障发生部位仔细观察故障现象，而后对故障做出判断，这是一种应用得最多的、最基本的也是最有效的故障诊断法。例如，观察整车和发动机有无油或水泄漏，有无连接松动，排气颜色是否正常，空气滤清器是否被堵塞，车轮有无偏磨等。

③听觉法，即凭听觉判断汽车或总成在工作时有无异响。汽车运行时，发动机以不同的工

况运转,汽车和发动机这个整体发出一种嘈杂却有规律的声音。当某一个部位发生故障时就会出现异常响声,有经验者可以根据发出的异常响声,立即判断汽车故障。例如,发动机曲轴和连杆机构的异响、传动轴的异响,都可以通过听觉法轻易地判断出来。

④嗅觉法,即凭汽车或总成在运转时所发出的某些特殊气味来判断故障的位置。例如:发动机中机油或汽油燃烧不完全时,发动机排出的废气就会有异味;制动器摩擦片烧损、离合器摩擦片烧损或电线烧毁时,都会产生非金属材料烧煳的特殊气味。汽车运行过程中一旦发生异味,或者异味较大时应停车进行检查,以查清故障根源,采取相应的措施消除异味,若是汽车故障则应排除或将汽车送修。

⑤触摸法,即用手、脚触试可能产生故障的部位,判断其工作是否正常。例如:驾驶员用手摸制动鼓,凭温度判断车轮阻滞情况;用脚踹车轮轮胎,凭轮胎的弹力、偏斜情况判断轮胎气压、轮毂轴承的紧固情况;用手感受高压油管脉动检查高压油管的供油情况。

⑥试验法,即以试来验证。例如:用突然加速法查听异响的变化;用试换零件法找出故障的部位;在道路试验中,根据加速性能、滑行距离判断发动机的动力性和底盘的调整润滑情况等。

(2)现代仪器设备诊断法是指在汽车不解体的情况下,利用测试仪器、检测设备和检验工具,检测整车、总成或机构的参数、曲线和波形,为分析、判断汽车技术状况提供定量依据的诊断方法。

在实际的故障诊断过程中,上述两种方法往往同时综合使用,也称为综合诊断法。人工经验诊断法简单实用,不需要专用仪器设备,投资少、见效快,但对复杂故障诊断速度慢、准确性差,不能进行定量分析,需要诊断人员有较高的技术水平和丰富的实践经验。现代仪器设备诊断法检测速度快、准确性高,能定量分析,实现快速诊断,而且采用微机控制的现代电子仪器设备能自动分析、判断、存储并打印出汽车各项性能参数,但其投资大、检测成本高。

现代仪器设备诊断法是汽车故障诊断技术发展的必然趋势。人工经验诊断法虽然有一定的不足,但在相当长的历史时期内仍有十分重要的实用价值,即使普遍使用了现代仪器设备诊断法,也不能完全脱离人工经验诊断法。现代仪器设备诊断法也是把人脑的分析、判断,通过计算机语言变成了电脑的分析、判断,所以不能忽视人工经验诊断法,更不能忽视其实用性,只有将二者有机结合,才能提高故障诊断的效率。

(3)故障码诊断分析法又称电脑自诊断分析法,是指采用汽车电脑故障诊断仪调取故障码后,按照维修手册中提供的故障码诊断流程图表进行故障诊断分析的方法。故障码诊断分析法是仪器设备诊断法的一种特殊形式,它以汽车电脑故障诊断仪调出的汽车电子控制系统故障码为切入点进行汽车故障诊断分析。

二、汽车故障分析

汽车故障分析就是根据汽车的故障现象,通过检测、分析和推理判断出故障原因和故障部位之所在,而清晰的检测思路、缜密的综合分析和逻辑推理就是实现快速、准确判断的关键。汽车故障诊断过程中常用故障树分析法和故障诊断流程图进行故障分析。

1. 故障树分析法

将系统故障形成的原因由总体至部分按树枝状逐级细化的分析方法即故障树分析法,它是汽车故障诊断最常用的分析方法。

故障树分析法又称故障树诊断法。它将汽车的故障现象作为分析目标,找出导致此故障发生的全部直接原因,然后再找出导致下一级故障的全部直接原因,一直追查到那些最基本的、无须再深究细解的原因为止，由此便形成了反映汽车故障因果关系的树枝状图形——故障树。故障树是对复杂系统进行故障分析的有效方法，其目的是通过推理、分析判明故障原因和故障部位。散热风扇不转故障树分析图如图 1-3 所示。

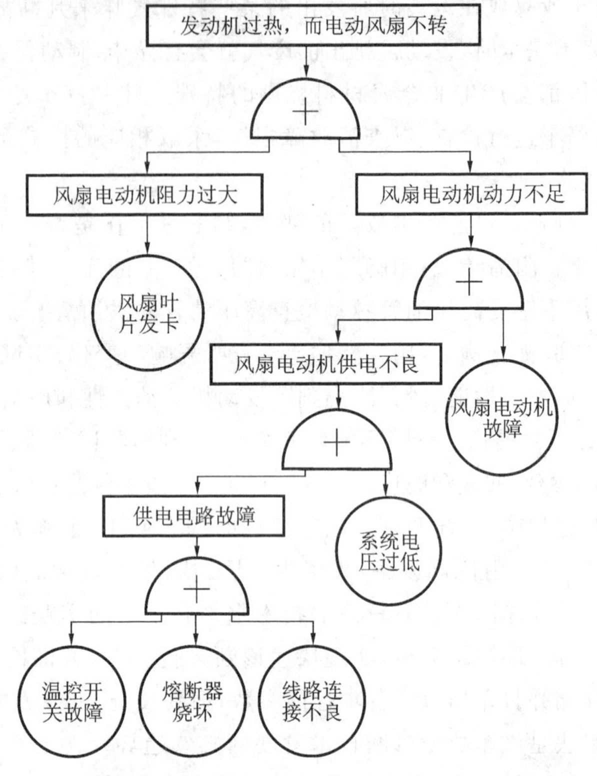

图 1-3　散热风扇不转故障树分析图

2. 故障诊断流程图

根据汽车故障征兆和技术状况间的逻辑关系，反映汽车故障诊断的综合分析、逻辑推理和判断思路，描述汽车故障诊断操作顺序和具体方法，从原始故障现象到具体故障部位和原因的顺序框图即汽车故障诊断流程图。它是汽车故障诊断过程中检测思路、综合分析、逻辑推理和判断方法最常用的具体表达方式。故障诊断基本流程与步骤如图 1-4 所示。

在进行具体的故障分析时，较为有效的分析方法是将故障树分析法和故障诊断流程图结合起来使用。先绘制出故障树，然后根据汽车故障诊断和维修经验，剔除故障率很小的那些故障原因，按照从总体到局部、由表及里、先易后难、层层推进的故障诊断原则，找出汽车故障诊断的最佳操作顺序，阐明具体操作方法，并用流程图的形式表示出来。

三、汽车诊断参数与标准

1. 诊断参数

诊断参数是供诊断用的能够反映诊断对象技术状况的可测物理量或化学量，是汽车诊断技术的重要组成部分。诊断参数与结构参数紧密相关，带有关于诊断对象技术状况的足够信息。在汽车或总成不解体的条件下，可直接测量的汽车结构参数是极少的。因此，在进行汽车故障诊断时，常常采用一些能够反映汽车技术状况的间接指标。

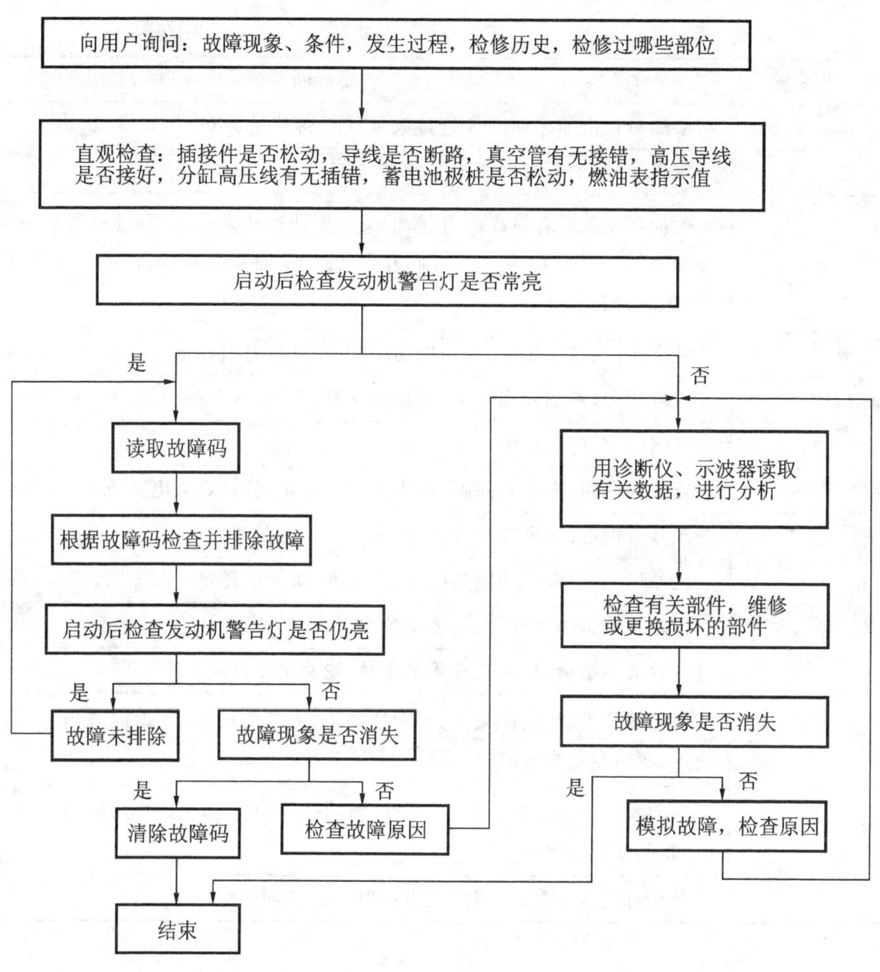

图 1-4 故障诊断基本流程与步骤

汽车技术状况的好坏可通过汽车诊断参数来判断。汽车诊断参数是表征汽车、汽车总成及机构技术状况的量，分为工作过程参数、伴随过程参数和几何尺寸参数三类。汽车诊断参数的分类与特点如表 1-2 所示。

表 1-2 汽车诊断参数的分类与特点

诊断参数的类别	特　点	举　例
工作过程参数	汽车、总成或机构工作过程中输出的一些可供测量的物理量和化学量	发动机功率、汽车燃油消耗量、制动距离或制动力
伴随过程参数	伴随工作过程输出的一些可测量	震动、噪声、异响、温度
几何尺寸参数	提供总成或机构中配合零件之间或独立零件的几何要素的技术状况	配合间隙、自由行程、圆度、圆柱度

现代汽车常用的诊断参数有很多(见表 1-3)。

表 1-3 汽车常用诊断参数

总成、机构或系统	主要诊断参数
汽车整体	最高车速、加速时间、最大爬坡度、驱动轮输出功率、驱动轮驱动力、汽车燃料消耗量

续表

总成、机构或系统	主要诊断参数
发动机整体	柴油车自由加速烟度、CO 排放量、HC 排放量、NO_x 排放量
汽油机供油系统	空燃比、燃油系统供油压力、喷油器喷油量
柴油机供油系统	喷油泵高压油管最高压力、喷油泵高压油管残余压力、喷油器针阀开启压力、喷油器针阀关闭压力、喷油器针阀升程、各缸喷油器喷油量、各缸喷油器喷油不均匀度、供油提前角
发动机总成	额定转速、怠速转速、发动机功率、发动机燃料消耗量
曲柄连杆机构	气缸压力、曲轴箱漏气量、气缸漏气量
配气机构	气门间隙、配气相位
点火系统	点火提前角、火花塞间隙、点火波形重叠角、各缸点火电压值
冷却系统	冷却液温度、风扇传动带张力、风扇离合器温度
润滑系统	机油压力、油底壳油面高度、机油温度、机油消耗量
传动系统	传动系统游动角度、机械传动效率
行驶系统	车轮静不平衡量、车轮动不平衡量、轮胎胎面花纹深度
转向系统	车轮侧滑量、车轮前束值、车轮外倾角、主销后倾角、主销内倾角、转向盘自由转动量、转向盘最大转向力
制动系统	制动距离、制动减速度、制动力、制动拖滞力、驻车制动力、制动时间、制动协调时间、制动释放时间
其他	前照灯发光强度、前照灯光束照射位置、噪声

2. 诊断标准

诊断标准是在规定测试条件下，确定诊断对象技术状况好坏的诊断参数测量值的极限值。它提供一个比较尺度，将测得的参数值与相应的诊断参数标准进行比较，就可以确定诊断对象的技术状态。

根据用途的不同，汽车诊断标准可分为初始标准、极限标准和许用标准三类。初始标准是无故障新车或汽车大修时必须达到的极限值；极限标准是判断诊断对象是否可继续使用的极限值，若诊断参数测量值不符合极限标准，则诊断对象必须进行维修；许用标准是在汽车维护时判断诊断对象技术状态的依据，若诊断参数测量值符合许用标准，则可保证诊断对象在规定的后续行驶里程中不发生故障。

四、汽车故障诊断一般程序

现代汽车采用了大量的电子控制技术，完整的故障诊断的程序与思路应包括以下步骤和程序：问诊、故障确认（进厂检验）、故障原因分析、基本检查、制定诊断流程、故障码查询、数据流分析、相关电控系统检测、相关机械部件检测、油路及液压控制系统检测、诊断分析等。在实际工作中，根据诊断的基本原则，结合故障症状及特征分析，是先做电控系统检测还是先做机械或液压控制系统的检查，视情而定。每个检测项目模块内的具体步骤也均应在遵守故障诊断原则的基础上结合车型结构特点和故障具体情况来确定。

五、汽车故障诊断注意事项

(1)诊断故障前要先弄清楚故障部位的工作原理及结构类型,对故障认真分析,制定合理有序的诊断流程。分析时要研究导致故障产生的深层原因,否则可能会导致故障的反复出现。

(2)故障的判断要有充分的依据,不要乱拆、乱接、乱试、乱碰,否则不但不能排除故障,而且可能会造成新故障的出现或使元件损坏。在进行故障判断时,应从简到繁、由表及里、逐步深入。

(3)电控系统发生故障时,一般应先查是否是油路堵塞、导线接触不良等故障。不要轻易怀疑是电控系统元件(特别是 ECU)故障,因为电控系统工作可靠,出现故障的可能性较小。

(4)应用高阻抗的仪表检测微机系统,防止微机系统因超负荷而损坏。

(5)找到故障点后,换元件之前一定要把元件所在部分的线路及印制电路板图搞清楚,而且要将元件各脚的含义及连接位置等记载下来,以备后查。焊接工艺及工具都要符合 CMOS 组件的要求,如功率大小、外壳接地、电源切断后再进行焊接等。

(6)不要带电插拔各类控制板和插头,否则一方面容易造成短路,另一方面容易产生较强的感应电动势,可能造成保护装置损坏,进而使系统受损。

(7)在跨接启动其他车辆或用其他车辆跨接启动本车时,须先关闭点火开关,然后才能装拆跨接连线。

(8)某些对汽车总成或零部件有伤害的故障应避免长时间或反复测试,否则将使故障更加严重,造成更大的损失。

【任务实施】

问题1 如何进行汽车技术状况的综合评价?

汽车技术状况的好坏一般用汽车________、________的完善程度以及车辆外部的完好状况来进行综合评价。汽车使用性能指标包括________、________、制动性、________和平顺性等。

问题2 汽车动力性能包括哪些参数指标?

汽车动力性能指标包括汽车________、________、________等。

问题3 什么是故障树分析法?

故障树分析法又称________法。它将汽车的________作为分析目标,找出导致此故障发生的全部________,然后再找出导致下一级故障的全部________,一直追查到那些最基本的、无须再深究细解的原因为止,由此便形成了反映汽车故障因果关系的________图形——故障树。

模　块　2

汽车发动机常见故障诊断

项目 2 发动机异响的故障诊断

【案例引入】

一辆丰田花冠轿车，行驶里程近 70 000 km，最近冷车启动时听到发动机有“嗒嗒嗒”的响声，随着发动机温度的升高，响声渐渐变小，当发动机达到正常工作温度后，响声基本消失。冷车发响时，提高发动机转速，“嗒嗒嗒”的声音频率加快，但响声变小。试分析可能发生此故障的原因并进行诊断排除。

学习任务 1 发动机异响的征兆与故障原因分析

【任务导入】

仔细查听故障发动机的运转声，根据听到的声音特征，初步确定响声的来源范围，并针对声源区域初步判定响声性质，分析其形成原因。

【知识准备】

一、发动机异响的性质

发动机异响是指发动机在正常工作中发出的超过技术文件规定的不正常的响声。

发动机运转时的声音不是纯声，而是一组复杂噪声。依据噪声的来源可分为机械噪声、燃烧噪声、空气动力噪声和电磁噪声。发动机种类、转速和负荷不同时，占主导地位的噪声成分也不同。无负荷时，汽油机的主要噪声是机械噪声，而柴油机的主要噪声是燃烧噪声。发动机技术状况不正常时，所发出的异常声响与各种噪声叠加在一起，形成了连续声谱。发动机的工作过程是周期性循环的，因此发动机工作时发出的各种噪声和异响也是周期性重复出现的。发动机工作时发出的各种噪声、异响在向外传播的过程中，若遇到缸体、缸盖、气门罩、油底壳的阻挡，不可避免地会转化为这些部件外表面的震动。由于各种噪声混杂在一起，由此引起的表面震动也是交织在一起的。

发动机异响主要是气体与金属的冲击声响和金属与金属之间的敲击异响，一般可以分为机械异响、燃烧异响、空气动力异响和电磁异响等。不同类型的异响其产生的原因也不相同。

1. 机械异响

机械异响主要是运动副配合间隙过大或配合表面有损伤，运转中引起冲击和震动造成的。因磨损或调整不当而造成运动副配合间隙过大时，运转中会产生冲击和震动声波，如曲轴主轴承响、活塞敲缸响等。有些异响是配合表面有损伤或其他原因造成的，如正时齿轮齿面损伤等。

2. 燃烧异响

燃烧异响主要是由发动机不正常燃烧造成的。例如，柴油机工作粗暴时气缸内均会产生极高的压力波，这些压力波相互撞击并撞击燃烧室壁和活塞顶，发出了强烈的类似敲击金属的异响。排气管发出的放炮声或“突突”声，也是燃烧异响。

3. 空气动力异响

空气动力异响主要是在发动机进气、排气和运转中的风扇因气流震动而造成的。

4. 电磁异响

电磁异响主要是发电机、电动机和某些电磁器件内，由于磁场的交替变化，引起机械中某些部件或某一部分空间产生震动而造成的。

发动机异响的故障部位及原因如图 2-1 所示。

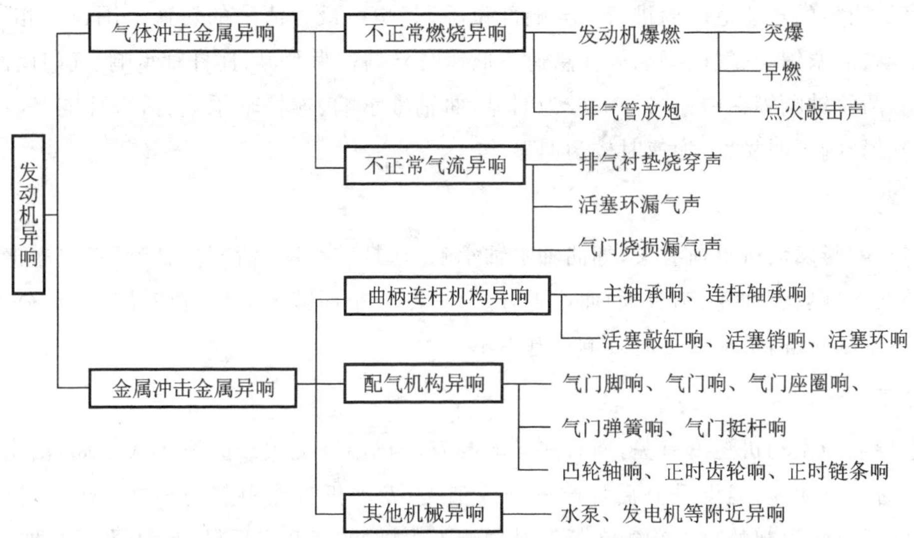

图 2-1 发动机异响的故障部位及原因

二、发动机异响的震动区域

在发动机异响的故障诊断中，应初步确定异响故障发生的部位，再进一步采取不同的方法确定异响的产生零件或部位。发动机异响的具体震动区域如图 2-2 所示。震动区域大致可分为以下四部分。

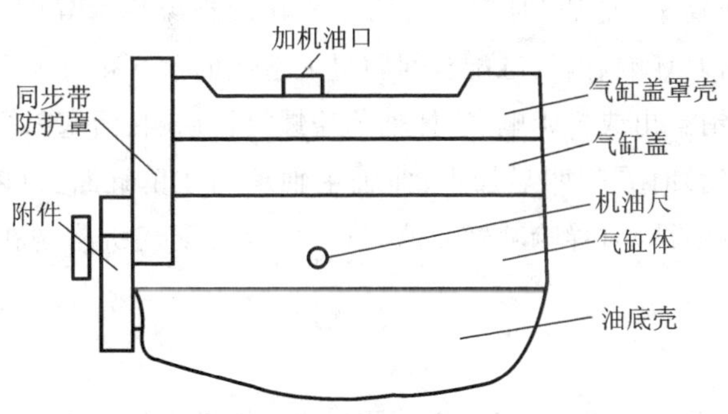

图 2-2 发动机异响的具体震动区域

(1)气缸体与油底壳之间:曲轴轴承响,曲轴裂纹,连杆轴承响等。

(2)气缸体与气缸盖之间:气门座圈响,气缸上部凸肩。

(3)气缸盖与气缸盖罩壳之间:凸轮轴轴承响,液压挺杆响,气门脚响等。

(4)发动机前端的附件部分:发电机等附件及传动带的异响。

三、影响发动机异响的主要因素

发动机异响与转速、负荷、温度、润滑条件、缸位、工作循环等多种因素有关,异响部位不同,其震动区域、声调特征、伴随现象也不相同。

1. 转速

一般情况下,转速越高,异响越严重。但高速运转时响声混杂,反而不易于听诊,诊断异响应在响声最明显的转速范围内进行。异响部位不同,响声最为清晰的转速范围也不相同。如:活塞敲缸响、活塞销响、气门脚响等在怠速或低速时异响较为明显;连杆轴承响、气门座圈响、气门烧损响、凸轮轴响等在中速时异响较为明显;曲轴轴承响、连杆轴承响、活塞环响等在稳定转速下运转时异响不明显,急加速时较为明显。

2. 负荷

许多异响与发动机负荷有关,如曲轴主轴承响、连杆轴承响、活塞敲缸响、点火敲击响等均随负荷的增大(爬坡、加速、满载等)而增强,随负荷的减小而减弱。但有些异响与负荷无关,如气门响、凸轮轴响等,负荷变化时其响声基本不变。

3. 温度

有些异响与发动机温度有关,而有些异响与发动机温度无关或关系不大。如:活塞冷敲缸响在低温时异响明显,温度升高后异响减弱或消失;发动机过热引起的早燃突爆声,活塞因变形、配合间隙过小引起的敲缸响等在低温时异响不明显,温度升高后异响明显加重;曲轴主轴承响、连杆轴承响、气门脚响等受温度影响较小。

4. 润滑条件

若润滑不良,曲柄连杆机构和配气机构异响均会明显加重,而有些异响又会导致润滑条件进一步恶化,如曲轴主轴承异响和连杆轴承异响,往往会造成机油压力过低、润滑不良。

5. 缸位

单缸断火(断油)或复火(复油)时响声有明显变化的现象称为异响上缸,即异响与缸位有关。如:连杆轴承响、活塞环响、因气缸配合间隙过大造成的活塞敲缸响等在单缸断火(断油)时异响减轻或消失;活塞销窜出或松旷响、连杆轴承盖螺栓松动响、活塞因裙部锥度过大造成的敲缸响等在单缸断火(断油)时异响明显加重;曲轴主轴承响在单缸断火(断油)时异响变化不明显,相邻两缸同时断火(断油)时异响减轻或消失;气门脚等配气机构响在单缸断火时异响不变或变化不明显。

6. 工作循环

发动机异响与工作循环有很大关系,尤其是曲柄连杆机构和配气机构。一般曲柄连杆机构异响每工作循环发响两次,配气机构异响每工作循环发响一次。

四、发动机异响的症状

当发动机技术状况良好时，在其怠速运转中，唯一能够听到的是均匀的排气声。在高速运转期间，则为平稳的轰鸣。在加速运转时，将发出有力且过渡圆滑的轰鸣。若在发动机运转过程中伴随有其他声响，如间歇发出金属敲击声、连续的金属摩擦声等，则表明发动机运转声响不正常。所伴随的声响通常称为异响，异响可以表明发动机存在着不同性质和不同程度的故障。其中，某些异响（例如，连杆轴承响、气门座圈响）还可以预告发动机将可能发生的事故性损坏等。

常见的发动机故障与异响症状特征的关系如表2-1所示。

表2-1 常见的发动机故障与异响症状特征的关系

发动机故障	异响症状特征
活塞与气缸壁间隙过大，活塞销装配过紧或连杆轴承装配过紧，挺杆与其导孔间隙过大，配气凸轮轮廓磨损	异响仅在怠速或低速运转时存在
凸轮轴正时齿轮破裂或其固定螺母松动，曲轴折断，活塞销衬套松旷，凸轮轴轴向间隙过大或其衬套松旷	维持在某转速时声响紊乱，急减速时相继发出短暂的声响
连杆轴承因松旷、轴瓦烧熔或尺寸不符而转动，曲轴轴承松旷或轴瓦烧熔，活塞销折断，曲轴折断	异响在发动机急加速时出现，维持高速运转时异响仍存在
活塞敲缸，连杆轴承松旷，活塞环漏气，活塞销折断	某缸断火，异响顿或无减轻
活塞销铜套松旷，活塞裙部锥度过大，活塞销窜出；连杆轴承盖固定螺栓松动过甚或连杆轴瓦合金烧熔脱净，飞轮固定螺栓松动过甚	某缸断火，异响加重，或原来无异响，此时反而出现异响
曲轴轴承松旷	相邻两缸断火，异响减轻或消失
活塞与缸壁间隙过大，活塞因机油压力低而润滑不良	低温发响，温度升高后异响减轻或消失
过热引起的早燃，活塞裙部椭圆的长、短轴方向相反，活塞椭圆度小，活塞缸壁的间隙过小，活塞变形，活塞环各间隙过小	温度升高后有异响，温度降低后异响减轻或消失
活塞敲击缸壁，活塞顶碰气缸凸肩，连杆轴承松旷过甚，活塞环漏气	曲轴每转1圈发响1次（火花塞跳火1次发响2次）
气门间隙过大，推杆与挺柱孔间隙过大，凸轮线形磨损，气门杆与其导管间隙过大，气门弹簧折断，凸轮轴正时齿轮径向破裂，气门座圈松脱，气门卡滞不能关闭	曲轴每转2圈发响1次（火花塞跳火1次发响1次）

【任务实施】

问题1　发动机异响，依据噪声的来源可分为________、________、________和________。

问题2　发动机异响与________、________、________、缸位、________、润滑条件等多种因素有关，异响部位不同，其震动区域、________、伴随现象也不相同。

学习任务2 发动机异响的故障诊断

【任务导入】

按拟订的故障诊断流程进行故障诊断，注意查听故障现象，分析故障原因，分析异响特征，准确记录故障诊断流程。

【知识准备】

异响具有各自的特点和规律，可由人工诊断，也可利用仪器诊断。维修企业一般采用人工经验诊断法进行异响的诊断分析，即由诊断人员综合异响的音调、异响部位及改变发动机的转速、负荷、温度、润滑条件或单缸断油（断火）时响声的变化情况，结合自己的经验，对故障原因和故障部位做出判断。

一、曲轴主轴承响

1. 故障现象

发动机稳定运转时声响不明显，急加速或负荷较大时发出较沉重、有力、有节奏的“当当”声，严重时机体会振抖。

2. 故障主要原因

(1)因主轴颈磨损失圆造成的主轴承配合间隙过大或配合不良。

(2)润滑不良。

(3)主轴承盖螺栓松动，轴承合金脱落、烧损，轴承破裂等。

(4)曲轴弯曲。

3. 异响特征分析

(1)改变发动机转速，转速升高，异响增大，中速向高速过渡时异响明显，急加速时异响明显。

低速时，用手微微抖动并反复加大节气门，同时仔细查听异响，若响声随转速的升高而增大，抖动节气门时在加速的瞬间响声较明显，则一般是主轴承松旷；若在怠速或低速时响声较明显，高速时响声杂乱，则可能是曲轴弯曲；若在高速时有较大震动，油压显著降低，则一般是主轴承松旷严重、烧损或减磨合金脱落。

(2)负荷增大（如爬坡、载重）时，响声加大、加重，负荷变化时响声较明显。

(3)发动机温度变化时，异响变化不明显。

(4)单缸断油（断火）时，响声不变（末道主轴承响，响声减弱），相邻两缸均断油（断火）时，响声明显减弱。

(5)发动机跳火1次，发响2次，即每工作循环响2次。

(6)润滑不良时，响声加重，一般有明显的油压降低现象。

(7)反复抖动节气门，从加机油口（或曲轴箱通风管口）处听诊，可听到明显的沉重有力的金属敲击声。用听诊器触在油底壳或曲轴箱与曲轴轴线齐平的位置上听诊，响声最强的部位即发出异响的主轴承。

(8)伴随现象。主轴承异响往往会伴随有油压降低现象,严重时发动机会振抖,尤其是在高速或大负荷时。

4. 故障诊断方法

曲轴主轴承响诊断流程图如图 2-3 所示。

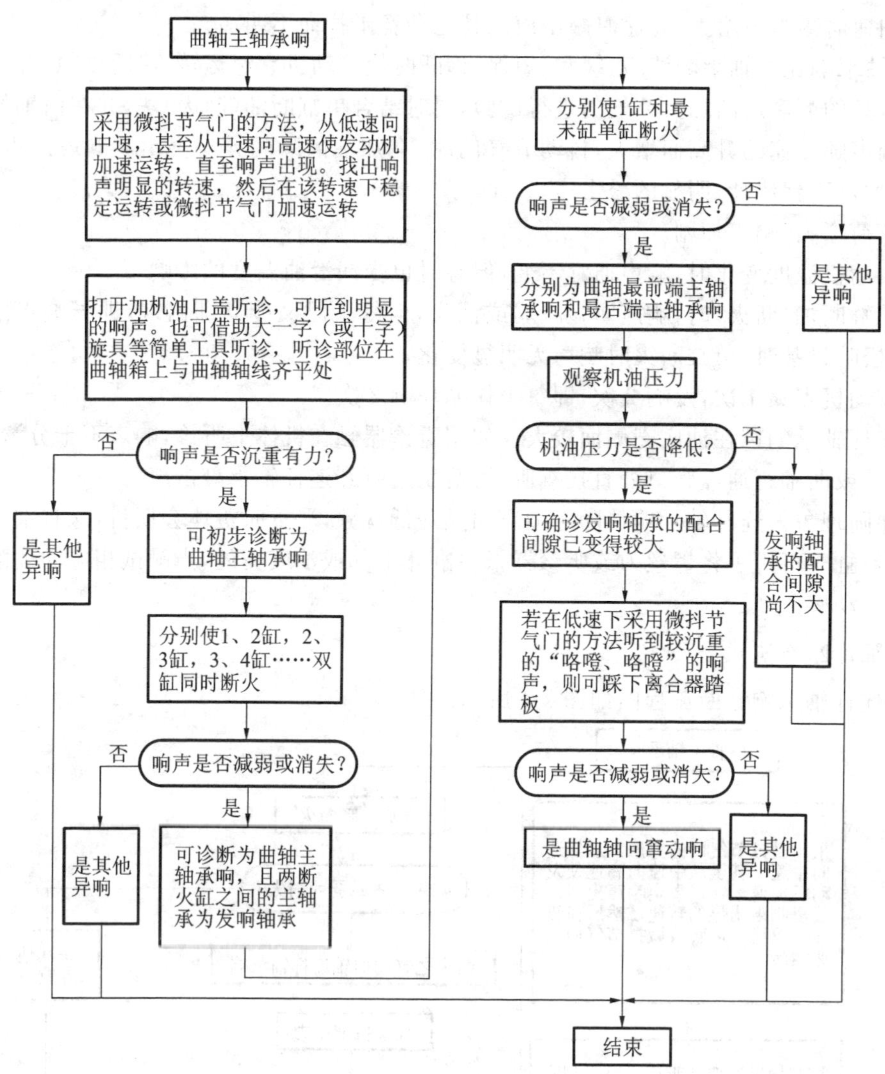

图 2-3 曲轴主轴承响诊断流程图

二、连杆轴承响

1. 故障现象

发动机怠速运转时无异响或响声较小,急加速时有明显的较重且短促的“当当当”的连续的敲击声。

2. 故障原因

(1)连杆轴承或轴颈磨损,使配合间隙过大或配合不良。

(2)油压过低或机油变质,或连杆轴承油道堵塞,致使润滑不良。

(3)连杆轴承盖螺栓松动或折断。

(4)连杆轴承尺寸不符,引起转动或断裂。

(5)连杆轴承减磨合金脱落或烧毁。

3. 异响特征分析

(1)改变发动机转速,怠速时响声较小,中速时响声较为明显,稍稍加大节气门,有连续的敲击声,急加速时敲击声增大,高速时敲击声因其他杂音干扰而不明显。

连杆轴承响比主轴承响清脆、缓和、短促,诊断时使发动机怠速运转,然后以“怠速—低速—中速—高速”的顺序逐渐加大节气门进行试验,同时结合单缸断油(断火)法,并在曲轴箱通风口处听诊,响声随转速的升高而增大,抖动节气门时,在加油的瞬间异响突出。响声严重时,在任何转速下均可听到清晰、明显的敲击声。

(2)负荷增大,响声加剧。

(3)发动机温度变化时,响声通常不变,但有时也受润滑油温度的影响。

(4)单缸断油(断火)时,响声明显减弱或消失,但复火时又能立即出现,即异响上缸。但当连杆轴承松旷过甚时,单缸断火时响声无明显变化。

(5)发动机点火 1 次,发响 2 次,即每工作循环响 2 次。

(6)连杆轴承响声在油底壳侧面较大。如用听诊器触在机体上听诊,响声不十分清晰,但在加机油口处或曲轴箱通风管口处直接查听,可清楚地听到连杆轴承敲击声。

(7)伴随现象。连杆轴承响伴随有油压明显降低现象,严重时机体会振抖,这有别于活塞销响和活塞敲缸。可用手将螺丝刀或听诊器抵住缸体下部或油底壳处,当触试相应的故障缸位时有明显的震动感。

4. 故障诊断方法

曲轴连杆轴承响诊断流程图如图 2-4 所示。

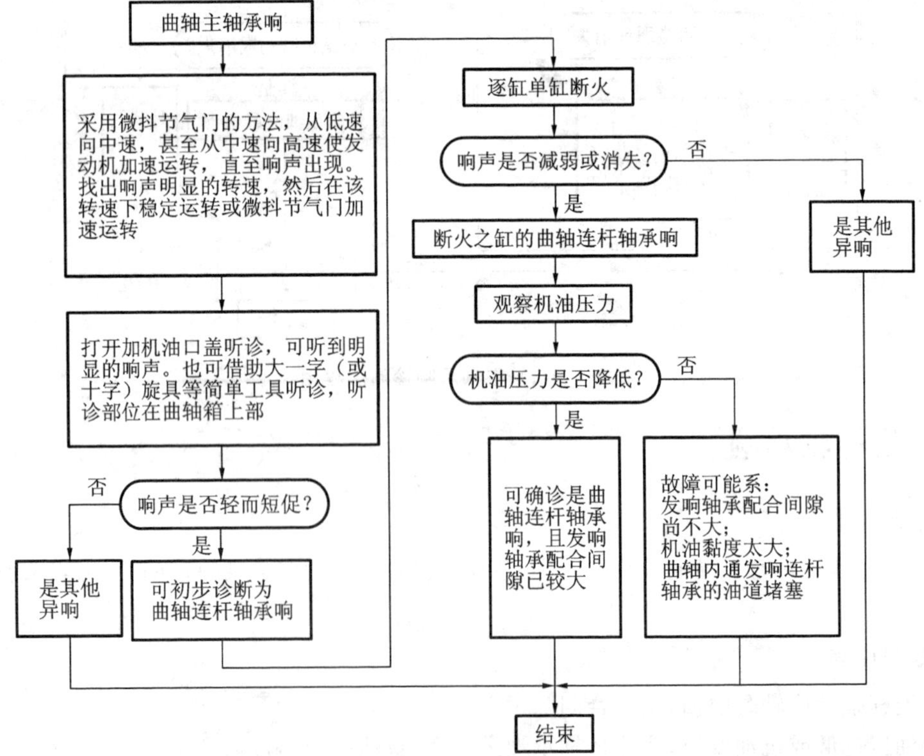

图 2-4　曲轴连杆轴承响诊断流程图

三、活塞敲缸

活塞敲缸是指活塞上下运动时在气缸内摆动或窜动，其头部或裙部与气缸壁、缸盖碰撞发出的响声。该异响通常专指活塞与气缸壁间隙较大，活塞上下运动时撞击气缸壁发出的响声。

1. 故障现象

发动机怠速或低速运转时，在气缸的上部发出清晰而明显、连续而有节奏的“嗒嗒嗒”的金属敲击声，严重时响声沉重。

2. 故障原因

(1)活塞与气缸壁配合间隙过大。

(2)活塞裙部腐蚀或气缸磨损过大。

(3)活塞装配不当。

(4)油压过低，气缸壁润滑不良。

3. 异响特征分析

(1)怠速或低速时异响比较清晰，中速以上运转时异响减弱或消失。

(2)负荷加大，响声加大。

(3)一般冷车时响声明显，热车后响声减弱或消失，即冷敲缸；严重时冷热均敲缸，并伴有振抖。

(4)将发动机置于异响明显的转速下，进行单缸断油(断火)试验，响声明显减弱或消失。

(5)曲轴转 1 圈，发响 1 次，且有节奏性，转速提高时响声加快。

(6)润滑不良时响声加重。

(7)将听诊器或听诊杆触在机体上部两侧进行听诊，若响声较强并稍有震动，再结合断油(断火)试验，即可判断出异响气缸。

(8)伴随现象。活塞敲缸往往会伴随有排气管排蓝烟、缸压降低等现象。当用手将螺丝刀或听诊器抵紧气缸两侧上部触试时，有明显的震动感。

活塞冷敲缸也可采用加注机油法确诊，即从火花塞孔加入少量机油，在发动机刚启动时响声减弱或消失，但不久响声又恢复。

发动机敲缸包括冷敲缸、热敲缸和冷热均敲缸。发动机冷态不响，热车后怠速发响，并伴有机体轻微抖动，且温度越高，响声越大，即热敲缸。热敲缸要及时排除，否则会转化成拉缸事故。

热敲缸的故障原因为：连杆轴颈与主轴颈不平行、连杆弯曲、连杆衬套轴向偏斜等造成的活塞偏缸，活塞配合间隙过小、椭圆度过小或反椭圆、活塞变形等造成的活塞过紧，活塞环端隙、背隙过小等造成的活塞环卡滞等。

冷热均敲缸的故障原因为：活塞销与连杆衬套或连杆小头装配过紧，连杆轴承装配过紧，活塞裙部圆柱度过大等。冷敲缸或热敲缸较为严重时也会导致冷热均敲缸。

4. 故障诊断方法

活塞敲缸响诊断流程图如图 2-5 所示。

四、活塞销响

1. 故障现象

在怠速、低速或从怠速向低速抖动节气门时，发出响亮、尖脆而有节奏的“嘎嘎嘎”的金属敲

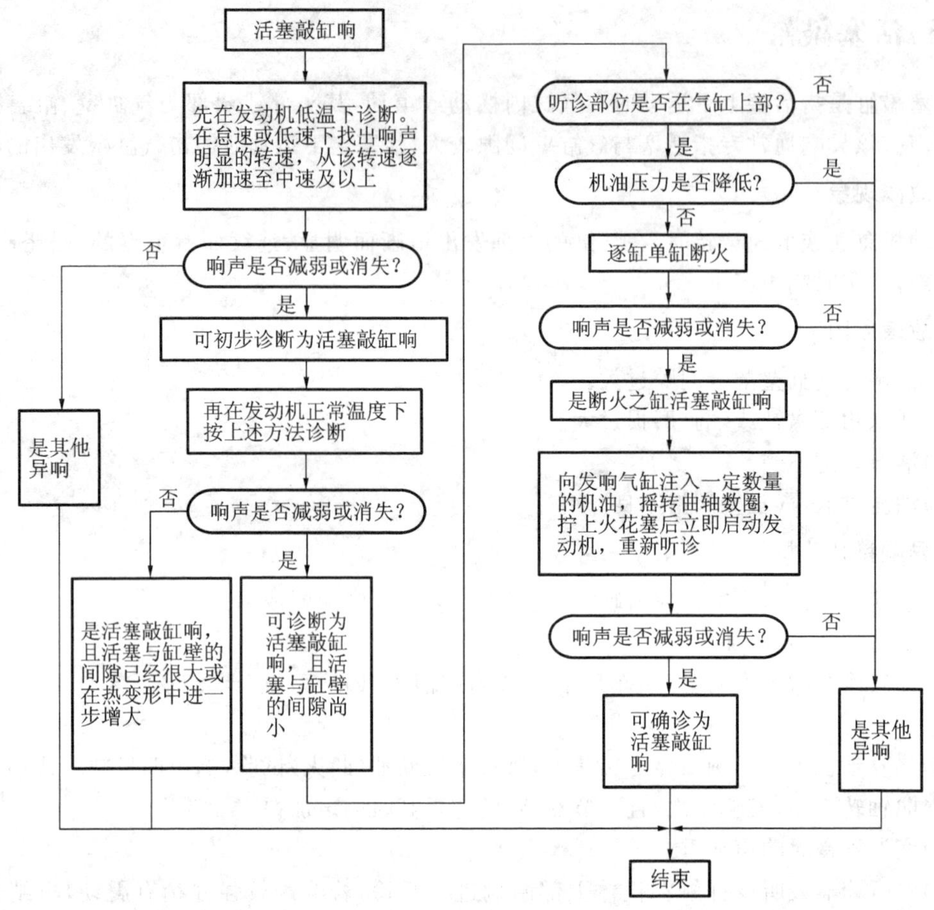

图 2-5　活塞敲缸响诊断流程图

击声；略将点火提前角提前，声响会加剧，在同样转速下比活塞敲缸响连续而尖锐。

2. 故障原因

(1)活塞销与销孔、连杆衬套磨损严重，配合间隙过大。

(2)卡环松旷、脱落，活塞销断裂。

(3)润滑不良等。

3. 异响特征分析

(1)转速变化时，响声也随之周期性变化，加速时响声变大，在发动机转速稍高于怠速时比较明显，比轴承响清脆。抖动节气门，从怠速向低速加速时，响声能随转速的变化而变化，且在转速升高的瞬间，发出清脆、连续而有节奏的响声。

(2)温度上升，响声没有减弱，甚至更明显。有时冷车时响声小，热车时响声大。

(3)单缸断油(断火)时，响声减弱或消失。复火时响声会明显出现 1 响或连续 2 响。严重时，在响声较大的转速下进行断油(断火)试验，往往响声不消失且变得杂乱。

(4)用螺丝刀或听诊器抵触在发动机侧部或气缸壁上查听，同时变换转速，在气缸壁上部听诊到的响声比在下部听诊到的响声明显。若响声不明显，可略将点火正时提前，响声会较前明显，特点是上下双响，声音较脆。

4. 故障诊断方法

活塞销响诊断流程图如图 2-6 所示。

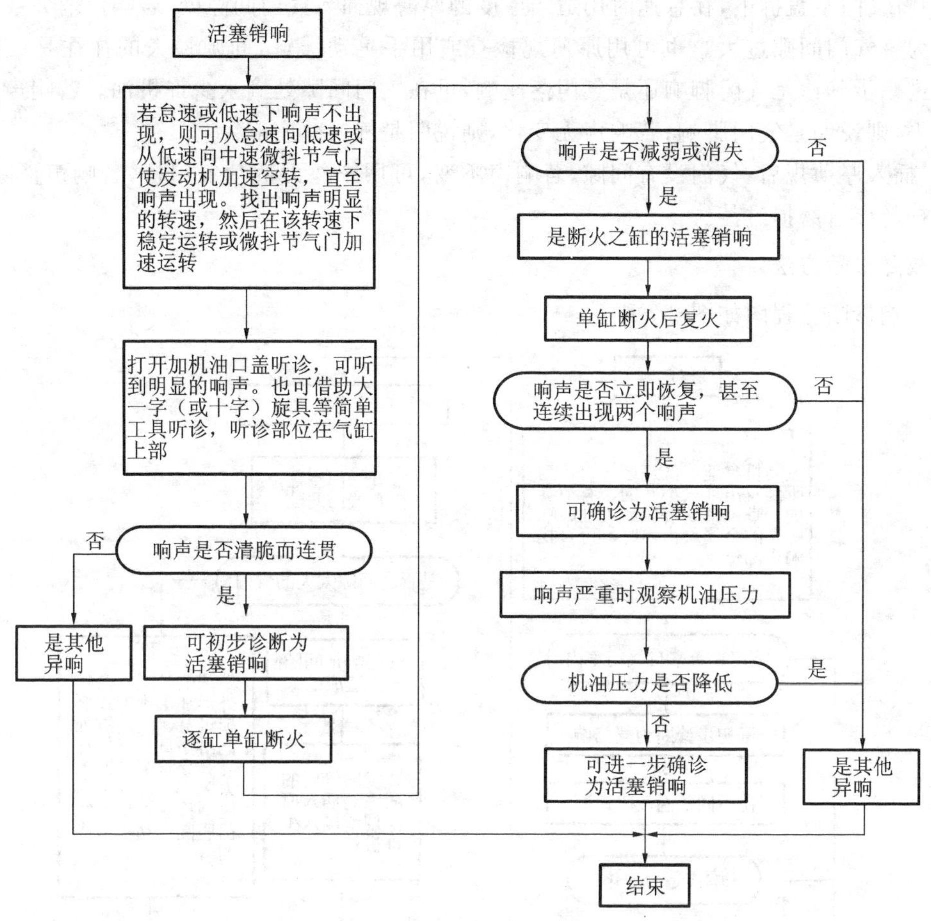

图 2-6 活塞销响诊断流程图

五、气门脚响

1. 故障现象

怠速时，在气门室处发出连续不断的、有节奏的“嗒嗒嗒”声，响声清脆、有节奏，易区分。若有多只气门脚响，则声音杂乱，且断油（断火）时响声无变化。

2. 故障原因

(1)气门脚润滑不良，或因磨损、调整不当造成气门间隙过大。

(2)气门间隙处两接触面不平。

(3)气门杆与气门导管配合间隙过大。

(4)摇臂和轴配合松旷。

3. 异响特征分析

(1)转速增加，响声增大，节奏加快。怠速、低速时响声明显，中速以上时响声变得模糊杂乱。

(2)负荷、温度、缸位对气门脚响无影响，断油（断火）时异响无变化。

(3)怠速时在气门室或气门罩处听诊，异响非常明显，气门脚响清脆、有节奏，在发动机周围就能听到较为清晰的响声。

(4)将气门室盖拆下,在怠速时用适当厚度的厚薄规插入气门间隙处,若响声消失或减弱即可确诊为该气门间隙过大。也可用厚薄规检查或用手晃动摇臂,间隙最大的往往是最响的气门。为进一步确诊是气门脚响还是气门落座响,可在气门间隙处滴入少许机油。若响声瞬间减弱或消失,则说明是气门脚响;若响声无变化,则说明是气门落座响。

(5)插入厚薄规后,气门没有间隙,若响声不变,可用螺丝刀撬动气门杆,若响声消除,则说明气门杆与导管磨损过甚。

4. 故障诊断方法

气门响诊断流程图如图 2-7 所示。

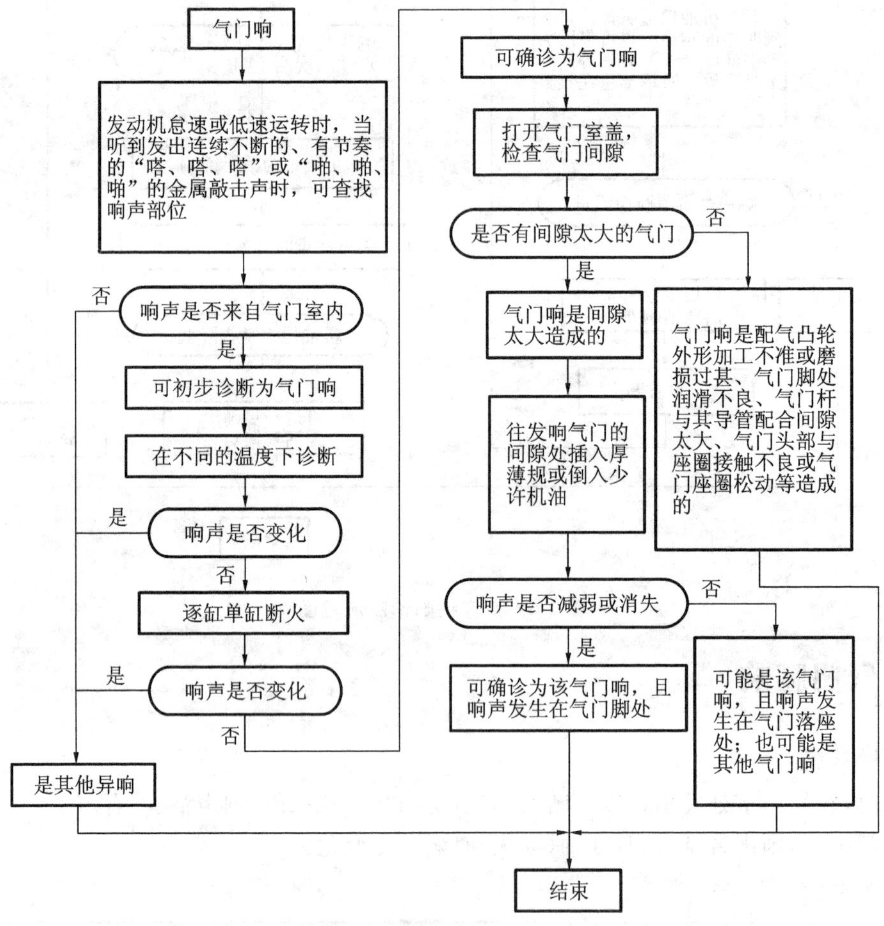

图 2-7　气门响诊断流程图

六、液压挺杆响

1. 故障现象

发动机怠速运转时在凸轮轴附近发出有节奏的金属敲击声,中速以上时响声减弱或消失。

2. 故障原因

(1)挺杆与导孔配合面磨损严重。

(2)挺杆液压偶件磨损。

(3)润滑油供油不足。

3. 异响特征分析

改变发动机转速并用听诊器查听响声的变化。怠速时发动机顶部响声明显，中速以上时响声减弱或消失，断油（断火）试验时响声无变化。启动时液压挺杆有轻微的响声（润滑油未充分进入液压挺杆），启动后响声消失，可视为液压挺杆正常。当发动机转速达到2000～2500 r/min时，继续运转2 min，若挺杆仍有响声，则应先检查机油压力。若机油压力正常，则为液压挺杆故障。拆下液压挺杆后，用手捏住上下端面用力按压，若有弹性，则说明液压挺杆失效，应更换。

在发动机运行过程中，各种异响模糊杂乱，现象与成因之间的关系复杂，因此异响诊断一直是汽车故障诊断中的难点，诊断人员必须经过大量的诊断实践，才能区分各种异响。发动机异响的综合诊断流程如图2-8所示。诊断过程中需加速时，应仔细监听响声的变化情况，同时密切注意机油压力表或机油压力报警器的工作状况，逐级缓慢加速，以免造成新的更为严重的故障，影响发动机的寿命。

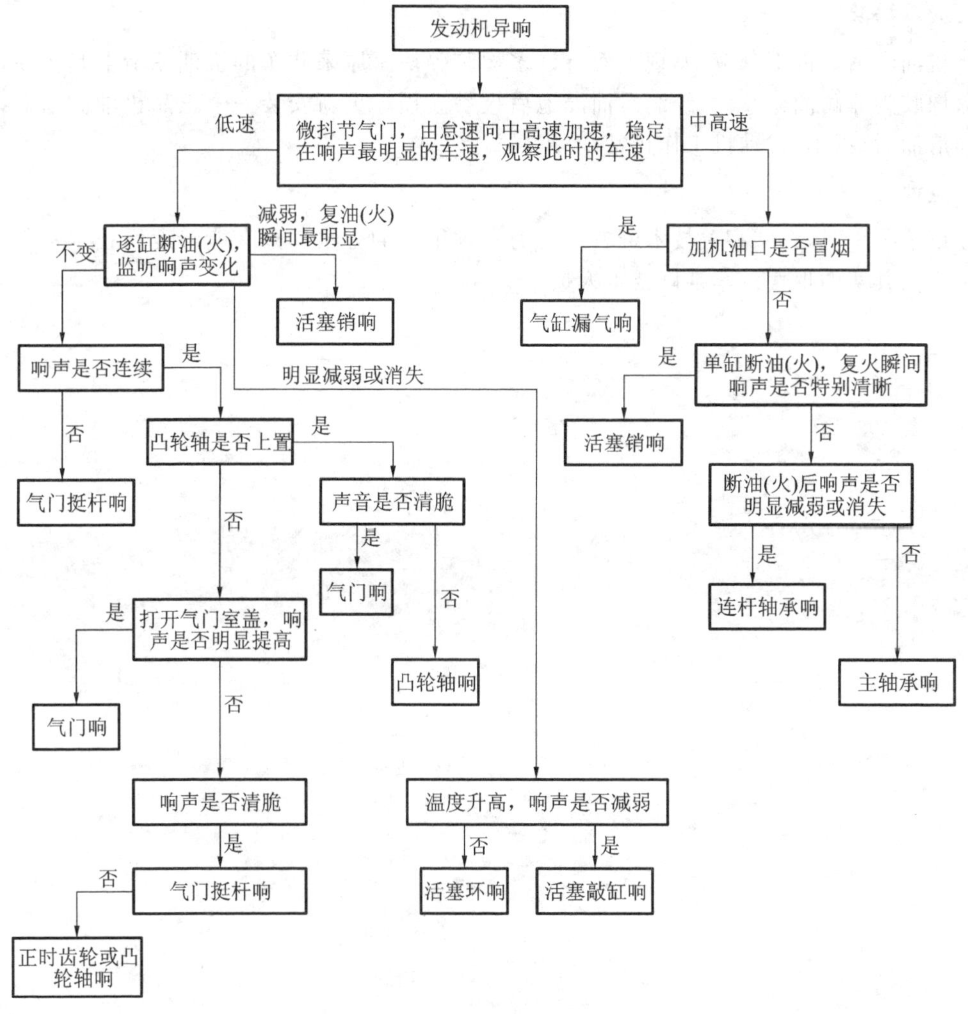

图2-8 发动机异响的综合诊断流程

【案例分析】

1. 故障现象

一辆奥迪A6轿车，该车在正常行驶中突然行驶无力，发动机有异响。

2. 故障诊断

启动发动机，启动后机油压力警告灯灭，而且左侧气门室部位有明显异响。拆下发动机罩及左、右两气门室盖，观察凸轮轴及气门的工作情况，发现右侧供油正常，左侧凸轮上没有机油，不能打开气门液压挺杆，因而造成气门异响。根据故障现象，可判断机油泵到主油道是通的，左侧缸盖润滑油道可能堵塞。

检查机油，油质较好。拆下缸盖上的润滑油道堵头，向油道内加压缩空气，想把堵塞处吹通，但无效果。查资料得知，在进气歧管下盖板内有两只油道单向阀，以防止停车后油道内机油倒流。通过检查，这两个单向阀正常，从缸盖凸轮轴供油道处加压缩空气，气体只能到右侧单向阀，这时可以肯定左侧单向阀与液压挺杆油道间有堵塞。拆检气缸盖，在拿下气缸垫时发现供油道内有一些细小的橡胶块堵塞了油道，从而造成左侧凸轮轴不上油，气门产生异响。可能是机油滤清器橡胶密封垫破损，落下的橡胶块堵塞了油道。

3. 故障排除

将机油滤清器拆下分解，发现里面有许多橡胶碎块。原来此车的机油滤清器是劣质产品，其密封橡胶为非耐油橡胶件，经润滑油浸泡后极易破损。重新安装一个正品机油滤清器，同时更换润滑油后，试车，发动机工作正常。

4. 点评

在束手无策时，查阅相关技术资料不失为一种很好的方法。只有能够运用技术资料，才算是一个名副其实的现代汽车维修技术人员。

项目3 电控汽油发动机加速不良的故障诊断

【案例引入】

丰田凯美瑞轿车，行驶里程 69 000 km，最近行驶过程中发现冷车时急加速转速响应滞后，进气管有时有轻微回火现象，行驶一段时间后发动机故障警告灯会点亮。将发动机熄火后再着车，故障灯会熄灭，行驶一段时间后故障灯又会点亮，而且发动机油耗升高。你觉得应该如何检修与排除该车故障？

学习任务1 发动机加速不良的故障现象与故障原因分析

【任务导入】

描述电控发动机加速不良的症状，分析故障原因，并用故障树将其描述出来。

【知识准备】

一、加速不良故障诊断

当电控发动机加速不良故障现象较为严重时，停车空挡急踩加速踏板时发动机转速不能跟随节气门的开大而升高，有时还会出现熄火现象。故障稍轻的表现是，转速能随节气门的开大而缓慢上升，但常伴有进气管回火、排气管放炮、水温高、发动机燃烧异响等现象。故障不明显的表现是，车辆往往在空加油时转速表现正常，但行驶过程中出现提速响应慢、自动变速器车辆升挡迟缓、换挡冲击、最高车速下降等现象。一般情况下，电控发动机加速不良，在行驶一段时间后，由于汽油燃烧不正常，电控单元通过氧传感器的信号检测到发动机排放超标，发动机故障警告灯都会点亮。如果是电控系统出现问题，则故障警告灯会直接点亮。

二、加速不良原理分析

常见的L形电控汽油喷射发动机的组成如图3-1所示。电控汽油喷射发动机的基本工作过程是，当发动机在某一工况下工作时，电控单元从模/数转换器获得空气流量信号、冷却液温度、进气温度等信息，再将这些信息与预先存储于存储器中的标准信息（通过对发动机实验数据进行优化而获得的一系列数据）做比较，然后进行判断，并向各个执行器发出在这种工况下发动机所需的供油量和点火提前时间的执行指令，使发动机正常运转。

根据内燃机原理，发动机正常燃烧必须达到以下三个条件：一是合适的混合气，二是正时准确而且能量充足的点火，三是良好的气缸压缩力。其中任意一个燃烧条件不良，都会导致发动机不完全燃烧，使发动机动力与功率得不到有效的发挥，因此在分析加速不良的故障原因时，可分别从上述三方面进行考虑。要获得合适的混合气，一要有满足加速需要的充足的进气充量，二要精确控制空燃比。对于电控燃油喷射发动机，其影响因素基本上已包含了整个发动机的空气供给系统、燃油供给系统和电控喷射系统等。气缸压缩力主要与发动机的机械部件的工作状态有关，包括气缸壁、活塞、活塞环磨损情况，气门密封性及配气正时等。因此，当发动机出现加速不良故障时，应系统地从发动机的空气供给系统、燃油供给系统、电控系统、点火系统、气缸密封性和气门正时等零部件工作状况方面进行分析和诊断，排除其中可能出现故障的原因。

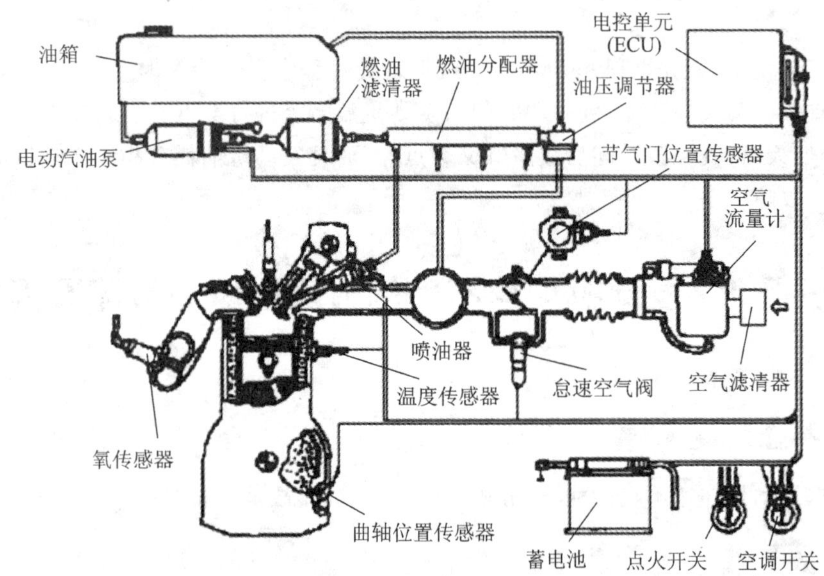

图 3-1　常见的 L 形电控汽油喷射发动机的组成

三、故障部位与原因

造成汽车加速不良的主要原因如下。

1. 影响喷油量和空燃比的电控系统故障

(1)使用空气流量传感器(MAF)的进气系统发生较严重的泄漏，造成充气系数增加，混合气过稀，怠速高，急加速不良。

(2)进气压力传感器的真空通道被积炭堵塞，造成混合气过稀，大负荷动力不足，急加速不良。

(3)进气压力传感器的真空软管破裂，造成怠速高，急加速不良。

(4)热丝、热膜或叶片式空气流量传感器被积炭污染，造成混合气过稀。

(5)水温传感器、进气温度传感器、氧传感器、节气门位置传感器、发动机 ECU 及相关线路等故障。

2. 喷油系统故障

(1)喷油器堵塞使喷油量减少，导致混合气过稀，造成怠速抖动，急加速不良。

(2)燃油泵及燃油管路故障，导致燃油压力过低或燃油流量过低，造成混合气过稀，怠速抖动，急加速不良。

(3)燃油压力调节器故障，造成燃油压力过高，导致火花塞积炭、加速排气管放炮等现象。

3. 气缸压缩力与进气充量不足等机械方面的故障

(1)燃烧室密封不良:燃烧室积炭过多,造成进气门充气量减少和关闭不良,气门杆和气门导管卡滞,气门关闭不严;气门间隙过小或排气门烧蚀,造成气门关闭不严;气缸壁、活塞、活塞环磨损;气门正时失准,高速进气量不足。

(2)进、排气不通畅:空气滤清器堵塞、三元催化器堵塞、节气门卡滞或拉线松脱、可变辅助进气系统及进气增压系统故障等,造成进气量减少,充气系数不足,无高速。

4. 点火系统故障

(1)点火正时不对,造成缓加速正常,急加速不良。

(2)点火线圈故障,造成高压火花微弱。

(3)火花塞、点火器、高压总线等故障,造成高速失火或火花弱。

(4)爆震传感器故障。

5. 其他故障

如燃油品质不良,燃油中有水分等。

【任务实施】

问题1　汽油发动机电控燃油喷射系统由哪三个子系统组成?它们分别由哪些元件组成?

问题2　汽油发动机正常燃烧的三个必备条件是________________、________________和________________。

问题3　燃油压力过低的原因有哪些?

学习任务2　发动机加速不良的故障诊断流程

【任务导入】

根据加速不良的故障特征分析,结合具体车型的结构特点及所拥有的诊断检测仪器,制定出合理的诊断步骤及方法。

【知识准备】

电控发动机出现故障后,首先应判断故障是否由电控系统引起。此时应观察组合仪表中的发动机故障报警灯是否点亮。如果发动机故障报警灯不亮,则大多数情况下说明故障与电控系统无关。这时先确认发动机各工作机构及燃油供给、冷却和润滑等系统工作是否正常。如果发动机故障报警灯点亮并闪烁故障诊断代码,则说明汽油喷射电控系统有故障,应进行电控系统故障自诊断,按指引查找相关电气元件及线路,直至把故障诊断出来,恢复电控系统正常的技术状况。如果发动机故障报警灯不亮或显示正常代码,而故障又确实存在,则应分别从供油与燃油喷射控制、点火、进排气(压缩力)等方面全面进行检测和诊断。

一般来说,电控汽油发动机加速不良的诊断思路如图3-2所示。

【任务实施】

根据故障车辆故障征兆,结合故障原因及电控部件安装特点,以先简后繁、先外后内的诊断原则,制定出合理的发动机加速不良的故障诊断流程,以便系统、有序地排除故障。

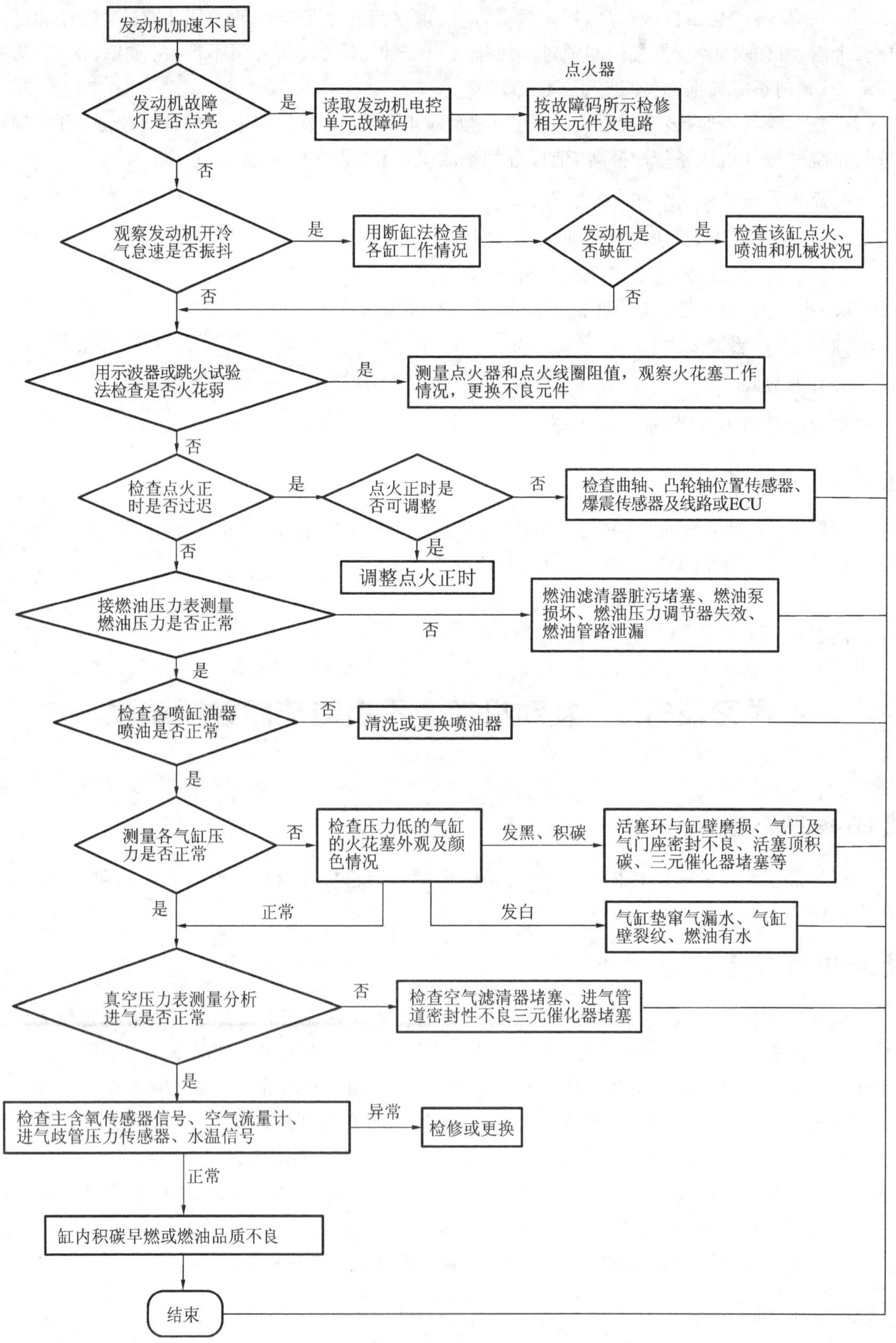

图 3-2 电控汽油发动机加速不良的诊断思路

学习任务3 发动机电控系统的诊断与检测

【任务导入】

观察实训车辆在正常着车运转时，发动机故障指示灯是否点亮。分别利用人工方法和电脑诊断仪进行发动机故障码的读取，分析故障码所含故障原因，通过阅读数据流、示波器检测波形、万用表测量等手段检测相关信号和参数，结合相关车型的维修手册等技术资料进行元件和电路的性能判断，更换损坏件，排除电控系统故障。

【知识准备】

一、故障诊断注意事项

在对汽车进行故障诊断时，需注意下列事项。

1. 进气系统检修注意事项

(1)进气歧管不能有破裂，各种卡箍的安装要紧固可靠。如果传感器与进气歧管之间漏气，使多余的空气进入气缸，则会造成空气流量计或进气压力传感器的信号失准，使发动机怠速不稳，易熄火，动力性和加速性能差。

(2)发动机上的真空管不能破裂、扭结、插错。插错真空管会造成发动机怠速不稳，或造成发动机在运转时无规律地出现工作不良。

2. 燃油系统检修注意事项

(1)拆卸油管前，应首先释放燃油系统内的油压，以防止高压燃油喷洒出来引起事故。拆卸方法：在拆卸前，首先拔去燃油泵继电器或熔断器，再启动发动机，直至发动机自动停止运转。

(2)高压油管接头与螺母或接头螺栓连接时应使用新垫片(垫片为一次性使用物品)。

(3)拆装喷油器时要小心仔细，不可损坏，O形橡胶密封圈不可以重复使用。

(4)在燃油系统维修后，不能立即启动发动机，应仔细检查确认燃油系统有无漏油处。

(5)要注意电控发动机使用的汽油品质。

3. 电控系统检修注意事项

(1)在拆卸或安装各类传感器、信号开关及连接器前，应首先将点火开关关闭。不允许在发动机运转时或在点火开关接通的情况下，随意断开蓄电池和电控电路中的任何一根连线。

(2)拆卸和安装发动机ECU的连接器前，应首先将点火开关关闭，然后拆下蓄电池负极上的搭铁线。这是因为有的发动机ECU上有来自点火开关的正极电源，而有的发动机ECU上不仅有从点火开关来的正极电源，还有从蓄电池来的正极电源。要注意：带有安全气囊的汽车，应在拆下搭铁线2～3 min后，再进行诊断、检修工作。

(3)特别注意：安装蓄电池时，正、负极不可以接反。在车身上实施电弧焊作业时，应先断开蓄电池负极线，以防止在感应瞬间，脉冲电压损坏电子元器件。

(4)发动机ECU不能靠近强磁场。

(5)不能用启动电源帮助启动，因为那样会造成启动瞬间输出很大电流，从而损坏发动机

ECU与其他部件上的电子元器件。用其他蓄电池辅助启动时，应先将点火开关关闭，然后再跨接。

(6)不可用水冲洗发动机。

(7)在检测传感器输出信号和测试发动机控制系统的信号时，不可用一般灯泡做测试灯，更不允许采用低压电路测试常用的方法——搭铁试火的方法，来检测电源电路是否断路。

(8)万用表有指针型和液晶显示数字式两种，检测控制系统电阻必须使用内阻为10 MΩ以上的液晶显示数字式万用表。

(9)安装发动机ECU时，应注意防止高压静电的产生。人体产生的静电电压较高，可能损坏发动机ECU。

二、故障诊断的原则和步骤

1. 故障诊断的一般原则

(1)先思后行。先对电控汽油喷射发动机的故障现象进行综合分析，在初步了解故障原因的基础上，再进行故障检查，以避免故障诊断的盲目性。

(2)先外后内。在发动机出现故障时，先对电控系统以外的可疑故障部位进行检查。这样可避免无谓的检查。例如，本来是一个与电控系统无关的故障，却先对电控系统的各个元件、器件、线路等进行了复杂的检查，而真正的故障部位却未找到。

(3)先简后繁。应优先检查那些能以简单方法检查的可疑故障部位。可以利用人的感官，如问、看、触、听、试等直观检查方法，将一些较为明显的故障部位迅速找出来。

(4)先易后难。发动机的某一故障现象通常是由某些总成或部件引起的，应先对那些常见故障部位进行检查，再对其他不常见的故障部位进行检查。这样，不仅可以迅速排除故障，而且省时省力。

(5)代码优先。电控汽油喷射发动机出现故障后，会通过发动机故障警告灯闪烁向驾驶人员报警。但是对于某些故障，自诊断系统只存储该故障码，并不报警。因此，在对发动机做系统的检查前，应先按制造厂提供的方法，读出故障码，再按照故障码的内容排除该故障。

(6)积累资料。积累资料是指在检修该车型前，应准备好与该车型有关的检修数据资料。除了可以从维修手册、专业书刊上收集整理这些检修数据资料外，另一个有效的途径是随时检测记录无故障车辆的有关参数。这样，通过逐渐积累，可在日后检修同类型车辆时，将这些平时积累的检测参数与实测参数进行比较，供检修人员参考。

2. 故障诊断的基本步骤

(1)填写用户调查表。为了迅速查找出故障发生点，首先要询问用户，了解故障出现时的情况、自然条件，了解故障的发生过程以及检修历史等；然后详细填写维修车辆登记表，此表可与诊断测试结果一起作为查找故障点的依据，同时也可作为检修后验收、结账的参考依据。

(2)外观初步检查。电控燃油喷射系统的故障大多数是小故障，如线路短路或断路，或人为的装错，以及一些传感器、执行器工作性能参数的失准。

所有进气歧管均不能有破裂。检查各种卡箍紧固是否适度。

检查各种真空管是否有破裂、扭结、插错。插错真空管会造成发动机怠速不稳，甚至使发动机无规律地出现工作不良。

喷油器应安装正确，密封完好。密封圈上部安装或密封不良会导致漏油，导致严重事故的发生；下部密封不良会导致漏气，使发动机真空度下降，运行不良，还会使进气压力传感器信号增加，喷油量增加，从而致使混合气变浓等。

(3)故障再现。根据车主所叙述的故障现象（如有必要可在清除故障代码后）进行行车试验，尽力在车速、负荷、道路条件达到产生故障的条件下驾驶汽车，尽量使故障现象再度显现。从故障表现的形式上，结合外观仔细检查结果，以便对该车故障有一个初步的诊断。

(4)启动发动机故障自诊断系统，读取故障码并结合该车故障诊断有关资料查找故障根源。故障诊断的基本流程如图 3-3 所示。

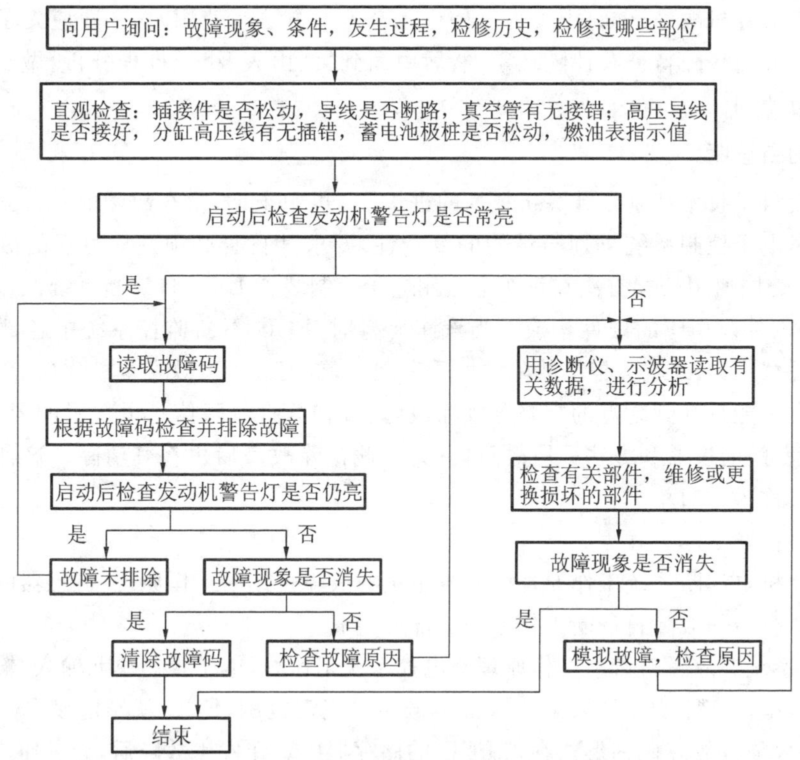

图 3-3　故障诊断的基本流程

①读取故障码。查阅该车故障码表，掌握故障码的确切含义，确定故障的产生部位。

②若无故障码输出（显示正常码）或无故障码含义注释表，则可根据故障现象，结合该车型的故障诊断、检修表，按所示故障部位顺序进行检查。

(5)用发动机故障检测仪对发动机进行故障诊断，查找故障源。对已确诊的故障点进行调整、测试、维修；排除故障后，清除故障码，并试车验证故障是否排除。

三、故障诊断的方法

发动机电控单元及主要传感器、执行器常用的检测诊断方法有电控系统自诊断法、数据流分析诊断法、波形分析诊断法、电子信号分析法、万用表测量检测法等。

电控汽油喷射系统中传感器信号丢失、不准确，或执行工作不灵活、响应变慢等特性变化都会影响到汽油的喷射量，使电喷汽油发动机加速不良，或同时伴有排放超标、黑烟、回火等故障现象。由于电控系统涉及汽油发动机的多个信号传感器和执行器的工作状况及线路的导通情况等，因此故障发生的概率较高。一般出现电控系统故障时要对电控系统进行自诊断，方法是借助电控单元存储的故障码和数据流等自诊断数据来进行故障原因的初步分析与判断。

1. 人工经验诊断

由若干零部件、总成组成的汽车，是一个比较复杂的技术系统。各元件之间相互作用的物理量称为汽车的结构参数。当某一部分结构参数达到损坏极限，表现为局部或全部丧失工作能力时，就说明汽车有了故障。故障的症状有多种表现，凭人的感官和经验，对故障的原因进行分析判断，就是汽车故障的人工经验诊断。

故障的人工经验诊断的特点是不需要仪器或其他条件，在任何场合下都可以进行。这对于汽车在运行中的随机故障诊断，不失为一种行之有效的方法。使用时，一般应先了解汽车的使用、维护情况，弄清故障特征及伴随现象，然后由简到繁、由表及里，推理分析，做出判断。其诊断方法一般有望问法、观察法、听觉法、嗅觉法、触摸法、试验法等。

2. 故障的自诊断

随着现代科学技术特别是计算机技术的进步，20 世纪末期，汽车故障的自诊断技术迅速发展起来。汽车电子控制系统机理与结构的复杂性，要求其自身必须建立可靠的故障自诊断系统。1979 年，美国通用公司首次在汽车上运用电子控制装置 ECU 自诊断系统。该系统由存储于 ECU 中的软件及相应的硬件构成。当汽车运行时，ECU 不断监控系统中各部分的工作情况，如果发生故障，ECU 就会根据故障的性质和程度，首先进入失效安全模式（也称安全回家模式），使汽车有可能行驶到附近的维修点排除故障。同时，将故障信息以代码的形式存储，汽车维修时，利用专门的仪器和方法提取故障代码，据此排除故障后再将其清除。这种汽车故障自身诊断系统又称为 OBD。

1）故障自诊断系统工作原理

电控发动机自诊断系统工作原理由微机系统的故障自诊断工作原理、传感器的故障自诊断工作原理和执行器的故障自诊断工作原理三部分组成。

（1）微机系统的故障自诊断工作原理。电控系统工作时，电子控制单元输入、输出信号的电压是在规定范围内变化的。如果某一输入信号超出规定范围，ECU 就判定该电路信号出现故障，并把这一故障以故障码的形式存入 ECU 的储存器中。在发生故障后，为了使汽车保持一定的运行能力，ECU 系统会立即启动存储器中备用的应急固有信号，保证发动机可以继续运转。

（2）传感器的故障自诊断工作原理。在发动机的运转过程中，若发动机的某一传感器出现故障，其输出信号就会超出规定范围。如发动机的水温传感器，其工作范围设定为－30～120 ℃。正常工作时，其输出信号的电压为 0.3～4.7 V。当电子控制单元接收到的信号电压超出这一规定范围时，就判定水温传感器有故障，立即输出控制信号，使发动机故障警告灯发亮，并将水温传感器的故障信息存储起来；同时启用备用的正常水温的电压信号，使发动机仍能（带病）运转。

（3）执行器的故障自诊断工作原理。如果执行器出现了问题，监视程序就会把故障信息传输给电子控制单元，电子控制单元点亮故障警告灯，存储故障码，并采取应急措施，确保发动机继续运转。需要指出的是，自诊断系统对于偶尔出现一次的不正常信号，并不判定为故障，只有不正常信号保持一定时间后才判定为故障。

2）故障警告灯

大多数汽车的发动机故障警告灯安装在组合仪表板上。

正常情况下，打开点火开关时，该灯应发亮；发动机启动后，该灯应熄灭。

发动机产生故障时，该警告灯闪烁。检修人员可采取一定的方法调出故障码，根据故障码的内容，诊断、排除故障。故障排除后，可通过恰当的方法消除故障码。

有的发动机故障警告灯直接装在发动机 ECU 上，用红、绿发光二极管显示，有的还用数码管显示。上述方式显示的故障码，可有 1 位、2 位、3 位、4 位或 5 位数。

3)故障诊断插座

随着自诊断系统的不断发展，各生产厂家的自诊断系统的故障码输出方式、测试方法、诊断插座的结构形式各不相同，在实际维修中必须查阅相应的资料。下面以丰田车系故障诊断插座为例。

丰田车系在发动机舱内和驾驶室仪表板下方各有一个故障诊断插座，其形式如图 3-4 所示。它们都可供诊断时用跨接线(或专用工具 SST)跨接诊断输入接头 TE_1、TE_2 和发动机 ECU 地线接头 E_1。如图 3-4(a)所示的 OBD-Ⅱ标准诊断插座统一为 16 脚标准诊断插座，其各脚功能可从相关资料上查得，其中“5”表示 E_1，“6”脚表示 TE_1。OBD-Ⅱ标准诊断插座与 TDCL 自诊断插座都可与发动机故障诊断仪连接，能方便迅速地诊断发动机 EFI 系统的故障。

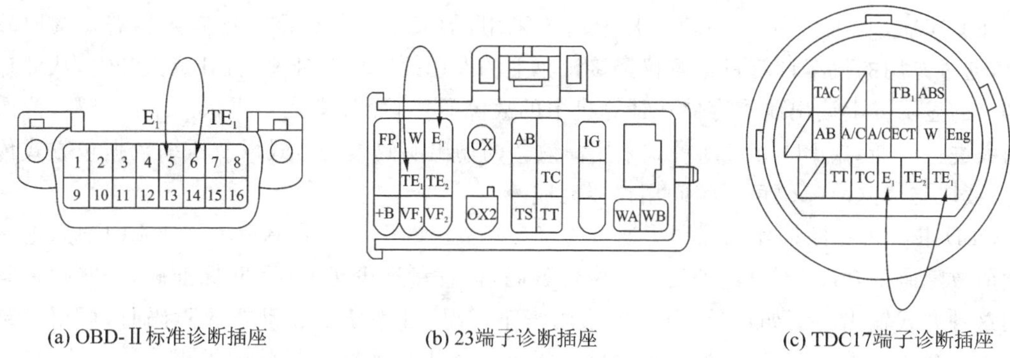

(a) OBD-Ⅱ标准诊断插座　(b) 23端子诊断插座　(c) TDC17端子诊断插座

图 3-4　丰田车系故障自诊断插座

下面简要介绍一下 OBD-Ⅱ标准诊断插座。

OBD-Ⅱ是第二代随车电脑诊断系统的简称，它是由美国汽车工程学会(SAE)制定并在美国环境保护机构和美国加州资源协会登记的一套汽车标准。现为美、日等许多国家或地区所采用。该标准要求汽车生产厂提供符合 OBD-Ⅱ标准的统一诊断模式、统一诊断插座、统一诊断代码，只要一台故障诊断仪就可诊断所有车型的故障。

OBD-Ⅱ标准诊断插座统一为 16 脚标准诊断插座，安装在驾驶室仪表板左下方。OBD-Ⅱ标准码由 5 位代码组成。例如，P1352，其中，P(第 5 位)为动力系统，1(第 4 位)为汽车制造厂码，3(第 3 位)为由 SAE 定义的故障范围，52(第 2、第 1 位)为原厂故障码，52 故障码内容为 A 组高压线圈、低压线圈工作不良。

OBD-Ⅱ国际标准具有以下特点。

(1)统一各车诊断座形状，都为 16 pin(脚)。

(2)具有数值分析资料传输功能。

(3)统一各车种的故障代码及含义。

(4)具有行车记录器功能。

(5)具有重新显示记忆的故障代码功能。

(6)具有由仪器直接清除故障代码的功能。

OBD-Ⅱ标准诊断插座各端子的功能如表 3-1 所示。

表 3-1　OBD-Ⅱ标准诊断插座各端子的功能

端　　子	功　　能	端　　子	功　　能
1	供制造厂应用	9	供制造厂应用

续表

端　　子	功　　能	端　　子	功　　能
2	SAE-J1850 资料传输	10	SAE-J1850 资料传输
3	供制造厂应用	11	供制造厂应用
4	车身直接搭铁	12	供制造厂应用
5	信号回路搭铁	13	供制造厂应用
6	供制造厂应用	14	供制造厂应用
7	ISO 9141 资料传输	15	ISO 9141 资料传输
8	供制造厂应用	16	接蓄电池正极

在 OBD-Ⅱ标准公布后，各汽车厂家纷纷采用，形成了国际标准。维修人员需要调取故障码时，通过专用的汽车计算机检测仪连接汽车上的专用故障检测插座，打开点火开关，从计算机检测仪的显示屏上读出所有存储在计算机中的故障码，对照各类汽车提供的维修资料，依次从小到大进行诊断。OBD-Ⅱ诊断模式采用高效率的输出明码编码方式以及压缩数据包方式传递信息，读取与清除故障码可在瞬间用仪器完成。

OBD-Ⅱ标准诊断插座仍保留了通过跨接诊断插座的引脚从故障指示灯或 LED 灯、电压表上读取故障码的功能，不过这种码多是两位数码，信息量远少于 OBD-Ⅱ标准码，有些故障码无法用这种方式输出。例如：在读取美国通用汽车 OBD-Ⅱ系统的发动机故障码时，可用一跨接线将诊断插座的端子 6 接地，然后根据仪表板上发动机故障警告灯的闪烁规律读取故障码；在读取美国福特汽车 OBD-Ⅱ系统的发动机故障码时，可用一跨接线将诊断插座的端子 13 接地，然后根据仪表板上发动机故障警告灯的闪烁规律读取故障码。再如，在读取日本丰田汽车 OBD-Ⅱ系统的发动机故障码时，可用跨接线将诊断插座的端子 5 和 6 短接，然后根据仪表板上发动机故障警告灯的闪烁规律读取故障码。

各种车辆相同的 OBD-Ⅱ标准故障码意义相同，它由 1 位字母和 4 位数字组成。

第 1 位为英文字母，表示故障码的系统划分，共 4 个字母：B 为车身系统，C 为底盘系统，P 为动力系统，U 为未定义。

第 2 位为数字，表示故障码类型，共 4 个数字，类型如下：

0 为美国汽车工程学会定义的通用故障码；

1 为汽车生产厂家定义的(扩展)故障码；

2、3 随系统划分 B、C、P、U 的不同而不同。在 P 系统中，2 或 3 由 SAE 保留；在 B 或 C 系统中，2 由汽车厂家保留，3 由 SAE 保留。

第 3 位为数字，是由 SAE 定义的故障范围，如表 3-2 所示。

表 3-2　OBD-Ⅱ代码第 3 位数字代表的由 SAE 定义的故障范围

代　　码	由 SAE 定义的故障范围	代　　码	由 SAE 定义的故障范围
1	燃油系统或进气系统的故障	5	怠速控制系统的故障
2	燃油系统或进气系统的故障	6	微机或执行器的故障
3	点火系统或发动机间歇熄火	7	电控自动变速器控制系统的故障
4	废气排放控制系统的故障	8	电控自动变速器控制系统的故障

第4、5位为数字，代表原厂的故障码。OBD-Ⅱ规定的故障码的组成与结构，对于任何厂牌、车型都是适用的。

4)进入故障自诊断系统的方法

一般可以用以下几种方法进入故障自诊断系统。

(1)用跨接线进入。用该线连接诊断插座有关的插孔，通过驾驶室组合仪表板上"发动机故障"警告灯或LED的闪烁，读取故障码。这种方法适用于丰田、日产、三菱、马自达、福特、宝马和标致等汽车。

(2)转动发动机ECU控制装置上的"诊断开关"进入。

(3)用点火开关"ON—OFF—ON—OFF—ON"循环动作的方法进入。如克莱斯勒公司生产的电控汽车。

(4)通过读码器、故障诊断仪、扫描仪、示波器、专用检测仪等仪器进入故障自诊断系统并读取故障码。

5)故障码的显示方式

(1)数字显示。故障以数码的形式显示在组合仪表板上，这种方式具有显示直观、操作方便等特点。在一些高档汽车上已有较多的应用，如林肯、凯迪拉克等车型。

(2)LED显示。LED为发光二极管的英文缩写。有的汽车用一个或多个LED来显示故障码。采用两个LED的，一般为两个不同颜色的LED，红色显示十位数，绿色显示个位数，即用两个LED显示一个二位数字的故障码。

(3)脉冲电压显示。大部分汽车微机控制自诊断系统采用这种显示方式。在一些汽车仪表盘上用发动机故障警告灯闪烁来显示故障码。

6)发动机故障自诊断状态

发动机故障自诊断状态包括正常状态和试验状态。正常状态是指在发动机不运转的状态下，读取其故障码；试验状态是指在汽车以一定的速度行驶后，再读取发动机的故障码。两者相比，试验状态下的诊断灵敏度更高，不仅可以显示正常状态下的故障，还可检测出正常状态下发现不了的故障。在试验状态下读取发动机故障码时，一定要严格执行操作步骤，否则会检测出错误的故障码或无法进行诊断。

7)判断故障的方法

从自诊断系统读取故障码后，应从汽车制造厂提供的故障码表中查得该故障码的内容说明等信息，然后按这些信息和诊断流程图及电路检查顺序，来确认和排除故障。表3-3所示为大众车系发动机故障码及其故障原因的分析。

表3-3 大众车系发动机故障码及其故障原因的分析

<table>
<tr><th>V.A.G 1551输出码</th><th>可能的故障原因</th><th>可能的影响</th><th>故障排除</th></tr>
<tr><td rowspan="2">00515—霍尔传感器G40断路
/对正极短路
对地短路</td><td>断路或对正极短路
传感器盘松动
G40损坏</td><td rowspan="2">在节气门全开时功率不足，排放值不合格，燃油消耗高</td><td rowspan="2">检测霍尔传感器</td></tr>
<tr><td>对地短路
G40损坏</td></tr>
<tr><td rowspan="2">00528—海拔高度传感器F96
信号过大
信号过小</td><td>断路或对正极短路
F96损坏</td><td>启动不良</td><td rowspan="2">检测海拔高度传感器</td></tr>
<tr><td>对地短路
F96的供电有故障
F96损坏</td><td>增压压力降低（增压器转速的安全限制）</td></tr>
</table>

续表

V.A.G 1551 输出码	可能的故障原因	可能的影响	故障排除
00532—供电电流 信号过大 信号过小	从辅助启动器来的电压过高发电机损坏	发动机控制单元损坏	检测蓄电池电压
00532—供电电流 信号过大 信号过小	供电电压低于 10 V 超过 1 s 同发动机控制单元的线束连接不可靠 蓄电池放电 当点火开关关闭时,有电流损失	发动机不能启动 发动机运行困难,可能导致发动机灭火 节气门控制单元自适应过程不能进行	检测发动机控制单元的供电电压 检查蓄电池的充电状况
00543—超过最高转速	发动机超速(如换挡错误) 发动机转速超过 7600 r/min	发动机损坏	矫正机械损伤
00575—进气歧管的压力没有达到调节限度 超过调节限度	空气流量计的输出信号太弱 在增压器与空气流量计间有漏气处	功率增大	检测空气流量计 检查进气系统
	增压器的压力单元发卡 增压器控制电磁阀损坏 短路或断路	功率减小	检测空气流量计
	空气流量计的输出信号太强	功率减小	检测空气流量计
	增压控制电磁阀损坏 增压器的压力单元发卡	功率增大	检测增压压力控制
01119—挡位识别信号断路/对正极短路 对地短路	断路或对正极短路 F125 损坏	当挂挡或脱挡时发动机转速比正常情况下的有更大的波动	检测多功能开关 F125 的电线束(挡位传感器) 查询变速箱的故障代码
	对地短路 F125 损坏		
01165—节气门控制单元 J338 没有达到调整限度 超过调整限度 调整偏差	节气门发卡 节气门控制器机构发卡	怠速增高 当松开加速踏板时发动机负荷变化剧烈	检测节气门控制单元
	到节气门控制器的电线束断路		检测节气门控制器
01247—活性炭过滤器电磁阀 N80 对地短路 对正极短路 输出断开	对地短路　N80 损坏	在部分负荷时,车辆行驶不平顺 车辆会发出汽油味	检测活性炭过滤器的电磁阀
	对正极短路　N80 损坏		
	断路 N80 损坏		

续表

V.A.G 1551 输出码	可能的故障原因	可能的影响	故障排除
01249—1 缸的喷油器 N30 01250—2 缸的喷油器 N31 01251—3 缸的喷油器 N32 01252—4 缸的喷油器 N33 对地短路 对正极短路 输出断开	对地短路 喷油器损坏	发动机运转不平稳 发动机灭火	检测喷油器
	对正极短路 喷油器损坏		
	断路 喷油器损坏		
01259—燃油泵继电器 J17 断路/对地短路 对正极短路	断路 燃油泵继电器 J17损坏	发动机不能启动 发动机熄火 储存几个故障代码	检测燃油泵继电器
	对地短路	点火开关打开时燃油泵连续运转	
	对正极短路	发动机不能启动 发动机熄火 储存了几个故障码	
	对正极短路 N75 损坏	功率减小 增压压力太低	
16486 空气流量计 G70 信号太弱	断路/对正极短路 G70 损坏 空气漏气 空气滤清器阻塞	对性能无明显影响	检查空气流量计 检查进气系统
16496—进气温度传感器 G42 信号太弱	对地短路 G42 损坏	进入紧急运行状态(替代常数+19.5 ℃)	检测进气温度传感器
16500—冷却液温度传感器 G62 不可靠信号	在插接处锈蚀 插接处松动 G62 损坏	在低温时冷启动困难 发动机暖机工况不良 燃油消耗增加 排放指标不合格	检测冷却液温度传感器
16505—节气门电位计 G69 不可靠信号	在插接处锈蚀 G69 损坏	加速不平顺 怠速不稳	检测节气门电位计
16514—λ 传感器电路有故障	电线插接处锈蚀 λ 传感器的信号和地间短路	λ 闭环控制不工作(混合气通过开环控制形成)	检测 λ 控制

8)清除故障码的方法

电控系统的自诊断系统在故障排除以后,必须清除故障码。清除故障码有两种方法。一是人工清除。对于大多数汽车,一般把蓄电池负极拆下或把相关的熔断器拔下 10～30 s(视车型而定),即可清除故障码。二是自动清除。有的汽车将点火开关反复打开/关闭并达到规定的次数后,故障码即可被自动清除。

应该注意到,使用拆卸蓄电池负极清除故障码的方法,将会把其他电控系统(如自动变速器系统)的故障码一起清除掉。因此,最好按汽车维修手册规定的清除故障码方法进行操作,不可轻易拆卸蓄电池负极。

注意:有故障码不一定有故障,而无故障码,电控系统却不一定能正常工作。故障码仅表明故障的一个范围,诊断故障时必须综合考虑其他因素。

(1)有故障码不一定有故障。发动机 ECU 存储器中存储的故障码有两种:一种是当前故障码,即若当前控制系统中存在一个或多个故障,则会以故障码的形式存储在存储器中,它反映了发动机的当前状态;另一种是历史故障码,仅代表过去曾经发生过的故障,并不表示当前存在的故障。

当前故障码、历史故障码的判别方法如下:先记下读出的所有故障码,然后清除故障码,并再次启动发动机,只要当前控制系统存在故障,发动机警告灯在启动运行后一定会亮,这时再读故障码。如原来读出 3 个故障码,现在只读出 1 个故障码,那么这个故障码就是当前故障码,而消失的 2 个故障码则是历史故障码。

(2)无故障码,电控系统工作不一定正常。这种情况主要指没有故障码,但传感器信号或各种开关信号不一定正常,使发动机运行不正常,但启动后发动机警告灯却熄灭。这时应该用诊断仪读取发动机数据并把它与标准数据进行比较,检查传感器或开关信号是否正常。

①水温传感器。水温传感器有一定的工作范围,如果超出工作范围,发动机 ECU 便认为电控系统有故障,就存储故障码。但水温传感器信号在工作范围内时,电控系统也不一定正常。水温传感器是一个负温度数的热敏电阻,在正常情况下,水温低,其电阻值就大,信号电压就高;水温高,其电阻值就小,信号电压就低。如果水温高而线路接触不良,导致电阻大而又没有超出范围,在这种情况下读不出故障码,因为水温传感器信号在规定的范围内,只是信号不正确,发动机 ECU 认为是正常的,所以没有故障码。

②节气门位置传感器。一般情况下,滑片电阻式节气门位置传感器信号的电压范围为 0.5～4.5 V,在怠速时约为 0.5 V。如果节气门卡滞,拉索过紧,安装位置不当,则会使怠速时的信号电压不正常。假如怠速时信号电压为 0.8 V,发动机 ECU 判断此时是小负荷工况,不是怠速工况,不修正喷油量,使怠速混合气过稀,从而造成怠速不稳。在这种情况下,节气门位置传感器有信号电压,但不是怠速工况下所对应的信号电压。所以发动机 ECU 判断无故障,不输出故障码。

③空气流量计。空气流量计信号与发动机转速信号共同确定基本喷油量,如果空气流量计信号偏弱,或随着节气门开度的增加,空气流量计信号上升很小,造成基本喷油量少,但实际进气量随着节气门开度的增加而增加,结果造成混合气过稀,加速时动力反而下降甚至熄火。此时,因为空气流量计有信号,所以也没有故障码。

④进气歧管压力传感器。如果真空管漏气,发动机真空度低或进气歧管压力传感器本身有故障,则进气歧管压力传感器信号会偏离正常值。由于进气歧管压力传感器确定基本喷油量,因此会造成混合气过浓或过稀。因为有信号输出,所以诊断系统不会输出故障码。

⑤曲轴位置传感器和凸轮轴位置传感器。没有凸轮轴位置传感器信号时,有的车能发动,

有的车不能发动。如果曲轴位置传感器或凸轮轴位置传感器由于脏污或信号变形，造成信号不正确，影响喷油正时和点火正时，则会导致转速不稳、加速性差、回火或放炮等故障现象，但不一定存储故障码。

综上所述，进行故障自诊断时，应采取发动机故障现象和故障码相结合的方法，全面综合分析，去伪存真，准确地做出判断。

四、数据流的应用与分析

1. 数据流的含义与作用

微机故障自诊断系统一般只能监控电控系统的电路信号，并且只能监测信号范围，并不能监测传感器特性的变化。例如，线性节气门位置传感器要输出与节气门开度成比例的电压信号，控制系统根据其输入的电压信号来判断节气门的开度（即负荷的大小），从而决定喷油量等其他控制。如果传感器的特性发生了变化，传感器输出的电压信号虽然在规定的范围内，但是并不是与节气门的开度成规定的比例变化，这时就会出现发动机工作不良，而故障指示灯并不会亮，当然也就不会有故障代码。

由此可以看出，通过微机故障检测仪读取故障代码仅能够查找出发动机微机控制系统中大部分传感器、执行器或电控单元线路短路、断路以及元件损坏等所导致的无输出信号的故障。微机故障自诊断电路并不能够检测出微机控制系统的所有类型的故障，特别是无法检查出大部分执行器以及传感器精度误差等方面的故障。事实上，各种传感器出现的模拟性故障（例如，工作不正常和偏差严重等）是无法靠故障代码功能检测出来的，因此不能完全依靠故障代码功能检测诊断故障，而只能把它作为检测诊断故障时的一种重要参考依据。

许多汽车的微机故障自诊断系统除了具有故障代码的记录功能之外，还具有行车记录功能，能记录车辆行驶过程中的有关数据资料。例如，发动机在运行过程中，各种传感器会不断地将发动机的工况以电信号的形式传给ECU，经过计算、比较和分析，及时地将执行指令发送给执行器。由于发动机的工况是在不断地变化的，传感器输出的电信号也是动态变化的，执行器收到的指令也是动态变化的，这就形成了一串串流动的数据，称之为数据流，也有人称之为数据块。

数据流记录了汽车行驶和发动机运转过程中的动态数据资料，通过数据传输线路，利用通信式检测便可以检测出对应的传感器的输出信号和执行器的输入信号是否正常，进一步查找具体的故障部位，这就是数据流的诊断功能。通过微机故障检测仪便可以将车辆运行中各种传感器和执行器的输入、输出信号的瞬值以数据表的方式在显示屏上显示出来。这样，可以根据车辆工作过程中发动机微机控制系统各种数据的变化情况来判断发动机微机控制系统的工作是否正常。例如，动态测试中一般都有点火提前角的数据显示，点火提前角应该随着节气门的开度或发动机的转速变化而增大或减小，否则与之相关的方面可能有问题。可见，虽然有些情况下故障代码并不一定能反映出来，但是可以利用数据流功能较为准确地判断故障的类型和发生的部位。

2. 数据流应用举例

下面以读取日产阳光节气门位置传感器数据块的过程为例介绍数据流应用方法。

将CONSULT-Ⅱ诊断仪接入汽车电控系统诊断座。

(1)启动发动机并暖机至正常工作温度。

(2)将点火开关转至“OFF”，然后等待至少9 s。

(3)将点火开关转至“ON”。

(4)利用 CONSULT-Ⅱ诊断仪选择“DATA MONITOR”(数据监控)模式,如图 3-5 所示。

(5)进入“THRTL POS SEN”(节气门位置传感器)读取节气门位置传感器电压。

节气门信号数据标准值如表 3-4 所示。

DATA MONITOR	
MONITOR	NO DTC
ENG SPEED ××× rpm	
COOLAN TEMP/S ××× C	
THRTL POS SEN ××× V	

图 3-5 日产阳光数据监控模式

表 3-4 节气门信号数据标准值

节气门状态	电压/V
完全关闭	0.35～0.65 (a)
部分打开	在(a)和(b)之间
完全打开	3.5～4.7(b)

如果所测数据异常,则调整关闭后的节气门位置开关。

五、元件性能主动测试

使用手持式测试仪进行元件性能主动测试,可使继电器、真空开关阀、执行器等在没有拆卸下来的情况下由电控单元控制动作。将进行主动测试作为故障排除分析的第一步是一种缩短工时的方法。在主动测试时,测试的相应内容可显示在数据表中(见表 3-5)。

丰田 1RZ-FE 发动机的主动测试步骤如下。

(1)预热发动机。

(2)将点火开关关闭。

(3)将手持式测试仪连接到 DLC3 上。

(4)将点火开关转至“ON”。

(5)使用手持式测试仪进行主动测试。

表 3-5 手持式测试仪显示

手持式测试仪显示	测试细节及汽车状态	诊断注释
INJ VOL	[测试细节] 控制喷油量 最小为－12.5%,最大为 24.8% [汽车状态] 发动机转速:不超过 3000 r/min	
A/F CONTROL	[测试细节] 喷油量变化 喷油量为－12.5%～24.8% [汽车状态] 发动机转速:不超过 3000 r/min	A/F CONTROL 的下面操作程序可检查氧传感器的输出。为显示图形,在选择 ACTIVETEST/A/F CONTROL/USER/DATA 后,选择 O2S B1 S1,并将按钮 4 按下
IAC DUTY RATIO	[测试细节] 控制 IAC 占空比 0～90% [汽车状态] 发动机转速:不超过 3000 r/min 车速:0 蓄电池电压:不小于 8.5 V	

六、利用万用表测量

利用汽车故障码测得的信息仅是关于发动机电控系统的故障原因和范围的，为了进一步确定故障部件或部位，需要用仪表进一步检测。如果知道各传感器和执行元件的技术参数，以及微机各端子间的电阻值和电压值，则可用数字式万用表进行检测。需要指出的是，各大汽车公司发动机电控系统使用的传感器和执行器的技术参数基本相同。同一汽车公司的不同车型或年款的技术参数均如此，这为用数字式万用表来检测和判断发动机电控系统的故障提供了方便。

1. 数字式万用表的结构

汽车专用万用表的面板上主要有液晶显示器、功能按键、选择开关、表笔插孔等，如图 3-6 所示。

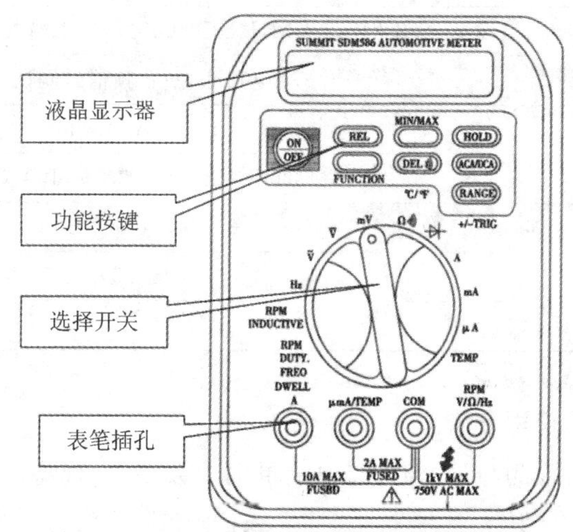

图 3-6 汽车专用万用表

液晶显示器采用 FE 型大字号 LCD 显示器，最大显示值为 1999 或－1999。当电池的电压低于 7 V 时，显示屏的左上方显示低电压指示符号“LOBAT”，超量程时显示“1”或“－1”，小数点由量程开关进行同步控制，使小数点左移或右移。

功能按键侧注有“OFF”和“ON”字样，将开关按下接通电源，即可使用仪表，测量完毕再按开关，使其恢复到原位，以免空耗电池。

选择开关有 30 个基本挡和 2 个附加挡，其中蜂鸣器和二极管测量为公用挡，h_{EF}（晶体管放大倍数）采用八芯插座，分为 PNP 和 NPN 两组。

压电陶瓷蜂鸣器片装在电池盒下面，当被检查的线接通时，能同时发出声、光指示，面板上的二极管发出红光。

表笔插孔共有 4 个，分别标有“10A MAX”“A”“V/Ω/Hz”与“COM”，后两者之间标有“750V AC MAX”“1kV MAX”字样，表示从这两个孔输入的交流电压不得超过 750 V，直流电压不得超过 1000 V，测量电压、电阻时，表笔插入此两孔。测电阻时，插入“V/Ω/Hz”插孔的表笔为电源高压端，插入“COM”插孔的表笔为电源负端。测直流电压时，当“V/Ω/Hz”插孔引出的红表笔接被测端高电位时，显示测量数字为正，反之为负。另外，在“A”与“COM”之间标有“2A MAX”，表示输入的交、直流电流最大不超过 2 A，若超过 2 A 小于 10 A 时，可用“10A MAX”

与“COM”插孔。

仪表板背面有电池盒盖板，可按指定方向拉出活动扣板，即可更换电池。为检查方便，表内装有 0.2 A 快速熔断器。

汽车专用万用表的结构和数字式万用表的基本相同。汽车用专用万用表技术参数如表 3-6 所示。

表 3-6　汽车专用万用表技术参数

主要功能	技术参数
直流电压	0.4～400 V(±0.5%),1000 V(±1%)
直流电流	400 mA(±1%),20 A(±2%)
交流电压	0.4～400 V(±1.2%),1000 V(±1.5%)
交流电流	400 mA(±1.5%),20 A(±2.5%)
电阻	400 Ω(±1%),4 kΩ～4 MΩ(±1%),40 MΩ(±2%)
频率	4 kHz～4 MHz(±0.05%),最小输入频率 10 Hz
音频	电路通、断音频信号测试
二极管的检测	±1%rdg+3rdg
温度的检测	−18～300 ℃(±3%),301～1100 ℃(±3%)
转速	150～3999 r/min(±0.3%),4000～10 000 r/min(±0.6%)
闭合角	(±0.5)
频宽比	(±0.2%)

2. 汽车专用万用表的使用方法

现代电控汽车在进行检测与诊断时，需要测量的参数很多，现将一些特殊参数的测量方法介绍如下。

(1)信号频率检测。将选择开关转至频率挡，公用接地插孔(“COM”)的测试线接地，“V/Ω/Hz”插孔的测试线接被测的信号线，此时在显示器上即可读取被测信号的频率。

(2)温度的检测。将选择开关置于温度挡，把温度探针插入温度检测插孔，按动测量温度选择钮℃/℉，再用温度探针接触被测物体的表面，显示器即显示出所测的温度。

(3)闭合角检测。将选择开关转至相应发动机气缸的闭合角测量位置，公用接地插孔(“COM”)的测试线接地，“V/Ω/Hz”插孔的测试线接点火线圈负极“−”接线柱，在发动机运转时显示器即能显示出点火线圈初级线圈导通的时间(即导通角)。

(4)占空比检测。将选择开关转至占空比测量位置，公用接地插孔(“COM”)的测试线接地，“V/Ω/Hz”插孔的测试线接被测的信号线，显示屏即显示出被测电路一个工作循环中脉冲信号所保持的时间的相对百分数(即占空比)。

(5)转速的测量。将选择开关转至转速挡，将测量转速的专用插头插入公用接地插孔(“COM”)和“V/Ω/Hz”插孔，再将感应式转速传感器的夹子夹在一缸的高压分缸线上，在发动机工作时显示器即显示出发动机的转速。

(6)氧传感器的检测。首先拆下氧传感器线束，用一跨接线将此线束与氧传感器相接。然后将选择开关置于“4V”挡，按动“DC/AC”按钮并置于“DC”状态，再按“MIN/MAX”按钮，使“COM”插孔的测试线接地，“V/Ω/Hz”插孔的测试线与氧传感器的跨接线相连。让发动机运转至快怠速(约 2000 r/min),此时氧传感器的工作温度可达到 360 ℃。混合气浓时,氧传感器的输出电压约为 0.8 V;混合气稀时,输出电压为 0.1～0.2 V。注意:氧传感器的工作温度低于其工作温度时,将影响其输出信号。

(7)喷油器喷油脉宽的测量。将选择开关转至占空比测量位置,测量出喷油器喷油的占空比后,再将选择开关置于频率挡,测量出喷油器的工作频率。

3. 数字式万用表使用的注意事项

使用时,将黑表笔插入"COM"插孔,红表笔视不同测量参数,可插入"V/Ω/Hz"或"10A MAX"插孔,按下"ON/OFF"开关,如液晶显示屏左上角无"LOBAT"字样,则意味着电池电压正常,可进行测试。

直流电压及交流电压测试时,当将量程开关转到相应测量范围时,在没有测量时,显示屏显示"000",在电流挡测试前显示也相同,而在电阻测试前,即表笔开路时,液晶屏显示"1"。

二极管及线路通断检测是用同一个挡位。测二极管时,若红表笔插入"V/Ω/Hz"孔,接二极管正极,黑表笔插入"COM"孔,接二极管负极,则测出的数值为其正向压降。据此压降值可确定二极管为锗管(显示 0.15～0.300)还是硅管(显示 0.55～0.700),并确定管脚的极性。当用来测线路通断时,若被测两点间电阻小于 30 Ω,则声、光同时警示。

将量程开关置入 h_{EF} 挡,按 PNP 或 NPN 管分类正确插入测试插孔,万用表即显示被测晶体管的 h_{EF} 值。

4. 汽车电路检修基础

1)汽车电路检修的一般程序

检修电路的关键是分析、判断故障原因。汽车电路检修的一般程序如下。

(1)验证车主(用户)反映情况。在详细了解故障现象和故障发生经过的基础上,做必要的验证。在动手拆、测之前,尽可能缩小故障产生的范围。

(2)分析电路原理图,弄清电路的工作原理,对存在的问题做出推断。对相关线路进行检查,如果相关线路工作正常,说明共同部分没问题,故障原因仅限于有问题的这一线路中;如果相关的几条线路同时出现故障,原因多在熔断器或接地搭铁线上。

(3)重点检查问题集中的线路或部件,通过测试,验证前面做出的推断。测试时,先对该线路中最有可能出现故障的部位加以测试,且先测试最容易测试的部位。问题一经查明,便可着手进行必要的修理或更换。

(4)测试后,再对线路进行一次检测,验证电路是否恢复了正常。

2)汽车电路检修的基本方法

(1)线路断路故障检测。当汽车电路存在如图 3-7 所示的断路故障时,可用检测电阻或检测电压的方法来确定断路位置。

①检测电阻。

脱开连接器 A 和 C,测量 A 与 C 之间的电阻,如图 3-8 所示。如果连接器 A 端子 1 与连接器 C 端子 1 之间不导通(电阻无穷大),而连接器 A 端子 2 与连接器 C 端子 2 之间导通(有一定电阻),则说明连接器 A 端子 1 与连接器 C 端子 1 之间有断路故障。

再脱开连接器 B,测量连接器 A 与 B、B 与 C 之间的电阻。如果连接器 A 端子 1 与连接器 B 端子 1 之间导通,而连接器 B 端子 1 与连接器 C 端子 1 之间不导通,则说明连接器 B 端子 1 与连接器 C 端子 1 之间断路。

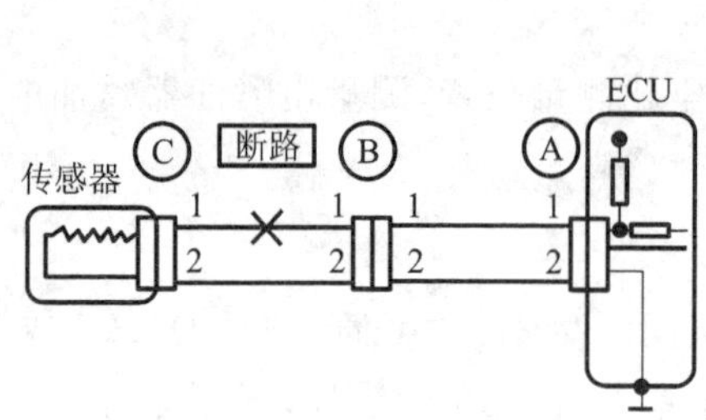

图 3-7 断路的部位

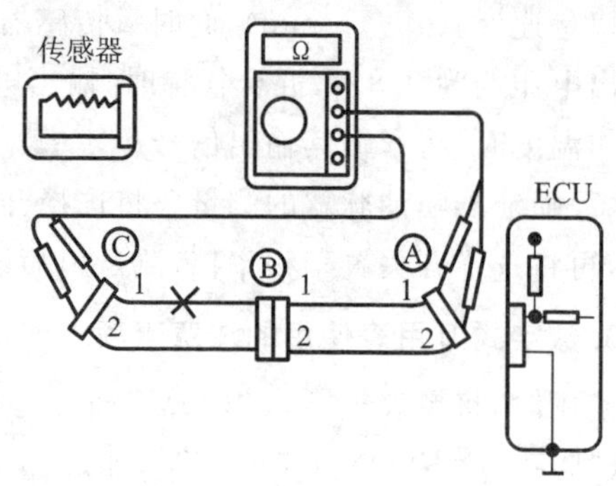

图 3-8 检查线路的通断

②检测电压。

在 ECU 连接器端子上加有电压的电路中，可以用检测电压的方法检查断路。

如图 3-9 所示，在各连接器接通的情况下，当 ECU 输出电压为 5 V 时，依次测量连接器 A 端子 1、连接器 B 端子 1、连接器 C 端子 1 与车身搭铁之间的电压。若连接器 A 端子 1 与搭铁之间电压为 5 V，连接器 B 端子 1 与搭铁之间的电压为 5 V，连接器 C 端子 1 与搭铁之间的电压为 0，说明连接器 B 端子 1 与连接器 C 端子 1 之间的导线有断路。

(2)短路的检查。如果导线有搭铁故障，可通过测量各导线与车身搭铁线之间是否导通来判断故障部位。脱开连接器 A 和 C，如图 3-10 所示，测量连接器 A 端子 1 和端子 2 与搭铁之间的电阻。如果连接器 A 端子 1 与搭铁之间导通，而连接器 A 端子 2 与搭铁之间不导通，则说明连接器 A 端子 1 与连接器 C 端子 1 的导线和车身之间有搭铁故障。

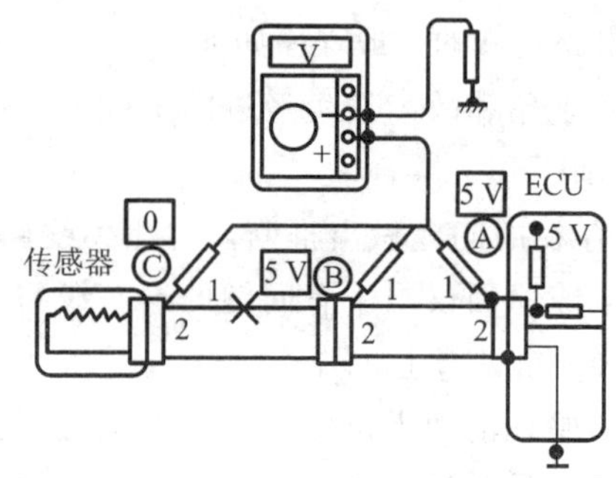

图 3-9 用检测电压的方法检查断路故障

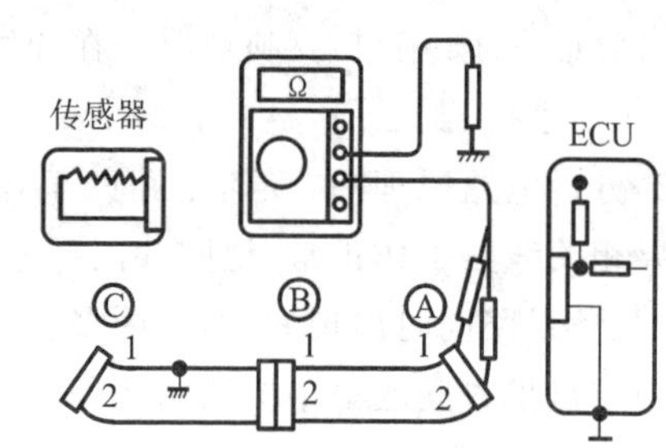

图 3-10 测量有无搭铁故障

脱开连接器 B，分别测量连接器 A 端子 1 和连接器 B 端子 1 与车身搭铁之间的电阻。如果连接器 A 端子 1 与搭铁之间不导通，而左侧 B、C 之间的连接器 B 端子 1 与搭铁之间导通，则说明连接器 B 端子 1 与连接器 C 端子 1 的导线和车身之间有搭铁故障。

七、故障的仪器设备诊断

汽车在行驶过程中，一旦电控系统出现故障，电子控制单元 ECU 将利用自身的自诊断功能将故障检测出来，并以故障码的形式储存在存储器中。故障诊断仪的作用就是将故障代码从电控单元中读出，为检修人员提供参考。除此之外，故障诊断仪还具有其他的一些特殊测试功能。

故障诊断仪分为通用型和专用型两种。专用型故障诊断仪只能检测特定的车型。它是各汽车制造商为自己生产的各种车型设计的专用故障诊断仪，如德国大众公司的专用 V. A. G 1552、美国通用公司的 TECH-2、日本本田公司的 HHT、奔驰 STAR-2000、宝马 MODIS-3 等。

其特点是适用车型单一，测试功能较强，是各车型特约维修站配置的检测设备。

通用型故障诊断仪的适用车型广，可涵盖美、欧、亚车型，其功能与专用型故障诊断仪的功能相近，能够满足用户的基本需要。这类仪器种类很多，国产车辆故障诊断仪的代表产品有金德 K81、HY-222B 修车王、X-431 电眼睛等，进口的有美国 OTC 诊断仪和 Scanner 诊断仪（俗称红盒子）、德国 Bosch FS560 诊断仪、瑞典 Muliti-Test Plus 诊断仪和 OB91 欧洲车辆故障诊断仪等，下面以金德 K81 为例介绍故障诊断仪的结构、主要功能和使用方法。

1. 故障诊断仪的结构

不论是专用型还是通用型故障诊断仪，其结构组成基本相同，主要由主机、电源、测试接头、软件测试卡和测试线等组成，如图 3-11 所示。

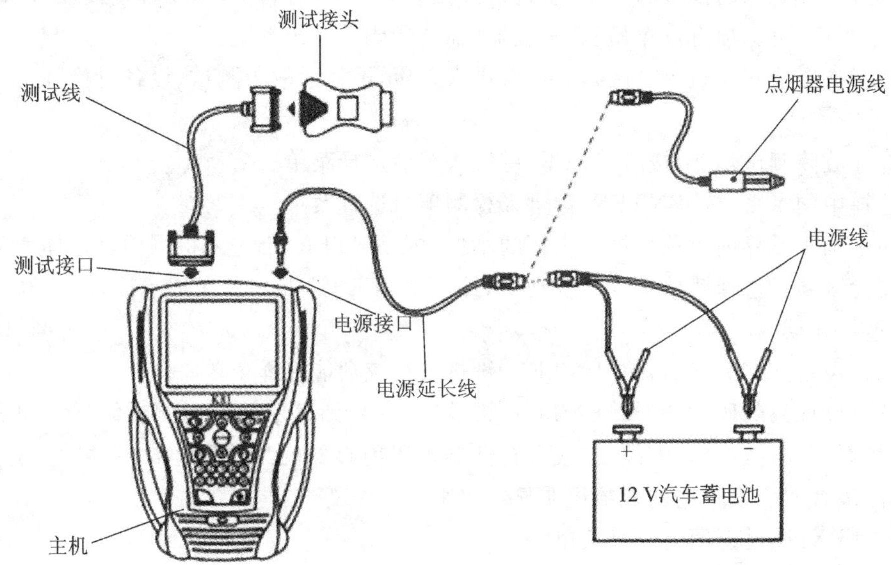

图 3-11 故障诊断仪结构

主机：主机上布置有 0～9 个数字键和若干个功能按键，用户可以通过按键操作来实现人机对话，测试结果显示在主机屏幕上。[ENTER]键的功能主要是进入菜单、确认所选项目。四个方向键可以对项目进行选择。[EXIT]键的功能主要是返回上级菜单、退出。[F_1]、[F_2]是辅助键。

电源：为主机提供能量支持。国内产品一般采用汽车电源作为供电设备（直接连接电瓶或通过点烟器连接电源），国外部分产品采用内装式锂电池。

软件测试卡：软件测试卡内存有被测车系的故障测试程序、故障说明及维修提示资料。通常情况下，一块测试卡只能测试一种车系。软件测试卡备有多块，并且可以升级换代。

测试接头：每种车系都可能有不同的自诊断插座，所以在测试不同的车系前，必须选用对应的测试接头。

测试线：连接测试接头和主机的连接线。

2. 故障诊断仪的功能

故障诊断仪的功能可分为基本测试功能和特殊测试功能。基本测试功能是指读取和清除故障码；特殊测试功能包括动态数据流测试、静态数据流测试、执行元件测试、基本设定和控制单元编码等。

不同型号的故障诊断仪，其使用方法也不尽相同。

1)读取故障码

故障诊断仪可以读出存储在电子控制单元中的故障码,并将其在显示屏上显示出来,故障码的含义也可以通过按键的操作将其从故障诊断仪中调出,在未清除故障码之前,可以重新阅读故障码。故障码读取的方法如下。

(1)根据被测车型和该测试车的诊断座形式选择合适的测试接头,用测试线将故障诊断仪、测试接头和测试车诊断座连接。若诊断座不提供电源(OBD-Ⅱ除外),则选择点烟器或者电瓶对设备提供电源支持。

(2)按[POWER]键,故障诊断仪将进行自检,自检结束后按[ENTER]键,若用户未对仪器进行注册,则仪器的使用次数是有限制的,此时屏幕会显示提示信息,提示用户及时注册并显示该仪器还能使用的次数,按[ENTER]键进入开机等待画面,等待 20 s 或者直接按[ENTER]键进入主菜单界面,可选项有汽车检测、示波器、辅助功能和升级系统。

(3)选择汽车检测功能,按[ENTER]键进入,显示屏显示故障测试、设备自检、测试演示、音响解码。

(4)选择故障测试功能,按[ENTER]键进入车型选择菜单。

(5)选择中国车系,按[ENTER]键进入检测项目选择菜单。

(6)在中国车系界面上选择被测车辆的车型,按[ENTER]键进入检测项目选择菜单。

(7)在检测项目选择菜单上选择发动机,按[ENTER]键进入。仔细阅读,确认测试接头选择和设备连接无误。

(8)确认设备连接无误后,按[ENTER]键进入系统功能选择菜单。

(9)选择读取故障码功能,按[ENTER]键诊断,屏幕即显示故障码测试结果。如果测试时发动机电控系统元件或电路有故障,或者存储器中以前存储的故障码还没有清除,则屏幕会很快将这些故障代码以及相应的故障说明显示出来。

(10)按[EXIT]键返回上一级菜单。

2)清除故障码

车辆的故障排除后,必须清除掉存储在电子控制单元中的故障码。利用故障码清除功能可清除发动机 ECU 存储器中存储的故障代码以及相应的故障说明。一般在维修项目结束时,重新读取一次故障代码,然后再清除故障代码,试车确定故障代码不再出现则维修项目完成。

故障码的清除方法为:在系统功能菜单中,选择清除故障码功能,按[ENTER]键诊断。

3)数据流的读取

利用数据流的读取功能可读取汽车运行过程中的某些实时数据,可帮助用户进行故障检测,便于疑难故障诊断。

数据流的读取方法:在系统功能选择菜单中,选择数据流功能,按[ENTER]键诊断。

4)静态数据流的测试

在车辆停驶、发动机运转状态下,使用故障诊断仪同样可以将电子控制单元检测到的电控系统中各项参数记录下来,以供检修人员查阅,如发动机温度、水温、节气门位置、进气压力(或进气量)、氧传感器信号和点火提前角、喷油脉冲和占空比等。

5)执行元件测试

此项功能可以检查终端执行元件的工作状态。如通过故障诊断仪可以检查燃油泵继电器、喷油器、废气再循环、怠速控制阀、空调离合器、A/T 电磁阀等执行元件是否工作。

6)基本设定

此项功能可以对汽车上电控系统进行基本设定。当电控系统某些部件维修后,或更换电子控制单元后,由于电控系统中的初始值发生了变化,所以必须进行重新设定,如点火正时的设定、节气门控制部件与电子控制单元的匹配、发动机的开闭环控制等。

7)控制单元的编码

当控制单元编码没有显示或更换了控制单元之后,必须对控制单元进行编码。电子控制单元编码错误,将导致油耗增大、变速箱寿命缩短,直至发动机无法运行。

8)音响解码功能

可以方便快捷地查看常见车型的音响密码输入方法和汽车音响常用知识及应用技巧。

故障诊断仪功能随车型、车系不同而异,而对于同一车型、车系的测试,不同型号的故障诊断仪的测试功能也不尽相同。对于车辆的测试范围,不同型号的故障诊断仪也各不相同。有的只能检测一个系统,有的则可以检测多个系统,包括 A/T 系统、ABS、SRS、防盗系统、巡航系统、A/C 系统、悬挂系统、仪表系统、TCS 等。

3. 故障诊断仪使用注意事项

(1)使用故障诊断仪前,要仔细阅读使用说明书。

(2)应在通风良好的条件下使用。

(3)在检测过程中严禁抽烟、明火。

(4)操作中应避免电瓶液与皮肤直接接触,特别注意不能溅入眼睛。

(5)发动机运转时温度较高,应避免直接接触散热器和排气管等高温部件。

(6)启动发动机之前,将变速器置于 P 挡(手动变速器置于空挡),且拉起驻车制动器。

(7)若以蓄电池作电源,须用红色鳄鱼夹接蓄电池正极,黑色鳄鱼夹接蓄电池负极。

(8)当在发动机舱内使用仪器时,所用电源线缆、表笔和工具应远离传动带和其他运动器件,不戴手表、戒指,也不要穿宽大的衣服。

八、波形检测与分析

在发动机电控系统工作中,电控单元不断接收到各种传感器的输入信号,经判断处埋后冉向各执行器发出控制指令使执行器动作。电控系统出现故障时,可以通过读取故障码来显示故障码的大致部位,而无法知道引起故障的原因是传感器本身还是配线故障或电脑故障。因此,在现代电控发动机维修中,汽车专用示波器是必不可少的设备之一,如图 3-12 所示。

电控单元的输入与输出信号基本可以分为模拟信号和数字信号两类。

目前汽车电控系统中大约有 80%的信号是模拟信号,而数字信号约占 20%。

汽车专用示波器可以准确地将上述信号显示出来,可以通过对波形变化的分析来判断故障。

汽车专用示波器的种类较多,进口的主要有 OTC 系列、KAL 系列、Fluke 98 等,国产代表产品是金德 W18。示波器除具有示波功能外,一般还具有数字万用表的功能,功能多、体积小、方便使用。

下面以国产金德 W18 为例介绍汽车专用示波器的结构与功能。

1. 示波器的结构

金德 W18 汽车专用示波器主要由液晶显示器、功能按键、主机接口和随机附件组成。液晶显示器的主要功能是显示测试信息,为人机对话提供平台。功能按键的作用和布置与金德 K81 基本相同。主机端口位于主机头部和尾部,如图 3-12 所示。其诊断测试口无功能。随机附件包括示波测试连接线、电源线、自诊断插头。

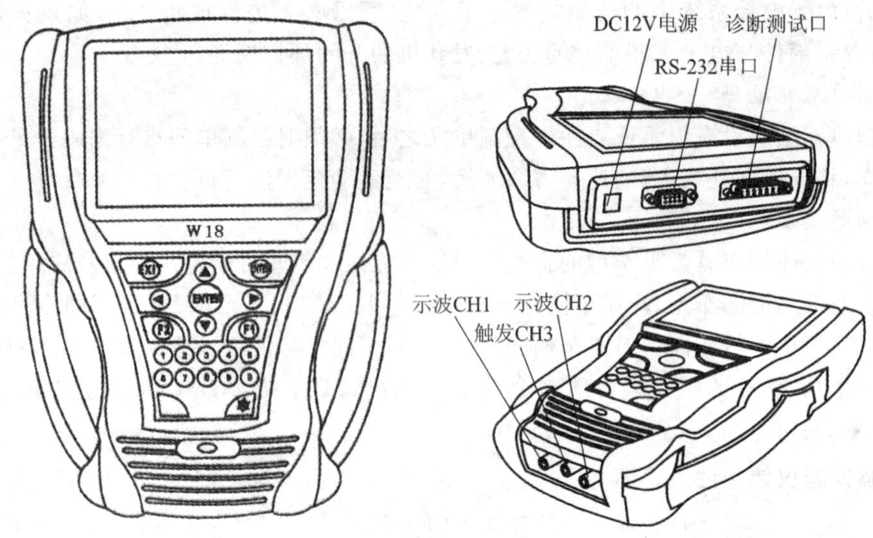

图 3-12　汽车专用示波器

2. 示波器的使用和功能

不同型号的示波器的功能和使用方法也不尽相同。

1)使用注意事项

(1)使用前应仔细阅读使用说明书。

(2)测量电容电阻时要切断电容电源并充分放电。

(3)当工作电压大于 60 V 直流、42 V 峰值时要小心,这些电压有产生电击的可能。

(4)使用测试探头时,不要用手指接触金属部分。

(5)从仪器上拆下测试线之前,必须先将测试线从测试点断开。

2)使用前的准备

(1)根据测量的项目,使被测试车辆达到所需的测试条件,如将发动机预热等。

(2)按所测试的项目说明连接好设备,并正确选择测试探头或感应夹。

(3)选择正确的车辆设置或者传感器类型。

3)示波器的功能

(1)示波功能。

测试电控系统中主要传感器与执行器的信号波形,如:气门位置传感器、进气压力传感器、空气流量传感器、温度传感器、凸轮与曲轴位置传感器、氧传感器、ABS 车速传感器传感器;喷油器喷油脉宽、怠速控制阀、EGR 电磁阀和点火系统的初级与次级的电压波形。

多通道显示:示波器至少为双通道显示,有的为四通道显示,W18 为三通道显示。示波器含有多通道接口,测量时能够同时显示多组波形。例如,把示波器连接到车辆上三个不同的传感器与执行器,就能将三种信号波形同时显示出来,便于对比分析判断。

信号波形锁定与存储功能:当需要对被测波形进行记录分析时,可以通过功能键操作对波形进行锁定与存储,以便对波形进行分析判断,另外也可以通过功能键的操作对存储的波形进行重新查看和删除。

设定功能:通过设定信号电压的大小,改变扫描时间的长短,可以使所测波形的形状大小与屏幕坐标相配,让人们更加方便地观测与分析。同时也可以通过自动设定功能,使波形的显示自动与坐标相配,但是在多组波形同时显示的时候,使用自动设定功能会使各族波形的时间单位不一致。

波形资料库:波形资料库收集有汽车各系统电子元件的标准波形,如传感器、执行器等的标准波形。通过将实测波形与标准波形进行对比,可以使波形分析变得方便、明了。通常专用示波器中存储的波形有常规点火系统的初级与次级电路电压波形、曲轴位置传感器信号波形、怠速步进电机信号波形、普通脉冲信号波形、二极管信号波形和电控点火正时的信号波形等,通过功能键即可调出这些标准波形。

(2)万用表功能。

为扩大示波器的功能,一般示波器附加有万用表功能。虽然对于较为复杂的信号(例如,点火波形与喷油波形)利用示波器显示,能看出信号的变化规律和变化范围,有利于分析信号,但对于一些简单的特定值测量的信号,利用万用表显示则更直接、易懂和方便。示波器附带的万用表功能较之汽车专用万用表功能要小许多。

(3)发动机的性能测试。

该项功能也是专用示波器的附加功能。通过一些附加测试探头与车辆连接,主要测试发动机的启动电流、交流发电机的二极管、气缸压力和功率平衡(只针对非电控发动机)等。发动机性能分析仪的功能远远强于示波器的该项功能,但对于发动机性能的单项测试,它不失为一个很好的选择。

九、主要信号传感器的检测与诊断

电控发动机控制系统传感器本身故障和线路故障是造成电控系统故障的主要原因之一,因此掌握各组成部分及线路故障的检修方法极为重要。

1. 空气流量计的故障诊断

空气流量计的作用是检测发动机的进气量,并将进气量大小转变为电信号输入发动机电子控制单元ECU,以供ECU计算喷油量、点火正时、废气再循环控制及发动机怠速控制等控制参数。

一般空气流量计或连接线路出现故障,会造成汽车启动困难、怠速不稳、发动机动力不足、加速不良、易熄火等现象。空气流量计有多种类型,体积流量型的有叶片式(翼板式)、量芯式、卡门漩涡式;质量流量型的有热线式、热膜式。

1)叶片式空气流量计的检测

如图3-13所示为丰田子弹头2JZ-FE发动机叶片式空气流量计内部电路及检测原理图。

(1)叶片式空气流量计电压测量。使用电压表测量ECU端Vc-E2端子和VS-E2端子,其标准电压值如表3-7所示。若无电压,则说明叶片式空气流量计有故障。

表3-7 丰田2JZ-FE发动机叶片式空气流量计标准电压值

端　子	故　障	检测条件		标准电压/V
Vc-E2	无电压	点火开关置“ON”	—	4.0～6.0
VS-E2		点火开关置“ON”	叶片全关	3.7～4.3
			叶片全开	0.2～0.5
		怠速	—	2.3～2.8
		3000 r/min	—	0.3～1.0

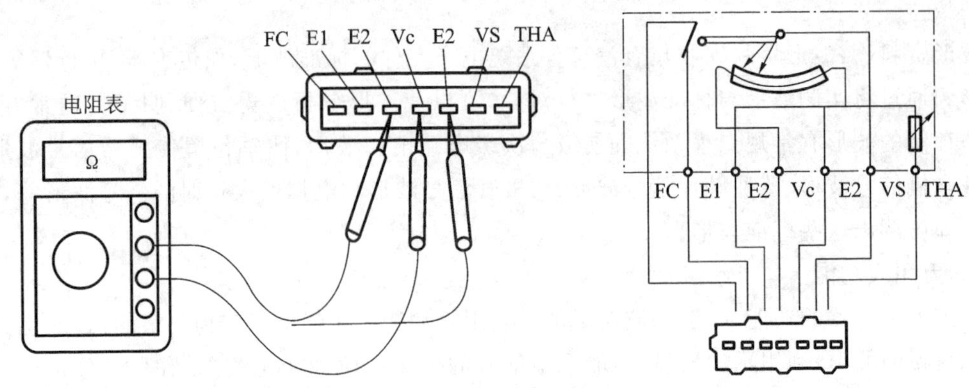

图 3-13　丰田 2JZ-FE 发动机叶片式空气流量计内部电路及检测原理图

(2)叶片式空气流量计电阻检测。电阻检测可在车上或车下检测。车上就车检测时,先脱开叶片式空气流量计的插接器,再用万用表电阻挡测量各端子间的电阻值;车下检测时,应先拆下空气流量计,再用万用表电阻挡测量叶片在不同开度时 FC-E1、VS-E2 端子间的电阻值,如图 3-14 所示。各端子间的标准电阻值如表 3-8 所示。只要电阻值不符合要求,就应更换叶片式空气流量计,并重新连接好插接器。

表 3-8　丰田 2JZ-FE 发动机叶片式空气流量计各端子间的电阻值

名　称	检测端子	检测条件	电阻值/kΩ
油泵开关	FC-E1	叶片全关	∞
		叶片全开	0
空气流量计	VS-E2	20 ℃	0.2~0.6
	Vc-E2	20 ℃	0.2~0.4
	VS-E2	叶片全关	0.2~0.6
		叶片任意开度	0.2~1.2
进气温度传感器	THA-E2	−20 ℃	10.0~20.0
		0	4.0~7.0
		+20 ℃	2.0~3.0
		+40 ℃	0.9~1.3
		+60 ℃	0.4~0.7

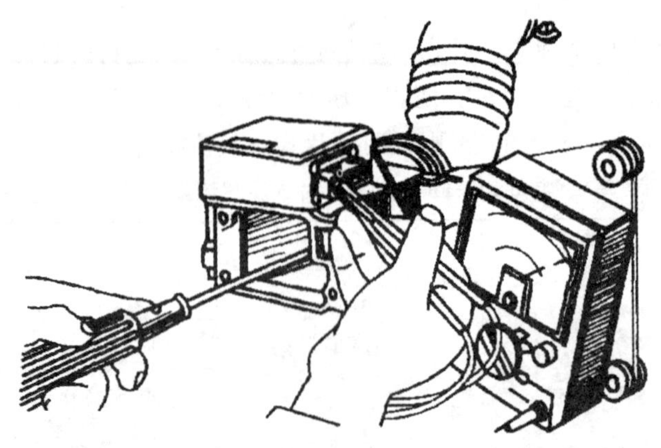

图 3-14　叶片式空气流量计电阻值的车下检测

2)卡门漩涡式空气流量计的检测

如图 3-15 所示为丰田凌志 LS400 轿车 1UZ-FE 型发动机卡门漩涡式空气流量计与 ECU 的连接线路和检测原理图。

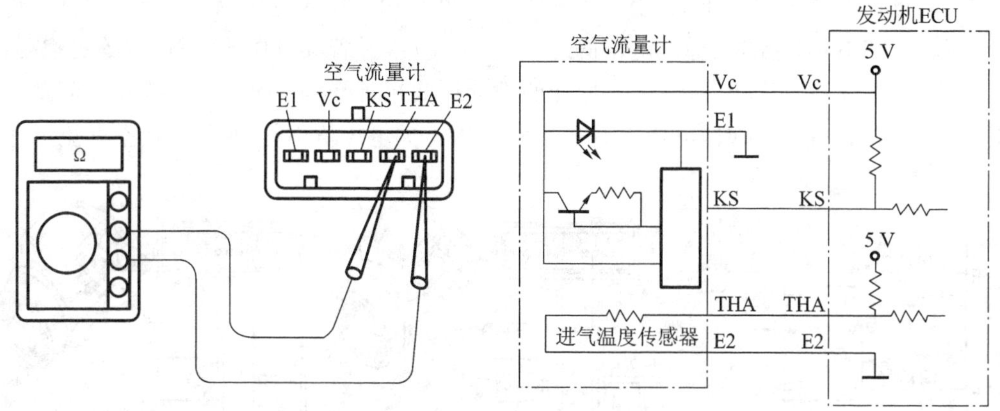

图 3-15 丰田凌志 LS400 轿车 1UZ-FE 型发动机卡门漩涡式空气流量计与 ECU 的连接线路和检测原理图

(1)卡门漩涡式空气流量计电阻的检测方法如下。

①关闭点火开关,拔下空气流量计的插接器。

②用万用表测量空气流量计插接器插座内端子 THA 与 E2 之间的电阻,测量结果应符合表 3-9 所列的标准值。若不符,则应更换空气流量计。

(2)卡门漩涡式空气流量计电压的检测方法如下。

①插回空气流量计的插接器,打开点火开关。

②用万用表检测空气流量计插接器上 THA-E2、Vc-E1、KS-E1 端子之间的电压值,检测结果应符合表 3-9 所列的标准值,若不符,则应采取下列措施。

检测发动机 ECU 与空气流量计之间的连接线路有无开路或断路。若不正常,则应检修或更换导线。

拔下空气流量计上的插接器,打开点火开关,检测发动机 ECU 的 Vc-E1、KS-E1 端子之间的电压值,标准值应为 4.5～5.5 V。若不正常,则应检查并更换 ECU;若正常,则应更换空气流量计。

表 3-9 丰田 1UZ-FE 型发动机卡门漩涡式空气流量计检测标准值

名　称	检 测 端 子	检 测 条 件	标　准　值
进气温度传感器	THA-E2	－20 ℃	10.0～20.0 kΩ
		0	4.0～7.0 kΩ
		＋20 ℃	2.0～3.0 kΩ
		＋40 ℃	0.9～1.3 kΩ
		＋60 ℃	0.4～0.7 kΩ
	THA-E2	怠速,20 ℃	0.5～3.4 V
空气流量传感器	Vc-E1	点火开关“ON”	4.5～5.5 V
	KS-E1	点火开关“ON”	4.5～5.5 V
		怠速	2.4～4.0 V

3)热线式空气流量计的检测

如图 3-16 所示为日产 VG30E 发动机热线式空气流量计检测图。

(1)输出信号电压的检测。拔下空气流量计的插接器，拆下空气流量计；将蓄电池的电压施加于空气流量计的端子 D 和 E 之间(电源极性应正确)，用万用表电压挡测量端子 B 和 D 之间的电压，如图 3-16(b)所示，其标准电压值为(1.6±0.5) V。若其电压值不符，则须更换空气流量计。在进行上述检查之后，给空气流量计的进气口吹风，同时测量端子 B 和 D 之间的电压，如图 3-16(c)所示。在吹风时，电压应上升至 2～4 V。如电压值不符，则须更换空气流量计。

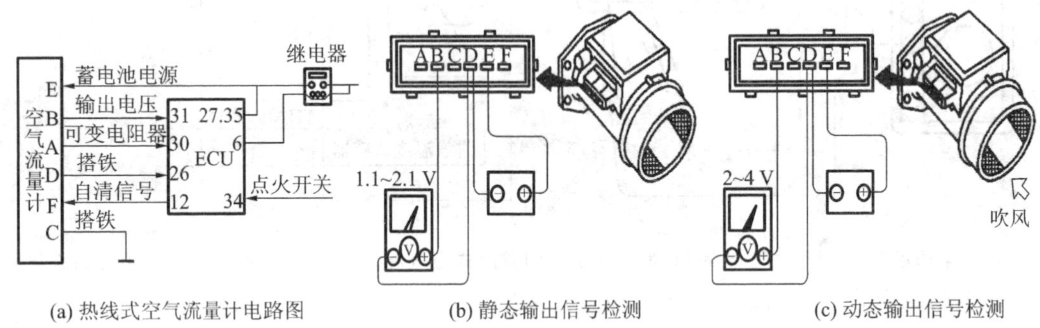

(a) 热线式空气流量计电路图 (b) 静态输出信号检测 (c) 动态输出信号检测

图 3-16 日产 VG30E 发动机热线式空气流量计检测图

(2)自洁功能的检查。装好热线式空气流量计及其插接器，拆下空气流量计的防尘网，启动发动机并加速到 2500 r/min 以上。当发动机停转后 5 s，从空气流量计进气口处，可以看到热线自动加热烧红(约 1000 ℃)约 1 s。若无此现象发生，则须检查自洁信号或更换空气流量计。

4)热膜式空气流量计的检测

如图 3-17 所示为热膜式空气流量计检测图。

(1)用 LED 灯连接空气流量计插接器 2 端子和发动机搭铁点，启动发动机，LED 灯应当亮，若不亮，则检查熔断器与插接器 2 端子之间是否存在断路，如果正常，则检查燃油泵继电器。

(2)在燃油泵继电器和熔断器正常的情况下，用万用表检测空气流量计插接器 4 端子与搭铁之间的电压，应为 5 V；否则，应检查连接线路，若正常，则更换发动机 ECU(J220)。

(3)用吹风机向空气流量计内吹风，用万用表测量插座端子 5 和 3 之间的电压。改变距离(改变进气量)，电压表读数应平稳缓慢变化，距离远时电压值下降，距离近时电压值升高；否则，应更换空气流量计。

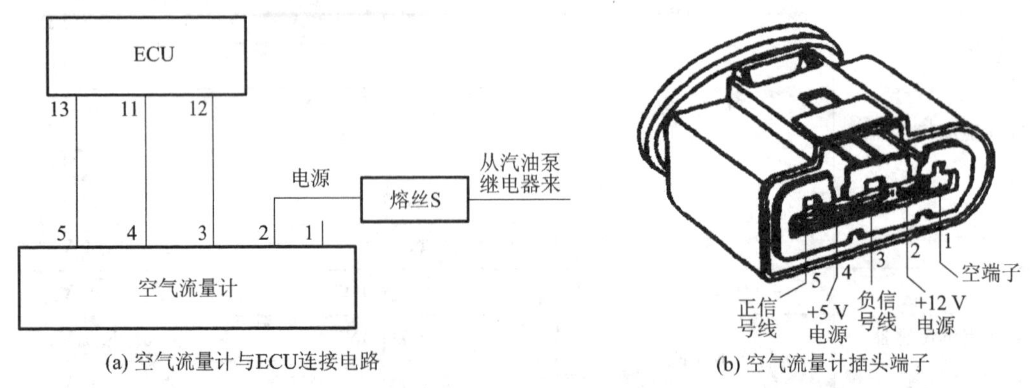

(a) 空气流量计与ECU连接电路 (b) 空气流量计插头端子

图 3-17 热膜式空气流量计检测图

2. 进气压力传感器的故障诊断

如图 3-18 所示为皇冠 3.0 轿车 2JZ-GE 发动机进气压力传感器检测图。

1)传感器电源电压的检测

(1)点火开关置"OFF"位置,脱开进气压力传感器的插接器。

(2)将点火开关置于"ON"位置(不启动发动机),用万用表电压挡测量插接器中电源端 Vc 和接地端 E2 之间的电压,其电压值应为 4.5～5.5 V。若有异常,则应检查进气压力传感器与 ECU 之间的线路是否导通。若断路,则应更换或修理线束。

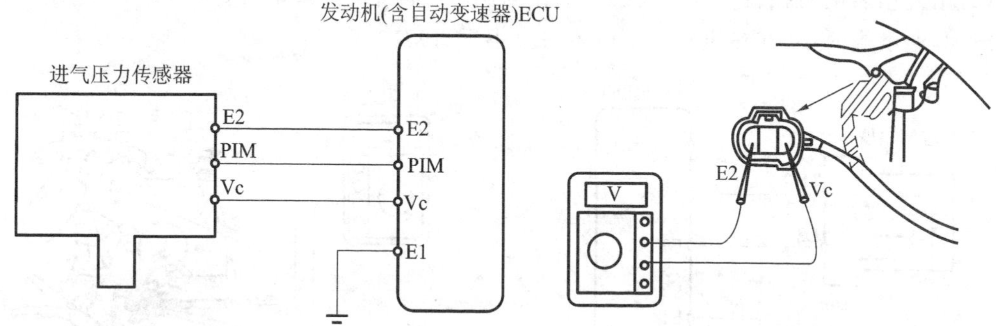

图 3-18　皇冠 3.0 轿车 2JZ-GE 发动机进气压力传感器检测图

2)传感器输出电压的检测

(1)接通点火开关。

(2)脱开进气室一侧的真空软管,如图 3-19(a)所示。

(3)用万用表电压挡测量 ECU 插接器侧进气压力传感器 PIM-E2 端子间在大气压力状态下的输出电压,如图 3-19(b)所示,并记下这一电压值。

(4)用手提式真空泵向进气压力传感器内施加真空,从 13.3 kPa (100 mmHg)起,每次递增 13.3 kPa(100 mmHg),一直增加到 66.7 kPa (500 mmHg)为止,测量在不同真空度下传感器 PIM-E2 端子间的输出电压。该电压应能随真空度的增大而不断上升。将不同真空度下的输出电压下降量与标准值相比较,若不符,则应更换进气歧管压力传感器。皇冠 3.0 轿车 2JZ-GE 发动机进气压力传感器输出电压标准值如表 3-10 所示。

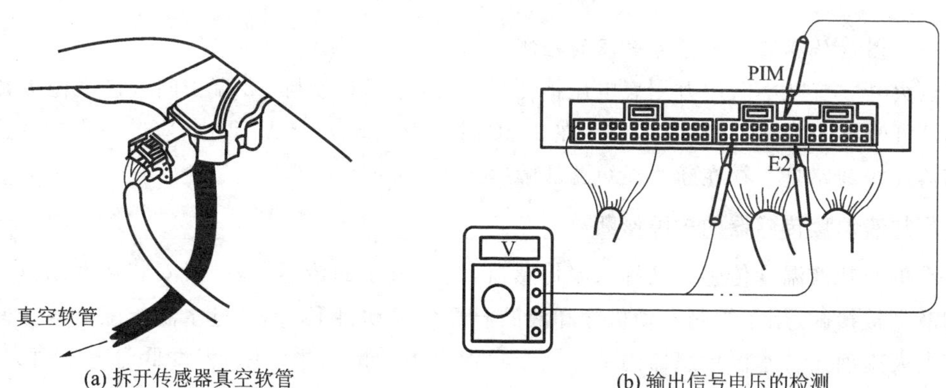

(a) 拆开传感器真空软管　　(b) 输出信号电压的检测

图 3-19　传感器输出电压的检测

表 3-10　皇冠 3.0 轿车 2JZ-GE 发动机进气压力传感器输出电压标准值

真空度/kPa(mmHg)	13.3(100)	26.7(200)	40.0(300)	53.3(400)	66.7(500)
电压值/V	0.3～0.5	0.7～0.9	1.1～1.3	1.5～1.7	1.9～2.1

3. 进气温度传感器的故障诊断

进气温度传感器的作用是测量进气温度，向 ECU 输入进气温度信号，为燃油喷射和点火正时提供修正信号。如图 3-20 所示为丰田皇冠 3.0 轿车 2JZ-GE 发动机进气温度传感器与 ECU 的连接电路图。

1)进气温度传感器的就车检测

(1)关闭点火开关，脱开进气温度传感器的插接器。

(2)用万用表电阻挡就车检测传感器插接器两端子间的电阻，如图 3-21 所示。电阻值在温度低时大，温度高时小，在热机状态下电阻值应小于 1 kΩ。

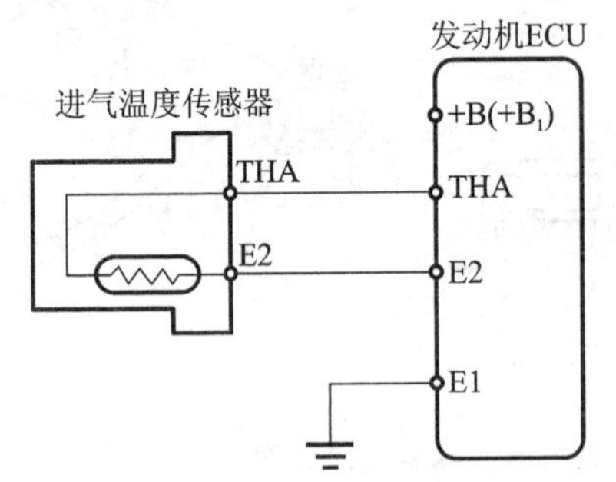

图 3-20　丰田皇冠 3.0 轿车 2JZ-GE 发动机进气温度传感器与 ECU 的连接电路图

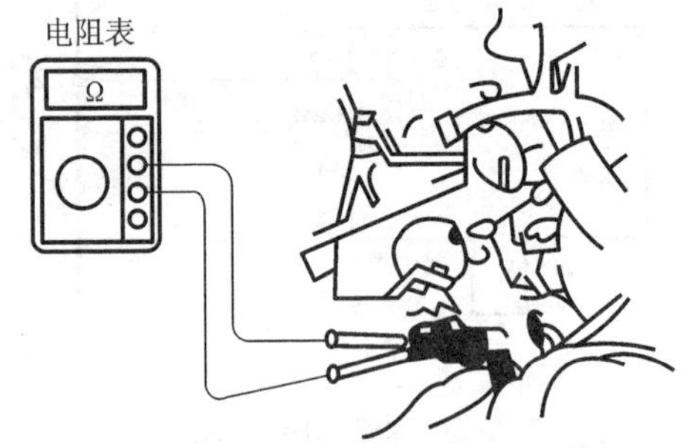

图 3-21　进气温度传感器的就车检测

2)进气温度传感器的车下检测

从发动机上拆下进气温度传感器，用电热风对进气温度传感器加热，用万用表测量在不同温度下传感器两端子间的电阻。其电阻值应符合表 3-11 所列的标准值。若差异过大，则应更换进气温度传感器。

表 3-11　丰田 2JZ-GE 发动机进气温度传感器电阻标准值

温度/℃	0	20	40	60	80
电阻值/kΩ	6	2.2	1.1	0.6	0.25

3)进气温度传感器输出信号电压的检测

将点火开关置“ON”，用万用表电压挡测量 ECU 的 THA 与 E2 端子间或进气温度传感器插接器 THA 与 E2 端子间的电压值。在 20 ℃时应为 0.5～3.4 V；否则，应进一步检查进气温度传感器连接线路是否存在断路或短路故障。

4. 冷却液温度传感器的故障诊断

发动机冷却液温度传感器简称水温传感器，它是双线的传感器，一般安装在发动机水套中与冷却液直接接触，用于检测发动机冷却液的温度。发动机 ECU 通过水温传感器信号修正喷油量和点火提前角。水温传感器内部是一个负温度系数的热敏电阻，温度低时电阻值大，而温度高时电阻值小。冷却液温度传感器电路如图 3-22 所示。

如果水温传感器本身或其线路故障，则会导致发动机冷车或热车启动困难、怠速不稳、耗油量和废气排放量增加。

1)在线检测

脱开冷却液温度传感器插头，打开点火开关，但不要启动发动机。用万用表测量 THW 与

E2 端子间的电压，应为 5 V。若无电压，则应检查 ECU 连接器端子 THW 与 E2 之间的电压，如图 3-23 所示。若无 5 V 电压，则应检查发动机 ECU 的电源电路和搭铁电路，若正常，则更换 ECU。

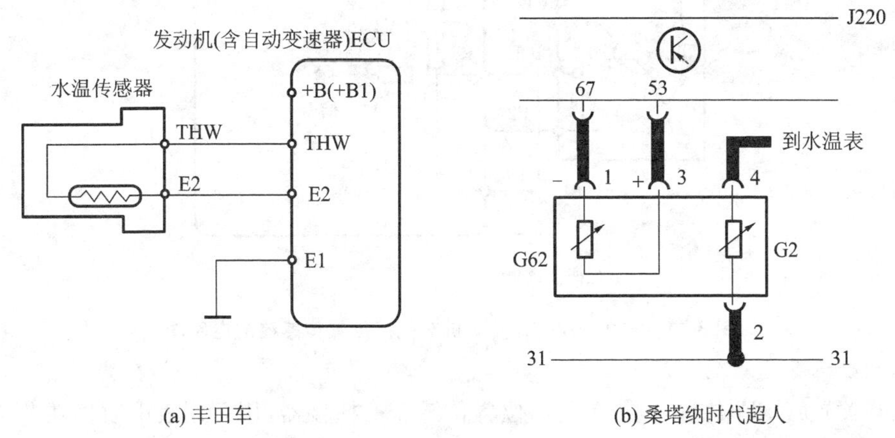

图 3-22　冷却液温度传感器电路

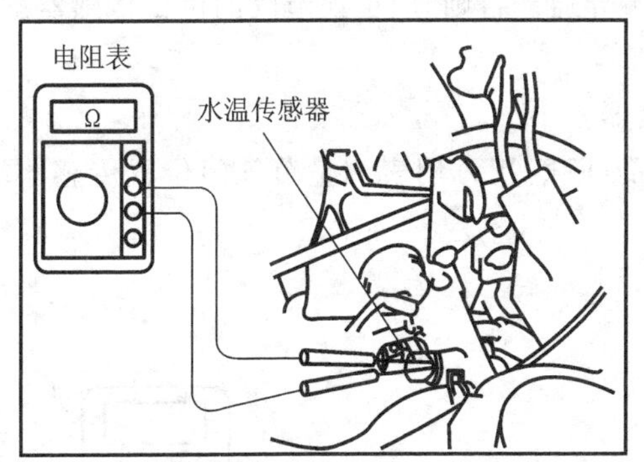

图 3-23　传感器单件测试(就车检测)

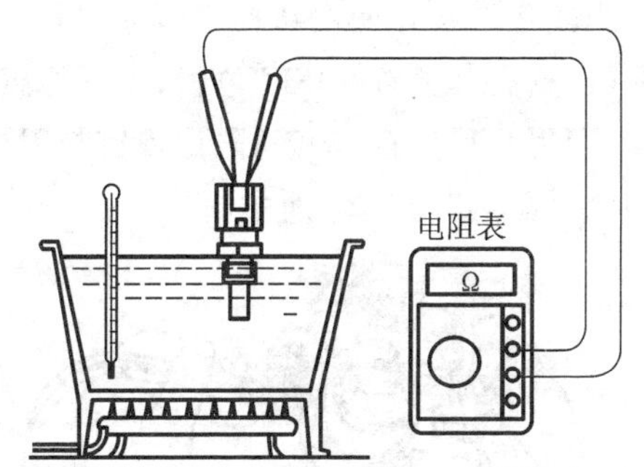

图 3-24　传感器单件测试(拆卸测试)

将插头插回，启动发动机，测量不同温度下传感器端子 THW 与 E2 之间的电压，其电压值应随冷却液温度的升高而逐渐降低。对于丰田车，当水温为 20 ℃时，电压为 1～3 V；当水温为 80 ℃时，电压为 0.2～1.0 V。

2)元件检测

拆下冷却液温度传感器，将冷却液温度传感器置于热水中，如图 3-24 所示。用万用表测量不同温度下冷却液温度传感器两端子之间的电阻值，其值应符合规定，否则应更换传感器。如丰田汽车冷却液温度传感器在水温为 20 ℃时，电阻为 2.2 kΩ；在水温为 80 ℃时，电阻为 0.25 kΩ。

5. 节气门位置传感器的故障诊断

节气门位置传感器有开关型、线性电位计型和综合型(怠速开关、节气门电位计)3 种。目前以综合型应用最为广泛。

节气门位置传感器的作用是将节气门开度的大小转变成电信号输入 ECU，用于燃油喷射及其他辅助控制(如 EGR、开闭环控制等)。节气门位置传感器出现故障，会造成发动机怠速过高或过低、无怠速或怠速发抖及排放超标等现象。

如图 3-25 所示为丰田 2JZ-GE 发动机节气门位置传感器的电路图。

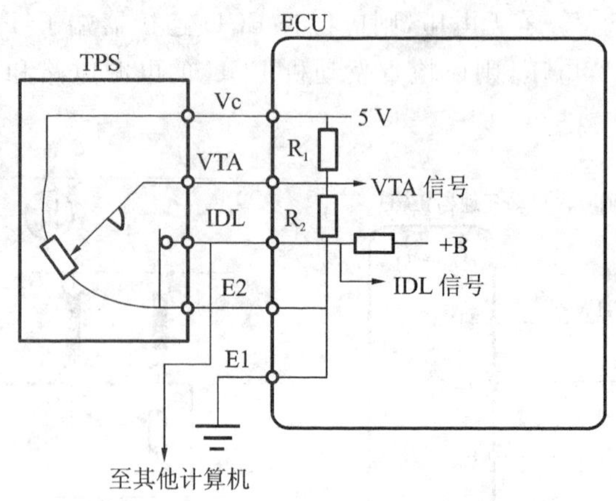

图 3-25　丰田 2JZ-GE 发动机节气门位置传感器的电路图

1)怠速触点导通性的检测

点火开关置“OFF”位置，拔下节气门位置传感器的插接器，用万用表电阻挡在节气门位置传感器插接器上测量怠速触点 IDL 的导通情况，如图 3-26 所示。当节气门全闭时，IDL-E2 端子间应导通；当节气门打开时，IDL-E2 端子间应不导通。否则，应更换节气门位置传感器。

2)线性电位计电阻的检测

(1)点火开关置“OFF”位置，脱开传感器插接器。

(2)用塞尺检查节气门限位螺钉与限位杆间的间隙，用万用表测量节气门位置传感器端子间的电阻值，如图 3-27 所示。

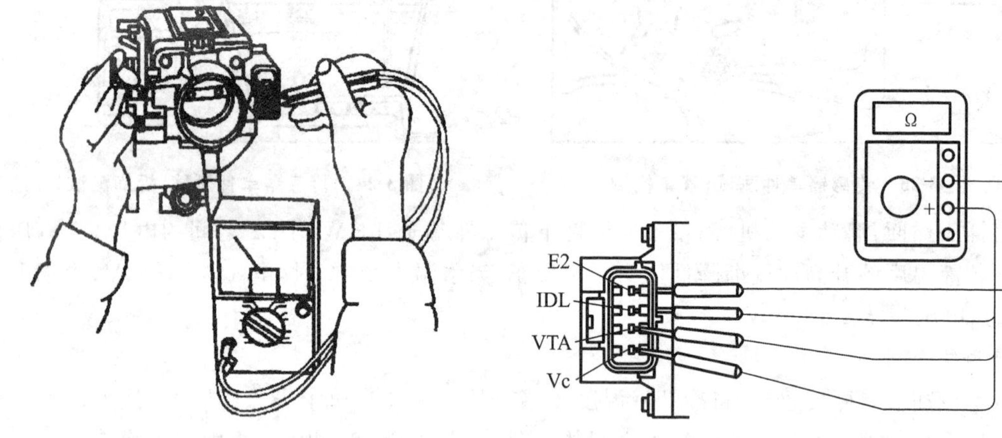

图 3-26　怠速触点导通性的检测　　**图 3-27　节气门位置传感器电阻的检测**

(3)间隙和电阻值应符合表 3-12 中的给定值，否则，应调节或更换节气门位置传感器。

表 3-12　丰田 2JZ-GE 发动机节气门位置传感器各端子间的电阻值

限位螺钉与限位杆间的间隙/mm	检 测 端 子	电阻值/kΩ
0	VTA-E2	0.34～6.3
0.45	IDL-E2	0.5 或更小
0.55	IDL-E2	∞
节气门全开	VTA-E2	2.4～11.2
	Vc-E2	3.1～7.2

3)电压的检测

插好节气门位置传感器的插接器,当点火开关置"ON"时,发动机 ECU 插接器上 IDL、Vc、VTA 三个端子处应有电压;用万用表电压挡检测到的 IDL-E2、Vc-E2、VTA-E2 间的电压值应符合表 3-13 所列。

表 3-13 节气门位置传感器各端子间的电压值

检测端子	检测条件	标准电压/V	异常
IDL-E2	节气门开	9～14	更换节气门位置传感器
Vc-E2	节气门任意位置	4.0～5.5	检查线路或 ECU
VTA-E2	节气门全关	0.3～0.8	更换节气门位置传感器
	节气门开	3.2～4.9	

4)节气门位置传感器的调整

拧松节气门位置传感器的两个固定螺钉,如图 3-28(a)所示,在节气门限位螺钉和限位杆之间插入 0.50 mm 的塞尺,同时用万用表电阻挡测量 IDL 和 E2 端子间的导通情况,如图 3-28(b)所示。逆时针转动节气门位置传感器,使怠速触点断开,然后按顺时针方向慢慢转动节气门位置传感器,直至怠速触点闭合为止(万用表有读数显示),拧紧节气门位置传感器的两个固定螺钉。再先后将 0.45 mm 和 0.55 mm 的塞尺插入节气门限位螺钉和限位杆之间,测量怠速触点 IDL 和 E2 端子间的导通情况。当塞尺为 0.45 mm 时,IDL 和 E2 端子间应导通;当塞尺为 0.55 mm 时,IDL 和 E2 端子间应不导通。否则,应重新调整节气门位置传感器。

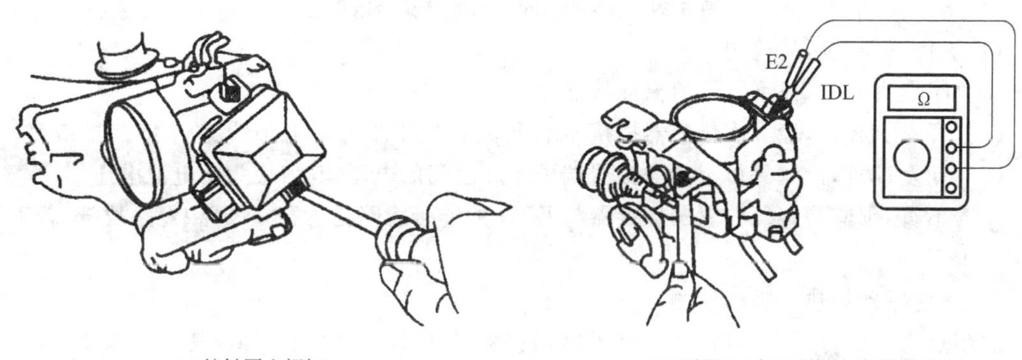

(a) 拧松固定螺钉　　(b) 测量IDL与E2端子间的导通情况

图 3-28 节气门位置传感器的调整

6. 氧传感器故障诊断

1)氧传感器的常见故障及影响

(1)铅中毒:使用含铅汽油,在高温下,铅沉附于氧传感器表面,造成氧传感器中毒,不能产生正常信号。

(2)积炭:氧传感器表面积炭,同样氧传感器也不能正常工作。

(3)氧传感器内部线路断路或脱线。

(4)陶瓷元件破损。

(5)加热电阻丝烧断。

氧传感器的故障会使电控燃油喷射系统计算机不能得到排气管中氧浓度的信息、不能对空燃比进行反馈控制,会使发动机油耗和排气污染增加,发动机出现怠速不稳、缺火、喘振等故障现象。

2)氧传感器故障诊断

氧传感器的功能是通过检测排气中氧离子浓度,获得混合气的空燃比信号,并将该信号转变为电信号输入发动机 ECU,ECU 根据氧传感器信号,对喷油时间进行修正,实现空燃比反馈控制,使发动机能够得到最佳浓度的混合气。常用的氧传感器有二氧化锆式和二氧化钛式,有 1 线、2 线、3 线和 4 线等形式。其中,1 线与 2 线的只有信号,而 3 线和 4 线的还装有加热线圈。

桑塔纳 2000GSi 采用的是 4 线制二氧化锆式氧传感器,其电路图如图 3-29 所示。

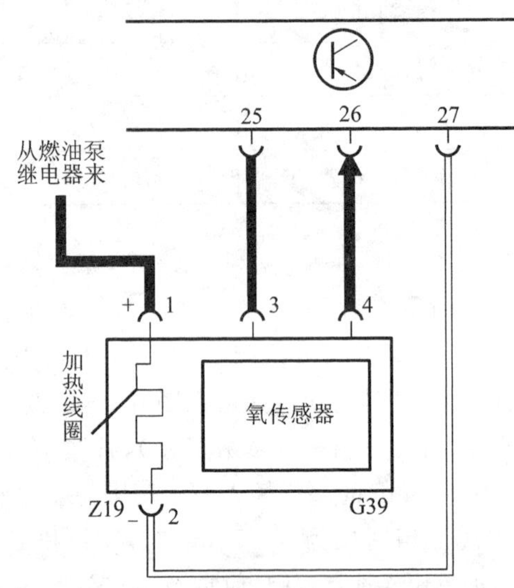

图 3-29 桑塔纳 2000GSi 氧传感器电路图

(1)氧传感器电压的检测。

①关闭点火开关,拔下氧传感器插接器。

②打开点火开关,检测氧传感器插接器端子 3、4 之间的电压,其值应为 0.45~0.55 V。

③启动发动机,检测氧传感器插接器端子 1、2 之间的电压,其值应为蓄电池电压。

④若不符,则应检查氧传感器插接器与 ECU 的连接线路是否存在断路、短路故障,若正常,则更换 ECU。

(2)氧传感器加热电阻的检测。

关闭点火开关,用万用表检测氧传感器插接器端子 1、2 间的电阻值,其值应为 1~5 Ω,若不符,则应更换氧传感器。

(3)氧传感器输出电压的检测。

①插好氧传感器插接器。

②启动发动机,怠速运转,直至发动机达到正常工作温度,急加速提高发动机转速,然后回到怠速运转,并运行 2 min。

③关闭点火开关,拔下氧传感器插接器。

④启动发动机,怠速运转,用万用表检测氧传感器插接器端子 3 与 4 间的电压,其值应为 0.1~1.0 V。拔下一根发动机的真空管,使混合气过稀,则氧传感器输出电压应减小到 0.1~0.3 V。堵住空气滤清器的进口或用一个 4~8 kΩ 的电阻代替冷却液温度传感器,产生浓混合气,则氧传感器输出电压应增大,为 0.8~1.0 V。

若不符合以上值或电压变化频率太慢,则应更换氧传感器。

(4)氧传感器的外观颜色检查。

从排气管上拆下氧传感器，检查传感器外壳上的通气孔有无堵塞，陶瓷芯有无破损。如果有损坏，则应更换氧传感器，通过观察氧传感器顶尖部位的颜色也可以判断故障。

①浅灰色顶尖：这是氧传感器的正常颜色。

②白色顶尖：由硅污染造成，此时必须更换氧传感器。

③棕色顶尖：由铅污染造成。

④黑色顶尖：由积炭造成，在排除发动机积炭故障后，一般可以自动清除氧传感器上的积炭。

【任务实施】

问题1　检查实训车辆故障警告灯是否在着车时正常熄灭。________（是/否）。该车是否有人工故障码诊断座？若有，尝试用人工方法调取故障码。

问题2　故障车辆用的是________式空气流量传感器，画出空气流量传感器的端子连接图，利用万用表测量，找出并在图中标注各端子的含义。

问题3　用万用表测量冷却液温度传感器的电阻，在冷车时是________Ω，对地电压为________V，在正常工作温度时是________Ω，对地电压为________V。

问题4　利用万用表测量节气门位置传感器各端子电压、电阻，区分各端子功能，画出和标注节气门位置传感器各端子名称。

问题5　测量主氧传感器加热电阻的阻值是________。将发动机运转到正常工作温度，测量主氧传感器的信号电压在________范围内变化，其变动的频率经测量，10 s内可变化________次左右。当急踩加速踏板时，排出的废气较浓，此时主氧传感器的信号变化情况是：________。

学习任务4　发动机喷油异常的故障诊断与检测

【任务导入】

发动机动力不足或加速不良时，供应给气缸的燃油不足或雾化不良是其中一个重要的故障原因。在实际诊断中，应如何判断发动机加速不良是否是油路原因造成的？具体是什么零件损坏导致该故障的发生？应先进行哪方面的诊断？请选择合适的方法进行诊断和检测。

【知识准备】

发动机喷油器喷油量不足或喷出的燃油雾化不良是发动机动力不足的一个重要原因。导致喷油量不足的原因主要有三个：一是燃油供给系统压力不足，二是喷油器工作不正常，三是电控系统控制喷油时间不足。电控系统方面的原因前面已进行了学习，当排除电控系统方面的原因时，应确认燃油供给压力和喷油器工作是否正常。

一、燃油供给系统压力测试

1. 燃油供给系统故障诊断时的注意事项

(1)燃油供给系统中存有高压汽油，因此任何涉及燃油管路拆卸的工作都应首先卸压并准备好消防设备，作业区应通风良好、断绝火源，作业时要格外仔细小心，避免泄漏的汽油引发火灾。

(2)在拆卸油管时,油管内还会有少量燃油泄出,所以在断开油管前,应用抹布将拆卸处罩住,以吸附泄漏的燃油,并将吸附燃油的抹布收集到准许的容器中。

(3)燃油管多用钢、橡胶或尼龙制造,不得渗漏、裂纹、扭结、变形、刮伤、软化或老化,否则应立即予以更换。

(4)所有密封元件、油管卡箍均为一次性零件,维修时应予以更换。

(5)油管接头不得松动,否则应立即予以紧固;钢制油管端部的喇叭口应密封良好、无渗漏,否则应重新制作。有些轿车采用特制的油管快速接头,拆装时应使用专用工具。

(6)连接螺母或接头螺栓与高压油管接头连接时必须使用新垫片并涂上一薄层润滑油,先用手拧上接头螺栓,再用工具拧紧到规定力矩。喇叭口的连接也一样。

(7)安装喷油器时可先用汽油润滑其密封元件,以利于顺利安装,不可使用机油、齿轮油或制动油。喷油器安装后应可在其位置上转动,否则说明密封圈扭曲,应重新装配。

(8)不能通过燃油箱加油管放出油箱中的燃油,否则会损坏燃油箱加油管定位部件,正确方法是首先释放系统油压,卸下油箱,然后用手动泵油装置从燃油箱上的维修孔抽出燃油。不得将燃油放入开口容器中,否则会导致失火或爆炸。

(9)燃油系统维修后不能立即启动发动机,应仔细检查有无漏油处。有些车型接通点火开关,不启动发动机,油泵工作 3～5 s 即停止工作,可接通点火开关 3 s,再关闭点火开关 10 s,这样反复几次看有无漏油处,还可夹住回油管,使系统油压上升,在这种状态下检查和观察燃油系统是否有部位漏油;有的车启动时油泵才工作,可先启动一下,检查启动时有无部位漏油。不管用哪一种方法,都要确认无漏油部位后才能正式启动发动机,发动机启动后使发动机怠速运转,再仔细检查有无部位漏油,此后才能关上发动机罩。

2. 燃油供给系统压力的卸除

汽油喷射发动机为便于再次启动,在发动机熄火后,燃油系统内仍保持有较高的保持压力。在拆卸燃油系统内任何元件时,都必须首先释放燃油系统压力,以免系统内压力油喷出,造成人身伤害或火灾。燃油系统压力卸除的方法如下。

(1)松开油箱上的加油盖,释放油箱中的蒸汽压力。

(2)启动发动机,维持怠速运转,在运转中拔去燃油泵继电器或熔断丝(熔丝),也可拔下燃油泵导线插头,直至发动机自行熄火。

(3)再次启动发动机 3～5 次,利用启动喷射卸除油管中残余的压力。

(4)关闭点火开关,装上油泵继电器或熔断丝或电动油泵导线插头。

3. 安装汽车专用燃油压力表并预置燃油供给系统压力

(1)拆下蓄电池负极搭铁线。

(2)将专用油压表连接到燃油系统中。不同车型燃油压力表连接方式有所不同,主要有三种连接方式:第一种是把油压表接到油压测试头上;第二种是用专用接头将油压表连接在输油管的进油管接头处,如图 3-30 所示;第三种是用专用接头将油压表连接在燃油滤清器与输油管之间安装脉动阻尼器的位置(进行压力测试时拆下脉动阻尼器),如图 3-31 所示。

(3)擦干溅出的汽油,重新接好蓄电池负极电缆,预置燃油系统压力。

①用专用导线将诊断座上的燃油泵测试端子跨接到 12 V 电源上,如日本丰田车系直接将诊断座上的电源端子+B 与燃油泵测试端子 FP 跨接。

②将点火开关转至"ON"位置,使电动燃油泵工作约 10 s。

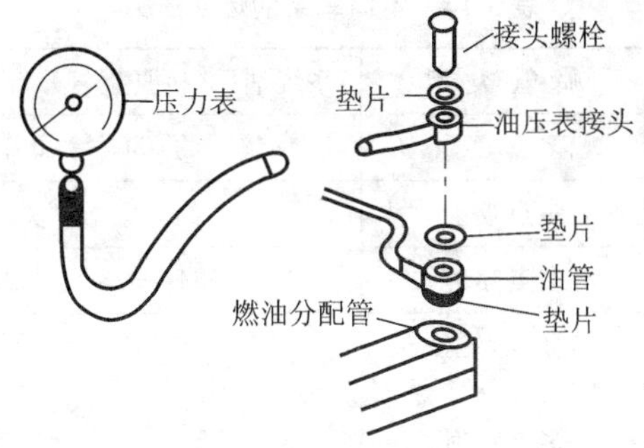

图 3-30　燃油供给系统检测油压表的连接(1)

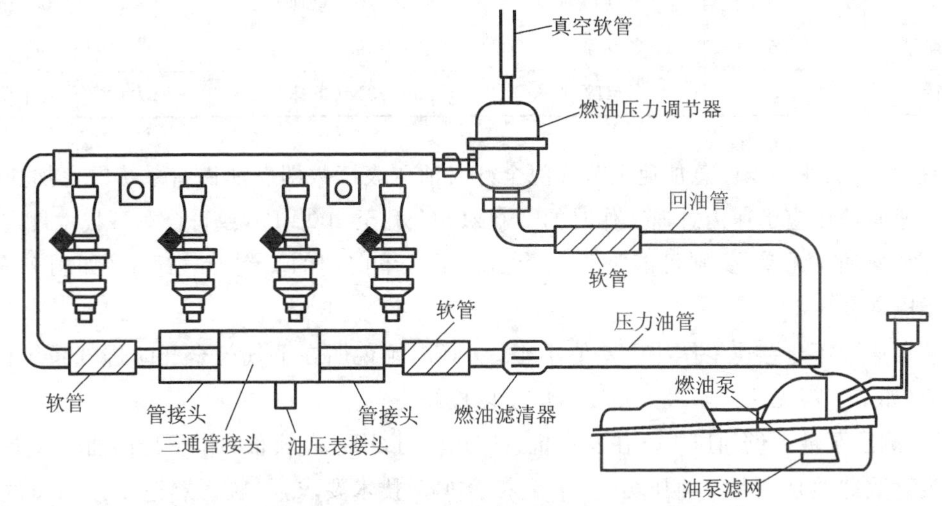

图 3-31　燃油供给系统检测油压表的连接(2)

(4)关闭点火开关,拆下诊断座上的专用导线。

4.燃油供给系统压力的检测

(1)检测静态油压。拔下电动汽油泵继电器,用导线将电动汽油泵继电器供电端子短接;打开点火开关但不启动发动机,使电动汽油泵运转,此时的燃油压力应符合技术要求,一般应在300 kPa左右摆动(油压调节器的工作使得油压表指针摆动)。

静态油压偏高多是由回油管变形或油压调节器损坏造成的,应先仔细检查回油管,变形的油管会阻碍燃油的流动,导致静态油压升高。若回油管完好,则应更换燃油压力调节器。

静态油压偏低多是由油泵进油滤网脏堵、电动汽油泵内部磨损、电动汽油泵限压阀损坏、汽油滤清器脏堵、燃油压力调节器调压弹簧过软或喷油器喷孔卡滞常喷油造成的,可更换汽油滤清器试一下。若油压没有恢复正常,则继续下述检测步骤,找出故障的确切位置。

(2)检测怠速工作油压。发动机怠速运转时,油压表的读数即燃油供给系统的怠速工作压力一般为250 kPa或符合车型技术规定。怠速工作油压偏高多是由燃油压力调节器真空管错装、漏装或漏气造成的,此时应先检视真空管安装是否正确、是否存在漏气部位,必要时予以更换。

检测怠速工作油压时,拔下真空管时油压应上升至300 kPa,与节气门全开时的加速油压基本相等,否则应更换燃油压力调节器。

不同车系的燃油压力如表3-14所示。

表 3-14　不同车系的燃油压力

车　型	排量/L	喷射类型	系统油压(接真空管)/kPa	残压/kPa
奥迪 A6	1.8	多点喷射	约 350	>250(停车 10 min 后)
桑塔纳 2000	1.8	多点喷射	约 300	>150(停车 10 min 后)
上海别克	3.0	多点喷射	284～325	>33(停车 10 min 后)
通用	5.0	多点喷射	75	残压很低
丰田		多点喷射	196～235(怠速) 265～304(静态)	熄火后 5 min 不降低
本田	2.0	多点喷射	265～305(怠速)	>150(停车 10 min 后)
克莱斯勒	2.5	多点喷射	98	残压很低
福特	2.3	多点喷射	206～318(怠速)	熄火后 5 min 不降低

(3)检测急加速油压。急加速至节气门全开时油压表读数即燃油供给系统的急加速油压，一般急加速时油压应迅速由怠速工作时的 250 kPa 上升至 300 kPa，或符合车型技术规定。

若急加速油压无变化，则可能是真空管插在了有单向阀的真空储气罐上(如刹车真空系统)，应予以恢复。

若急加速油压与怠速工作油压差值小于 50 kPa，则说明在节气门全开时进气系统仍存在真空节流(如节气门无法开至最大角度)，应予以检修。

(4)检测油泵最大供油压力。在发动机怠速运转时，用包有软布的钳子将回油软管夹住，此时油压表读数即油泵最大供油压力，其值应符合车型技术要求，一般为怠速工作油压的 2～3 倍，即 500～750 kPa。

油泵最大供油压力偏高是由油泵限压阀卡滞造成的，应更换电动汽油泵。

油泵最大供油压力偏低是由汽油滤清器堵塞、油泵进油滤网脏堵、电动汽油泵内部磨损、油泵限压阀关闭不严或调压弹簧过软造成的，应先更换汽油滤清器，然后重新检测。若油压仍然偏低，则从油箱中拆出电动燃油泵检视：若油泵进油滤网脏污，则清洗汽油箱和油泵进油滤网；若汽油泵进油滤网良好，则应更换电动汽油泵总成。

(5)检测调节压力。在发动机怠速运转中，将油压调节器真空管拆开后，燃油系统升高后的油压与怠速工作油压的差值，应符合车型技术规定，一般为 28～70 kPa。

(6)检测燃油供给系统保持压力。松开油管夹钳，恢复静态油压，取下油泵继电器跨接线使油泵停止运转，并等待 30 min，此时油压表读数即燃油供给系统保持压力(简称保持压力)，应符合车型技术规定。

保持压力过低是由电动汽油泵止回阀关闭不严、油压调节器回油口关闭不严或喷油器滴漏造成的，应首先恢复静态油压，再用包有软布的钳子夹住回油软管。若保持压力停止下降，则应更换油压调节器。若保持压力继续下降，则用包有软布的钳子夹住燃油压力表三通接头至燃油分配管之间的进油软管：若压力停止下降，则说明喷油器漏油，应结合喷油器试验，找出滴漏的喷油器并予以清洗，清洗后复检，必要时予以更换；若保持压力继续下降，则说明电动燃油泵止回阀密封不严，应更换电动燃油泵总成。

保持压力检测完毕后再次复查静态油压，如果静态油压仍然偏低，则应更换油压调节器。

5. 燃油泵及其控制电路的检测

1)燃油泵的检测

装有电控燃油喷射(EFI)系统的汽车，只有发动机运转时，油泵才开始工作。即使点火开关接通，只要发动机没有转动，油泵就不工作。压力感应式(D形)和流量感应式(L形)EFI系统油泵控制电路各不相同，但一般都是当发动机点火开关置于“ON”位时，油泵运转2 s后停止，发动机启动后油泵才继续工作。

(1)燃油泵的就车检查。

①用专用导线将诊断座上的燃油泵测试端子跨接到12 V电源上，如丰田车系跨接诊断座上的＋B和FP端子即可。也可拆开燃油泵的插接器，直接用蓄电池给燃油泵通电。

②点火开关置于“ON”位，但不启动发动机。

③旋开油箱盖应能听到燃油泵工作的声音，或用手捏进油软管应感觉有压力。

④若听不到燃油泵工作的声音或进油管无压力，则应检修或更换燃油泵。

⑤若燃油泵存在不工作故障，按上述方法检查正常，则应检查燃油泵控制电路。

(2)燃油泵的拆装与检修。

①多数轿车的燃油泵可在打开汽车后备厢或翻开后坐垫后，从油箱上直接拆下。也有些轿车必须将油箱从车上拆下，才能拆卸燃油泵。拆卸燃油泵时注意：应释放燃油系统压力，并关闭用电设备。

②拆卸燃油泵后，测量燃油泵两端子间的电阻，应为2～3 Ω。用蓄电池直接给燃油泵通电，应能听到燃油泵电动机高速旋转的声音，注意，通电时间不能太长。

2)燃油泵控制电路的检测

(1)油泵开关控制的燃油泵控制电路的检测。如图3-32所示为油泵开关控制的燃油泵控制电路。检测方法如下。

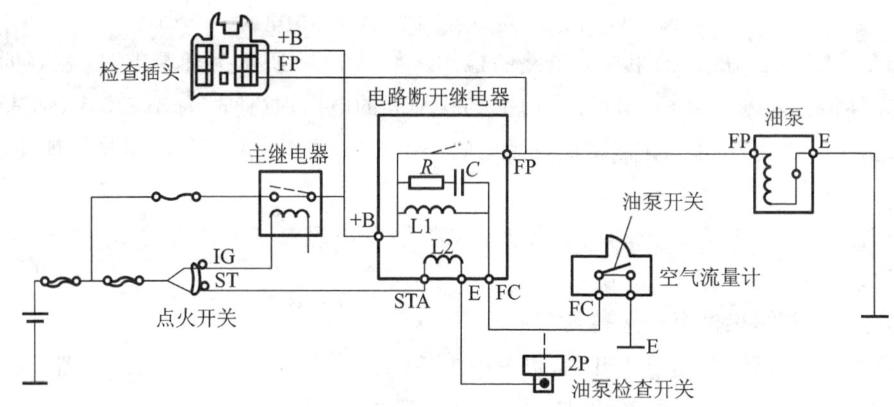

图3-32 油泵开关控制的燃油泵控制电路

①卸除燃油系统油压，拆下燃油分配管上的进油管管头，将油管插入容器内。

②将点火开关转至启动挡，在启动发动机的同时应有燃油从进油管内喷出，否则说明电路有故障，应进一步检查熔丝、继电器、空气流量计内的燃油泵开关、点火开关和线路。

③用跨接线跨接诊断座的＋B与FP端子，打开点火开关(但不启动发动机)，打开油箱盖，并倾听有无燃油泵运转的声音。若有运转声，则说明控制电路正常；若无运转声，则说明控制电路有故障，应检查电路中的熔丝、继电器有无损坏，线路有无短路或断路。

④若上述检查中电动燃油泵控制电路正常，但启动发动机燃油泵不工作，则检查叶片式空气流量计内的燃油泵开关触点。拆下空气滤清器，打开点火开关，用手指或螺钉旋具推动叶片式空气流量计的测量叶片，此时，在油箱口应能听到燃油泵运转的声音，否则说明空气流量计内的燃油泵开关损坏，应更换空气流量计。也可通过用万用表检测叶片不同位置燃油泵开关两端子的导通性进行判断。

(2)油泵继电器控制的燃油泵控制电路的检测。油泵继电器控制的燃油泵控制电路如图 3-33 所示。油泵继电器控制的燃油泵控制电路的检修要领是：检测电阻器的电阻值，标准值应为 0.7 Ω；用万用表的电压挡测量 ECU 的 FPR 端电压，当发动机由怠速工况急加速时，电压应由 12 V 降为 0。

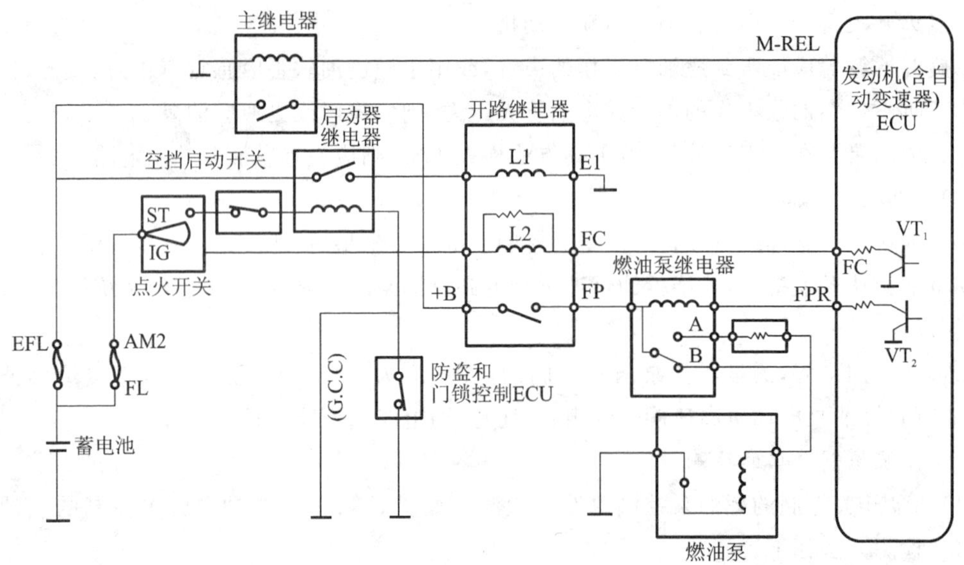

图 3-33　油泵继电器控制的燃油泵控制电路

(3)油泵 ECU 控制的燃油泵控制电路的检测。如图 3-34 所示为油泵 ECU 控制的燃油泵控制电路。其检修要领是：用万用表检测 FP 与接地间的电压，怠速时为 8～10 V，加速时为 12～14 V；点火开关在“ON”位置时，+B 与接地间的电压为 8～16 V，FPC 端与接地间的电压，怠速时为 2.5 V，加速时为 4～6 V。

(4)桑塔纳 2000GSi AJR 发动机电动燃油泵控制电路的检测。桑塔纳 2000GSi AJR 发动机电动燃油泵控制电路如图 3-35 所示。其检测方法如下。

①打开点火开关，燃油泵应运转约 2 s。

②若燃油泵不运转，关闭点火开关，拔下中央控制盒上 2 号位的燃油泵继电器。如图 3-35 所示，检测继电器供电情况，插座第 2 脚、第 4 脚与搭铁之间的电压应为蓄电池电压。

③用导线将燃油泵继电器插座 30、87 脚短接，燃油泵应连续运转。若燃油泵仍不运转，则检查熔断器盒 5 号位熔丝。若熔丝未断，则打开行李箱饰板，从密封凸缘拆下 3 端子的燃油泵插接器，检测插接器 1、3 脚之间的电压，应为蓄电池电压。若无电压，检查连接线是否有断路故障，若正常，则拆检燃油泵或更换燃油泵。

④若燃油泵运转正常，拔下连接燃油泵继电器插座 30、87 脚的短接导线，插回燃油泵继电器，启动发动机，检查燃油泵是否运转。若不运转，则：

检测燃油泵继电器是否正常，若正常，则进行下一步；

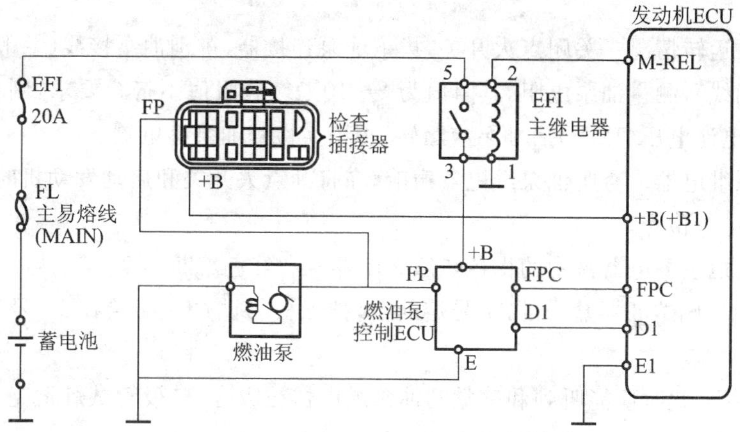

图 3-34　油泵 ECU 控制的燃油泵控制电路

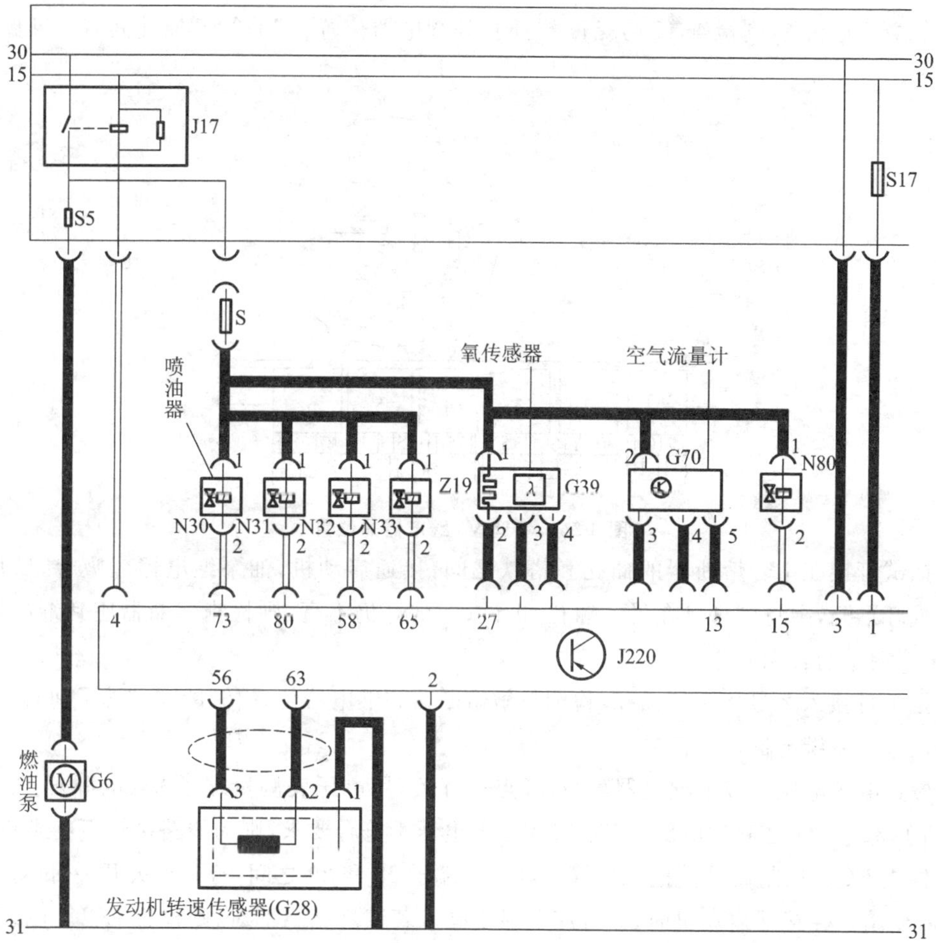

图 3-35　桑塔纳 2000GSi AJR 发动机电动燃油泵控制电路

启动发动机，检测 ECU(J220)4 脚是否搭铁，若不搭铁，则进行下一步；

用示波器检测发动机转速传感器信号是否正常，若正常，则更换 ECU。

(5)奥迪 V6 汽油泵的检测。首先在油箱处查听油泵的运转声音，若听不清楚，可拆下油箱盖后查听。若能听到运转声，则进一步检查系统油压和保持油压。若听不到运转声，则需做以下检查。

①检查油泵运转情况。关闭点火开关，拔下油泵连接器，辨别油泵接线（一般4条线中2条粗线为油泵控制线），测量油泵电阻，其阻值为2～10 Ω。若阻值不符合要求，则更换油泵；若阻值正常，接入蓄电池电压（12 V）后油泵应运转，否则需检查油泵继电器。

②检查油泵继电器。查听油泵继电器声响，在打开点火开关和启动发动机时应听到"咔嗒"声，否则应继续进行检查。

a. 拔下右前地毯下电器盒中的褐色热敏熔断器1和红色熔断器2。

b. 拔下驾驶员侧熔断器盒中的17号熔断器，把二极管试灯一端接在17号熔断器插孔内，另一端搭铁。

c. 接通启动机，此时应能听到和感觉到油泵继电器被吸合，二极管试灯发亮。

d. 若继电器未被吸合，应检查对继电器的控制信号。

e. 若试灯不亮，则在17号熔断器的另一个插孔进行试验。

f. 若试灯仍不亮，则检查17号熔断器插孔到继电器位置"6"的"30"插孔间有无断路，如图3-36所示。

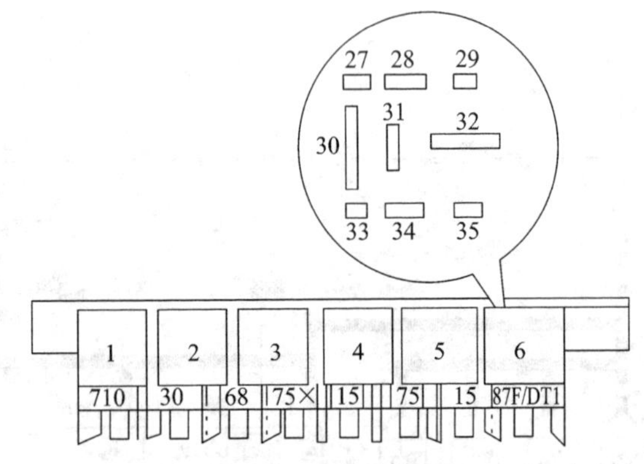

图3-36　奥迪V6继电器的位置

g. 把试灯接在1号熔断器的插孔和搭铁之间，接通启动机，油泵继电器应吸合，试灯应发亮。若试灯不亮，则将试灯接在另一插孔，再试；若试灯仍不亮，则检查熔断器座到继电器位置"6"的"31"端子间有无断路。

h. 把试灯接入2号熔断器插孔，检测热敏熔断器到继电器位置"6"的"30"端子间有无断路。

③检查油泵继电器控制信号。

a. 检查电源电压。拔下继电器壳，打开点火开关，用电压表测量端子28（电源）与34（搭铁线）及端子32与34之间的电压，应为12 V。若电压不符合要求，则为线路接触不良或断路。

b. 检查ECU控制信号。把二极管试灯接在端子28和29之间，打开点火开关，试灯应当亮1 s，然后变暗。在接通启动机时，试灯应明显变亮。若试灯亮熄不对，则检查ECU连接器端子7与继电器"6"的"29"端子间有无断路。若无断路而灯又不亮，则可能是ECU故障。

检查油泵供油量时，可在泄压后拆下汽油滤清器进油管，并接入一量筒，如图3-37所示。给油泵外接12 V电压（可接蓄电池电压），通电30 s，检查量筒内的油量，应不低于规定值，汽油泵泵油量与电压的关系如图3-38所示，否则应更换油泵。也可在供油管路上接入油压表，观察油泵的供油压力，判断油泵的工作性能。

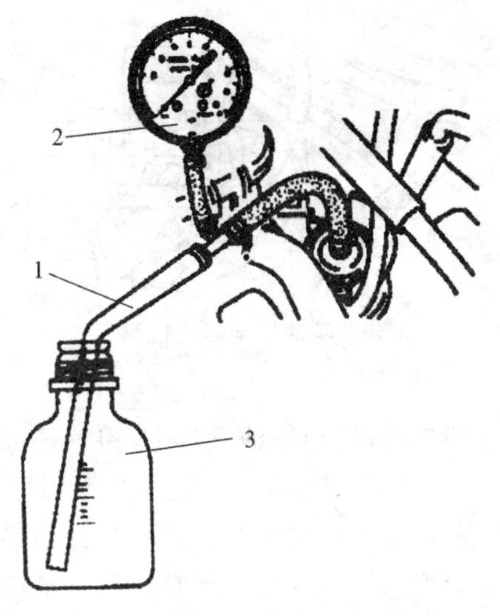

图 3-37 燃油压力表连接

1—软管；2—油压表；3—量筒

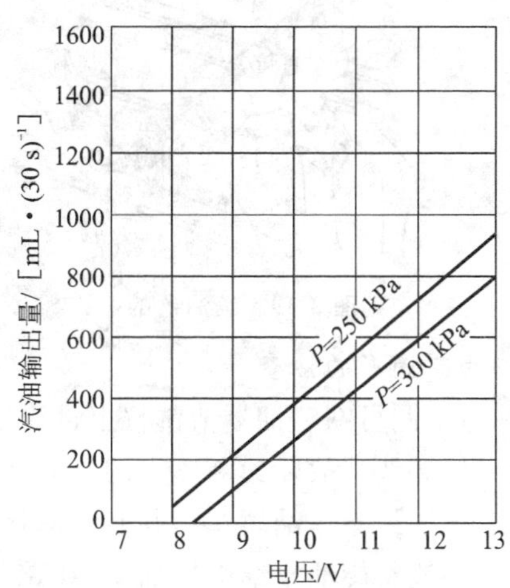

图 3-38 汽油泵泵油量与电压的关系

二、喷油器喷油情况测试

1. 喷油器常见故障现象

喷油器是电控燃油喷射系统中故障较多的部件之一，其常见故障部位及影响如表 3-15 所示。

表 3-15 喷油器常见故障部位及影响

故障部位	对电控燃油喷射系统的影响	对发动机性能的影响
喷油器阀胶结、堵塞	喷油器不喷油或喷油量少；喷油雾化不良	发动机动力下降、加速迟缓、怠速不稳易熄火；发动机不工作、发动机工作不稳
电磁线圈或内部线路连接处断路	喷油器不喷油	发动机工作不稳或不工作
喷油器密封不严	喷油器滴油	油耗上升、排气管放炮、发动机启动困难或不能启动、排气冒黑烟
喷油器阀口积污	喷油量减少	发动机工作不稳、进气管回火；发动机动力不足、加速性能差

2. 喷油器的检测

1）简单检查方法

在发动机工作时触试或用听诊器听诊，如图 3-39 所示。检查喷油器针阀开闭时的震动或声响，若感觉无震动或听不到有节奏的“嗒嗒”声，则说明喷油器或其控制电路有故障。

2）喷油器电阻的检测

关闭点火开关，拆开喷油器插接器，用万用表电阻挡测量喷油器两端子间的电阻，如图 3-40 所示。高阻喷油器电阻值应为 13～16 Ω，低阻喷油器电阻值应为 2～3 Ω，否则应更换喷油器。

图 3-39　喷油器的听诊

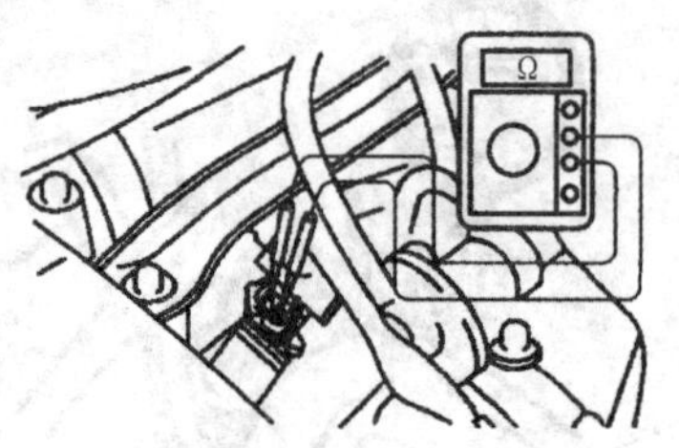

图 3-40　喷油器电阻的检测

3)喷油器滴漏的检查

喷油器滴漏可在喷油器清洗仪上进行检查,也可将喷油器和进油管拆下,再将燃油系统连接好,用专用导线将故障诊断座上的燃油泵测试端子(对于丰田轿车,可将诊断座+B 与 FP 端子短接;对于上海桑塔纳轿车 2000GSi 时代超人,可拔下装在中央控制盒上 2 号位的燃油泵继电器,并用导线将燃油泵继电器插座 30、87 脚短接)接到 12 V 电源上,或直接用蓄电池给燃油泵通电。燃油泵运转后,观察喷油器有无滴漏现象,允许每个喷油器在 1 min 内滴漏不超过 1 滴,否则应更换喷油器。

4)喷油器喷油量的检查

喷油器喷油量的检查可在喷油器清洗仪上进行,也可按滴漏检查做好准备工作。燃油泵运转后,用蓄电池和导线直接给喷油器通电,并用量杯检查喷油器的喷油量,如图 3-41 所示。每个喷油器应检查 2～3 次,同时检查喷油器喷油雾化情况。各缸喷油器的喷油量和均匀度应符合标准,否则应清洗或更换喷油器。

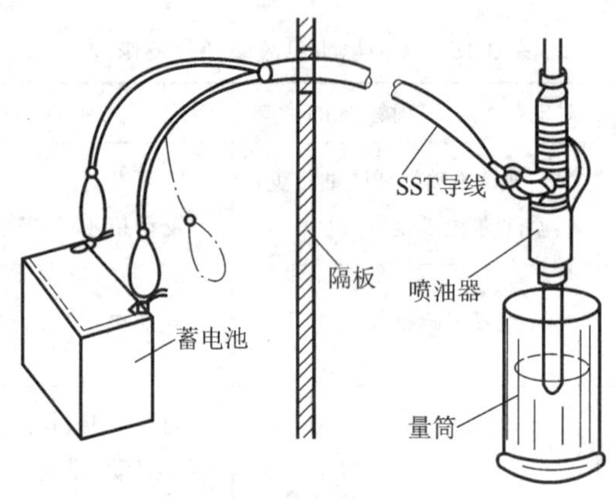

图 3-41　喷油量的检查

在工作台上铺一块干净的白布,将分配油管及喷油器内的残余汽油倒在白布上。若发现有铁锈或水珠自分配油管内或喷油器进油口处倒出,则说明喷油器已锈蚀,应更换。

注意:低阻喷油器不可直接与蓄电池相连,应串联一个 8～10 Ω 的附加电阻。此外,不同车型喷油器的喷油量各不相同,一般为 50～70 mL/(15 s),各缸喷油器的喷油量相差不超过 10%。

5)利用喷油器清洗仪清洗和测试喷油器

喷油器喷油雾化情况的检查及喷油器脏污堵塞后的清洗可在喷油器清洗试验台或便携式喷油器清洗仪上进行。喷油器清洗仪可分为便携式喷油器清洗仪和固定式喷油器清洗仪。

将拆下的喷油器安装到超声波清洗机上,在喷油器清洗试验台上可以观察喷油器喷油雾化情况,测定喷油器在一定时间或一定喷油次数内的喷油量,检查喷油器针阀的密封性能。对于工作不良的喷油器,还可以在清洗试验台上进行超声波清洗和反流清洗,以达到彻底清洁喷油器、使之恢复良好的喷油雾化性能的目的。

(1)便携式喷油器清洗仪。便携式喷油器清洗仪无须拆下喷油器即可随车进行清洗。便携式喷油器清洗仪主要由储液器、电动机等组成,如图 3-42 所示。其使用方法如下。

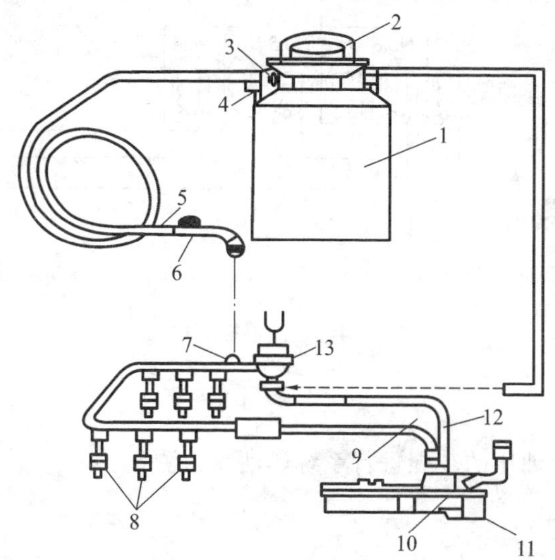

图 3-42 便携式喷油器清洗仪

1—储液器;2—电动机;3—压力指示表;4—检测阀;5—输油管;
6—开关阀;7—油压检测口;8—喷油器;9—供油管;10—电动燃油泵;
11—油箱;12—回油管;13—燃油压力调节器

①把储液器加满喷油器清洗液。

②安装喷油器清洗仪。先释放燃油系统压力,将开关阀一侧的管路连接到燃油系统供油总管的油压检测口处,喷油器清洗仪另一端与燃油压力调节器回油管连接。

③断开电动燃油泵驱动电路,接通喷油器清洗仪电动机电路,喷油器清洗即完成。

(2)固定式喷油器清洗仪。固定式喷油器清洗仪如图 3-43 所示,此类清洗仪一般除用来清洗喷油器外,还具有喷油器喷油量及喷油器滴漏检查功能。不同厂家的固定式喷油器清洗仪使用方法不尽相同,可按相关使用说明书进行。

图 3-43 固定式喷油器清洗仪

3. 喷油器控制电路的检测

各车型喷油器控制电路基本相同,一般是通过点火开关和主继电器(或熔丝)给喷油器供电,ECU 控制喷油器搭铁。只是不同发动机喷油器数量、控制方式、分组方式不同,ECU 控制端子的数量不同。喷油器控制电路如图 3-44 所示。

使用中,若喷油器不工作,拆开喷油器插接器,点火开关置“ON”,但不启动发动机。用万用表电压挡测量其电源端子与搭铁间的电压,应为蓄电池电压。否则,应检查供电线路、点火开关、主继电器或熔丝是否有故障。若电压正常,则说明喷油器、喷油器搭铁线路或 ECU 有故障。

当喷油器供电电压正常,阻值也正常时,拔下喷油器插接器,在插接器两端串联一个电阻值为 330 Ω 的 LED 试灯,启动发动机,试灯应闪烁,否则应检修喷油器搭铁线路或 ECU。

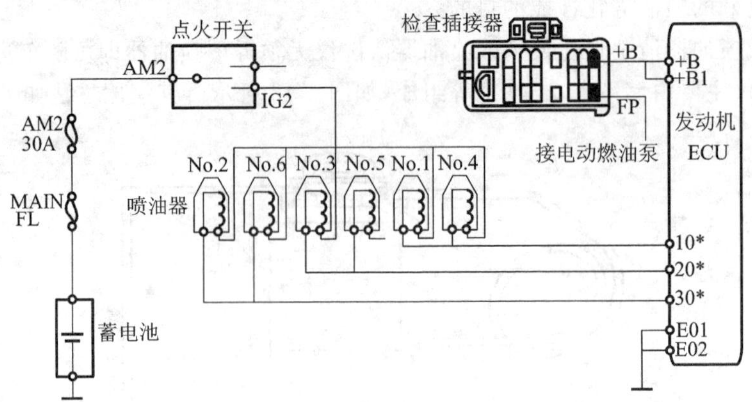

图 3-44 喷油器控制电路

【任务实施】

问题 1 按以下测量油压的步骤进行系统燃油压力测量。

(1)如何泄压？

(2)描述油压表安装部位。

(3)在发动机正常工作时,怠速时油表指示压力是__________bar(1 bar＝10^5 Pa),急加速时油压变为__________bar。简述油压变化的原因。怠速时拔掉真空压力调节器的真空软管,油压变化情况怎样？

(4)系统最大燃油压力是多少？残压是多少？是否正常？

问题 2 如何判定喷油器工作是否堵塞或漏油？

学习任务 5 发动机点火能量不足的故障诊断与检测

【任务导入】

与点火系统有关的影响汽车加速性能的故障原因有哪些？对故障车辆点火系统进行检测,分析其点火能量、点火时间是否正常,找出故障的原因和部位。

【知识准备】

目前汽车上使用的电子点火系统包括普通电子点火系统和微机控制点火系统。普通电子点火系统用点火信号发生器取代断电器触点产生触发或控制点火信号,由多功能点火器控制点火线圈初级电流的通断。微机控制点火系统由普通电子点火系统发展而来,实现了对发动机各种工况点火时间的最佳控制。

一、发动机点火性能人工判定方法

1. 跳火火花情况检查

可将点火系统的中央高压线拔下,对机体进行跳火试验,以确认点火系统工作是否正常。试验时高压线头与机体距离由近到远试验,一般以跳火距离 7 mm 以上、火花蓝白发亮为佳。

如果火花过弱，则可确认是点火系统有故障，原因可能是初级电流不足，点火线圈内部匝间短路等。如果上述检查正常，则拔下火花塞上的分缸高压线试火，检查分缸高压火花情况应如上所述为正常。如果无火，或火花颜色发红，跳火距离短，则表明该缸点火能量不足，可能是中央高压线至分缸线间元件有故障，包括分火盖、分火头、分火线等。

1)中央高压线是否有火检查

(1)从分电器上拔下中央高压线(握住高压线橡胶套沿分电器轴线方向拔出)。

(2)将高压线端接在备用火花塞上，并将火花塞抵在机体上，或将高压线插好用正时灯夹子夹在高压线上。

(3)启动发动机，观察火花塞是否跳火(正时灯是否闪亮)。

注意：每次用启动机带动发动机运转不要超过 2 s，以防喷油器滴油；或拔下所有喷油器的连接器。若中央高压线无火，则应检查点火线圈和点火器；若中央高压线有火，则应进行分缸线试火。

2)分缸线试火步骤

(1)拆下高压线罩。

(2)握住高压线橡胶套，小心地将高压线从火花塞上拔下(不要直接拉拔高压线和弯曲导线，以免造成高压线内部损伤)。

(3)将高压线端接在备用火花塞上，将火花塞抵在机体上，启动发动机试火。若分缸线有火，则应检查火花塞；若分缸线无火而中央高压线有火，则应检查分缸线和分电器。

2. 火花塞情况检查

即使跳火火花情况正常，也需拆出各缸的火花塞进行检查。

(1)检查火花塞电极间隙。新火花塞电极间隙为 0.8 mm，使用过的火花塞电极间隙最大为 1.0 mm。

(2)火花塞应无积炭、烧损、破裂、漏电现象。

因为火花塞工作不良的故障现象很多，有的可以从火花塞外观上看出，有的则需通过点火波形观测分析。如果在外观上看不出火花塞是否异常，则可更换火花塞进行路试比较，这种换件试验方法在维修厂中应用广泛，简单易行。特别是对于独立点火系统，不能单独拔出高压线试火，一般采用人工方法均拆出点火线圈及高压线，插入火花塞，将火花塞螺纹搭缸体，启动发动机观察火花塞跳火情况。

二、点火波形检测分析

由于点火系统低压部分、高压部分的变化过程是有规律的，因此，把实际测得的点火系统点火电压波形与正常工作情况下的点火电压波形进行比较并分析，即可判断点火系统的技术状况的好坏及故障所在。用示波器的波形直观诊断点火系统故障是汽车维修常用的手段，汽油机点火系统技术状况可通过汽车专用示波器或发动机综合性能分析仪上的示波器来观察分析。便携式汽车专用示波器的结构如图 3-45 所示。

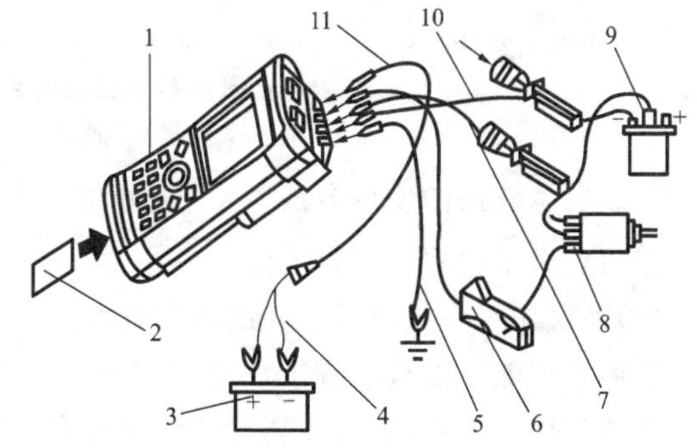

图 3-45 便携式汽车专用示波器的结构

1—主机；2—测试卡；3—蓄电池；4—蓄电池电缆；5—接地电缆；6—一缸信号夹；7—次级信号电缆；8—分电器；9—点火线圈；10—示波器电缆；11—点烟器电缆

1. 点火示波器原理

发动机诊断用的示波器，既可以制成单一功能的专用示波器，也可以制成带有多种传感器、显示多种波形的多功能示波器。因为电压、电流及能够转变为电信号的其他非电量，如压力、震动、温度、流量等都可以通过示波器观察和测量，因而在汽车诊断与检测中，示波器的应用越来越广泛。在国内使用比较普遍的发动机综合测试仪中，一般都带有示波器部分，示波器具有检测诊断点火系统、柴油机燃料供给系统技术状况和诊断机械异响的功能。

发动机点火示波器是一种用来检测、诊断发动机点火技术状况的较为新型的仪器之一，使用点火示波器可将每个缸的点火电压随时间的变化关系用波形直观地显示出来，以便于观察、测量、分析和判断。除了操作简单和测试迅速外，使用示波器的另一个重要的优点是能描绘出气缸内点火的全过程。

点火示波器一般由传感器、电子电路和示波管组成，可分为阴极射线管式和液晶式两种。阴极射线管式点火示波器由电子枪、偏转板和荧光屏等组成，如图 3-46 所示。在管内的电子枪将电子束射至管前的荧光屏上，能产生一个光亮点。在管子内部有两组金属板，水平的两块称为垂直偏转板，垂直的两块称为水平偏转板。当从示波器电路得到电荷时，水平偏转板会使电子束在管内的水平方向上产生弯曲，从而使在荧光屏上显示光亮点的电子束从左至右横掠屏幕扫出一条光亮的线条，然后再从右至左变暗回扫。由于光的运动非常快，以致光亮点以一条实线出现在观察者眼前。当示波器接上运转的发动机点火系统时，垂直偏转板可从示波器电路得到电荷，且此电荷的大小与点火系统电压的瞬时变化成比例。随着电子束从左到右的扫描，变化着的电荷使其在垂直方向产生弯曲，因而光亮点在阴极射线管式点火示波器的屏幕上扫出一条曲线图形。该曲线图形与点火系统电荷的大小相对应，并代表了点火系统中电压随时间的变化，该曲线在垂直方向上表示电压，在水平方向上表示时间，走向从左至右，并且以基线为准，向上为正电压，向下为负电压。

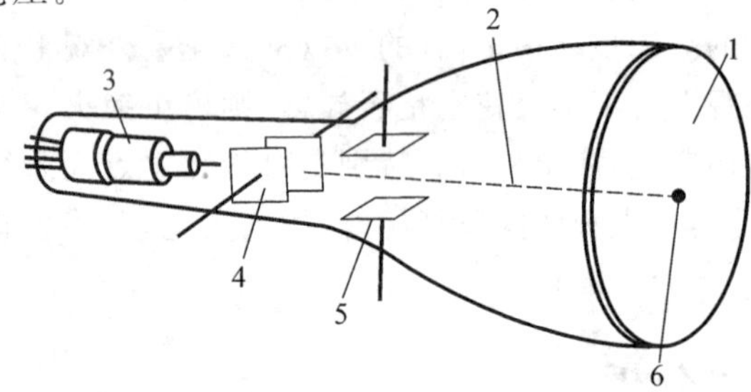

图 3-46　发动机点火示波器原理图

1—荧光屏；2—电子束；3—电子枪；4—水平偏转板；5—垂直偏转板；6—光亮点

2. 点火示波器的使用方法

使用点火示波器检测点火波形应注意以下连接方法。

(1)一次初级点火波形。一次初级点火波形信号是从断电器触点两端采集到的，故又称为白金波形。在电子点火装置中，一次电流流经点火线圈一次绕组后，不流经分电器，而是通过点火控制器搭铁。因此，低压传感器的鳄鱼夹应夹在点火线圈的负接线柱上，如图 3-47 所示。

(2)二次点火波形。二次点火波形是从点火线圈高压线上采集到的，采用分电盘式点火系统的高压点火线外露，应注意接线方法依据分电盘和点火线圈类型而有区别。如图 3-47 所示为传统点火系统联机图。以用 EA-1000 型发动机检测仪进行汽油发动机点火波形检测为例，其步骤如下。

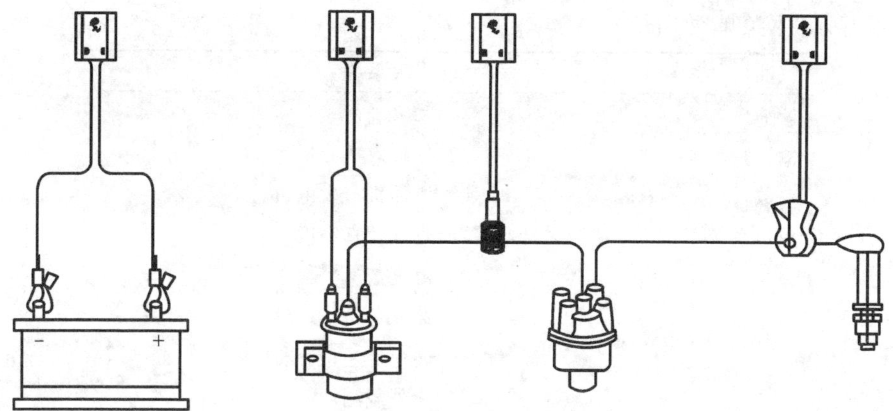

图 3-47 传统点火系统联机图

①联机。蓄电池电压拾取器应接在蓄电池的输出端。注意红夹子接蓄电池“+”极，黑夹子接蓄电池“-”极。

初级信号拾取器应接在初级绕组输出“+”“-”两极，注意红夹子接“+”极，黑夹子接“-”极。点火高压拾取器应接在中央高压线上。

充电电压拾取器应接在发电机的电压输出端。

启动电流拾取器应接在蓄电池至发动机的连线上，注意拾取器上的箭头方向应与电流方向相同。

充电电流拾取器应接在发电机输出电压的导线上，注意拾取器上的箭头方向应与电流方向相同。

真空度拾取器串接在进气歧管真空管上。对于独立点火系统，可利用多个高压点火传感器分别夹在发动机各个点火线圈上的方法来测量，如图 3-48 所示。对于双缸独立点火线圈式点火系统，在检测任一点火波形时，须将第 1 缸信号传感器和二次信号传感器共同卡在该缸高压线上，如图 3-49 所示。

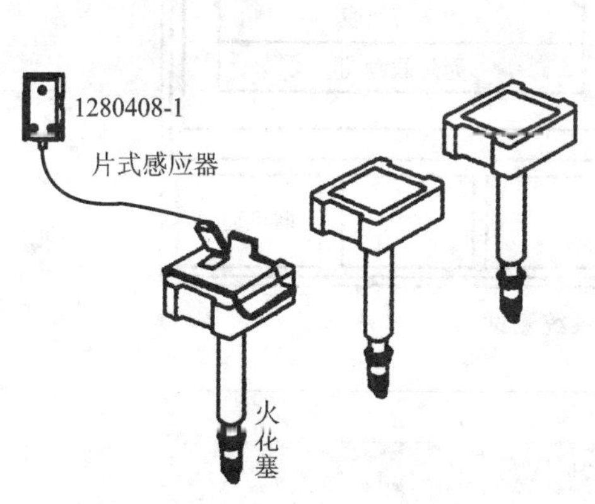

图 3-48 单缸独立点火线圈式点火系统联机图

1280408
次极高压信号传感器
1280406
1缸信号传感器

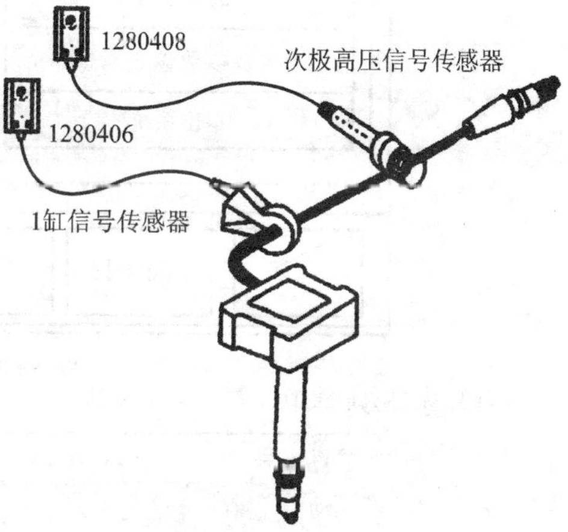

图 3-49 双缸独立点火线圈式点火系统联机图

注意：联机具体方法详见发动机综合检测仪使用说明书。

②打开发动机综合检测仪电源，同时打开电脑主机开关。

③按要求对发动机综合检测仪通电预热。

④单击“综合测试”窗口，系统进入“自检”程序。

⑤自检完毕，进入“输入客户资料”窗口，输入车号、车型、冲程、缸数、点火顺序等客户资料，按“确定”键。

⑥系统显示“主菜单”如下。

汽油机	点火系统
柴油机	动力平衡
测试结果	气缸效率分析
参数设定	汽油机与发电机
退出系统	进气管真空度
	温度信号
	废气分析
	转速稳定性分析
	无外载测功

⑦单击“汽油机”。

⑧启动发动机。

⑨单击“点火系统”，如图 3-50 所示。

图 3-50　进入点火系统测试

⑩显示下列菜单。

点火系统	次级信号
动力平衡	点火提前角
气缸效率分析	
汽油机与发电机	
进气管真空度	
温度信号	
废气分析	
转速稳定性分析	
无外载测功	

⑪单击“次级信号”。显示转速及特征直方图及参数的大小。屏幕下方出现下列窗口：显示菜单、显示方式、暂停、显示调整、保存数据、图形打印。

⑫单击“显示方式”，出现“直方图”“平列波”子菜单。

⑬单击“平列波”，显示各缸工作的平列波形。

⑭结束，退出系统，关闭电源。

3. 波形分析

1）平列波

（1）各缸点火高压值分析。击穿电压值一般为 6～8 kV，各缸相差不大于 2 kV，各缸波形位置按点火顺序从左至右排列，如图 3-51 所示。点火电压过高或过低原因分析如表 3-16 所示。

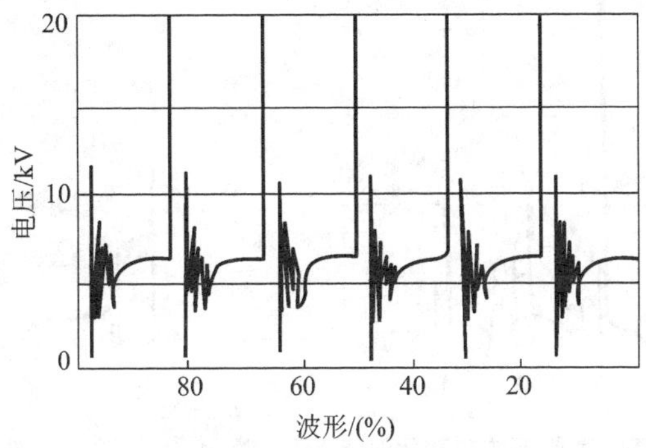

图 3-51 点火系统二次多缸平列波

表 3-16 点火电压过高或过低原因分析

现　　象	可能原因
各缸点火电压均过高，超过 10 kV	混合气过稀，分电器中央高压线端部未插到底或脏污严重，分火头与分电器盖插孔电极间隙太大或各缸火花塞间隙均偏大等
个别缸点火电压过高	该缸高压分线端部未插到底、脏污严重，分电器盖插孔电极与分火头不同心，造成分火头与该缸高压分线插孔电极间隙太大或该缸火花塞电极间隙太大等
各缸点火电压均过低，低于 6 kV	混合气过稀，各缸火花塞间隙过小，火花塞电极脏污，蓄电池电压不足或电容器容量不足等
个别缸点火电压过低	该缸火花塞电极间隙太小，电极脏污或其绝缘性能差

（2）单缸短路高压值分析。将某缸火花塞上的高压线对机体短路，该缸跳火电压应小于 5 kV（见图 3-52），否则说明分火头与分电器盖插孔电极间隙过大或该缸高压分线与分电器盖插孔接触不良。

（3）单缸开路高压值分析。将某缸高压线从火花塞上取下而不短路，该缸高压值应达到 20～30 kV，否则说明高压线、分电器盖绝缘不良或点火线圈、电容器的性能不良，如图 3-53 所示。

（4）火花塞加速电压特性分析。使发动机转速稳定为 800 r/min，突然开大节气门使发动机加速运转。此时各缸点火电压相应增大，但增大部分不应超过 3 kV，否则应更换火花塞。

2）重叠波

如图 3-54 所示，各缸波形之间的重叠角分析如下。

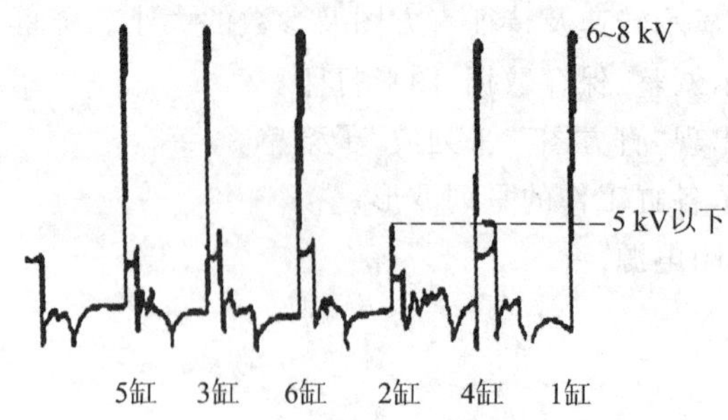

图 3-52　第 2 缸火花塞高压短路的二次平列波

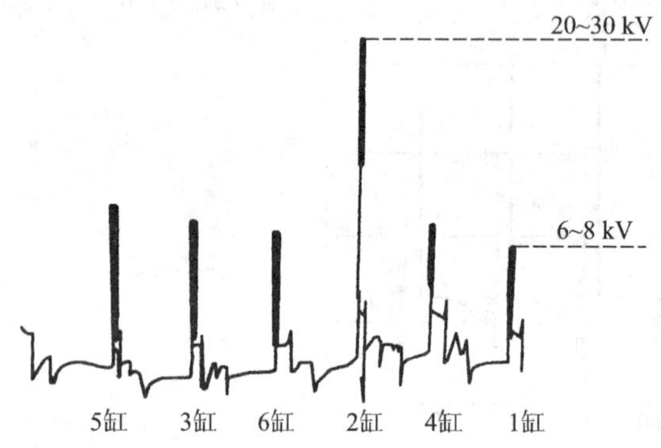

图 3-53　第 2 缸火花塞高压线取下的二次平列波形

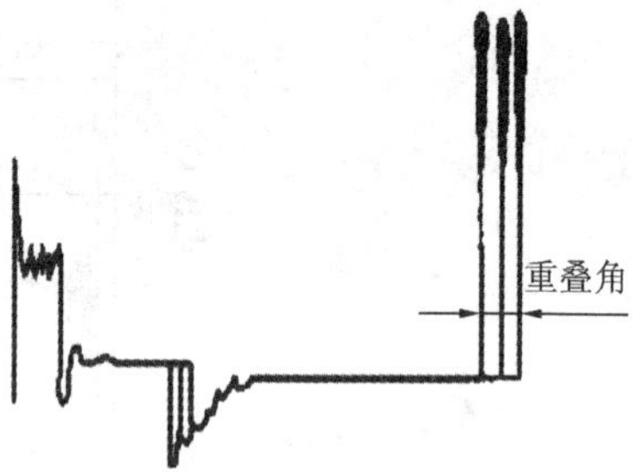

图 3-54　重叠波

(1)重叠角应不大于点火间隔角的 5%，以接近零为好。

(2)重叠角的标准值为：四缸发动机不大于 4.5°，六缸发动机不大于 3°，八缸发动机不大于 2.25°。

(3)重叠角越大，说明点火间隔越不均匀。重叠角过大，多是由分电器凸轮制造不准、磨损不均或分电器凸轮轴磨损松旷、弯曲变形等造成的。

3)并列波

标准二次并列波如图 3-55 所示。各缸闭合角(如图 3-57 中的 *ea* 段)值的分析如下。

(1)测得的闭合角值应与标准值对照，闭合角的标准值如下：三缸发动机，60°～66°；四缸发动机，50°～54°；六缸发动机，38°～42°。

(2)如果测出的闭合角太小，则说明触点间隙太大，这不仅有可能使点火时间提前，而且会造成高速时点火高压不足；如果测出的闭合角太大，则又说明触点间隙太小，这不仅有可能使点火时间推迟，而且会造成某些缸由于触点张不开而缺火。

(3)若某缸火花塞跳火波形振荡波减少，振幅减小，波形变宽，波形平直且不上下跳动，则说明该缸火花塞“淹死”，如图 3-56 所示。

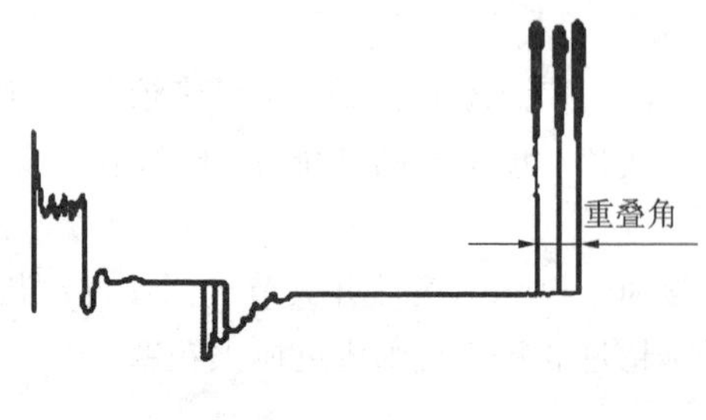

图 3-55　标准二次并列波

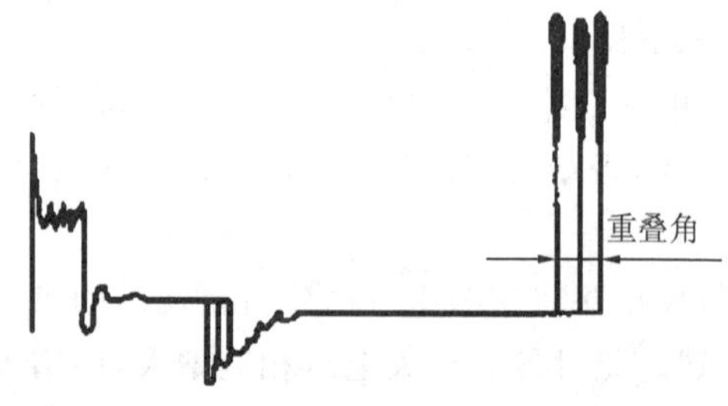

图 3-56　第 5 缸火花塞“淹死”的故障波形

4)单缸波

单缸波如图 3-57 所示。

(1)波形上各点的含义如下。

a 为断电器触点打开,次级电压急剧上升;*ab* 为击穿电压;*bc* 为电容放电;*cd* 为电感放电,称为火花线;*de* 为火花消失后,剩余磁场能维持的衰减震荡;*e* 为断电器触点闭合;*ef* 为触点闭合导致的负电压,并引起闭合震荡;*ae* 为触点打开的全部时间;*ea* 为触点闭合的全部时间。如果时间用分电器凸轮轴转角表示,则 *ae* 为断电器触点张开角,*ea* 为断电器触点闭合角。

(2)根据波形故障反映区分析故障:传统点火系统的故障在波形上有四个主要反映区,如图 3-58 所示。

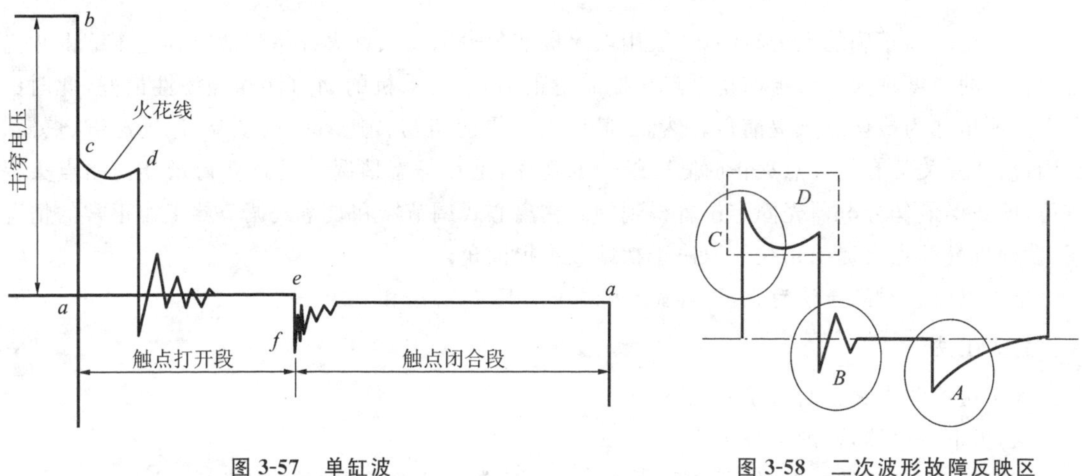

图 3-57 单缸波

图 3-58 二次波形故障反映区

图 3-58 中,*A* 区为断电器触点故障反映区,*B* 区为电容器、点火线圈故障反映区,*C* 区为电容器、断电器触点故障反映区,*D* 区为配电器、火花塞故障反映区。

三、点火系统火弱的检修

高压火花弱的原因有点火器和点火线圈不良、高压线电阻过大、火花塞漏电或积炭、点火系统供电电压不足或搭铁不良等。

1.点火线圈的检测

以北京切诺基 BJ2021 汽车为例。断开点火开关,用万用表 R×1 Ω 挡,2 支表笔分别连接点火线圈"+""-"极端子,测量初级绕组的电阻值,24 ℃时初级绕组的电阻值应为 1.13~1.23 Ω,93 ℃时应为 1.5 Ω;用万用表 R×1 kΩ 挡,1 支表笔接点火线圈中心高压插孔,另 1 支表笔接点火线圈的"+"或"-"极端子,测量次级绕组的电阻值,24 ℃时次级绕组的电阻值应为 7.7~9.3 kΩ,93 ℃时应为 12 kΩ。若小于上述值,则短路;若电阻为∞,则断路。若测得的电阻值与规定值相差太大,则应予更换。点火线圈各接线柱与外壳之间的电阻,正常情况下为∞,否则说明点火线圈有漏电现象,应予更换。

发动机在工作状态时,点火线圈初级回路的电流值应为 2.0~2.4 A。如果不在此值范围内,则一般是由点火控制器损坏所致,应换用新品。

2.检查分电器、分火头和高压线

(1)拆下高压线、用万用表测量高压线电阻,每根高压线的电阻应小于 25 kΩ。若阻值过大，则应检查高压线及接头，若异常，则更换。

(2)分电器盖应无裂纹，触点烧蚀情况正常。

(3)分火头电阻应为 10～20 kΩ，分火头导电片与分电器轴端壳体之间应不漏电。

3. 点火器和初级电源电路检查

当点火器和初级电源电路出现故障时，最常见的情况是导致点火系统完全不工作。初级电源电路受到其他因素干扰使初级电压不足等，也会造成次级线圈跳火能量不足的情况，其检修过程与不能着车、无跳火的情况相似，其诊断方法参见项目 4。

四、点火正时检测

点火正时指正确的点火时间，一般用点火提前角表示。从点火开始到活塞到达压缩上止点曲轴转过的角度称为点火提前角。点火提前角正确时，发动机的动力性和经济性最好，此时的点火提前角称为最佳点火提前角。然而，最佳点火提前角与转速、负荷、水温、进气温度、爆震、空调、启动开关等有关。点火正时随辛烷值的变化，是在静态情况下通过获得最佳初始点火提前角，即获得最佳分电器壳固定位置得到的。在离心式调节器和真空式调节器工作正常的情况下，发动机最佳点火提前角往往取决于初始点火提前角。

检测点火正时的方法有人工(经验)法、频闪(正时灯)法和缸压法等。

1. 人工法

人工法检测点火正时的步骤如下。

(1)拆下分电器盖，取下分火头。

(2)用手摇把摇转曲轴，使分电器凸轮将断电器触点完全打开，检查并调整触点间隙，使其保持在 0.35～0.45 mm 的范围内。

(3)拆下第一缸火花塞，摇转曲轴，若听到从火花塞孔发出排气声，则说明第一缸已处于压缩行程，此时应在慢摇曲轴的同时，观察正时标记并使它们对齐，然后停止摇转并抽出摇把。

(4)拆去分电器真空式调节器的连接管路，松开分电器壳与缸体之间的定位螺钉，有辛烷值调节器的应将其调整在“0”的位置上。

(5)用手握住分电器壳，先顺分火头转动方向转动一个角度，使触点闭合，然后再逆分火头转动方向转动一个角度，使触点刚刚打开。

(6)拧紧分电器壳定位螺钉，并连接好真空式调节器的管路。

(7)插上分火头，扣上分电器盖，分火头指向的插孔即第一缸高压线插孔。插上第一缸高压线，该线的另一端和第一缸火花塞连接；然后沿分火头转动方向按点火次序插上其他各缸高压线，并与对应的火花塞连接好。

(8)启动发动机并热车，进行无负荷加速试验。当突然打开节气门时，发动机应加速良好。如果加速不良，且有较严重的金属敲击声，则为点火过早；如果加速不良且发闷，甚至排气管有“突突”声，则为点火过迟。若点火时间过早，则应顺分火头的旋转方向转动分电器外壳；若点火时间过迟，则应逆分火头的旋转方向转动分电器外壳。

2. 频闪法

1)检测原理

如果照射转动零件的光束频率与旋转零件的转动频率相等，则由于人的视觉具有暂留的生理现象，觉得其零件似乎不转动，频闪法就是利用这种原理进行检测的。用频闪法检测点火提前角使用的点火正时仪又称为正时灯，如图 3-59 所示，它由闪光灯、传感器、延时触发装置与显示装置等构成。利用频闪法检测时，在发动机飞轮或曲轴皮带轮上都刻有正时标记，在与之相邻的固定机壳上也刻有标记，曲轴旋转到活动标记与固定标记对齐时，第一缸活塞刚好到达上止点。通常用第一缸的点火信号触发闪光灯，并使之发出短暂的光脉冲。闪光灯每闪光一次表示第一缸的火花塞点火一次，其闪光与第一缸点火同步，如图 3-60 所示。当闪光照射刻有活动定时标记的飞轮或曲轴带轮时，若发动机转速稳定，则活动标记与闪光灯闪光在光学上是相对静止的，活动标记似乎不动。当闪光灯在第一缸点火信号发生的同时闪光时，一缸活塞尚未到达压缩上止点，活动标记与固定标记尚未对齐，此时，两标记之间所对应的发动机曲轴转角即点火提前角。

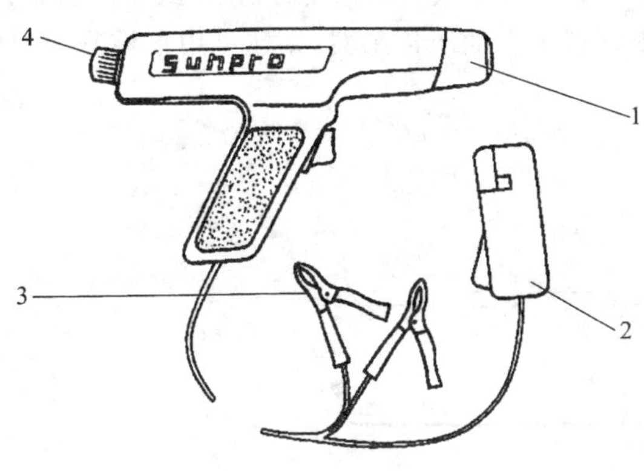

图 3-59 点火正时仪

1—闪光灯；2—点火脉冲传感器；3—电源夹；4—电位计旋钮

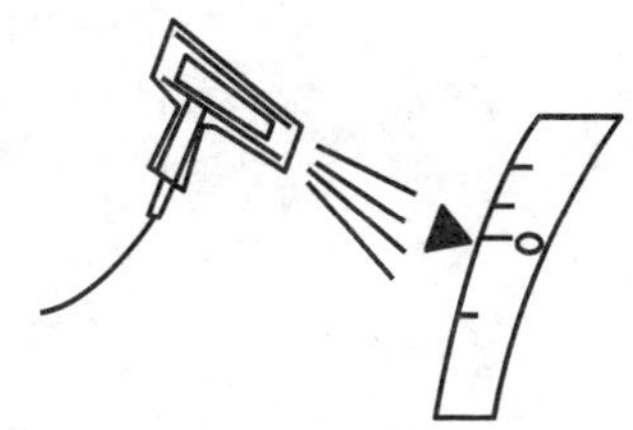

图 3-60 点火正时检测

2)检测方法

(1)仪器准备。

①将闪光正时检测仪的两个电源夹夹到蓄电池的正、负电极上，红色夹接正极，黑色夹接负极。

②将正时仪的外卡式传感器卡在一缸高压线上。

③将正时仪的电位器退回到初始位置，打开正时灯开关，正时灯应闪亮，指示装置应指示零位。

(2)发动机准备。

①擦拭飞轮或曲轴传动带盘上一缸上止点标记。

②发动机运转至正常工作温度。

(3)检测方法。

①发动机怠速下稳定运转，打开正时灯并对准飞轮壳或发动机机体前端面上的固定标记。

②调整正时灯电位器，使飞轮或曲轴传动带盘上的标记逐渐与固定标记对齐，此时表头的读数即发动机怠速运转时的点火提前角。

③用同样的方法分别测出不同工况时的点火提前角。

发动机怠速运转时，由于离心式和真空式调节器未起作用或作用很小，此时测得的提前角实为初始提前角。在拆下真空管(要堵塞通化油器的管道)的情况下，发动机在某转速下测得的提前角减去初始提前角，即该转速下的离心提前角；反之，在连接真空管的情况下，在同样转速下测得的提前角减去离心提前角和初始提前角，即该转速下的真空提前角。测出的点火提前角应与规定值进行对照。

对于计算机控制的电子点火系统而言，其点火提前角的检测应按制造厂规定的校准点火正时的步骤进行。检测时，一般应先将发动机罩下的点火正时检验接线柱搭铁，使计算机控制点火提前不起作用。首先检测基本提前角（即发动机自动控制点火提前角），检测完后再把搭铁线拆除，具体检测方法和步骤应查阅说明书。

④检测完毕，关闭正时灯，取下外卡式传感器和两个电源夹。

3. 缸压法

1）检测原理

基本原理是采用缸压传感器找出某一缸压缩压力的最大点作为缸压波形、点火波形、油压波形上止点，同时用点火传感器（油压传感器）找出同一缸的点火（供油）时刻，两者之间的凸轮轴转角即点火（供油）提前角，如图 3-61 所示。用缸压法制成的点火正时仪，由缸压传感器、点火传感器、处理装置和指示装置等构成。如果正时仪带有油压传感器，则还可用来检测柴油机的供油提前角。

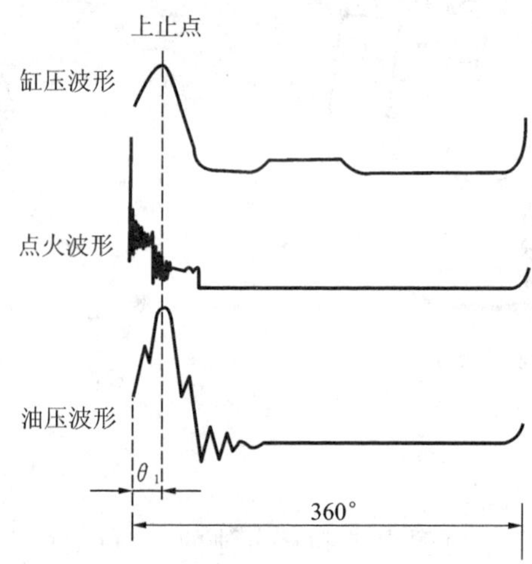

图 3-61　缸压法检测提前角的原理

2）检测方法

（1）预热发动机至正常工作温度。

（2）拆下任意一缸的火花塞，装上缸压传感器。

（3）在拆下的火花塞上仍接上原高压线，在高压线与火花塞之间接点火传感器或在高压线上卡上外卡式点火传感器，然后将火花塞放置在机体上使之搭铁良好。

（4）启动发动机怠速运转。通过按键或输入操作码，即可从指示装置得到怠速转速下的点火提前角及对应的转速。

（5）测得的点火提前角若不符合规定，则应在点火正时仪监测情况下重新调整，直到符合要求。

（6）用同样的方法，改变发动机转速，即可测得发动机在任意转速下的点火提前角及对应的转速。

五、爆震传感器检查

爆震传感器安装在发动机顶部，它由一块压电晶体组成。压电晶体的频率与发动机的爆震频率相同。发动机爆震时，压电晶体便发生共振，并产生一个电压值随爆震幅度而变化的电压信号，该信号通过 KNK1 和 KNK2 端子传给 ECU。

(1)检查爆震传感器与ECM之间的导线有无断路或短路。

(2)检查传感器是否安装牢固。

(3)若上述检查没有发现问题,则拆下传感器,用万用表检查爆震传感器端子和外壳之间是否导通。

【任务实施】

问题1 用人工跳火方法检查故障车辆高压总线跳火情况。

问题2 对各缸点火高压值规定,各缸击穿电压值应一致,相差不大于(　　)kV。

问题3 如果发动机高压火花弱,可能的影响因素有:____。排查的步骤为:____。

学习任务6 发动机进气不良的故障诊断与检测

【任务导入】

一台发动机点火和喷油性能检测都正常,但发动机仍然加速缓慢、动力不足,可能是因为混合气进气充量不足。自然吸气式发动机进气量与哪些因素有关?如何进行发动机的性能检测与故障诊断?

【知识准备】

一、气缸压缩力的检测与分析

发动机进气量是其动力性能的重要影响因素,而进气充量与进气行程气缸真空度有关,也就是说,良好的气缸密封性是保证发动机缸内压力正常并有足够动力输出的基本条件,因此,通过气缸密封性的检测可判断发动机基本技术状况的好坏。

气缸的密封性是指气缸的密封性能。

在发动机的使用过程中,气缸周围零件(气缸体、气缸盖、气缸垫、活塞、活塞环、进排气门、气门座圈等)的磨损、烧蚀、结焦或积炭,会导致气缸密封性下降,使发动机功率下降,燃油消耗率增加,使用寿命大大缩短。因此,我们要对气缸的密封性进行检测,以判断发动机每个气缸的密封性是否良好。由于气缸密封性与气缸体、气缸盖、气缸垫、活塞、活塞环、进气门、排气门等零件的技术状况有关,因此也能判断气缸体、气缸盖、气缸垫、活塞、活塞环、进气门、排气门等零件的技术状况是否良好。

在不解体的条件下,检测气缸密封性的常用方法有:测量气缸压缩压力,测量曲轴箱窜气量,测量气缸漏气量或气缸漏气率,测量进气管负压等。

1. 用气缸压力表检测气缸压缩压力

由于气缸压力表具有价格低廉、轻便小巧、实用性强和检测方法简便等优点,所以在汽车维修企业中利用气缸压力表检测气缸压缩压力的情况非常普遍。

活塞到达压缩终了上止点时气缸压缩压力的大小可以表征气缸密封性的好坏。气缸压缩压力是指在发动机不着火的工作条件下，活塞到达压缩终了上止点时气缸内气体压力的大小，一般用气缸压力表来测量。

1）气缸压力表结构

气缸压力表如图 3-62 所示。它一般由压力表头、导管、单向阀和接头等组成。压力表头多为鲍登管式，其驱动元件是一根扁平的弯曲成圆圈状的管子，一端为固定端，另一端为活动端。活动端通过杠杆、齿轮机构与指针相连。当气体压力进入弯管时，弯管伸直。于是，通过杠杆、齿轮机构带动指针运动，在表盘上指示出压力的大小。气缸压力表的接头有两种形式：一种为螺纹管接头，可以拧紧在火花塞或喷油器螺纹孔内；另一种为锥形或阶梯形的橡胶接头，可以压紧在火花塞或喷油器孔上。

气缸压力表还装有能通大气的单向阀。当单向阀处于关闭位置时，可保持压力表指针位置以便于读数；当单向阀处于打开位置时，可使压力表指针回零。

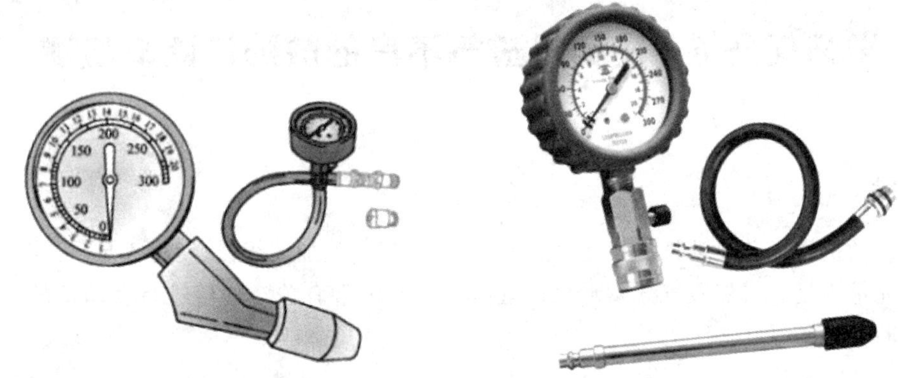

图 3-62　气缸压力表

2）检测步骤

（1）发动机正常运转，使冷却液温度达正常工作温度（80～90 ℃）以上。

（2）使发动机停机后，拆下空气滤清器，用压缩空气吹净火花塞或喷油器周围的灰尘和脏物。

（3）卸下全部火花塞或喷油器，并按气缸次序放置。对于汽油发动机，还应把分电器中央电极高压线拔下并可靠搭铁。

（4）装气缸压力表。把气缸压力表的橡胶接头插在被测气缸的火花塞孔内，扶正压紧，如图 3-63 所示。

（5）节气门和阻风门置于全开位置。

（6）拧动点火开关，用启动机带动曲轴转动 3～5 s（不少于 4 个压缩行程），待压力表头指针指示并保持最大压力后停止转动。

（7）取下气缸压力表，记下读数，按下单向阀使压力表指针回零。

（8）按上述方法依次测量各缸气缸压力，每缸测量次数不少于 3 次。

（9）计算每个气缸 3 次读数的平均值，此值便是每个气缸气缸压力的测量结果。

3）诊断标准

（1）在用汽车发动机各气缸压力应不小于原设计值的 85%，每缸压力与各缸平均压力的差：汽油机应不大于原设计值的 8%，柴油机应不大于原设计值的 10%。

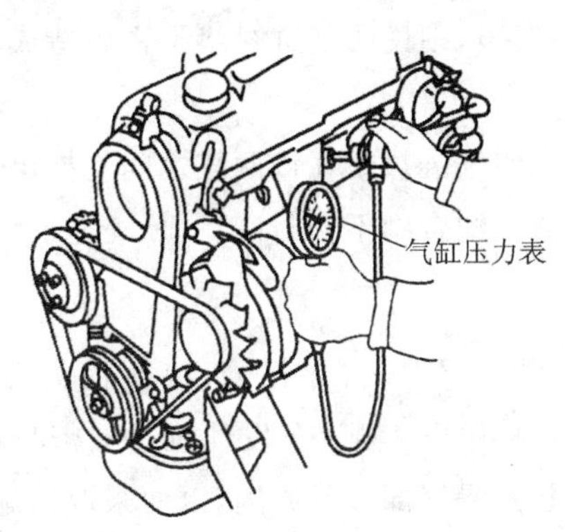

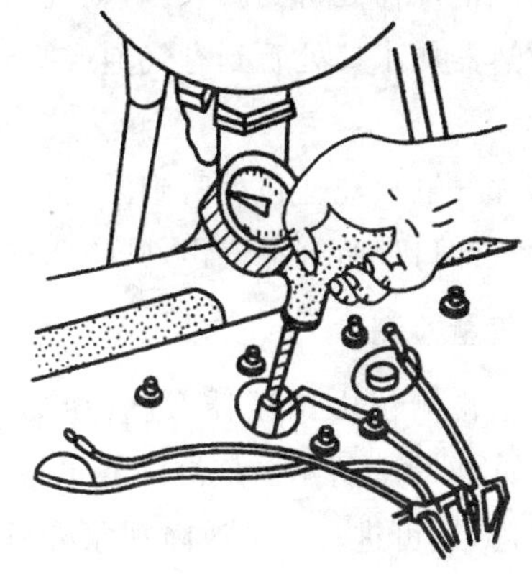

图 3-63　气缸压力表的安装

(2) 大修竣工发动机的气缸压力应符合原设计规定，每缸压力与各缸平均压力的差：汽油机应不超过原设计值的 8%，柴油机应不超过原设计值的 10%。

(3)各汽车商对生产的车型均有标准(见表 3-17)。

表 3-17　常见几种车型的气缸压缩压力值

发动机型号	压　缩　比	气缸压缩压力值/kPa	各缸压力差/kPa
捷达 EA827	8.5	900～1100	不大于 300
桑塔纳 AJR1.8L	9.3	1000～1350	300
富康 TU3	8.8	1200	300

4)结果分析

(1)测得结果若高于原设计规定，并不一定是气缸密封性好，要结合实际情况进行分析。这种情况有可能是燃烧室内积炭过多，或气缸衬垫过薄，或缸体与缸盖结合平面修理加工过甚所造成的。

(2)测得结果若低于原设计规定，可向该缸火花塞或喷油器孔内注入适量机油，然后用气缸压力表重测气缸压力。根据重测结果，按相应方法进行分析。

①若第二次测出的压力比第一次高，接近标准压力，则表明是气缸、活塞环、活塞磨损过大或活塞环对口、卡死、断裂及缸壁拉伤等原因造成气缸密封不严。

②若第二次测出的压力与第一次略同，即仍比标准压力低，则表明是进、排气门或气缸衬垫不密封。

③两次检测结果均表明：若某相邻两缸压力都相当低，则说明两缸相邻处的气缸衬垫烧损窜气。

针对压力低的气缸，采用以下简易方法(以汽油机为例)。

卸下空气滤清器，打开散热器盖和加机油口盖，用一根胶管，一头接压缩空气气源，另一头通过锥形橡皮头插在火花塞孔内。摇转发动机曲轴，使被测气缸活塞处于压缩终了上止点位置，然后将变速器挂低挡，拉紧驻车制动器操纵杆，打开压缩空气(600 kPa 以上)开关，注意倾听漏气声。

①若在进气口处听到漏气声，则说明进气门不密封。

②若在排气消声器处听到漏气声，则说明排气门不密封。

③若在散热器加水口处看到有气泡或听到漏气声，则说明气缸衬垫不密封造成气缸与水套相通。

④若在相邻气缸火花塞口处听到漏气声，则说明气缸衬垫在该两缸之间烧损窜气。

⑤若在加机油口处听到漏气声，则说明气缸活塞配合副不密封。

2. 气缸漏气量检测

气缸漏气量检测仪由调压器、进气压力表、测量压力表、导气管、快换接头等组成(见图3-64)，其面板如图3-65所示。气缸漏气量检测仪适用于检测汽车发动机气缸密封性是否在允许漏气范围以内，还可进一步从故障现象分析判断其漏气部位及原因，以便采取措施排除故障。

图3-64　气缸漏气量检测仪

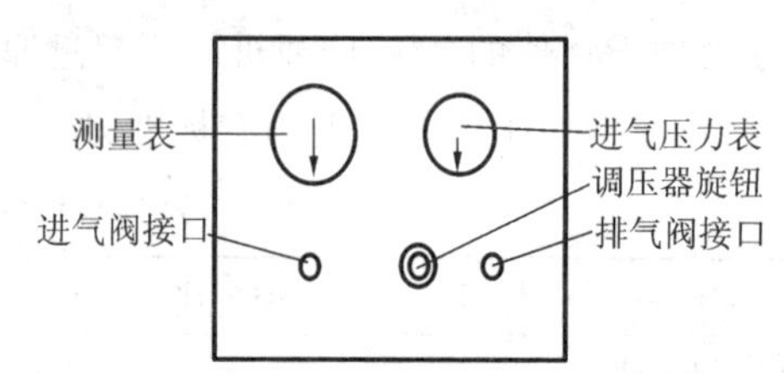

图3-65　气缸漏气量检测仪面板

1)检验原理

气缸漏气量检测仪的检验原理是在发动机处于静态，并且活塞处于行程上止点位置时，给气缸注入一定量的压缩空气。气缸内气压下降到某指定值所用的时间即可反映漏气量的大小。时间越短，说明漏气量越大；反之，说明漏气量越小。如果连续给气缸注入定压空气，还可以判断造成漏气的主要部位，以便有针对性的保养发动机。

气缸的密封性也可以用气缸漏气率检测仪进行检测。

气缸漏气率检测仪在检测判断故障的方法上与气缸漏气量检测仪基本一致，只不过气缸漏气量检测仪的测量数据单位为kPa或MPa，而气缸漏气率检测仪的测量数据为百分数。

气缸漏气率检测仪是这样标定的：接通外部气源，在仪器出气口密封的情况下，调节减压阀，使测量表指针指示“0”；完全打开仪器出气口，测量表指针回落到最低点时，标定为“100%”；在测量表的“0”至“100%”间，把原气缸漏气量检测仪表盘的气压数折合成漏气的百分数，便能直观地指示漏气率。

气缸漏气率的检测标准如表3-18所示。

表3-18　气缸漏气率的检测标准

气缸密封状况	测量表读数/(%)	气缸密封状况	测量表读数/(%)
良好	0～10	较差	20～30
一般	10～20	换环或镗缸	30～40

2)检测步骤

(1)方法一。

①将发动机预热到正常工作温度(80～90 ℃)。用压缩空气吹净缸盖,特别要吹净火花塞孔上的灰尘。将发动机各火花塞卸下,利用手摇把转动曲轴,使活塞处于上止点,挂直接挡,拉紧驻车制动器,以防测试时压缩空气推动活塞移动。

②在处在压缩上止点的第1缸上拧上送气接头,将带有快换接头的导气管一端与测量仪输出端相接,同时将空气压缩机与测试仪器输入端相接,如图3-66所示。

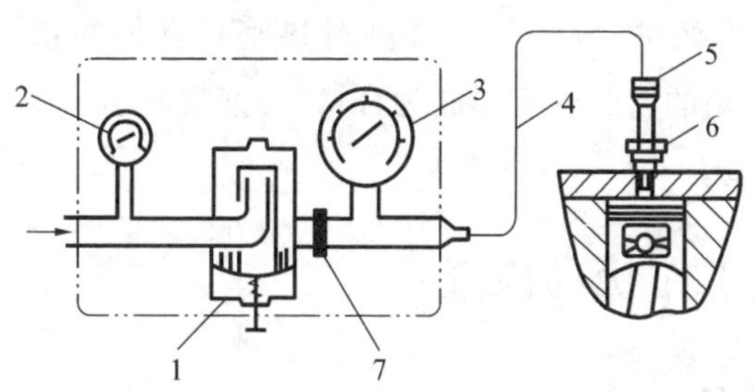

图3-66 气缸漏气量检测仪安装图

1—调压阀;2—进气压力表;3—测量压力表;4—橡胶软管;
5—快速接头;6—充气嘴;7—校正孔板

③将仪器调压阀关闭(使用时将调压器旋钮拉出)。

④开动空气压缩机充气。当充到0.8 MPa时,关闭空气压缩机,准备好计时秒表,迅速开启调压阀,同时按动秒表,记录保压时间,观察测量压力表的变化。当表压降至0.4 MPa时,按停秒表,记录表压从0.8 MPa降到0.4 MPa所用的时间,进行同类机比较,即可诊断出气缸漏气量的程度,维持时间越长,说明气缸密封性越好。若保压时间很短,通常在10 s以下,则说明气缸漏气严重,必须进行修理。为方便测试,各缸的测试顺序依气缸点火顺序进行,四缸发动机曲轴每转半圈可试验一个气缸。

⑤漏气部位判断。开动空气压缩机,向处在压缩行程上止点的气缸送气,用调压阀将压力控制在0.6 MPa,仔细倾听漏气声,以此判断气缸漏气部位。若在进气口处听到漏气声,则说明进气门不密封;若在排气管的消声器口处听到漏气声,则说明排气门不密封;若在加机油口处听,一般都有漏气声,轻微的小声响属正常,听到较大声响,并感到有气体流出,则是严重漏气,说明气缸活塞配合副不密封;若在散热器加水处看到有气泡从水中冒出,则说明气缸垫烧坏,造成气缸与水套窜通;若在该缸的邻缸火花塞口处听到漏气声,则说明气缸垫在两缸之间烧坏而发生冲缸。

(2)方法二。

①先将发动机预热到正常工作温度(80～90 ℃)。用压缩空气吹净缸盖,特别要吹净火花塞孔上的灰尘。拧下所有火花塞,装上充气嘴,同时将仪器接上气源,如图3-66所示。

②用手弯折出气管,在仪器出气口完全密封的情况下,通过调节调压阀,使测量表的指针指在392 kPa位置上。卸下分电器盖和分火头,装指针和活塞定位盘。

③摇转曲轴,先使第1缸活塞处于压缩终了上止点位置,然后转动活塞定位盘,使刻度1对正指针。变速器挂低速挡,拉紧驻车制动器操纵手柄。

④把1缸充气嘴接上快速接头,向1缸充气,测量表上的读数便反映了该缸的密封性。在充气的同时,可以从进气口、排气口、散热器加水口和机油注入口等处,查听是否有漏气声,以便找出故障部位。

⑤摇转曲轴，使指针对正活塞定位盘下一缸的刻度线，按以上方法检测下一缸漏气量。

⑥按以上方法和点火次序，检测其他各缸的漏气量。为使数据可靠，各缸应重复测量一次，取其平均值。

本检测方法仅适用于汽油机。仪器使用完毕后，调压阀应退回到原来的位置。

(3)诊断标准。

对于第二种方法，在确认进、排气门和气缸衬垫密封良好的情况下，若测量读数值大于246 kPa，则气缸活塞摩擦副的密封性可诊断为合格；若读数值小于246 kPa，则表明活塞副磨损严重，需换环或镗缸换活塞。

二、进排气系统工作状况检查

1. 进气管真空度的检测

进排气系统堵塞会造成发动机进气不足，加速性能、动力性能不良。除可人工拆检外，还可通过检测进气管真空度进行诊断。

进气管真空度是进气管内的压力与大气压力的差值。

发动机进气管真空度随气缸活塞组零件的磨损程度而变化，并与气门组零件的技术状况、进气管的密封性以及点火系统和供油系统的调整有关。因此通过用真空表检测进气管真空度可以判断气缸活塞组零件的磨损程度、气门组零件的技术状况、进气管的密封性以及点火系统和供油系统的调整情况。

进气管真空度用真空表检测。真空表如图 3-67 所示。真空表盘如图 3-68 所示。

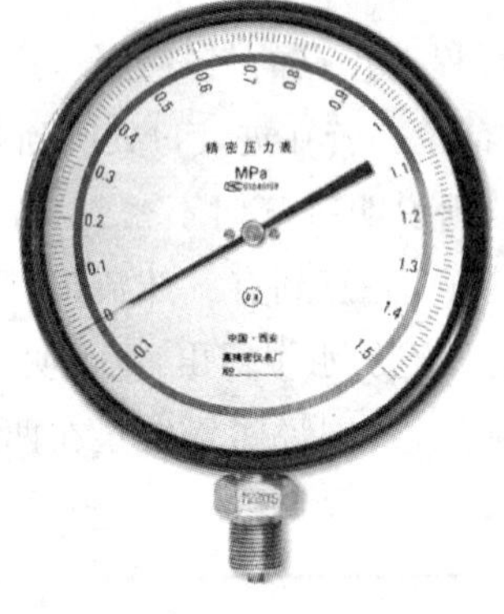

图 3-67　真空表

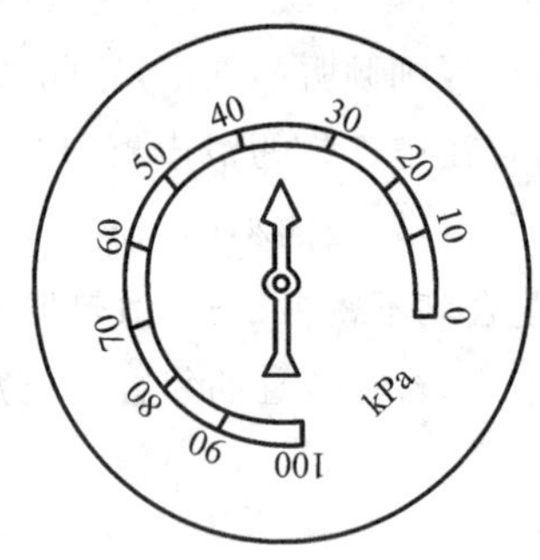

图 3-68　真空表盘

1)检测方法及步骤

(1)启动发动机，并使其以高于怠速的转速空转 30 min 以上，使发动机达到正常工作温度(80～90 ℃)。

(2)将真空表软管接到进气歧管的测压孔上。要求真空表和进气歧管连接软管及各接头部位，均不得有泄漏。

(3)变速器挂空挡，发动机怠速运转。

(4)观察真空表上的指针指示值和指针的摆动情况。

2)诊断标准

GB/T 3799.1—2005《商用汽车发动机大修竣工出厂技术条件 第1部分:汽油发动机》规定:大修竣工的四行程汽油机转速为500～600 r/min时,以海平面为准,进气管负压应在57.33～70.66 kPa范围内。波动范围:六缸汽油机一般不超过3.33 kPa,四缸汽油机一般不超过5.07 kPa。

3)故障确诊

进气管真空度的检测是一项综合性很强的检测,检测的项目很多,其部分故障的确诊原则如下。

(1)如果气缸垫窜气,则真空表读数会从正常值突然跌落到33 kPa,当泄漏气缸在工作行程时,指针又恢复正常值。

(2)如果混合气过稀,则指针不规则跌落;如果混合气过浓,则指针缓慢摆动。

(3)进气歧管漏气时,真空表指示值比正常值低10～30 kPa。

(4)排气系统堵塞时,发动机转速升至2000 r/min,突然关闭节气门,真空表指针从83 kPa跌落到6 kPa以下,并迅速回至正常。

(5)发动机的点火系统、配气机构、密封性能等各部分良好且发动机温度正常时,在相当于海平面高度的条件下,若发动机怠速运转时,真空度为57.33～70.66 kPa(430～530 mmHg)且较稳定,则表明气缸密封性正常。

(6)怠速时,指针跌落在46.66～57.33 kPa(350～430 mmHg)范围内,为点火时刻过迟。

(7)怠速时,指针在17.33 kPa(130 mmHg)以下,为进气管衬垫漏气。

(8)怠速时,指针在17.33～64 kPa(130～480 mmHg)范围内大幅度摆动,为气缸衬垫漏气。

(9)在发动机怠速工况下迅速开启、关闭节气门时,若真空度在6.66～84.66 kPa(50～635 mmHg)范围内摆动,且变化较灵敏,则说明气缸组技术状况良好。

(10)表针最初指示较高,怠速时逐渐跌落到0,为排气消声器或排气系统堵塞。

2.三元催化转化器堵塞的检查

三元催化转化器堵塞会造成发动机进气量不足,发动机加速不良,怠速易熄火等故障,其堵塞的检查方法有进气歧管负压法和排气背压法两种。

1)进气歧管负压法

(1)将废气再循环阀的负压软管取下,并将管口堵住。

(2)将真空表接到进气歧管上,将发动机缓慢加速到2500 r/min。

(3)观察真空表读数。如果真空表读数瞬间下降后又回升到原有水平,并能稳定保持至少15 s,则说明三元催化转化器没有堵塞;如果真空表读数下降,则说明三元催化转化器或排气管堵塞。

2)排气背压法

(1)从二次空气喷射回路上脱开接空气泵单向阀的插接器,再在二次空气喷射管路中接入压力表。

(2)发动机转速为2500 r/min时,观察压力表的读数,此时压力表的读数应小于17.24 kPa,

如果排气背压大于或等于 20.70 kPa，则表明排气系统堵塞，如果想观察三元催化转化器、消声器、排气管有无外部损伤，则可将三元催化转化器出气口和消声器脱开后再观察压力表的读数有无变化，如果压力表显示的排气背压仍较高，则为三元催化转化器损坏；如果压力表读数突然下降，则说明堵塞发生在三元催化转化器后面的部件。

【任务实施】

问题 1　打开故障车辆加机油口盖，观察发动机曲轴箱废气是否较多。

问题 2　下列(　　)不能表征气缸组的密封性。

A. 排气温度　　B. 进气管负压

C. 曲轴箱窜气量　　D. 气缸压缩压力

问题 3　用气缸压力表检测气缸压缩压力时，用启动机转动曲轴不少于(　　)个压缩行程。

A. 2　　B. 3　　C. 4　　D. 5

问题 4　发动机气缸密封性不良会导致(　　)。

A. 发动机功率不变，燃油消耗率增加

B. 发动机功率下降，燃油消耗率不变

C. 发动机功率下降，燃油消耗率增加

D. 发动机功率不变，燃油消耗率减少

问题 5　测量实训车的排气背压，当发动机转速为 2500 r/min 时，其压力表读数为(　　)，是否正常？

项目4 电控汽油发动机不着车的故障诊断

【案例引入】

一辆1.6L轿车，行驶里程近9万千米，在正常行驶中突然熄火，再启动时不能着车，完全没有着车迹象，于是联系修理厂派人救援，但维修厂人员来到后，车辆在启动时又可以着车了，在行驶一段路程后，又出现了不能着车的故障现象。怎样排除此类故障?

学习任务1 发动机不着车的故障现象与故障原因分析

【任务导入】

仔细观察故障车辆，描述该车不着车的故障征兆，系统地分析故障发生的可能原因。

【知识准备】

一、不着车的故障现象

汽车发动机不着车一般可从故障征兆上划分为以下几种情况。

(1)启动机能带动发动机运转，但不能发动，且没有发动迹象。

(2)启动机以正常转速带动发动机运转时，有发动迹象，但不能启动。多次、长时间启动才能勉强运转。

(3)启动机能带动发动机运转，发动机发动后又立即熄火。

在启动时应注意观察启动机运转速度、响声，以排除启动机空转、过慢的影响。另外应能确保仪表盘上各种警告灯和指示灯正常，以排除电源影响;同时观察有无排烟和汽油味等启动和供油征兆，以确定故障诊断的步骤等。

二、电喷汽油发动机启动条件分析

汽油机正常燃烧必须具有足够的点火能量、混合比适宜的可燃混合气及正常的气缸压缩力。在发动机启动的状态下，这些条件比热机情况下的正常运转要求更高，因为在发动机温度较低的情况下，燃油雾化不良，进气道与气缸壁等均会黏附燃油颗粒，使发动机冷车启动要求较浓的混合气。电控单元在控制喷油量时，将会按冷车启动工况喷油规律异步喷射和增加喷油时间，实现发动机启动的混合气较浓的要求。

三、故障原因

(1)油路系统故障。如电动燃油泵、喷油器不工作，包括控制电路故障。另外油路堵塞或泄漏使油路压力过低，会导致低温难启动，如果油压调节器回油口堵塞，导致油压过高，喷油器滴漏等情况，也会造成热车时难启动。

(2)点火系统故障。造成不着车或启动困难的点火系统故障是无火、火弱、点火顺序错乱、点火正时失准等。点火线圈故障、高压总线故障、点火器故障、ECU 及相关线路故障等均会造成点火系统无火，使发动机不着车，而点火线圈故障、高压总线故障或点火器故障造成的火花不强、分电器盖漏电、分火线错乱等会导致点火顺序不正确。凸轮轴、分电器等装配调整不当会造成点火正时异常，严重时会导致着车困难。

(3)电控系统故障。转速传感器故障、电源电路故障、发动机控制计算机自身故障使发动机电控单元不工作；空气流量计失效、冷却液温度传感器异常，使混合气过浓，热车难着；电控系统异常还会令油泵控制电路失效、喷油器不工作致使冷启动困难；怠速控制阀故障使启动进气量过少等。

(4)机械故障。正时皮带断裂、正时不准、气缸压力不足、气门积炭严重等。

(5)进气系统故障。进气系统漏气、堵塞等。

(6)排气系统故障。排气系统阻力大、堵塞等。

【任务实施】

问题 1　油路系统故障导致发动机不能着车的原因有哪些？

问题 2　如果完全不能着车，可能的第一级故障原因是：不喷油、____________________、和____。

学习任务 2　发动机不着车的故障诊断流程

【任务导入】

写出电喷汽油发动机不着车的完整的故障诊断思路，并根据分析结果，针对车型特点与故障特征，结合已有的工具设备制定合理、高效的诊断流程。

【知识准备】

一、故障一般诊断思路

对于发动机不能启动的故障，应从点火、燃油供给、空气供给、机械（缸压）等方面来考虑。一般诊断操作步骤如下。

（1）首先检查燃油箱是否有燃油，观察仪表盘上的燃油警告灯，不足时需添加燃油。

（2）用燃油压力表检测油压，若油压不正常，则是油路问题，一般需检查油泵、油压调节器、燃油滤清器、油管、喷油器有无漏油或堵塞。

（3）检查油压调节器。夹住回油管，如果燃油压力迅速上升，则说明油压调节器有故障；如果上升慢或不上升，则说明油路或油泵有故障。

（4）检查燃油泵。打开点火开关时倾听油泵运转声，检查时可用导线短接油泵继电器，应能听到油泵运转声，并能感受到进油管油压脉动，否则应检查燃油泵及其线路。

（5）在确认发动机没有故障代码的前提下，检查点火系统有无高压火花和火花减弱的情况，检查分缸线是否有火；拆下火花塞，将分缸线插接上火花塞抵在缸体上，启动发动机，观察火花塞跳火情况。检查中央高压线是否有火，若中央高压线有火而分缸线无火，则是分电器故障；如果中央高压线无火，则应分别检查高压线、点火线圈、分电器（信号发生器）、点火器、曲轴位置传感器及其线路、ECU 控制系统等。

（6）检查喷油器。在启动时监听喷油器的工作声或用阻抗大的试灯接在喷油器线束插头上，若启动时试灯闪亮，则为正常。若对各个喷油器线路进行检测时，试灯均不闪亮，则说明喷油器电源有断路故障，或控制单元不输出喷油指令，应分别对喷油器、控制器接线、电源继电器接线、ECU 工作状况等进行检查。

（7）检查气缸压力是否下降。检查配气正时、缸垫、正时带位置、活塞环密封性、气门密封性等。

（8）检查气路。检查是否有脱落的真空管，按要求插好各种真空管路。

二、不着车的故障诊断流程

汽油发动机不着车的诊断流程如图 4-1 所示。

【任务实施】

问题 1　车辆基本检查项目应包含哪些内容？

问题 2　分析典型故障现象的故障原因与部位。

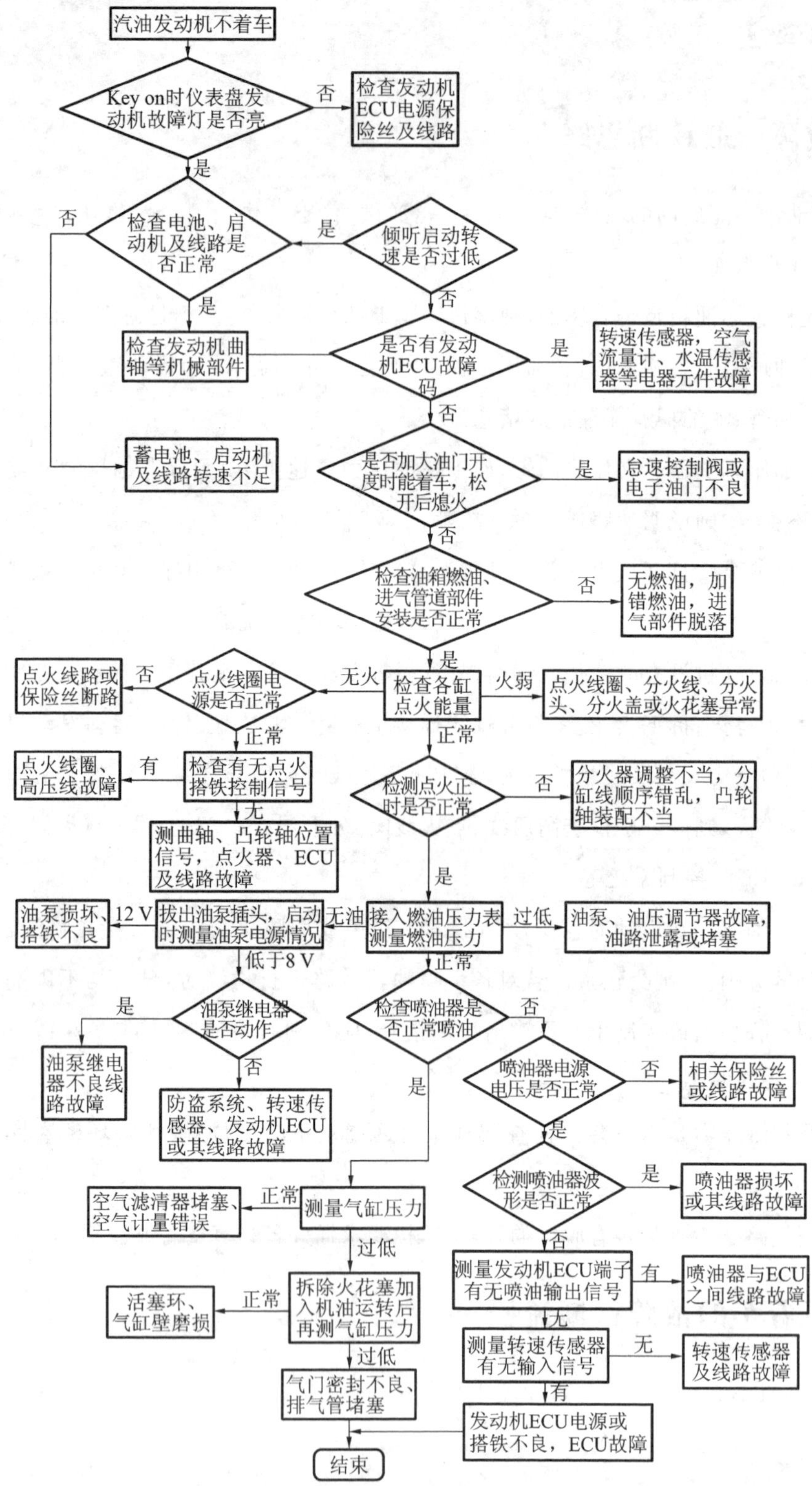

图 4-1　汽油发动机不着车的诊断流程

学习任务 3　发动机油路和电路的故障诊断与检测

【任务导入】

分析电喷汽油机供油系统不来油的原因，并就此进行相关故障诊断与检测，找出最终的故障原因。根据电喷汽油机点火失效的故障原因，拟订点火系统诊断步骤，并进行相应的点火系统元件的检测与诊断，判断其性能是否正常。

【知识准备】

一、供油系统不供油的故障诊断

1. 故障现象

发动机不能启动或在运转过程中自动熄火，不能再次启动。

2. 故障原因

(1)油箱燃油不足。

(2)油管及接头漏油。

(3)汽油滤清器严重堵塞。

(4)燃油压力调节器膜片破裂。

(5)油泵电机损坏，熔断器、继电器损坏或线路断路、接触不良等。

(6)喷油器线圈、继电器、熔断器损坏或控制线路不良等。

(7)冷却液温度传感器信号失常，曲轴位置传感器(发动机转速传感器)无信号，启动开关信号未传入 ECU 等，使 ECU 未进行喷油控制。

(8)ECU 有故障。

3. 故障诊断与排除

(1)先进行故障自诊断，检查有无故障代码。若有，则按所显示的故障代码查找故障原因。要特别注意会影响喷油控制的传感器(如发动机转速及曲轴位置传感器、冷却液温度传感器等)有无故障。在检测控制线路时，可采用故障模拟征兆法轻轻震动熔断器盒，轻轻晃动各线束连接器，看有无接触不良现象。

(2)检查油箱是否有油，燃油管路及接头是否有破损之处。

(3)测量系统油压。先泄压，然后在进油管和燃油分配管之间安装油压表，用启动机带动发动机运转，观察油压表的读数。

若油压正常，则故障在喷油器及其控制线路，可能是喷油器熔断器、继电器损坏或 ECU 故障，也可能是 ECU 未接收到启动信号、发动机转速信号等，没有对喷油器实施喷油控制，对此，应检查相应传感器、开关等；若无油压或油压极低，则故障在供油系统。

(4)检查汽油滤清器，若堵塞严重应更换。

(5)检查油压调节器。拔下油压调节器真空管，若有油流出或滴油，则说明油压调节器膜片破裂,应更换。若油压过低,可夹住油压调节器回油管切断回油,若油压上升,则可能是油压调节器膜片及弹簧性能下降、回油阀门开度一直较大导致系统油压严重降低。

(6)若上述检测均正常,则为油泵不供油,应检查油泵及其控制线路,视情检修或更换。

二、点火失效的故障诊断

1. 晶体管点火系统故障诊断与排除方法(以北京切诺基 BJ2021 汽车为例)

切诺基汽车点火系统电路如图 4-2 所示。现就点火系统失效造成的发动机不能启动故障,说明诊断方法与步骤。

(1)首先检查点火系统各部分连接导线接插件是否松脱、折断,导线绝缘橡胶是否老化而出现裂纹,若是,则应插牢、更换或修理线束。

(2)诊断故障在低压电路还是在高压电路。拔下分电器盖上的中央高压线,使其端头距气缸体 5~7 mm,接通点火开关,启动发动机,观察中央高压线端跳火情况。若无高压火花,则表明故障在低压电路;若有高压火花,且火花强,则表明故障在高压电路。

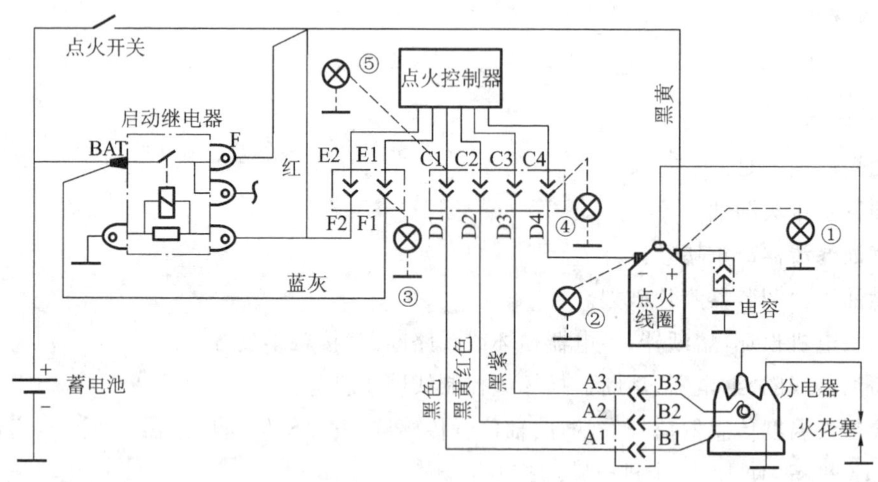

图 4-2 切诺基汽车点火系统电路

(3)低压电路故障的诊断。

低压电路故障诊断流程如图 4-3 所示。

①点火线圈的检测。断开点火开关,用万用表 R×1 Ω 挡,两只表笔分别连接点火线圈"+""-"极端子,测量初级绕组的电阻值,24 ℃时初级绕组的电阻值应为 1.13~1.23 Ω,93 ℃时应为 1.5 Ω;用万用表 R×1 kΩ 挡,一支表笔接点火线圈中心高压插孔,另一支表笔接点火线圈的"+"或"-"极端子,测量次级绕组的电阻值,24 ℃时次级绕组的电阻值应为 7.7~9.3 kΩ,93 ℃时应为 12 kΩ。若电阻值小于上述值,则为短路;若电阻值为∞,则为断路。若测得的电阻值与规定值相差太大,则应予更换。点火线圈各接线柱与外壳之间的电阻,正常情况下应为∞,否则说明点火线圈有漏电现象,应予更换。

发动机在工作状态时,点火线圈初级回路的电流值应为 2.0~2.4 A。如果不在此值范围内,则一般为点火控制器损坏所致,应换用新品。

②点火控制器的检测。点火控制器易出现故障,不可修复,出现故障时应更换新品。通过模拟测试,可判断点火控制器的工作状态是否正常。切诺基汽车点火控制器的诊断如图 4-4 所示。

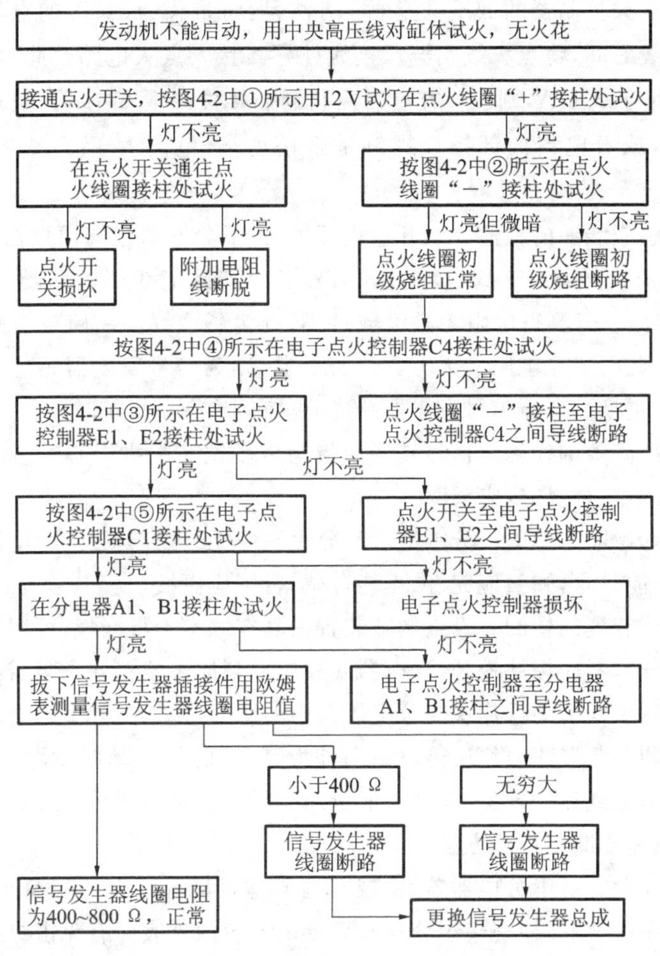

图 4-3　低压电路故障诊断流程

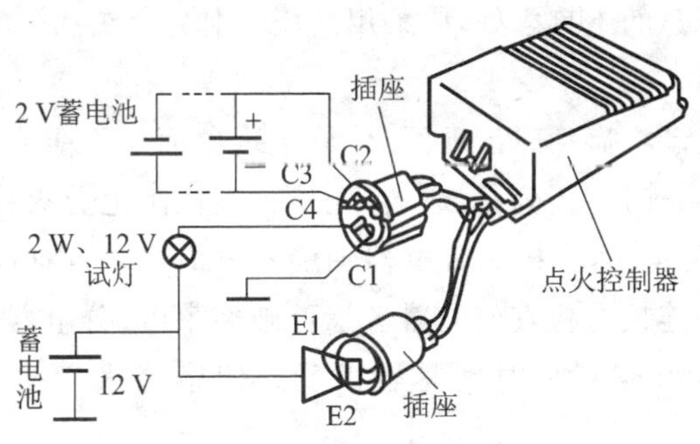

图 4-4　切诺基汽车点火控制器的诊断

先从车上拆下点火控制器，取 1 只小灯泡(2 W、12 V)模拟点火线圈接在电源与 C4 端子之间，在 C2、C3 端子之间连接 2 V 左右的直流电源(两节 5 号电池也可)作为信号源(模拟信号发生器电压信号)，其中点火控制器 4 脚插接件上的 C1 接线端子与蓄电池负极相连(若在车上测试，搭铁即可)。

对调 C2、C3 端子与 2 V 电源的连接极性，若 2 W、12 V 小灯泡一次发亮一次不亮，则说明电子点火控制器良好；若对调前后小灯泡始终发亮或始终不亮，则说明电子点火控制器损坏，应换用新品。

就车测量通过点火控制器的低压电流值。方法是：将量程为 10 A 的电流表串接于点火线圈“+”接线柱和引线之间，将点火线圈“-”接线柱导线接入点火电路。此时，电流表读数应为 4 A 左右。若电流小于 3.5 A，则应检查点火控制器插接件（4 脚插接器）及点火信号发生器插接件是否连接不良，或分电器内部搭铁螺钉是否松动；若电流大于 5 A，则说明点火控制器损坏。

③信号发生器感应线圈的检测。断开点火开关，拔下分电器三线插接器，如图 4-2 所示，将欧姆表的两表笔分别接触 B2 与 B3 接线柱（信号发生器感应线圈的两端），其电阻正常应为 400～800 Ω（24 ℃时）。若测得电阻无限大或过小，则为感应线圈断路或短路。然后将一表笔与分电器外壳接触，此时绝缘电阻应无穷大。若导通，则为信号发生器感应线圈搭铁。出现上述故障之一时，均应更换分电器信号发生器总成，更换后检查点火正时。

④信号转子凸齿间隙的检测。信号转子凸齿与定子铁芯端头中心线对齐时的最小间隙为 0.30～0.60 mm，若不符合规定，应予调整。

⑤配电器故障的诊断与排除。分电器盖和分火头应无裂纹与损坏，分电器盖中心插孔内的炭棒应活动自如、不能过短，弹簧应完好、不能过软，否则应更换。

⑥点火提前调节装置的检测。真空调节装置的真空气室不得漏气，可用嘴吸真空管的方法检查。逆时针转动分电器底板并松开，分电器底板应回到原来位置并无阻滞或迟后现象。分电器外壳内传感器线圈引线上的橡皮块与分电器盖中的凹处应对齐，其上的金属片应通过搭铁螺钉可靠搭铁。离心调节装置离心块应能自由向外甩开，顺时针转动触发轮并松开，触发轮应转回到原来位置并无阻滞或迟后现象，弹簧不能折断、锈蚀，否则应予更换。

（4）高压电路故障诊断与排除方法。

①分电器盖的检测。拆下分电器盖，检视其内壁是否潮湿漏电。若潮湿，应用清洁棉纱将其内外表面擦拭干净。然后，检视转子分火头和分电器盖内外表面有无击穿裂纹。检视高压阻尼线绝缘层是否老化开裂或潮湿漏电，分电器盖上的中央高压阻尼线插孔内是否有污物阻塞。

若上述目测未发现明显的不良之处，应采用高压电对分火头和分电器盖进行检测。若有故障应予以排除或更换新品。

②高压线的检测。发动机启动时出现回火、放炮现象而又不能启动，一般是由高压阻尼分火线连接次序错乱或点火正时不正确所致。首先检查高压阻尼分火线连接次序是否正确。找到第 1 缸的高压阻尼分火线，然后按照分电器轴旋转方向检查各缸高压阻尼分火线是否按照“1—3—4—2”的点火顺序连接。检查分电器盖是否破裂窜电，分电器壳体固定螺钉是否松动。若上述检查均良好，则应检查点火时间是否准确。切诺基汽车初始点火提前角为上止点前$12^\circ \pm 2^\circ$。

2. 微机控制点火系统故障诊断（以丰田汽车为例）

如图 4-5 所示为丰田 5S-FE 发动机点火系统电路图。

丰田 5S-FE 发动机点火系统不能启动故障的排除方法与步骤如下。

（1）首先检查点火系统各部分连接导线接插件是否松脱、折断，导线绝缘橡胶是否老化而出现裂纹，若有，则应插牢、更换或修理线束。

（2）进行跳火试验（为防止在测试过程中汽油从喷油器中喷出，可将喷油器连接插头拔出）。

①从火花塞上脱开分缸高压线，并拆下火花塞。

②将火花塞装回分缸高压线，并将其侧电极搭铁。

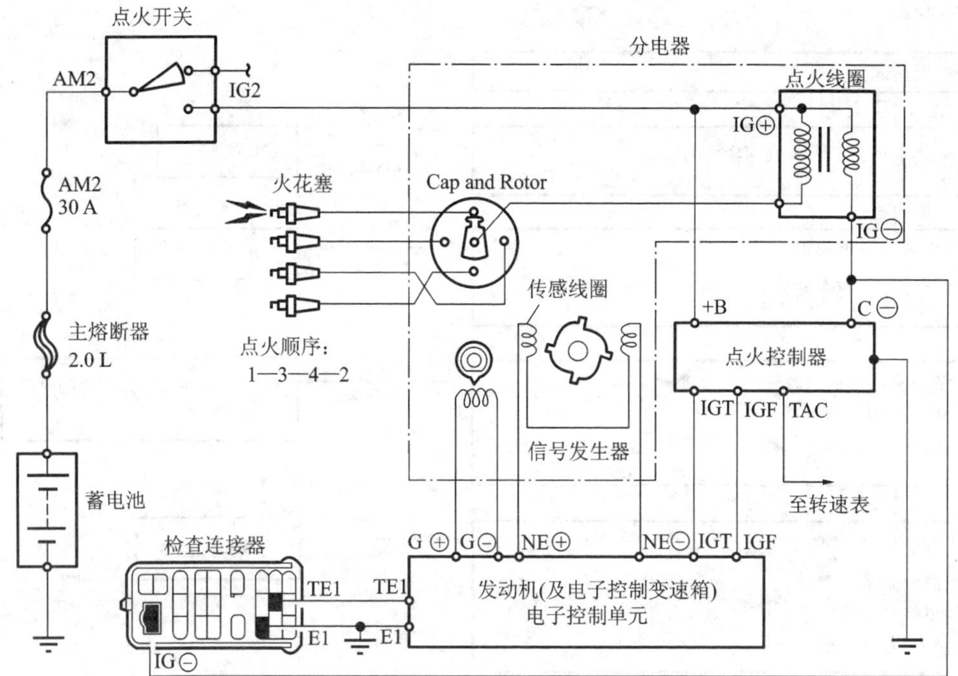

图 4-5 丰田 5S-FE 发动机点火系统电路图

③将点火开关转动至启动挡，观察火花塞跳火情况。

若无火花，则按图 4-6 所示的步骤进行故障诊断。

(3)检测分缸高压线(由于点火线圈装在分电器内，故无中心高压线)。

将高压线从火花塞上脱开，拆下分电器盖，用万用表 R×1 kΩ 挡，两支表笔分别连接分缸高压线两端，测量得到电阻值应为 25 kΩ。若不符合要求，应予以更换。

(4)检测点火线圈。

断开点火开关，用万用表 R×1 Ω 挡，两支表笔分别连接点火线圈的"+""－"极端子，测量初级绕组的电阻值，－10～40 ℃时初级绕组的电阻值应为 0.3～0.6 Ω；用万用表 R×1 kΩ 挡，一支表笔接点火线圈的中心高压插孔，另一支表笔接点火线圈的"+"或"－"极端子，测量次级绕组的电阻值，－10～40 ℃时次级绕组的电阻值应为 9.0～15 kΩ。若电阻值小于上述值，则为短路；若电阻值为∞，则为断路。若测得的电阻值与规定值相差太大，则应予更换。点火线圈各接线柱与外壳之间的电阻，正常情况下应为∞，否则说明点火线圈有漏电现象，应予更换。

(5)检测信号发生器。

①检测信号转子与线圈铁芯之间的间隙，应为 0.2～0.4 mm。若不符合要求，应予以调整。

②检测信号发生器线圈电阻值。用万用表 R×1 Ω 挡，两支表笔分别连接 G 信号发生器两端，测量电阻值，－10～40 ℃时 G 信号发生器的电阻值应为 185～265 Ω；两支表笔分别连接 NE 信号发生器两端，测量电阻值，－10～40 ℃时 NE 信号发生器的电阻值应为 370～530 Ω。若电阻值不符合上述要求，则应更换信号发生器。

(6)检测 ECU 发出的点火正时信号。

用万用表电压挡，两支表笔分别连接发动机 ECU 的 IGF 和 E_1 端子，启动发动机。电压应为 0.8～1.2 V。若有电压，则应更换点火控制器；若无电压，则应进一步检测发动机 ECU 与分电器、点火器之间的连接情况，以及发动机 ECU 的 E_1 端子搭铁情况。若情况良好，则应更换发动机 ECU。

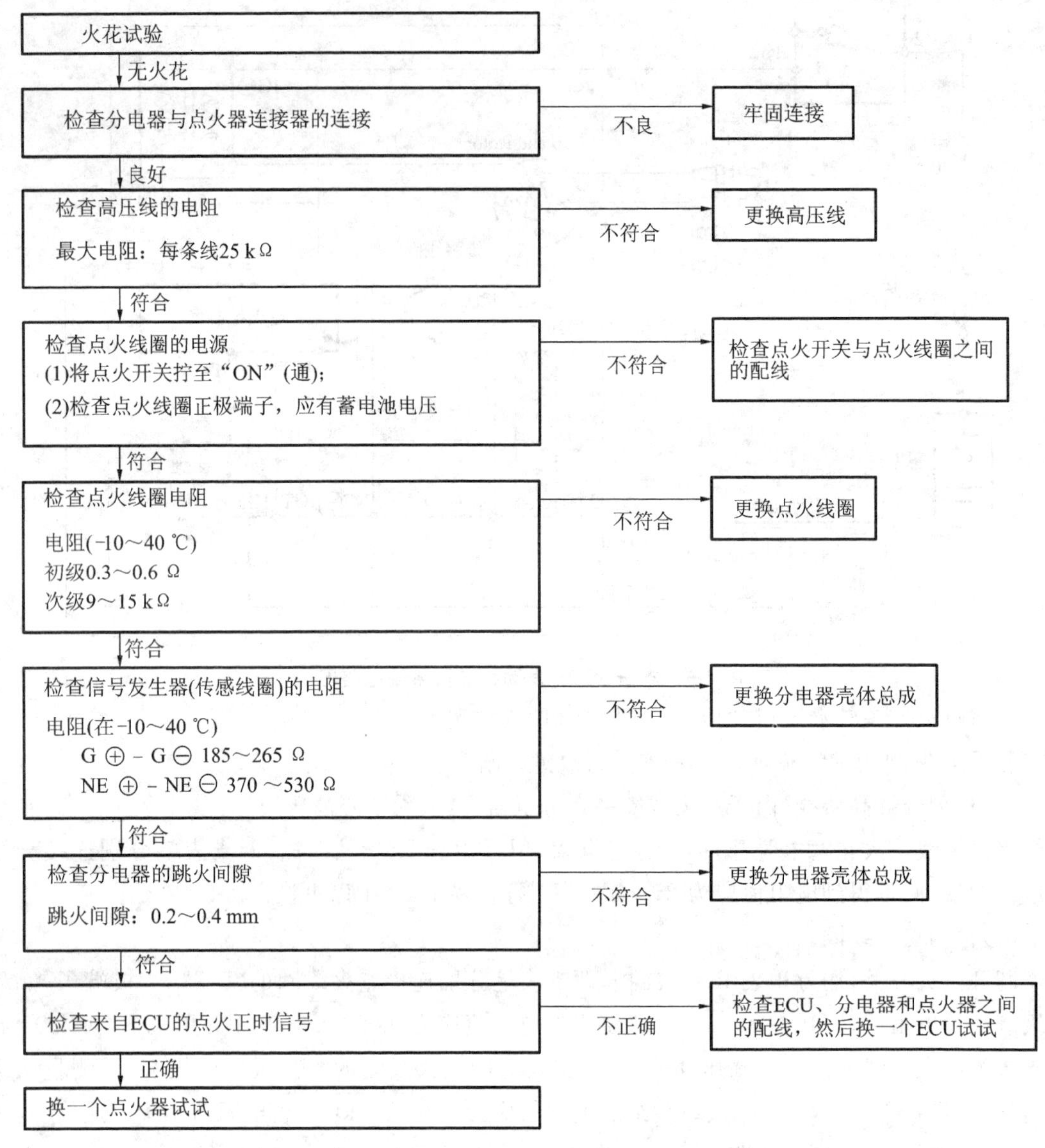

图 4-6 丰田微机控制点火系统故障诊断流程

【任务实施】

问题 1 说明故障车辆点火系统的形式。

问题 2 点火器是否正常工作如何诊断？

学习任务 4 影响启动性能的发动机配气故障的诊断

【任务导入】

在发动机点火和喷油正常的情况下，发动机也可能出现难着车的故障现象，分析此故障发生的原因，并针对故障原因进行检测诊断。

【知识准备】

在发动机点火和喷油正常的情况下，发动机还是难着车，这时应该考虑该车发动机的配气不正常，主要包括气缸压力不足、进气系统密封不好、进排气系统堵塞等。

气缸压力和密封性的检测方法有多种，具体选用哪一种方法要根据具体问题具体分析。对于发动机不能着车的情况，就不适宜采用曲轴箱漏气量检测法和点火电压测量法。在汽车维修企业，常用气缸压力表直接测量气缸压缩压力，此外，还可以使用以下一些方法。

一、用气缸压力测试仪检测

用气缸压力测试仪检测缸压。可采用压力传感器式气缸压力测试仪、启动电流或启动电压降式气缸压力测试仪、电感放电式气缸压力测试仪检测气缸压力。在发动机综合测试仪和综合试验台上，多采用启动电流或启动电压降式气缸压力测试仪来检测缸压，其检测原理是：启动机带动发动机曲轴所需的转矩是启动机电流的函数，并与气缸压力成正比。发动机启动时的阻力矩主要是由曲柄连杆机构产生的摩擦力矩和各缸压缩行程受压空气的反力矩两部分组成的，前者可认为是稳定的常数，而后者是随各缸气缸压力变化而变化的波动量。

因此，启动电流的变化与气缸压力的变化存在着对应关系，通过测量启动时某缸的启动电流，即可确定该缸的气缸压力。通过测量启动电源——蓄电池的电压降，也可获得气缸压力。这是因为启动机工作时，蓄电池端电压的变化取决于启动机电流的变化，当启动电流增大时，蓄电池端电压降低，即启动电流与电压降成正比，因此启动时蓄电池的电压降与气缸压力也成正比，所以通过测量蓄电池的电压降也可以测得气缸压力。

二、进气系统的影响与检测

进气系统对发动机不能着车或启动困难的影响主要表现为进气管道漏气，特别是 L 形电控燃油喷射系统，由于进气管道漏气，使电控单元进入空气流量信号计算错误，空燃比异常使发动机不能着车或启动困难。另外，进气门积炭严重时，会造成冷车启动困难，常常表现为着车后易熄火。积炭还会造成气门密封不严，气缸压力下降，启动困难。节气门和怠速阀脏污时也可能造成怠速过低，怠速阀卡滞调节失灵，冷车时易熄火。

进气道漏气严重时会产生异响，打开发动机盖后，可按响声检查相关部位有无破损或松动。少量的进气管道漏气可以用喷洒化清剂到怀疑漏气部位，通过倾听发动机转速变化情况来判断（少量的管道漏气一般对发动机启动性能影响不大）。节气门和怠速阀脏污在拆出进气道橡胶管道时即可看到，通常作为发动机保养项目对节气门和怠速阀进行清洗。进气门积炭可利用内窥镜检查。

三、排气系统的影响与检测

当排气系统排气不通畅时，发动机燃烧废气会滞留在气缸内，导致新鲜混合气进入气缸的量不足，也会影响加速性能。当排气系统完全堵塞或接近完全堵塞时，就会产生怠速易熄火，甚至发动机难着车的现象。

排气系统堵塞的原因，对于汽油发动机来说多为三元催化转化器损坏，其载体因碰撞等原因，活性物质脱落过多，导致三元催化转化器损坏。柴油发动机还有可能因排气制动系统不能正常打开而造成堵塞。排气管道是否堵塞，可以通过进气管真空度和排气背压的测量进行检测。由于在发动机不能着车的情况下，进气歧管真空度和排气背压测量时数据波动变化较大，在检测气缸压力不正常时，也可通过直接拆下三元催化转化器前的排气管道让废气不经三元催化转化器直接排到大气中进行试验与比较，判断是否是排气堵塞导致启动困难。

【任务实施】

问题 1　如何判断发动机启动时异响发生的部位？

问题 2　一般气缸压力低于________________会造成启动困难。

项目5 发动机怠速不良的故障诊断

【案例引入】

一辆大众轿车，冷车启动时能够听到发动机着车的声音，当回钥匙后，发动机却马上熄火，只有着车后轻踩油门踏板才能维持运转。车辆温度正常后，车辆有怠速了，但是怠速振抖，而且很容易熄火。

学习任务1 发动机怠速不良的故障原因及诊断流程

【任务导入】

观察并描述故障车辆怠速不良的故障现象，利用故障树分析故障部位与故障原因。

【知识准备】

怠速通常是指节气门关闭，油门踏板完全松开，且发动机对外无功率输出并能保持最低转速的稳定运转工况。由于怠速时的进气量少，因此混合气浓度以及点火时刻的轻微变化，都会对发动机怠速造成比较明显的影响。在分析发动机的怠速故障时，除了考虑气缸密封性、混合气浓度和点火时刻等因素外，还应考虑到怠速时的发动机负荷。为了迅速诊断故障，应首先学习以下知识。

一、怠速控制系统的类型

目前常见的怠速控制系统有两种基本类型：一是直接控制节气门全关时的最小开度，即所谓的节气门直动式；二是控制节气门旁通管路中的空气流量，即所谓的旁通空气式，如图5-1所示。

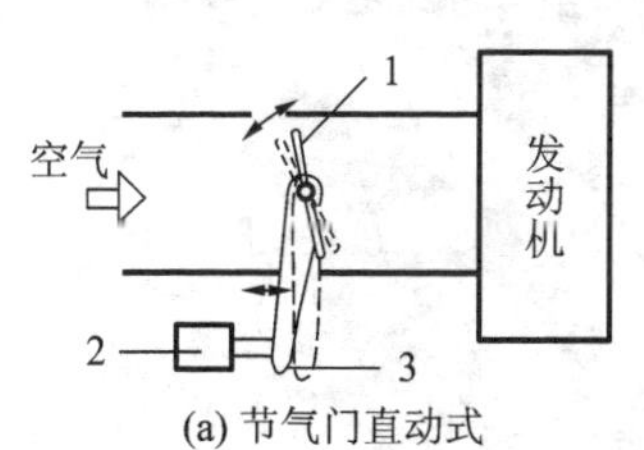

(a) 节气门直动式

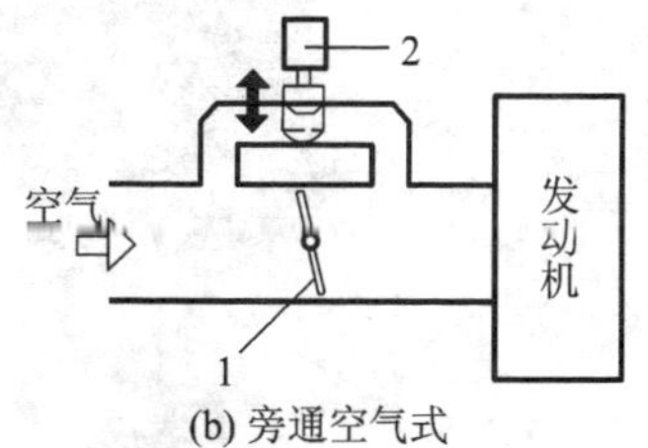

(b) 旁通空气式

图5-1 怠速控制系统的类型

1—节气门；2—怠速控制阀执行机构；3—节气门操纵臂

怠速控制系统主要由相关的传感器、执行器和控制模块ECM组成，各组件的功能如表5-1所示。

在ECM的ROM中存储有各种怠速工况下的最佳怠速转速——目标转速。发动机怠速运转时，ECM将发动机的实际转速与由各传感信号所决定的目标转速进行比较，根据比较所得差值，确定相当于目标转速的控制量，去驱动控制空气量的执行器，使怠速转速保持在目标转速附近。

表 5-1　怠速控制系统的组件及功能

组件		功能
传感器	转速传感器(NE 信号)	检测曲轴转速
	节气门位置传感器	检测发动机是否处于怠速状态
	冷却液温度传感器	检测发动机冷却水温度
	启动开关信号	检测发动机是否正在启动中
	空调开关(A/C)信号	检测空调的工作状态(ON、OFF)
	车速(里程)传感器	检测车速
	空挡启动开关信号(P/N)	检测换挡手柄位置
	液力变矩器负荷信号	检测液力变矩器负荷变化
	动力转向开关信号	检测动力转向工作状态
	发电机负荷信号	检测发电机工作状态
执行器	怠速控制阀(ISC)	控制节气门旁通空气量
ECM	根据从各传感器输入的信号，把发动机的实际转速与各传感器输入的信号所决定的目标转速进行比较。根据比较得出的差值，确定相当于目标转速的控制量，去驱动控制空气量的执行器，使怠速转速保持在目标转速附近	

二、节气门直动式怠速控制系统

桑塔纳 2000GSi、捷达 GT、捷达 GTX 及红旗 CA7220E 等型轿车，就采用了节气门直动式怠速控制执行机构，由节气门控制组件 J338 对怠速进行综合控制，如图 5-2 所示。

节气门控制组件 J388 与发动机控制电脑 J220(ECM)的连接电路如图 5-3 所示。

节气门电位计 G69 安装在节气门轴上，与驾驶员操纵的加速踏板联动。它将节气门的开度转换为电信号输送给电脑，作为电脑判断发动机运转工况的依据。在配装自动变速器的汽车上，控制单元还要利用该信号来控制自动变速器。

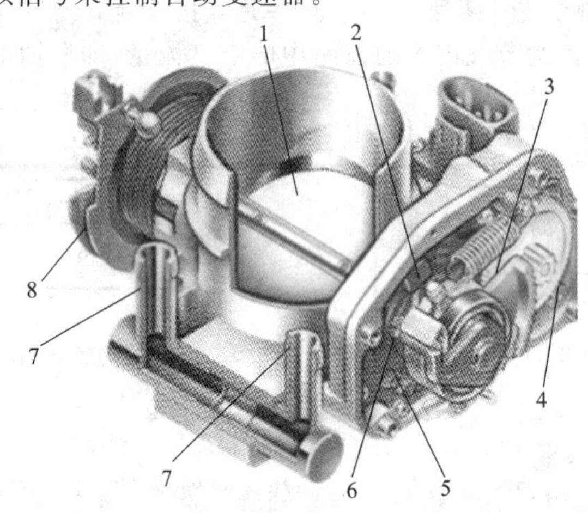

图 5-2　节气门控制组件 J338 的结构

1—节气门；2—怠速节气门电位计 G88；3—应急弹簧；4—怠速电机 V60；5—节气门电位计 G69；6—怠速开关；7—冷却水进出管口；8—节气门操纵臂

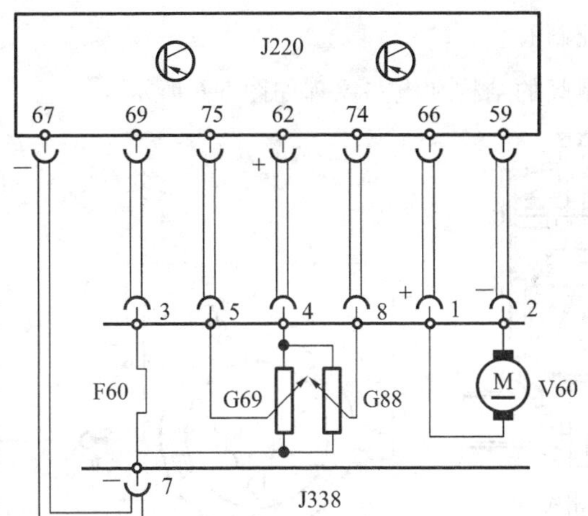

图 5-3 节气门控制组件 J338 与发动机控制电脑 J220(ECM)的连接电路

F60—怠速开关;G69—节气门电位计;G88—怠速节气门电位计;

J220—电脑;J338—节气门控制组件;V60—怠速电机

三、旁通空气式怠速控制系统

旁通空气式怠速控制执行机构在节气门的旁通气道内设立了一个阀门,阀门开大时,旁通空气道截面增大,空气流量增大,怠速转速提高;反之,怠速转速降低。常见的怠速控制阀有步进电机式怠速控制阀、旋转滑阀式怠速控制阀和线性脉冲电磁阀式怠速控制阀。

1. 步进电机式怠速控制阀

步进电机式怠速控制阀由永磁转子、定子绕组总成和把旋转运动变成直线运动的进给丝杠及阀门等部分组成。步进电机的转子可在 ECM 的控制下,顺时针或逆时针旋转一定的角度,通过进给丝杠带动阀轴轴向移动,改变阀与阀座之间的截面积,进而调节流经节气门旁通气道的空气量。步进电机式怠速控制阀的结构如图 5-4 所示。

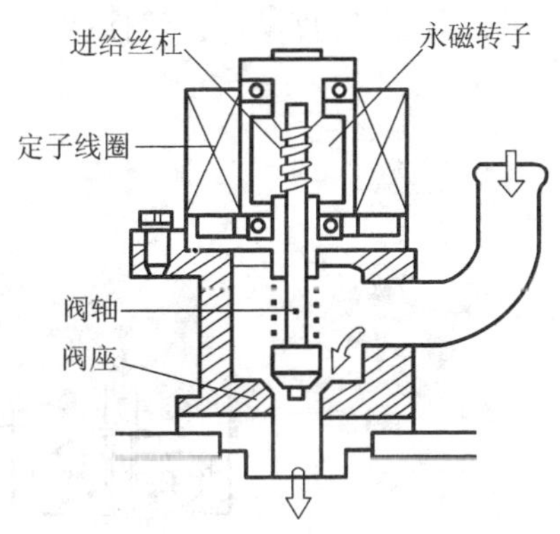

图 5-4 步进电机式怠速控制阀的结构

步进电机式怠速控制系统电路如图 5-5 所示。ECM 按照一定的顺序使 VT_1 至 VT_4 三极管适时导通,分别向步进电机四个定子绕组供电,驱动步进电机旋转,调节旁通空气量,从而调节怠速转速。

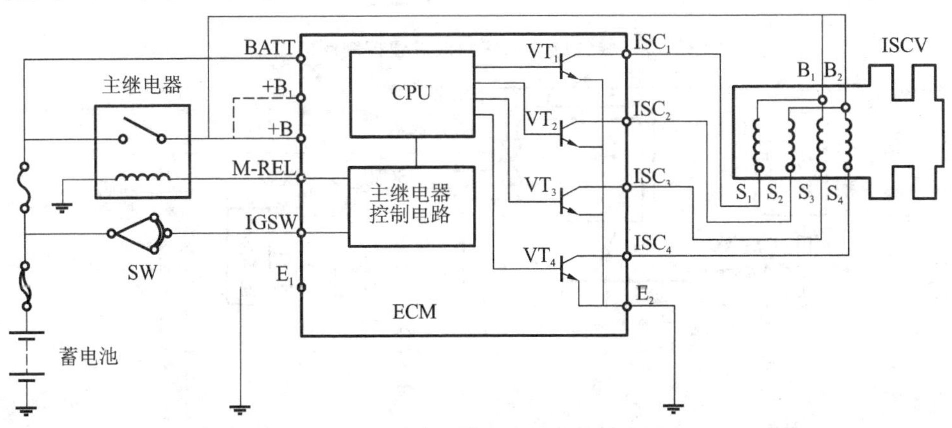

图 5-5 步进电机式怠速控制系统电路

2. 旋转滑阀式怠速控制阀

旋转滑阀式怠速控制阀的结构和电路原理如图 5-6 所示。

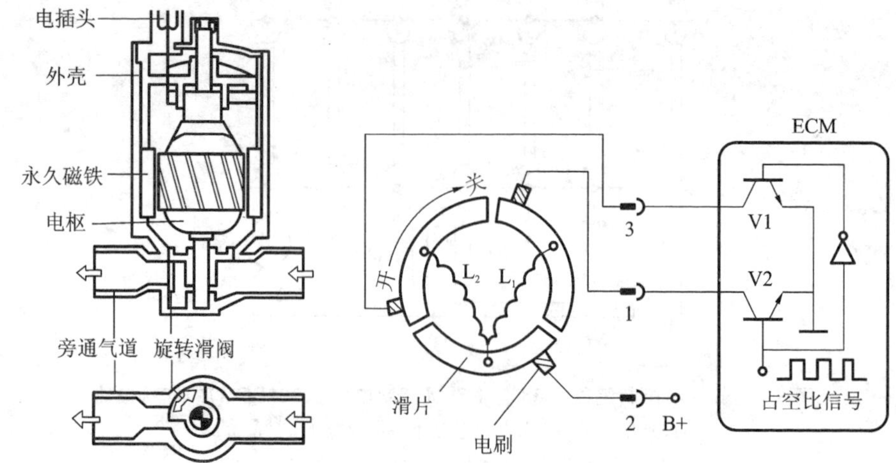

图 5-6　旋转滑阀式怠速控制阀的结构和电路原理

3. 线性脉冲电磁阀式怠速控制阀

线性脉冲电磁阀式怠速控制阀是一种比例电磁阀，它主要由电磁线圈、阀轴及阀等部件构成，如图 5-7 所示。电磁线圈通电时产生电磁吸力，使阀轴沿轴向移动，从而控制阀门开度。当弹簧力与电磁吸力平衡时，阀门保持在稳定状态。当电流增大时，电磁吸力增大，阀门开度增大；反之，阀门开度减小。线性脉冲电磁阀式控制系统电路如图 5-8 所示。

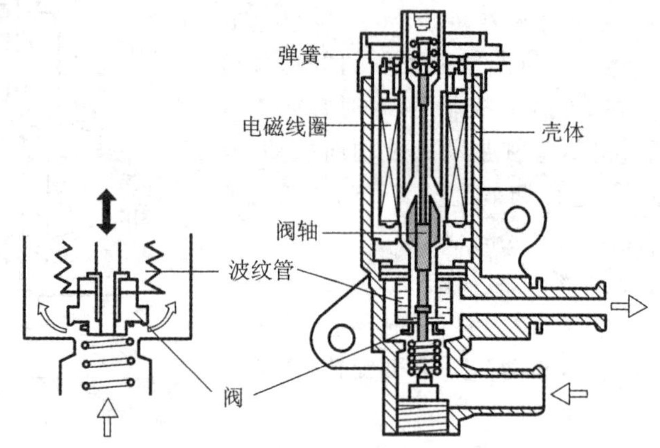

图 5-7　线性脉冲电磁阀式怠速控制阀的结构

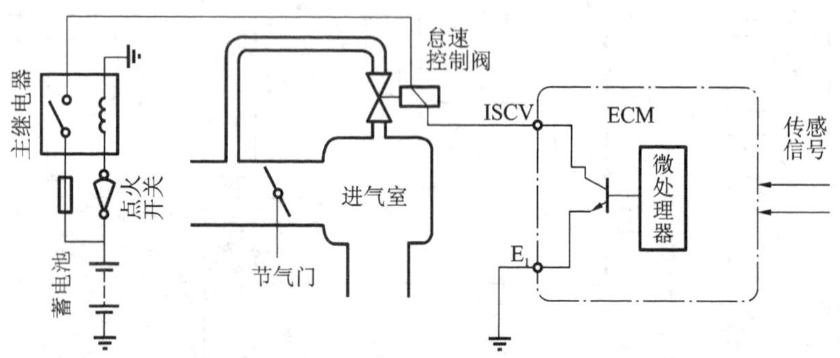

图 5-8　线性脉冲电磁阀式怠速控制系统电路

四、故障检测与诊断流程

1. 怠速过低、运转不稳的原因分析与处理

发动机怠速过低、运转不稳的故障原因分析与处理如表 5-2 所示，诊断流程如图 5-9 所示。

表 5-2　发动机怠速过低、运转不稳的故障原因分析与处理

故障现象	故障原因		故障诊断与排除
发动机在怠速工况下转速过低、运转不平稳甚至熄火	点火系统工作不良		按点火系统故障诊断方法进行
	喷油压力过低	油路堵塞或漏油	检查或更换汽油滤清器
			检查油管及接头是否漏油或堵塞
		燃油泵工作不良	检查燃油泵配线、插接器是否正常
			检查油泵磨损、单向阀工作状况
			检查油泵继电器、电机的技术状况
		油压调节器工作不良	检查油压调节器
	进气系统堵塞或漏气	空气滤清器堵塞	清洗或更换空气滤清器滤芯
		进气管漏气	检查软管、接头是否漏气
			检查进气歧管与缸盖的密封情况
		真空装置、EGR 系统漏气	检查真空管是否松脱、EGR 系统是否漏气
			检查 EGR 系统的控制电路
	喷油器工作不良	喷油器技术状况不良	检查配线和插接器是否正常
			检查喷油器电磁阀有无卡滞
			检查喷油器有无泄漏
		喷油信息（空气流量、冷却液温度、节气门位置）不正确	检查传感器配线、插接器是否正常
			检查相关传感器的技术状况
			更换相关传感器
		ECM 控制信号不正确	检查 ECM 插接器及工作参数
	怠速调整不当或怠速控制阀工作不良	怠速调整过低	重新调整怠速至规定值
		怠速控制阀工作不良	检查配线、插接器是否正常
			检查或更换怠速控制阀
		怠速信息（空气流量、冷却液温度、节气门位置、空调开关等）不正确	检查传感器配线、插接器是否正常
			检查相关传感器的技术状况
			更换相关传感器
		ECM 工作不良	检查 ECM 插接器及工作参数

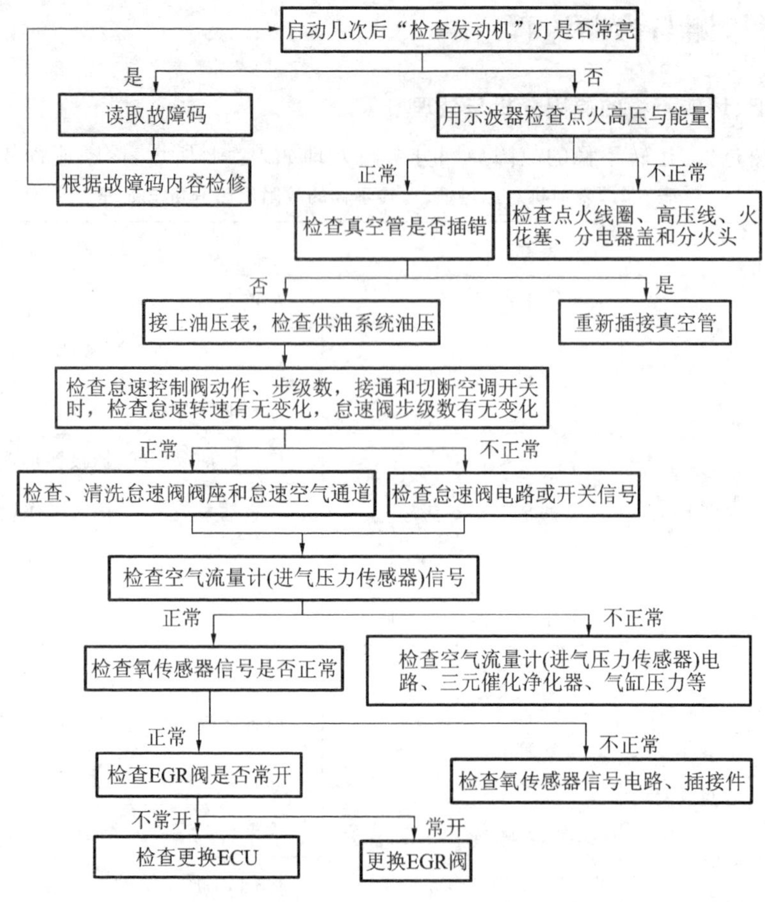

图 5-9 发动机怠速过低、运转不稳的诊断流程

2. 怠速过高的故障原因分析与处理

怠速过高的故障原因分析与处理如表 5-3 所示，诊断流程如图 5-10 所示。

表 5-3 怠速过高的故障原因分析与处理

故障现象	故障原因		故障诊断与排除
发动机在热机状态下，怠速转速明显偏高，通过调整无法使怠速降低	节气门关闭不严	节气门体工作不良	检查节气门回位弹簧弹力是否正常
			检查节气门及节气门轴是否卡滞、变形
		节气门操纵连接装置	检查节气门各连接节点是否卡滞
			检查操纵拉杆或拉索是否变形卡滞
	怠速喷油量过多	喷油器工作不良	检查喷油器配线、插接器是否正常
		喷油信息（空气流量、冷却液温度、节气门位置）不正确	检查水温传感器、进气门位置传感器、节气门位置传感器、空气流量计配线、插接器是否正常
			检查传感器的技术状况

续表

故障现象	故障原因		故障诊断与排除
发动机在热机状态下，怠速转速明显偏高，通过调整无法使怠速降低	油压过高	汽油压力调节器、汽油泵工作不良	检查油压调节器弹簧弹力是否正常
			检查汽油泵安全阀是否正常
	怠速控制系统工作不良	怠速控制阀工作不良	检查控制阀配线、插接器是否正常
			检查怠速控制阀的技术状况
		怠速空气阀工作不良	检查怠速空气阀，必要时更换
		曲轴位置传感器工作不良	检查传感器配线、插接器是否正常
		空调开关、动力转向开关、自动变速器挡位开关工作不良	检查各开关配线、插接器是否正常
			检查各开关的技术状况，必要时更换
		ECU 信号不良	检查 ECU 插接器及工作参数

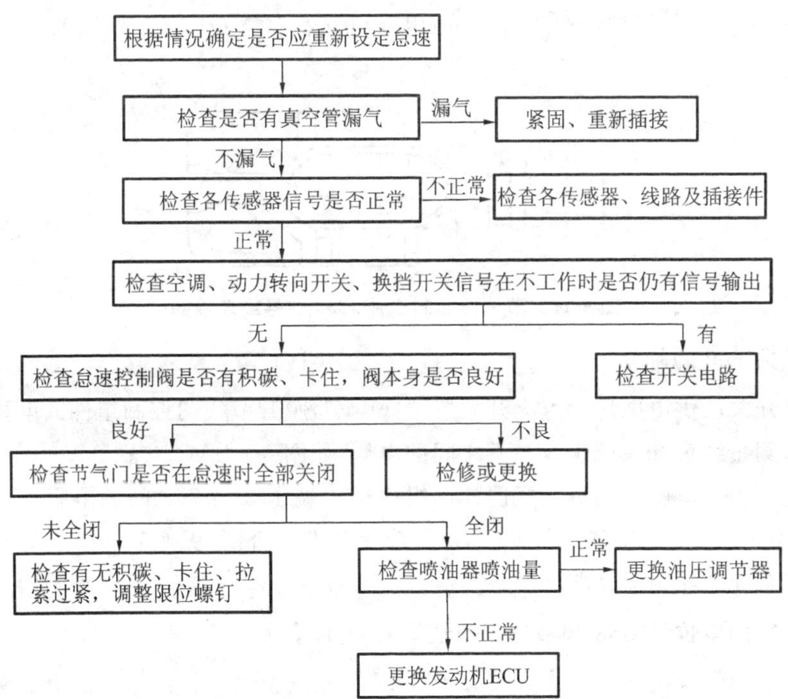

图 5-10 发动机怠速过高的诊断流程

【任务实施】

问题 1 故障车辆应用了________________式怠速控制阀，这种阀的电控系统是怎样对其开度进行调节控制的？

问题 2 说明怠速过高的故障原因。

学习任务2　发动机怠速控制系统不良的故障诊断与检测

【任务导入】

针对怠速不良的故障现象，利用万用表等检测工具，测量发动机怠速电控系统工作是否正常，如果不正常，应找出故障原因并排除。

【知识准备】

一、节气门直动式怠速控制机构的检修(以大众车系为例)

1. 注意事项

(1)节气门控制组件 J338 为一整体结构，壳体不允许打开，如图 5-11 所示。

(2)怠速参数的基本设定已由厂家设定在控制单元中，无须人工调整。

(3)拆装或更换节气门控制组件后，必须用专用仪器 V.A.G 1551 或 V.A.G 1552 重新进行一次基本设定。

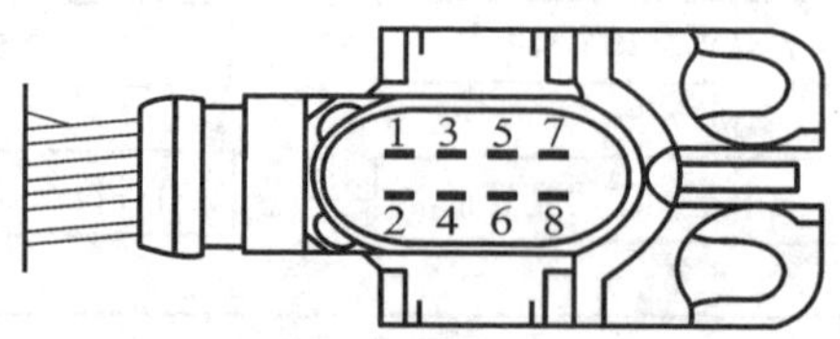

图 5-11　节气门控制组件 J338 的导线连接器

2. 怠速开关 F60 的检修

测量怠速开关的供电电压。点火开关置于“OFF”，脱开节气门控制组件的电插头。点火开关置于“ON”，测量线束插头端子 3 与 7 之间的电压，如图 5-3 所示，应在 9 V 以上。

测量怠速开关的电阻。测量节气门控制组件插头端子 3 与 7 之间的电阻。当节气门关闭时，其电阻应小于 1.5 Ω。节气门打开时，电阻应无穷大。否则，更换节气门控制组件。

检测导线有无断路与短路故障。

3. 怠速节气门电位计 G88 和节气门电位计 G69 的检修

测量电位计的供电电压。点火开关置于“OFF”，脱开节气门控制组件的电插头。点火开关置于“ON”，测量线束插头端子 4 与 7 之间的电压，应为 4.5 V。

点火开关置于“OFF”，脱开节气门控制组件 J338 和电脑 J220 之间的连接线束，测量线束两端插头上各端子间有无短路或断路故障。若有断路或短路，则应更换导线或线束。

4. 怠速电机 V60 的检修

检查怠速控制电动机绕组的电阻。点火开关置于“OFF”，脱开节气门控制组件电插头。测量怠速控制电动机绕组的电阻，其阻值应符合要求。否则，更换节气门控制组件。

检查供电电压。点火开关置于“OFF”，脱开节气门控制组件电插头。点火开关置于“ON”，测量线束插头端子 1 和 2 之间的电压，应达到规定标准。

怠速开关 F60、怠速节气门电位计 G88、节气门电位计 G69、怠速电机 V60 的检测标准如表 5-4 所示。

表 5-4　怠速开关 F60、怠速节气门电位计 G88、节气门电位计 G69、怠速电机 V60 的检测标准

<table>
<tr><th colspan="2">检测项目</th><th>检测条件</th><th>检测部位</th><th>标准值</th></tr>
<tr><td rowspan="4">电源电压</td><td>F60</td><td rowspan="4">接通点火开关，拔下节气门控制组件 8 端子插头</td><td>节气门控制组件插头端子 3 与 7</td><td>≥9 V</td></tr>
<tr><td>G88</td><td rowspan="2">节气门控制组件插头端子 4 与 7</td><td rowspan="2">≥4.5 V</td></tr>
<tr><td>G69</td></tr>
<tr><td>V60</td><td>节气门控制组件插头端子 1 与 2</td><td>≥9 V</td></tr>
<tr><td colspan="2" rowspan="2">F60
怠速触点电阻</td><td>断开点火开关，节气门关闭</td><td>电控单元插头 67 与 69</td><td>≤1.5 Ω</td></tr>
<tr><td>断开点火开关，节气门开启</td><td>电控单元插头 67 与 69</td><td>∞</td></tr>
<tr><td colspan="2">V60
怠速电机电阻</td><td>断开点火开关，拔下节气门控制组件 8 端子插头</td><td>节气门控制组件插头端子 1 与 2</td><td>3～200 Ω</td></tr>
<tr><td colspan="2" rowspan="7">导线有无断路</td><td rowspan="7">断开点火开关，拔下节气门控制组件 J338 连接器插头和控制单元 J220 连接器插头</td><td>控制组件插头 1 端子和电控单元插头 66 端子</td><td rowspan="7">≤1.5 Ω</td></tr>
<tr><td>控制组件插头 2 端子和电控单元插头 59 端子</td></tr>
<tr><td>控制组件插头 3 端子和电控单元插头 69 端子</td></tr>
<tr><td>控制组件插头 4 端子和电控单元插头 62 端子</td></tr>
<tr><td>控制组件插头 5 端子和电控单元插头 75 端子</td></tr>
<tr><td>控制组件插头 7 端子和电控单元插头 67 端子</td></tr>
<tr><td>控制组件插头 8 端子和电控单元插头 74 端子</td></tr>
<tr><td colspan="2" rowspan="2">导线有无短路</td><td rowspan="2">断井点火井关，拔下节气门控制组件 J338 连接器插头和控制单元 J220 连接器插头</td><td>控制组件插头上各端子</td><td rowspan="2">≥1 MΩ</td></tr>
<tr><td>控制单元插头上各插孔</td></tr>
</table>

二、怠速控制阀的检测

1. 步进电机式怠速控制阀的检测（以丰田车系为例）

1）就车检查

当发动机熄火时，步进电机会发出“咔嗒”声，使阀门开度退到最大开度位置。如果听不到复位时的“咔嗒”声，则应对步进电机进行检查。

2）定子绕组电阻检测

点火开关置于“OFF”，脱开步进电机电插头，测量各相定子绕组的阻值（B1-S1、B1-S3、B2-S2、B2-S4），均应符合规定（10～30 Ω），如图 5-12 所示。否则，更换步进电机。

3）步进电机工作情况检查

从节气门体上拆下步进电机，将其电插头的 B1 和 B2 端子与蓄电池正极连接，将端子 S1、

S2、S3、S4 依次与蓄电池负极连接，此时步进电机应转动，阀芯伸出，如图 5-13 所示。若将端子 S4、S3、S2、S1 依次与蓄电池负极连接，则步进电机应反向转动，阀芯缩回。

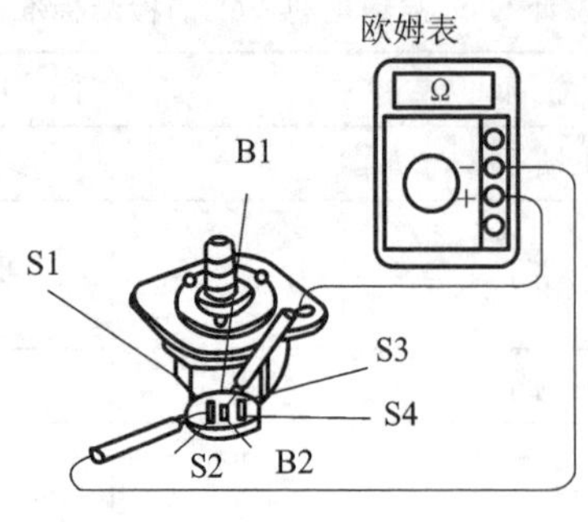

图 5-12 步进电机电阻的检查

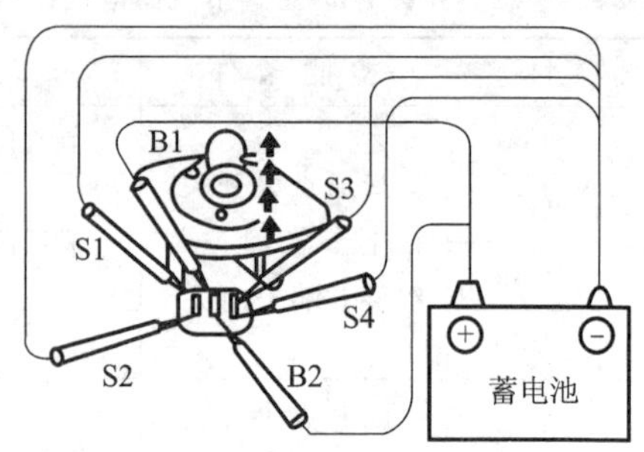

图 5-13 步进电机工作情况检查

4）ECM 控制电压检查

将步进电机装到节气门体上，插好电插头。点火开关置于“ON”，检测 ECM 的 ISC_1、ISC_2、ISC_3、ISC_4 端子与 E_1 间（或检测步进电机电插头端子 S1、S2、S3、S4 与搭铁之间）的电压，应为 9～14 V。若无电压，则要检查主继电器到步进电机的电路。

2. 旋转滑阀式怠速控制阀的检测

如图 5-14 所示为旋转滑阀式怠速控制执行机构控制电路图。在整个怠速范围内，ECU 通过占空比（0～100%）对怠速转速进行控制。

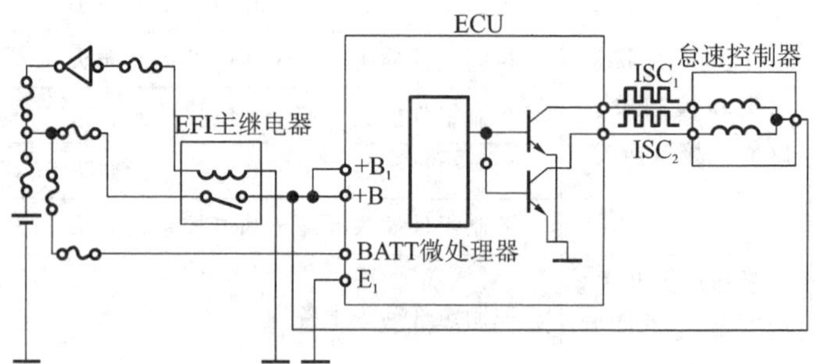

图 5-14 旋转滑阀式怠速控制执行机构控制电路图

1）电源电压检查

拆下控制阀线束连接器，点火开关置于“ON”，不启动发动机，分别检测电源端子与搭铁间的电压，应为蓄电池电压。

2）ISC 阀的工作情况检查

发动机达到正常工作温度、变速器处于空挡位置时，使发动机维持怠速运转，用专用短接线接故障诊断座上的 TE_1 与 E_1 端子，发动机转速应保持在 1000～1200 r/min 范围内，5 s 后转速下降约 200 r/min。若不符合要求，应检查 ISC 阀、ISC 阀至 ECU 的线路和 ECU。

3）电阻检查

拆下怠速控制阀上的三端子线束连接器，在控制阀侧分别测量中间端子（+B）与两侧端子（ISC_1 和 ISC_2）之间的电阻，应为 18.8～22.8 Ω。若电阻值不符合要求，则应更换 ISC 阀，如图 5-15 所示。

3. 占空比控制电磁阀型怠速控制阀的检测

占空比控制电磁阀型怠速控制阀控制电路如图 5-16 所示。在故障诊断与检测中，主要应

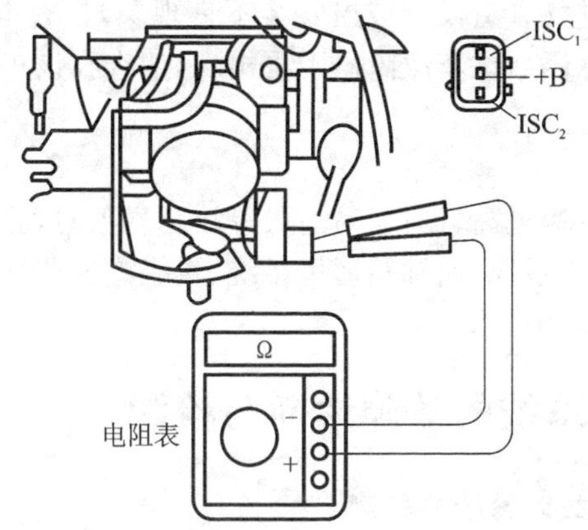

图 5-15 检查旋转滑阀式怠速控制执行机构的电阻

进行以下检查。

(1)拆下控制阀线束连接器,点火开关置于"ON",不启动发动机,分别检测电源端子与搭铁间的电压,应为蓄电池电压。

(2)拆下怠速控制阀上的两端子线束连接器,在控制阀侧分别测量两端子之间的电阻,应为10～15 Ω。

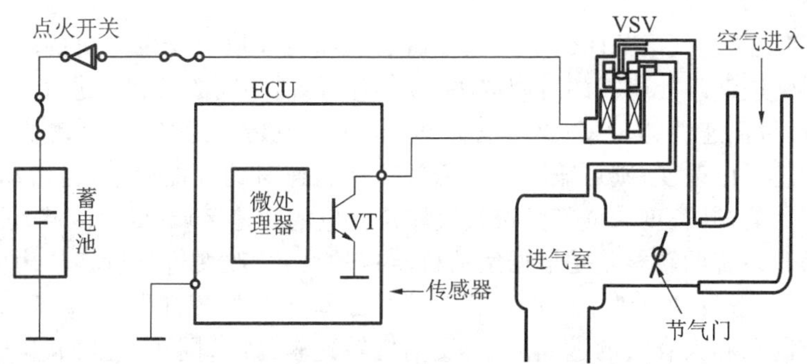

图 5-16 占空比控制电磁阀型怠速控制阀控制电路

【任务实施】

问题1 大众桑塔纳轿车 AJR 发动机采用的怠速控制阀是__________式怠速控制阀。

问题2 占空比控制电磁阀型怠速控制阀的阻值是__________。

问题3 通过观察,判断步进电机的两个电源端子,当打开点火开关时,电压为__________。测得步进电机怠速阀内线圈电阻是__________。拆出电磁阀,用人工方法判定怠速控制阀工作是否正常。

学习任务3 发动机进气辅助与排放控制系统的故障诊断与检测

【任务导入】

故障车辆怠速高,时有游车现象,经检查并非个别缸工作不良,同时怠速控制阀工作正常,节气门及怠速阀清洁干净，进气管道没有破损安装不良现象，检查电控系统有炭罐电磁阀工作不正常故障记忆，但清除故障码后试车故障码不再出现，请查找该车的故障原因。

【知识准备】

发动机出现怠速不稳、怠速过高、振抖、易熄火等故障现象时，除了考虑各缸油电路故障外，还应考虑发动机进气辅助控制系统、曲轴箱通风系统、炭罐汽油蒸汽回收系统、二次空气喷射系统等工作不正常形成的怠速故障。

一、进气辅助控制系统的故障诊断与检测

1. 谐波增压控制系统的故障诊断与检测

1）谐波增压控制系统的原理

发动机工作过程中，进气管内的气体经进气门高速流入气缸，当进气门关闭时，由于气体流动惯性，进气门附近的气体受到压缩而压力升高；气体流动惯性过后，进气门附近被压缩的气体膨胀而流向进气相反的方向，压力下降；膨胀的气体流动到进气管口时又被反射回来，这样在进气管内即产生了压力波。在部分电控燃油喷射发动机上，即利用了进气管内的压力波与进气门的开启配合，当进气门开启时，使反射回来的压力波正好传到该气门附近，从而形成进气增压的效果，提高发动机的充气效率和功率。

发动机工作时，从进气门关闭到下一次开启的间隔时间取决于发动机的转速，而进气管内的压力波反射回到进气门处所需的时间取决于压力波传播路线的长度。进气管较长时，压力波传播距离长，发动机低速性能较好；进气管较短时，压力波传播距离短，发动机高速性能较好。如果进气管的长度可以改变，则可兼顾发动机低速和高速时的性能要求，但发动机进气管的长度一般是不能改变的，其长度一般都是按最大转矩对应的转速区域（低速区域）设计的。

谐波进气增压系统的功能就是根据发动机转速的变化，改变进气管内压力波的传播距离，以提高充气效率，改善发动机性能。谐波进气增压系统工作原理如图 5-17 所示。在进气管中部增设了进气控制阀和大容量的进气室，当发动机转速较低时，同一气缸的进气门关闭与开启间隔的时间较长，此时进气控制阀关闭，使进气管内压力波的传播距离为进气门到空气滤清器的距离，这一距离较长，压力波反射回到进气门附近所需的时间也较长；当发动机处于高速区域运转时，进气控制阀开启，由于大容量进气室的影响，进气管内压力波的传播距离缩短为进气门到进气室的距离，与同一气缸的进气门关闭与开启间隔的时间较短相适应，从而使发动机在高速时得到较好的进气增压效果。

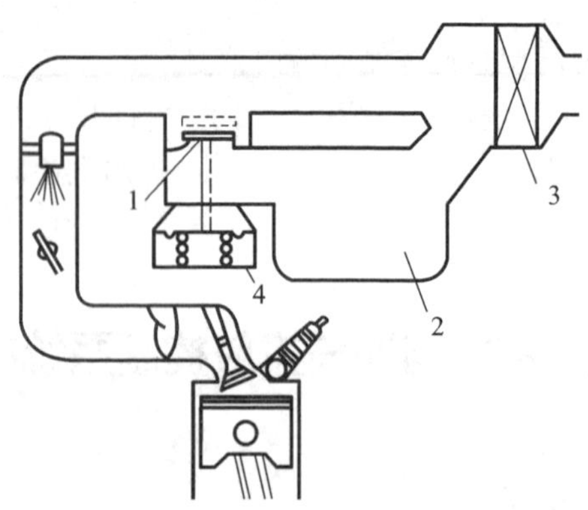

图 5-17　谐波进气增压系统工作原理

1—进气控制阀；2—进气室；3—空气滤清器；4—真空驱动器

谐波进气增压系统控制原理如图 5-18 所示。ECU 根据发动机转速信号控制真空电磁阀的开闭，高速时真空电磁阀开启，真空罐内的真空进入真空驱动器的膜片气室，真空驱动器驱动进气控制阀开启。反之，低速时真空电磁阀关闭，真空罐内的真空不能进入真空驱动器的膜片气室，进气控制阀处于关闭状态。

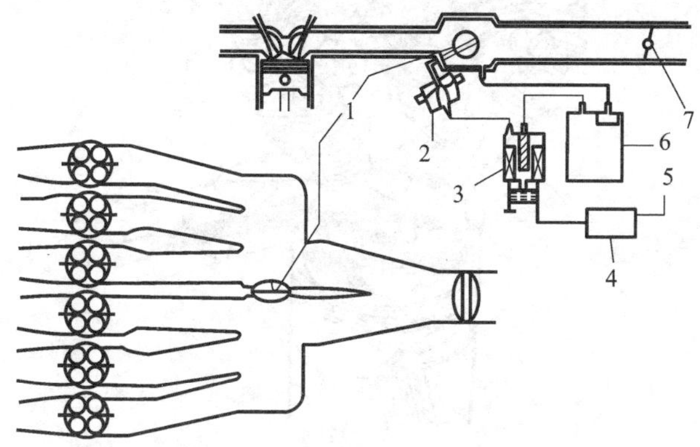

图 5-18　谐波进气增压系统控制原理

1—进气控制阀；2—真空驱动器；3—真空电磁阀；4—ECU；
5—转速信号；6—真空罐；7—节气门

2）谐波增压控制系统的检修

（1）进气控制阀的检修。将执行器接上 55.3 kPa 的负压，检查执行器推杆的动作。执行器推杆在 1 min 内应不缩回，否则转动调整螺钉。

（2）真空电磁阀的检修。谐波进气增压系统控制电路如图 5-19 所示。主继电器闭合后，通过 3 端子给真空电磁阀供电，ECU 通过 ACIS 端子控制真空电磁阀的搭铁回路。用万用表测量真空电磁阀的电阻，应为 38.5～44.5 Ω（皇冠 3.0 轿车）。

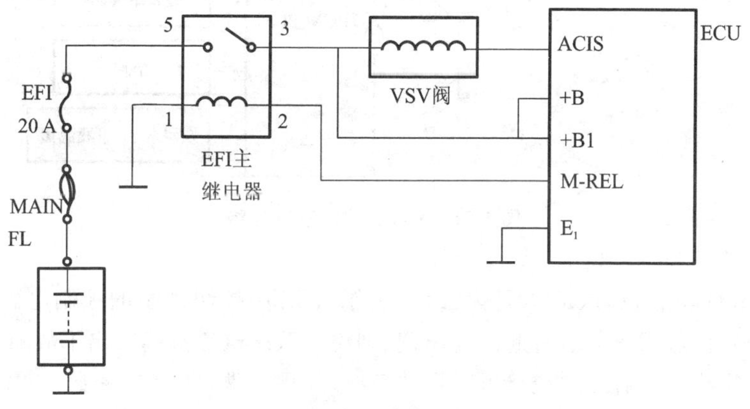

图 5-19　谐波进气增压系统控制电路

2. 可变配气相位控制系统的故障诊断与检测

本田汽车公司的 VTEC 机构由 ECM 控制，VTEC 机构可以同时改变进气门的正时和升程，使发动机在低速时具有较高的燃烧效率和较低的燃油消耗，在高速时则具有较高的功率。

本田 VTEC 系统结构如图 5-20 所示。VTEC 发动机的凸轮轴除具有原有的控制凸轮外，还设置有高速凸轮。摇臂也因此分成三部分：主（进气）摇臂、中间（进气）摇臂和次（进气）摇臂。三根摇臂的内部装有由液压控制的正时活塞、同步活塞及阻挡活塞。液压系统由 ECM 根据发动机的转速、负荷、温度和车速等参数进行控制。VTEC 控制系统电路如图 5-21 所示。

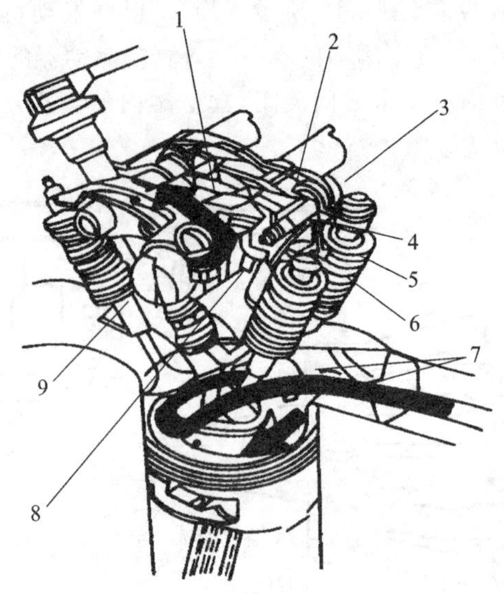

图 5-20　本田 VTEC 系统结构

1—正时板；2—中间摇臂；3—次摇臂；4—同步活塞 B；5—同步活塞 A；
6—正时活塞；7—进气门；8—主摇臂；9—凸轮轴

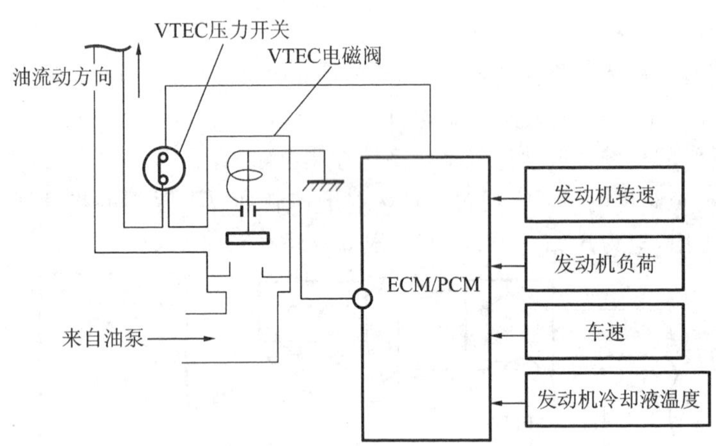

图 5-21　VTEC 控制系统电路

1）故障码为“21”的检测

在故障指示灯亮后，读取故障码为“21”，表示 VTEC 控制系统的控制电磁阀及线路有故障。清除故障码后，若试车仍然有此故障出现，则说明系统电磁阀确实出了故障。

（1）先目测线路是否有断路或接触不良的情况，如果正常，进行下一步。

（2）将电磁阀的外壳搭接蓄电池负极，电磁阀的导线碰击蓄电池正极，观察是否有电磁阀的动作声音，如果无声，则说明电磁阀损坏，可检测电磁阀插座端子与搭铁壳体间的电阻值，应为 14～30 Ω。如果正常，进行下一步。

（3）检查控制单元 ECM 的 A4 端子接头与电磁阀插接器之间的导通情况。检测 A4 端子接点间的电阻，看是否有断路和短路情况。如果线路也正常，则更换控制单元 ECM。

2）故障码为“22”的检测

当系统显示出“22”的故障码时，表示 VTEC 压力开关及线路有问题。清除故障码后，若试车仍然有此故障出现，则说明 VTEC 压力开关及线路的确出了故障，应进行检查。

（1）检测压力开关的两导线端子，在发动机不工作时应处于不导通状态，否则说明压力开关损坏。

(2)检测压力开关插接器的棕、黑色线端子和搭铁之间是否导通;检测压力开关插接器的蓝、黑色线端子与ECM"D6"端子对应的导线接点之间是否导通。

(3)在压力开关上施加250 kPa的压力,看此时主压力开关两端子之间是否导通。

(4)如果电控系统没有故障,则应检查机械及液压部分。

3)液压控制系统常见故障检查

该系统的液压控制部分易出现的故障主要有机油变质脏污、油道堵塞、液压控制执行阀卡滞、油道有泄漏。对于液压控制系统动作不正常的故障,发动机自诊断系统是无法检测到的。但当怀疑该系统有产生故障的可能及迹象时,可按如下方法对VTEC电磁阀及液压控制活塞进行检查。

(1)将电磁阀线束插头拔下,用万用表测量电磁阀端子与搭铁间的电阻值,应为14~30 Ω,否则应更换此VTEC电磁阀。

(2)如果电磁阀电阻值正常,则将VTEC控制电磁阀和液压阀体总成从气缸盖上拆下,检查VTEC电磁阀和液压阀体与缸盖间的椭圆形滤清器是否堵塞。分解电磁阀与阀体时,用手推动柱塞,看其是否能自由运动,检查电磁阀处的滤清环及密封件,如果有损坏则更换成新件,安装电磁阀时应使用新的O形密封圈,并更换新机油。

(3)如果以上检查均正常,则检查液压控制阀活塞是否能灵活运动,可用手按动此阀的上端,若有必要,清洗此阀。

4)VTEC系统其他机件的检修

(1)滞差动作总成。在雅阁轿车上滞差动作总成装于气缸盖上。检查时,先将此总成从气缸盖上拆下来,然后用指尖推动柱塞,如果柱塞不能平滑运动,则应予以更换。

(2)正时板同步总成。正时板和回位弹簧装在进气摇臂轴的凸轮轴支架上。检查时,应查看正时板、回位弹簧和套管有无划痕或裂纹、有无因过热而变色等现象,弹簧是否可靠地连接在凸轮轴支架和正时板上。

(3)同步组件。在拆下摇臂总成之后,应将摇臂与同步组件分离,以便进行如下操作:一是检查正时弹簧,若有异常应更换;二是检查摇臂和同步活塞有无磨损、卡滞、擦伤,有无过热迹象(变蓝),必要时予以更换;三是从3号凸轮轴支架上拆下机油控制喷嘴,清洗后再装上。

5)VTEC系统摇臂机构的检查

VTEC系统摇臂机构为整个系统的动作执行机构,其工作会直接影响整个系统及发动机配气机构的工作。因此,对此机构的检查相当重要,一般有两种检查方法:手动检查法和专用工具检查法。

(1)手动检查法。

在气门间隙及配气正时正确的情况下,拆开气门室盖,摇转曲轴,带动凸轮轴转动,观察进气门摇臂是否都能正常运动。再逐缸在凸轮的基圆上(该缸活塞处于上止点TDC位置),用手指按动中间进气摇臂,中间进气摇臂应能单独灵活运动,否则说明此机构有故障,应将中间进气摇臂、主进气摇臂和次进气摇臂作为整体拆下,检查中间进气摇臂和主进气摇臂内的活塞,活塞应能平滑地移动,否则应视情况修理或更换。如果需要更换摇臂,应将中间进气摇臂、主进气摇臂、次进气摇臂作为整体更换。

(2)专用工具检查法。

专用工具检查法是指用压缩空气模拟压力机油对系统机构进行检查,在检查前先进行上述手动检查,以保证在气门间隙及配气机构运动正常的前提下进行该项检查。注意:在使用气门检查工具之前,应确保接于空气压缩机上的气压表读数超过400 kPa。

检查操作步骤如下。

①拆开气门室盖，用专用工具堵住释气孔。

②找到摇臂轴末端一用螺钉封住的检查孔，将此孔的密封螺钉拆掉，然后连接气门检查工具。注意：重新拧紧密封螺栓前，擦去螺栓螺纹和凸轮轴托架螺纹上的油垢。

③在检查孔处接上一个专用接头，再接上压缩空气管道，然后再通入大约 400 kPa 的气压，作用于摇臂的同步活塞 A 和 B 上。

④这时同步活塞仍应不向外移动，然后再向上扳动正时板，当正时板被扳高 2～3 mm 时，同步活塞应弹出。将中间进气摇臂与主、次进气摇臂连接为整体，仔细观察同步活塞的接合是否灵活自如。注意：可从中间进气摇臂、主进气摇臂和次进气摇臂之间的间隙处看到同步活塞；将正时板嵌入正时活塞上的凹槽内时，活塞便被锁定在弹出位置；向上推动正时板时，用力不要太大。

⑤保持压力时，确保主进气摇臂和次进气摇臂通过活塞连接在一起，当用手推中间进气摇臂时，它与主进气摇臂和次进气摇臂之间不应有相对运动(中间进气摇臂应不能单独活动)。如果中间进气摇臂能单独活动，则应将中间进气摇臂、主进气摇臂和次进气摇臂作为整体进行更换。

⑥停止向同步活塞 A 和 B 施加气压，向上推动正时板。这时，同步活塞应回到原来位置，同步活塞 A 和 B 应脱开啮合，3 只进气摇臂相互间无运动干涉，否则应将 3 只进气摇臂作为整体进行更换。

⑦用专用工具检查每个游动件总成能否平滑地移动，如果不能平滑地移动，则应更换游动件总成。检查完毕后，MIL(故障警示灯)应不亮。

二、排放控制系统的检测

1. 废气再循环控制系统的检测

废气再循环是指发动机废气的一部分再送回进气管，并与新鲜的混合气混合后一起进入气缸参加燃烧。

废气再循环的目的是将适量的废气重新引入气缸参加燃烧，从而降低气缸内的最高温度，以减少 NO_x 的排放量。废气再循环(EGR)控制系统主要由电脑(ECM)、EGR 控制电磁阀、EGR 阀、EGR 位置传感器及废气管道等组成，如图 5-22 所示。

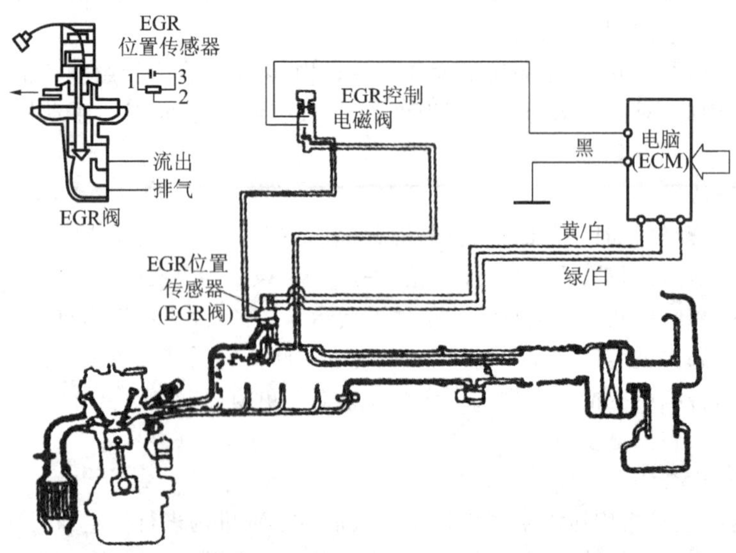

图 5-22 废气再循环控制系统

1)初步检查

检查真空软管有无破损,接头处有无松动、漏气等。

2)就车检查

启动发动机,使发动机怠速运转。在冷车状态下踩下加速踏板,使发动机转速上升至2000 r/min左右,此时手指应感觉不到EGR阀膜片的动作(EGR阀不工作)。在发动机热车(水温高于80 ℃)后再踩下加速踏板,使发动机转速上升至2000 r/min左右,此时手指应能感觉到EGR阀膜片的动作(EGR阀开启)。

3)EGR控制电磁阀的检查

测量电磁阀电磁线圈的电阻,一般为20～50 Ω;拔下与EGR控制电磁阀相连的各真空软管,从发动机上拆下EGR控制电磁阀。在EGR控制电磁阀的电磁线圈不接电源时,如图5-23(a)所示,A、B和A、C之间应不通气,B、C之间应通气,否则说明电磁阀损坏,应更换。接上电源,如图5-23(b)所示,A、B之间应通气,否则说明电磁阀损坏,应更换。

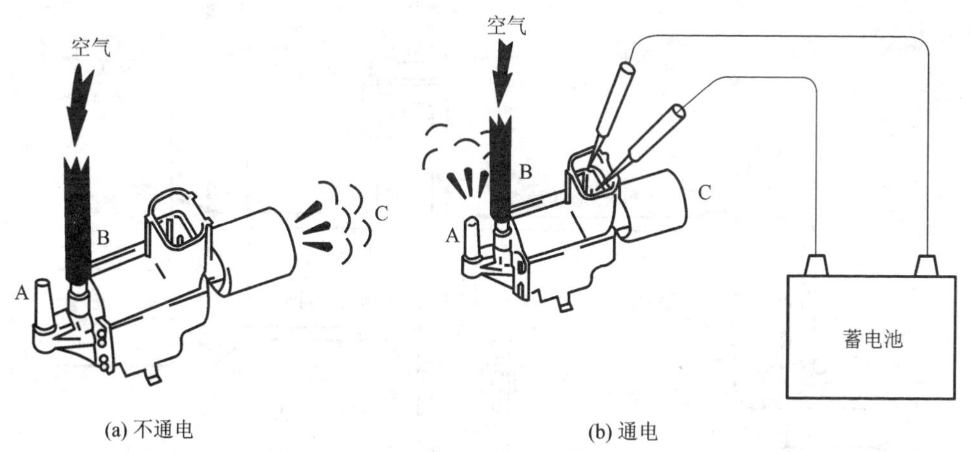

(a) 不通电 (b) 通电

图5-23 EGR控制电磁阀的检查

4)EGR阀的检查

启动发动机,并以怠速运转。拔下连接EGR阀的真空控制软管。如图5-24所示,用手动真空泵给EGR阀施加约19.95 kPa的真空度,若发动机怠速性能有变化或发动机熄火,则说明EGR阀良好;若发动机怠速性能无变化,则说明EGR阀损坏,应更换。

5)非电控式EGR真空控制阀的检查

(1)启动发动机至正常工作温度。

(2)拔下连接真空控制阀与EGR阀的真空软管,用手指按住真空管接口,在发动机怠速运转时应无真空吸力。当发动机转速升至2000 r/min时,应有真空吸力,否则说明真空控制阀损坏。

(3)拆下真空控制阀,在真空管接口处(通节气门体)接上手动真空泵,如图5-25所示。用手指堵住连接EGR阀的真空接口。

(4)向连接排气管的进气口施加气压,同时扳动手动真空泵,施加一定真空,手指堵住的接口处应能感觉到真空吸力。抽真空停止后,吸力能保持,无明显下降,放松废气进口施加的气压,真空吸力也应随之消失。若有异常,则应更换真空控制阀。

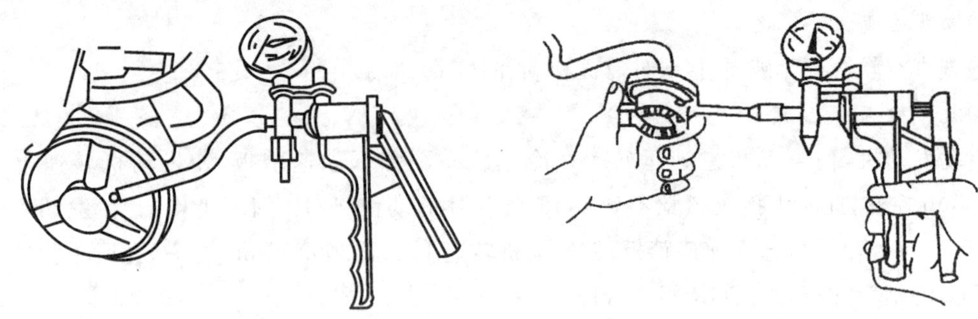

图 5-24　EGR 阀的检查　　　　图 5-25　真空控制阀的检测

2. 燃油蒸汽回收装置的检测

燃油蒸汽回收装置由活性炭罐、炭罐电磁阀、排放控制阀、真空管等组成，如图 5-26 所示，其作用是将油箱内的燃油蒸汽回收到进气歧管，防止燃油蒸汽排入大气造成污染。

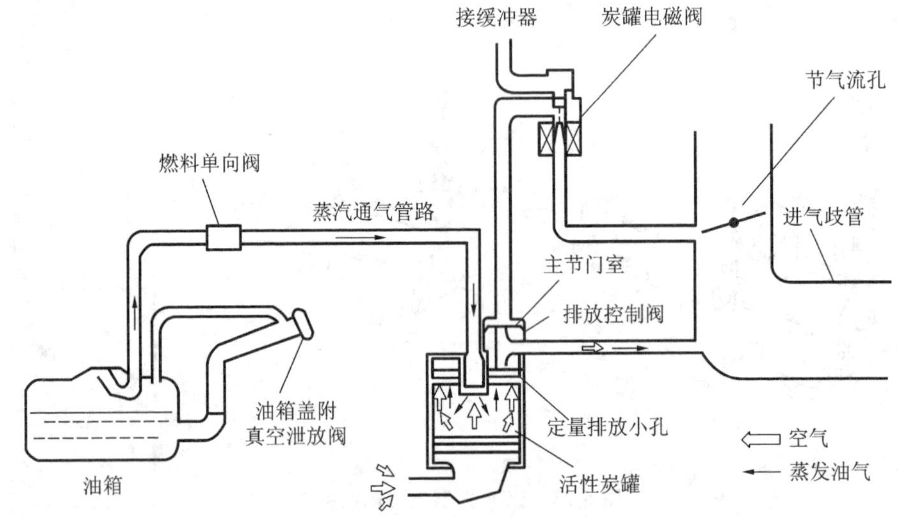

图 5-26　燃油蒸汽回收装置

燃油蒸汽回收装置失效将导致燃油蒸汽无法回收，而其控制失常又将导致燃油蒸汽的不正常回收，若在怠速时蒸汽回收装置工作，使混合气过浓，则会导致发动机怠速不稳。

燃油蒸汽回收装置出现故障应主要检查活性炭罐、炭罐电磁阀及其控制电路，其检测过程如下。

1）一般维护

检查管路有无破损或漏气，炭罐壳体有无裂纹，每行驶 20 000 km 应更换活性炭罐底部的进气滤芯。

2）真空控制阀的检查

拆下真空控制阀，用手动真空泵由真空管接头给真空控制阀施加约 5 kPa 的真空时，从活性炭罐侧孔吹入空气应畅通，不施加真空时，吹入空气应不通，如图 5-27 所示。若不符合上述要求，则应更换真空控制阀。

3）控制电磁阀的检查

桑塔纳 2000GSi 轿车活性炭罐电磁阀的检查如图 5-28 所示。测量控制电磁阀两端子间的电阻，应为 36～44 Ω。拆开电磁阀进气管一侧的软管，用手动用真空泵由软管接头给控制电磁阀施加一定的真空，控制电磁阀不通电时应能保持真空(不导通)，若接蓄电池电压，真空应释放(导通)。若不符合上述要求，则应更换控制电磁阀。

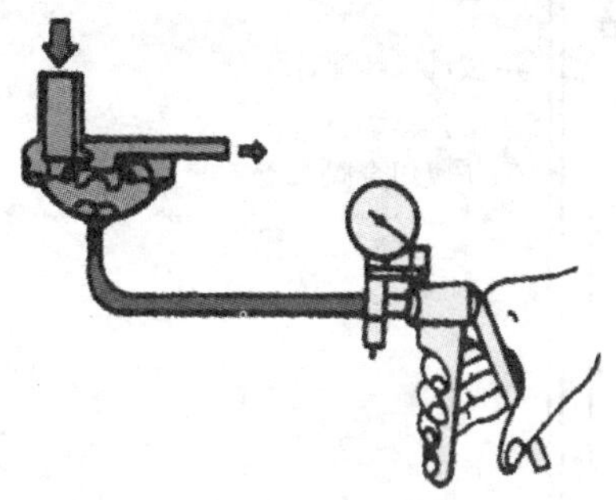
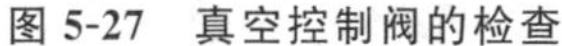
图 5-27　真空控制阀的检查

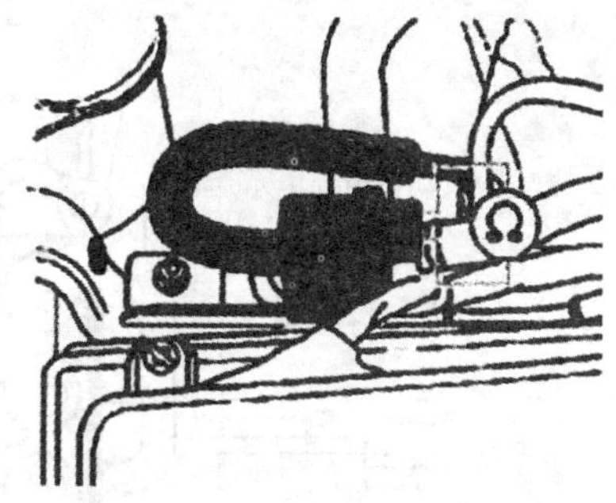
图 5-28　桑塔纳 2000GSi 轿车活性炭罐电磁阀的检查

4)活性炭罐的检查

LS400 轿车活性炭罐的检查与清洗如图 5-29 所示。

(1)检查活性炭罐表面，应无损坏或裂开。

(2)用低压空气吹入油箱接管，空气应无阻地从其他管子流出。用低压空气吹入排污接管，空气应不能从其他接管流出，否则更换活性炭罐。

(3)堵塞排污管，将 294 kPa 的压缩空气吹入油箱接管，可清洗活性炭罐中的滤清器。

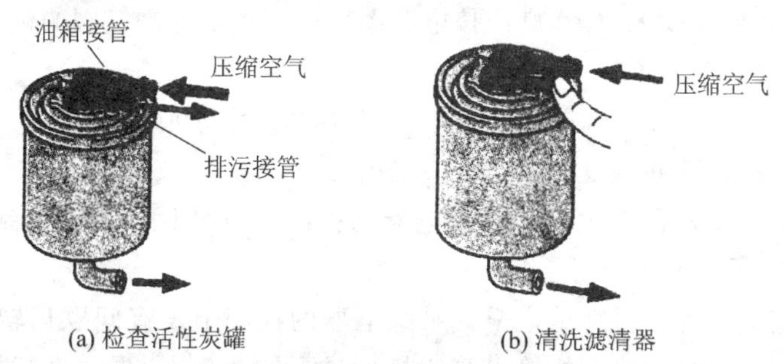

图 5-29　LS400 轿车活性炭罐的检查与清洗

3. 二次空气喷射系统的检测

二次空气喷射系统的功能是在一定工况下，将新鲜空气送入排气管，促使废气中的 CO 和 HC 进一步氧化，从而降低 CO 和 HC 的排放量，同时加快三元催化转化器的升温。二次空气喷射系统的组成如图 5-30 所示。

下面以奥迪 A6 为例介绍二次空气喷射系统的检测。

1)二次空气进气阀的检测

(1)连接检测仪 V.A.G 1551，打开点火开关。

(2)进行执行元件诊断并触发二次空气进气阀，二次空气进气阀应发出“咔嗒”声。

(3)如果二次空气进气阀没有发出“咔嗒”声，则拔下二次空气进气阀的插头，用接线将二极管电笔连接到拔下的插头上，再次进行执行元件诊断。

(4)如果在进行执行元件诊断时，二极管电笔闪亮，则应更换二次空气进气阀。

(5)如果二极管电笔仍不闪亮，则关闭点火开关，将检测盒 V.A.G 1598/31 连接到发动机电控单元的线束上(不连接发动机电控单元)，检查二次空气进气阀插接器的 2 号端子与检测盒 V.A.G 1598/31 的 44 号端子之间的连接导线是否断路，该导线电阻最大为 1.5 Ω。如果导线断

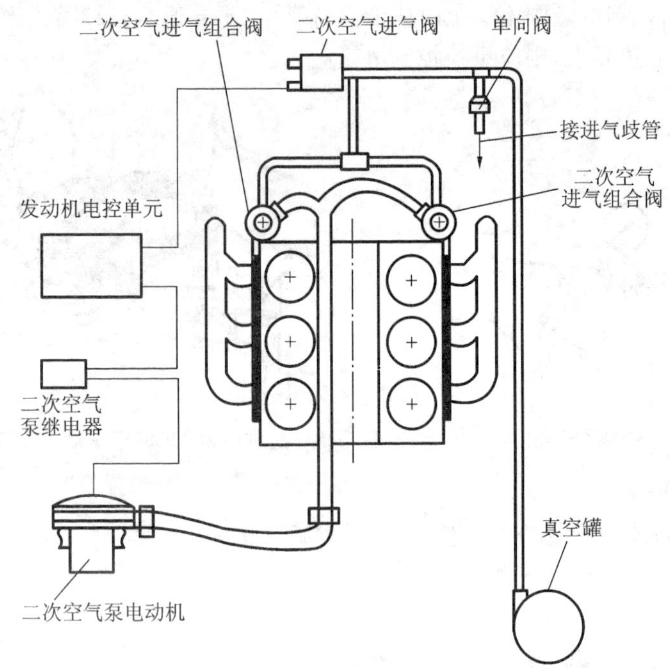

图 5-30　二次空气喷射系统的组成

路，则修理该导线；如果导线无故障，则应按电路图检查二次空气进气阀的供电是否正常。

2)二次空气泵继电器的检测

(1)连接检测仪 V.A.G 1551，打开点火开关，选择“01 发动机电控单元”。

(2)进行执行元件诊断并触发二次空气泵继电器。

(3)二次空气泵电动机在二次空气泵继电器的控制下，应间歇运转，直到按下 V.A.G 1551 上的“→”键中止执行元件诊断为止。

(4)如果二次空气泵电动机在二次空气泵继电器的控制下没有间歇运转，则拔下二次空气泵电动机的 2 针插头，用接线将二极管电笔连接到拔下的插头上，再次进行执行元件诊断。如果二极管电笔闪亮，则更换二次空气泵电动机；如果二极管电笔仍不闪亮，二次空气进气阀没有发出“咔嗒”声，则应进行步骤(6)的检查；如果二极管电笔仍不闪亮，二次空气进气阀发出“咔嗒”声，则应进行步骤(5)的检查。

(5)检查二次空气泵熔丝。如果熔丝正常，则从继电器盒内拔下二次空气泵继电器，检查二次空气泵继电器的供电情况。如果供电正常，则更换二次空气泵继电器。

(6) 关闭点火开关，将检测盒 V.A.G 1598/31 连接到发动机电控单元的线束上(不连接发动机电控单元)，从继电器盒内拔下二次空气泵继电器，检查二次空气泵继电器插头的 6/85 端子与检测盒 V.A.G 1598/31 的 46 号端子之间的连接导线是否断路，该导线电阻最大为 1.5 Ω。如果导线断路，则修理该导线；如果导线无故障，则更换发动机电控单元。

4. 三元催化转化器的检测

三元催化转化器(TWC)主要是将废气中的碳氢化合物(HC)、一氧化碳(CO)及氮氧化物(NO_x)还原为 CO_2、水蒸气及氮气。国外规定，汽车原装的三元催化转化器应该保用 8 万千米或 5 年无损坏。因此，在使用期内一般情况下无须对三元催化转化器进行定期维修，只有对发动机进行调试或国家有关部门检测车辆时，才检查三元催化转化器的工作情况。但由于我国车辆使用条件和油品等限制，三元催化转化器损坏的概率较高，故在二级维护时应检查三元催化转化器的工作情况，以便及时发现问题。三元催化转化器工作情况的检测可以使用能测量汽车尾气中 O_2、CO_2、CO 和 HC 含量的汽车废气分析仪。

1)三元催化转化器的工作条件检测

在检测三元催化转化器的工作情况之前，必须首先检查汽车尾气中 CO_2、O_2 和 CO 的含量，以判断混合气浓度是否合适，混合气浓度合适后，才能检测三元催化转化器的工作情况。

(1)脱开三元催化转化器进气口。

(2)使发动机运转至正常工作温度。

(3)在发动机怠速运转时将汽车废气分析仪的探测管插入与三元催化转化器进气口相连的排气管内至少 40 mm，等待 1 min 以上，待汽车废气分析仪上的 CO_2、O_2 和 CO 读数稳定后，再读取读数。注意：该项测试应该在 3 min 内完成。

(4)当混合气浓度合适后，装复三元催化转化器进气口，在发动机温度正常时方能继续检测三元催化转化装置。

混合气的空燃比与废气含量的对应关系表明，理论混合气空燃比在 14.7：1 左右，其始点发生在尾气中 CO_2 含量开始下降、O_2 含量开始上升的时刻，在理论混合气时，尾气中 O_2 和 CO 的含量接近相等。如果测得的尾气成分不符合上述要求，则按照维修手册调整燃油供给系统，使混合气浓度符合要求。

2)三元催化转化器性能的检测

(1)怠速试验法。

发动机怠速运转时，用汽车废气分析仪测量汽车尾气中的 CO 含量，应接近于 0，最大值不超过 0.3%，否则说明三元催化转化器可能已经损坏。

(2)稳定工况试验法。

按照规定连接好转速表，使发动机缓缓加速，同时观察汽车废气分析仪上的 CO 和 HC 的读数，当转速达到 2500 r/min 并稳定在这一转速时，CO 与 HC 的读数应缓慢下降，并稳定在低于或接近于怠速时的排放水平，否则说明三元催化转化器可能损坏。

3)三元催化转化器堵塞的检查

三元催化转化器堵塞的检查方法有进气歧管负压法和排气背压法两种。

(1)进气歧管负压法。

①将废气再循环阀的负压软管取下，并将管口堵住。

②将真空表接到进气歧管上，将发动机缓慢加速到 2500 r/min。

③观察真空表读数。如果真空表读数瞬间下降后又回升到原有水平，并能稳定保持至少 15 s，则说明三元催化转化器没有堵塞；如果真空表读数缓慢下降，则说明三元催化转化器或排气管堵塞。

(2)排气背压法。

①从二次空气喷射回路上脱开接空气泵单向阀的插接器，再在二次空气喷射管路中接入压力表。

②发动机转速为 2500 r/min 时，观察压力表的读数，此时压力表的读数应该小于 17.24 kPa，如果排气背压大于或等于 20.70 kPa，则表明排气系统堵塞。如果想观察三元催化转化器、消声器、排气管有无外部损伤，则可将三元催化转化器出气口和消声器脱开后再观察压力表的读数有无变化，如果压力表显示的排气背压仍较高，则为三元催化转化器损坏；如果压力表读数突然下降，则说明堵塞发生在三元催化转化器后面的部件。

5. 曲轴箱强制通风装置的检测

曲轴箱强制通风(PCV)装置采用封闭式通风,防止曲轴箱中的可燃废气排入大气造成污染,并让其进入燃烧室进行燃烧。PCV 装置由 PCV 阀及管路组成,如图 5-31 所示。

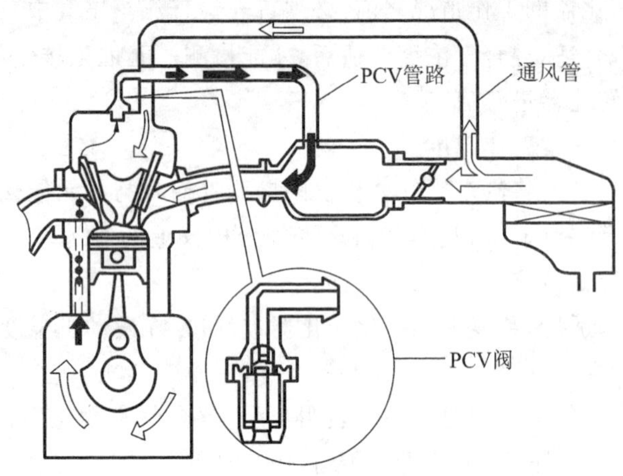

图 5-31 曲轴箱强制通风装置

(1)检查曲轴箱通风管是否漏气或阻塞。

(2)检查 PCV 阀:在发动机正常怠速运转时(暖机后),用手指或鲤鱼钳轻轻夹住 PCV 阀至进气歧管间的 PCV 管,PCV 阀有“咔嗒”声为正常。若无响声,拆下 PCV 阀检查,如果 PCV 阀外表受损或有裂痕、柱塞被卡住,应更换。

【任务实施】

问题 1 废气再循环的目的是将适量的废气重新引入气缸参加燃烧,从而降低气缸内的最高温度,以减少______________的排放量。

问题 2 EGR 控制电磁阀的检查,测量电磁阀电磁线圈的电阻,一般为______Ω;拔下与 EGR 控制电磁阀相连的各真空软管,从发动机上拆下 EGR 控制电磁阀。在 EGR 控制电磁阀的电磁线圈不接电源时检查各管口之间是否通气。

问题 3 燃油蒸汽回收装置真空控制阀的检查,拆下真空控制阀,用手动真空泵由真空管接头给真空控制阀施加约 5 kPa 的真空时,从活性炭罐侧孔吹入空气应______,不施加真空时,吹入空气应____。若不符合上述要求,则应更换真空控制阀。

问题 4 如果某排放控制系统出现故障,真空电磁阀本身工作性能正常,可先测量其电阻,再进行______________测试。

项目 6 发动机冷却不良的故障诊断

【案例引入】

一辆大众宝来轿车，在行驶中发动机因过热而导致水箱"开锅"。车主请求救援，车辆被拖回修理厂，应该从哪里下手查明原因排除故障呢？

学习任务 1 发动机冷却液温度高的故障现象与故障原因分析

【任务导入】

识别发动机冷却液温度高的故障症状有哪些？利用故障树分析法，分析造成发动机冷却液温度高的原因。

【知识准备】

一、冷却液温度高的故障现象

(1)冷却液温度报警灯闪烁或冷却液温度表指针长时间在红区。

(2)散热器伴随有"开锅"现象，冷却液沸腾出现蒸汽。

(3)发动机动力不足，在加速时伴随有明显的金属敲击声，不易熄火，出现爆震或早燃现象。

二、冷却液温度高的故障原因分析

造成"开锅"故障的主要原因是冷却系统出现了问题，冷却液温度过高、过低，都不能使发动机保持在技术状态。发动机要保持技术状态，冷却液的温度应为 80～90 ℃。这时着火条件好，燃烧完全；机油黏度较佳，润滑条件好。因此，发动机在运行过程中，要时刻注意冷却液温度的变化，及时采取有效措施，排除故障，确保冷却液温度正常。

冷却系统的常见故障是冷却液温度过高、冷却液温度过低、冷却液泄漏、冷却风扇故障或温控开关失效，等等。常见故障部位为节温器、电动风扇或风扇带、温控开关、散热器和水泵。

要正确排除此类故障需要熟悉以下相关知识。

1. 冷却系统的组成

冷却系统主要由水泵、散热器、节温器、风扇、分水管、水套、百叶窗、冷却液温度表或冷却液温度报警器等组成。根据风扇驱动方式的不同可分为机械风扇式冷却系统和电动风扇式冷却系统。机械风扇式冷却系统普遍采用硅油式或电磁式风扇离合器；现代轿车广泛采用电动风扇式冷却系统，其电动风扇由温控开关或控制器控制，且配有膨胀水箱。桑塔纳 2000 型发动机电动风扇式冷却系统如图 6-1 所示。

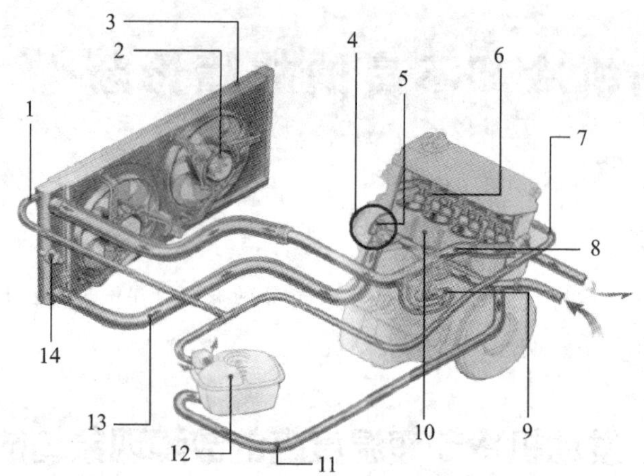

图 6-1　桑塔纳 2000 型发动机电动风扇式冷却系统

1—过热蒸汽；2—电动风扇；3—散热器；4—齿形带轮；5—水泵、节温器；6—气缸盖水套；7—发动机水套排气管；8—冷却液上橡胶软管；9—节气门热水管；10—气缸体水套；11—冷却液下橡胶软管；12—冷却液膨胀水箱；13—进水管；14—电动风扇双温热敏开关

2. 冷却系统的功用和工作原理

冷却系统的功用是使发动机在所有工况下都能保持在适当的温度范围内(80～90 ℃)。既要防止发动机过热，也要防止冬季发动机过冷。在发动机冷启动之后，冷却系统还要保证发动机迅速升温，尽快达到正常的工作温度。行车过程中发现冷却液温度表读数异常、冷却液指示灯点亮，应立即停车检查。因为冷却液温度过高会造成发动机过热，零件强度降低，机油变质，磨损加剧，导致发动机动力性、经济性、可靠性等的全面下降。冷却过度或使发动机长期在低温下工作，均会使散热损失及摩擦损失增加，零件磨损加剧，排放恶化，发动机工作粗暴，功率下降及燃油消耗率增加。冷却系统故障诊断的一般思路和程序由下列任务来详细阐明。

冷却系统的工作原理是：利用发动机带动水泵和风扇，强制使冷却液循环，配合风扇带走热量；冷却强度可根据节温器和风扇热敏控制开关自动调节，从而使发动机在 90 ℃左右的温度范围内工作，以保持发动机的技术状态。

3. 冷却系统散热不足的原因与部位

(1)冷却液不足。

(2)水泵损坏，冷却系统堵塞或损坏。

(3)散热器或气缸体内水套积垢多、堵塞。

(4)节温器失效、卡死或堵塞，节温器不能正常开启，冷却液不能流过散热器。

(5)散热器风扇电动机或散热器双温热敏开关出现故障。

(6)百叶窗关闭或开度不足。

4. 发动机工作异常导致温度高

(1)低速挡、超负荷行驶时间过长。

(2)点火正时不准或配气相位不对。

(3)混合气过稀或过浓，燃烧室积炭过多。

(4)气缸垫窜气。

(5)进、排气管道堵塞。

(6)机油油量不足或黏度太大。

【任务实施】

问题 1 列举冷却系统散热不足的原因。

问题 2 列举发动机工作异常导致温度高的原因。

问题 3 如果发动机冷却液偏少,可能的原因有哪些?

学习任务 2 制定发动机冷却液温度高的故障诊断方案

【任务导入】

根据故障车辆原因分析,结合故障车辆和该车型发动机构造的具体特点,制定适宜的发动机冷却液温度高的故障诊断流程。

【知识准备】

发动机冷却液温度高的故障诊断流程如图 6-2 所示。

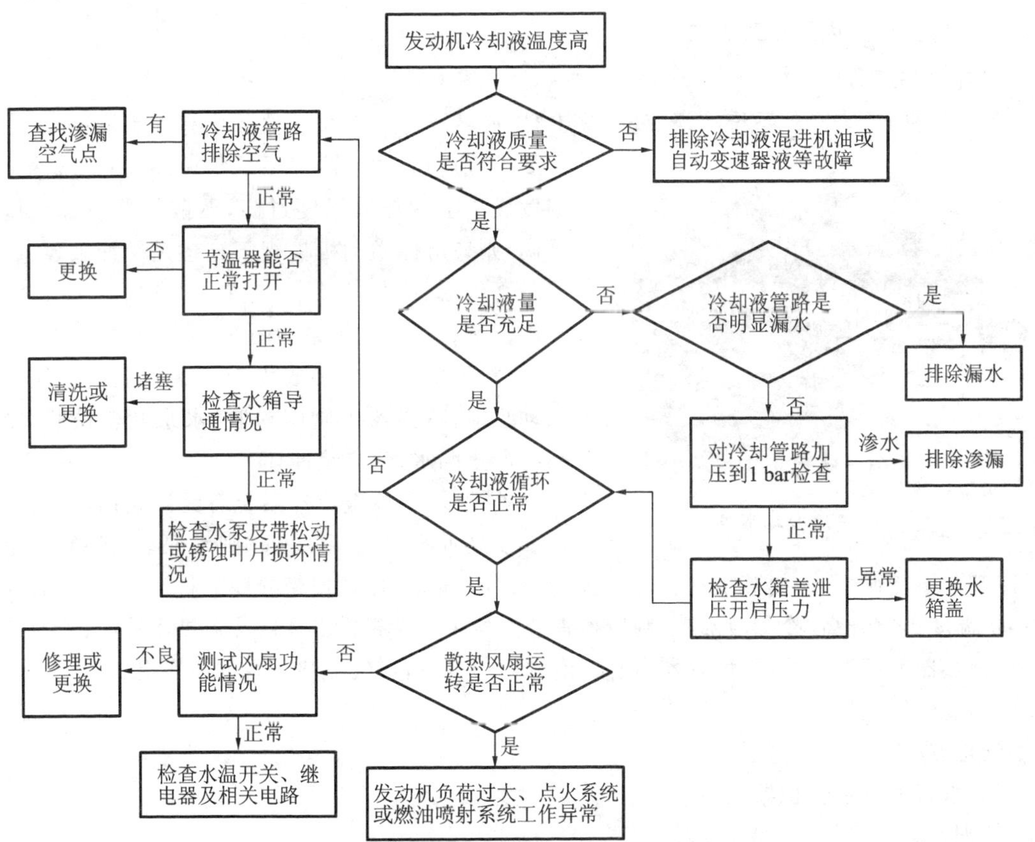

图 6-2 发动机冷却液温度高的故障诊断流程

【任务实施】

依据实训车辆故障特征和具体车型构造，制定出适应于该车情况的诊断流程。

学习任务3 发动机冷却不良的故障诊断

【任务导入】

根据诊断流程，逐步进行故障的诊断与检测，掌握相应的经验技能和设备仪器的操作方法，对比维修资料中的技术参数，判定系统相关元件性能的好坏。

【知识准备】

一、发动机过热

1. 故障现象

运行中的汽车，在百叶窗完全打开的情况下，冷却液温度表指针经常指在 100 ℃ 以上，且散热器伴随有“开锅”现象；燃烧室内出现“炽热点”，发动机熄火困难；汽油机易发生爆燃或早燃，柴油机易发生早燃使工作粗暴、噪声增大、震动加剧。

2. 故障主要原因及处理方法

(1)冷却液不足。

处理步骤：检查冷却系统冷却液量，散热器、水泵及冷却系统其他部位有无渗漏；若上述符合要求，应检查清洗冷却系统水垢；行驶中若冷却液温度表指示冷却液温度过高，而散热器下部温度并不高，则应解体发动机检查气缸垫是否冲破、气缸内壁是否破损、缸体水套与气缸是否沟通。按规定补充冷却液。离心式水泵如图 6-3 所示。

图 6-3 离心式水泵

(2)风扇皮带断裂或皮带拉紧装置松动使皮带松动打滑；节温器主阀门松脱；水泵叶轮松脱，冷却系统严重漏水；气缸垫冲坏。

处理步骤：检查冷却系统有无渗漏；若发动机机体温度高而散热器温度低，则水泵轴、水泵叶轮松脱，冷却液不能循环；若提高发动转速，电流表不指示充电，则风扇带松脱或打滑；若冷车启动时发动机温度迅速升高，冷却液沸腾，则应检查节温器主阀是否横卡在散热器进水管内；若冷却液沸腾，散热器下部温度不高，散热器口有气泡冒出，则应检查气缸垫是否冲坏烧损。

(3)混合气过稀。

处理方法：调整混合气浓度。

(4)水套和分水管积垢或堵塞。

处理方法：清理水套和分水管。

(5)水泵工作性能不良。

处理方法:检修或更换水泵。

(6)点火时间不当。

处理方法:调整点火提前角。

(7)燃烧室内积炭过多。

处理方法:清洗燃烧室。

(8)风扇离合器接合时间过晚或打滑。

处理方法:检修或更换风扇离合器。

(9)散热器的进水管或出水管凹瘪。

处理方法:检修或更换散热器水管。

(10)节温器主阀门不能打开或打开时间过迟。

处理方法:检修或更换节温器。

蜡式节温器结构及其工作原理如图 6-4 和图 6-5 所示。

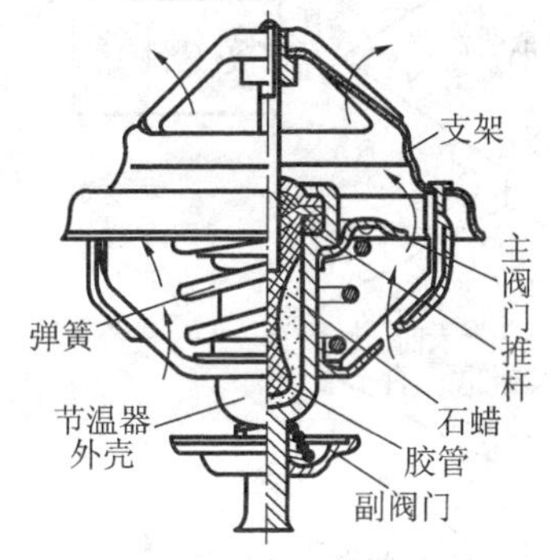

图 6-4 蜡式节温器结构

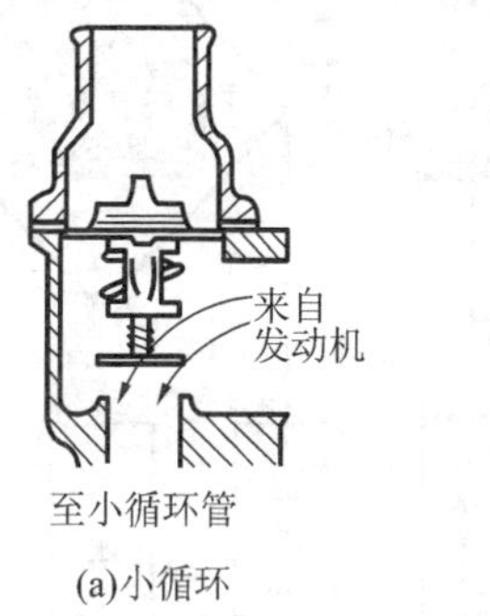

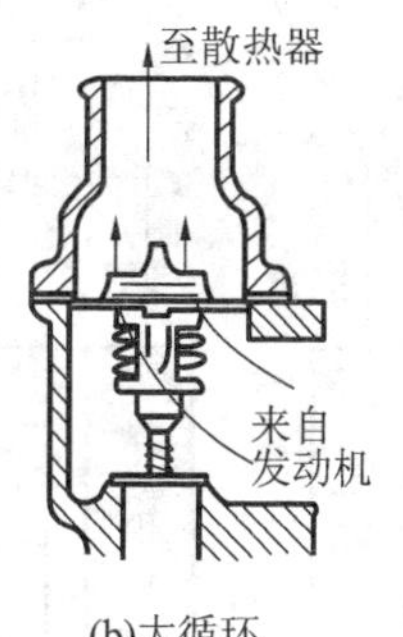

图 6-5 蜡式节温器工作原理

(11)散热器内部水垢堵塞或外部过脏。

处理方法:清洗散热器。

(12)百叶窗不能完全打开。

处理方法:检修百叶窗及控制机构。

(13)电动风扇性能不良。

处理方法:检修或更换电动风扇。

(14)温控开关或冷却液温度传感器和控制器失效。

处理步骤:检修或更换温控开关、冷却液温度传感器或控制器。

3. 故障诊断方法

发动机过热故障诊断流程如图 6-6 所示。

二、发动机过冷

1. 故障现象

冬季运行的汽车,在百叶窗完全关闭,冷却液温度表和冷却液温度传感器技术状况完好的情况下,发动机达不到正常的工作温度;发动机动力不足,油耗增加。

2. 故障主要原因及处理方法

(1)百叶窗未关或无法调节,在严寒地区未使用保温措施,节温器失效,导致启动时不能迅速升温以保持发动机正常运转。

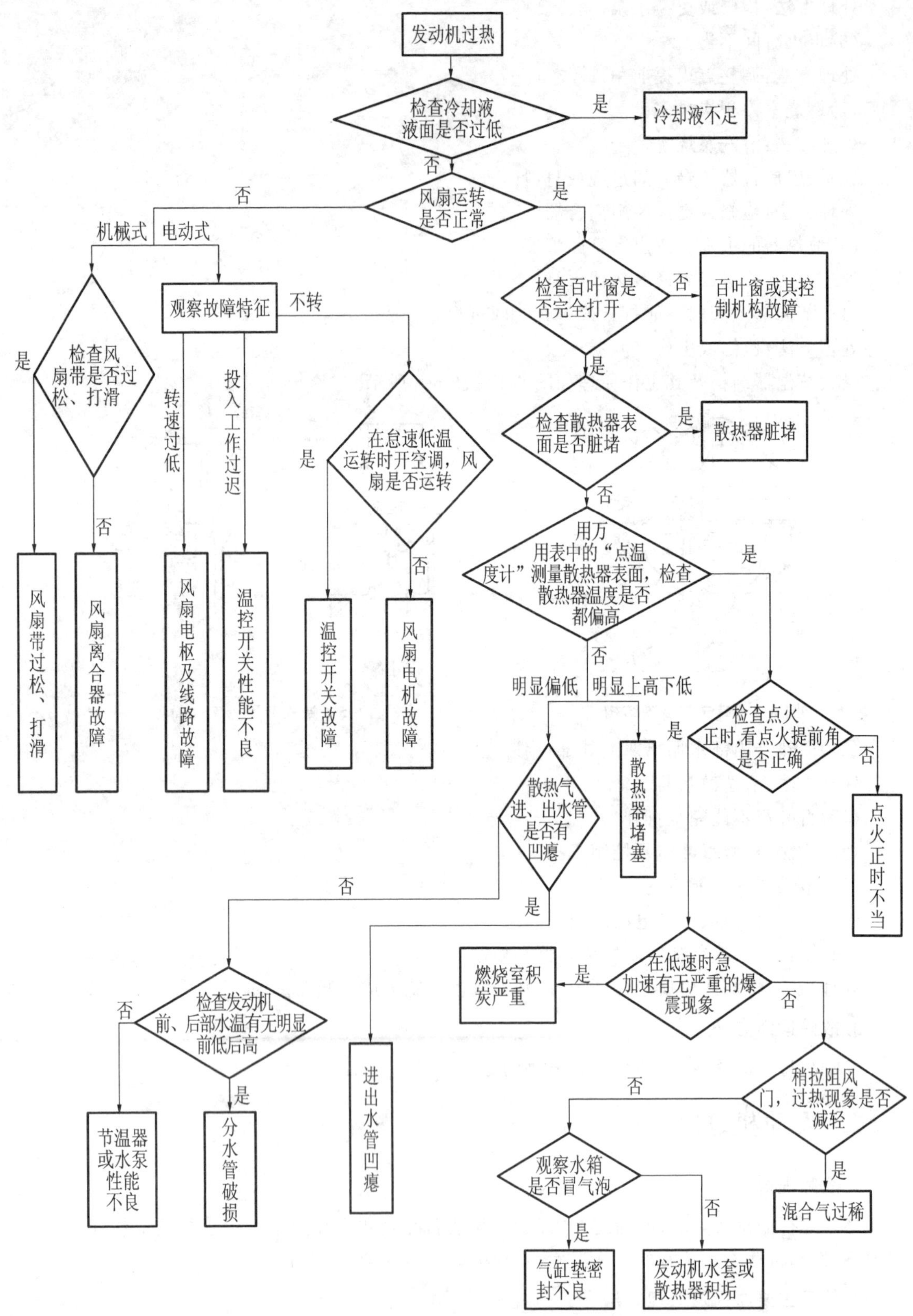

图 6-6　发动机过热故障诊断流程

检查百叶窗是否能关闭自如，若关闭后仍不能升高温度，则应考虑使用保温套；检查发动机节温器是否失效。

(2)风扇离合器接合过早。检修或更换风扇离合器。

(3)温控开关闭合太早。检修或更换温控开关。

3.故障诊断方法

发动机过冷故障诊断过程为：检查百叶窗关闭情况；若能关严，则检查节温器主阀是否常开；若节温器正常，则让发动机冷机启动，在升温过程中，测量水温，观察风扇离合器或温控开关是否接合或闭合过早。

三、冷却液消耗过多

冷却液消耗过多是指冷却液比正常情况下消耗过快的现象。其主要原因有冷却系统内部渗漏、冷却系统外部渗漏和散热器盖开启压力过低。通常通过目测检查外部有没有漏水的痕迹，确定有无外部渗漏；通过检查机油是否发白(乳化)或在发动机冷却液温度正常时排气是否冒白烟确定内部是否渗漏。此外，还可用专用手动压力测试器进行就车检测，如图6-7所示。在冷却系统中注满水，用专用接头将测试器和散热器水箱密封连接，用手推测试器，使测试器压力表指示0.10 MPa，保持不动，在5 min内压力不应下降，同时观察冷却系统外部各密封处有无漏水现象，漏水处即不密封部位。若外部无漏水现象，而压力下降过快，则说明内部有泄漏。

若无内外渗漏，则让发动机冷机启动，在升温过程中，观察在冷却液温度表或报警器指示冷却液温度正常的情况下散热器是否有蒸汽逸出，若有，则散热器盖蒸汽阀有故障(散热器盖如图6-8所示)。同样也可使用上述专用手动压力测试器进行散热器盖的检查。将盖与测试器连接在一起，用手推测试器，使压力升高，检查密封性能和阀的开启压力。在散热器检修中也可使用该测试器进行散热器密封性的检查。

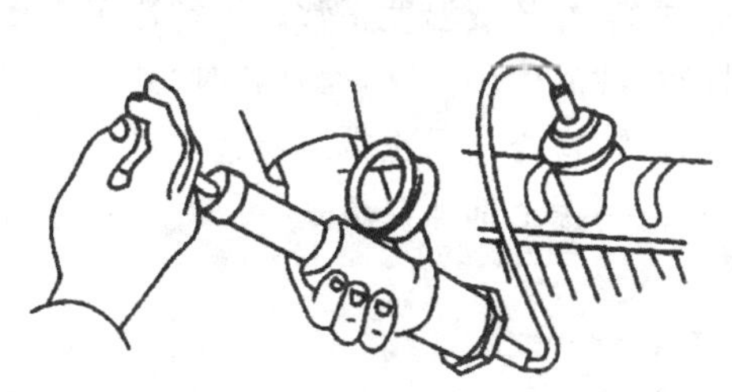

图6-7 冷却液密封性的就车检查

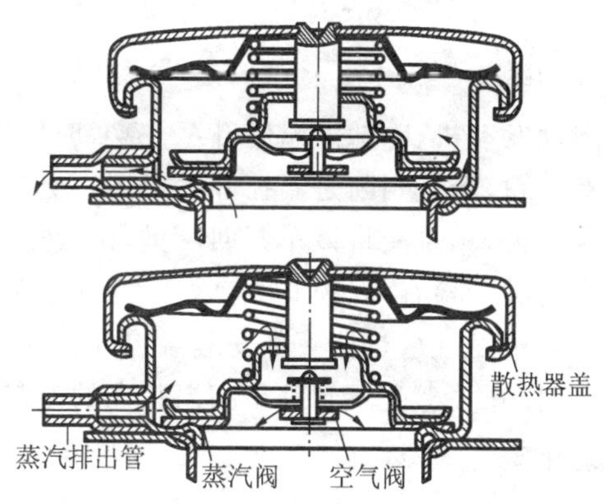

图6-8 散热器盖

四、冷却系统的维护

1.冷却液量的检查和补充

在正常使用中，每月至少检查一次冷却液的液面高度。在炎热的夏天，检查次数应更多些。设有膨胀水箱的冷却系统，检查冷却液液面高度不用打开散热器盖，只需观察膨胀水箱中的液面即可。一般的膨胀水箱上都标有液面高度标记。冷却液液面应在“max”(上限)和“min”(下限)之间。若液面位于下限，则应该往膨胀水箱中加注冷却液，直到液面达到规定位置。补充冷却液时应注意，目前车用冷却液中都加有防腐、防冻、防沸、防垢、防穴蚀和润滑添加剂，应尽可能使用厂方推荐的冷却液，并按厂方推荐的使用方法使用，不可随意往冷却液中直接加水；一般情况下，应尽量少打开散热器盖，防止冷却液损失和空气进入冷却系统。

2. 冷却系统的清洁

保持冷却系统的清洁是提高冷却系统散热效能的重要条件，冷却系统的清洁工作包括内部清洗和外部清洁两部分。冷却系统的内部清洗建议使用免拆洗清洗机进行。当冷却系统部件内积垢较多时，也可采用化学溶剂手工清洗。对于冷却系统的外部，主要检查散热器散热片、百叶窗、风扇和各软管有无变形和脏污，若有则应进行修正和清洗。

3. 风扇带的检查与调整

风扇带使用一段时间后，由于磨损或其他原因会变松，因此应经常检查和调整风扇带的张紧度，使其适中。风扇带张紧度的常用检查方法是用 30～40 N 的压力按压在风扇带轮和发电机带轮之间的带上，测量其下弯距离是否符合标准，若不符合标准，则应调整发电机的安装位置使其合格。此外，还要检查带表面有无油污和裂纹，若有油污则应清洗擦拭干净，若有裂纹则应更换带。

4. 冷却系统的密封性检查

对于冷却系统的密封性，可人工检视外部有无渗漏和机油是否乳化，或用专用手动压力测试器进行就车检测。若发现冷却系统存在渗漏，则应及时检修排除。利用专用手动压力测试器进行散热器盖的检查，若发现散热器盖阀不密封或阀的开启压力过高或过低，则应更换散热器盖。

五、案例分析

1. 现象

一辆奥迪 V6 乘用车，怠速时冷却液温度高，而且散热器易“开锅”；开启空调，冷却液温度正常。

2. 诊断

启动发动机，冷却液温度升至 97 ℃时风扇不转。用导线短接温控开关，风扇工作，证明线路没有问题，于是判断是温控开关损坏。更换后立即试车，冷却液温度正常。于是让车主接车。可是第二天，车主又将该车开回厂里，说低速行驶时冷却液温度仍偏高，而且有时“开锅”。经对温控开关进行检查，温控开关良好。怀疑水泵传动带打滑，检查结果正常。检查散热器盖，也正常。无意中发现散热器下部安装温控开关的部位冷却液不像上部那样烫手，可见散热器下部已堵塞，温控开关感受不到处于高温状态的冷却液温度。

3. 排除

清洗散热器。

4. 点评

故障诊断思路正确，考虑到了空调系统，风扇、水泵传动带，温控开关等主要影响部件，其实结合该车的行驶里程和加注的冷却液质量，也会很快判断出是水箱结垢导致“开锅”故障的。

【任务实施】

问题 1　发动机过热的原因有哪些？怎样诊断？

问题 2　冷却系统维护的主要作业内容有哪些？

问题 3　发动机冷却水消耗过多的原因有哪些？怎样诊断？

项目 7 发动机润滑不良的故障诊断

【案例引入】

一辆大众奥迪轿车，行驶里程约为 97 km，在冷车时偶尔会出现急加速时机油压力警告灯闪亮，最近出现热车时机油压力警告灯间歇性闪亮的故障。检查发现车辆机油量充足，机油质量符合要求，那么如何排除机油压力警告灯间歇性点亮这个故障呢？

学习任务 1　发动机机油压力警告灯点亮的故障原因分析

【任务导入】

认识发动机机油压力警告灯点亮的故障现象，分析故障原因及部位。

【知识准备】

发动机润滑系统对发动机正常工作起至关重要的作用，若润滑系统出现故障，各运动副摩擦表面将得不到良好的润滑、散热及清洗，必然会加剧零件的磨损，影响发动机的正常工作，缩短发动机的使用寿命。

桑塔纳 2000AJR 型发动机是压力循环式润滑，其润滑系统示意图如图 7-1 所示。油底壳内的机油经油泵加压和机油滤清器滤清后，被输送到主油道内，然后油分两路分别润滑两大机构的曲轴和配气凸轮轴。油压表的油压传感器安装在主油道上，是一个常闭式油压开关，通过油压表显示主油道内的压力。油压过低报警开关安装在离主油道较远的缸盖配气凸轮轴油道上，是一个常开式油压开关，油压过低时闭合，并接通红色油压过低报警灯警示。

桑塔纳 3000 四缸 AJR 型发动机润滑油路如图 7-2 所示。东风六缸发动机润滑油路如图 7-3 所示。

发动机润滑系统的常见故障有机油压力过低、机油压力过高、机油消耗异常、机油变质等。

当系统出现故障，导致机油压力异常，机油压力警告灯点亮，蜂鸣器报警时，应及时停车检查发动机润滑系统的工作情况，排除故障后才可继续行驶，否则可能造成发动机曲轴抱瓦等故障。

本任务就是要根据润滑系统机油压力偏低的故障现象，进行诊断和检测，从而分析机油压力偏低故障产生的原因，判断出具体的故障部位，从而迅速排除故障，确保润滑系统达到技术状态，恢复汽车的行驶性能。

故障原因与部位如下。

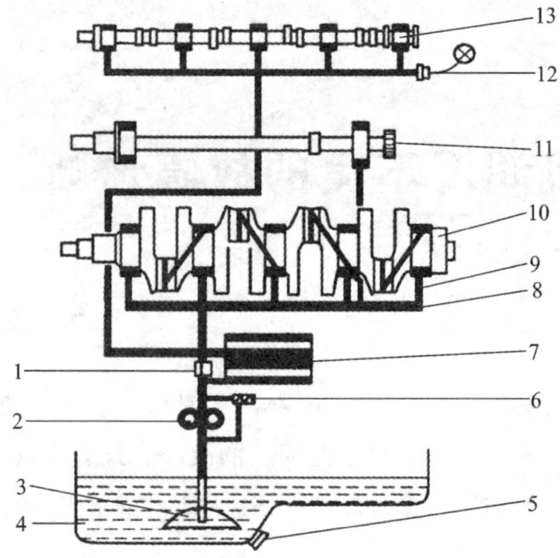

图 7-1　桑塔纳 2000AJR 型发动机润滑系统示意图

1—旁通阀；2—机油泵；3—集滤器；4—油底壳；5—放油塞；6—安全阀；
7—机油滤清器；8—主油道；9—分油道；10—曲轴；
11—中间轴；12—压力开关；13—凸轮轴

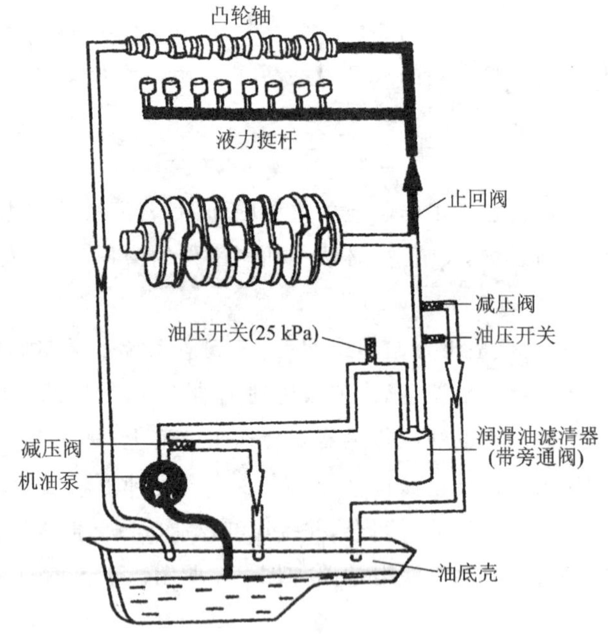

图 7-2　桑塔纳 3000 四缸 AJR 型发动机润滑油路

(1)机油油面过低，机油黏度低。

(2)机油变质或混入燃油、冷却液等。

(3)机油压力表或传感器失效。

(4)机油泵损坏或内部零件磨损。

(5)限压阀调整不当或限压阀失效。

(6)机油集滤器滤网堵塞。

(7)发动机各轴颈、轴承配合间隙过大或机油油路、管路严重泄漏。

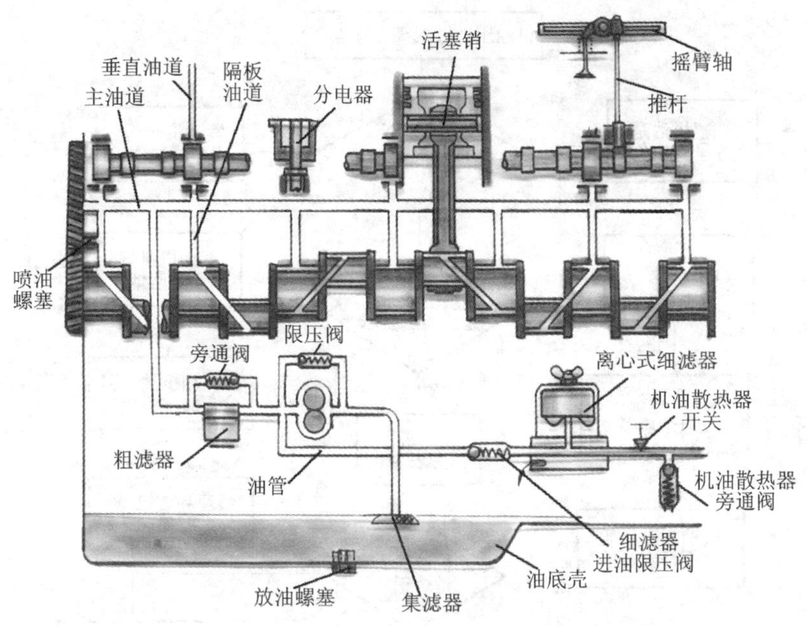

图 7-3　东风六缸发动机润滑油路

【任务实施】

问题 1　如果机油压力警告灯点亮，按故障树诊断法分析，最上层的原因可以分为________、________。

问题 2　发动机润滑系统的常见故障有________、________、________、________。

学习任务 2　制定发动机机油压力警告灯报警的故障诊断方案

【任务导入】

制定针对实训车辆的发动机机油压力警告灯点亮的故障诊断方案。

【知识准备】

润滑系统工作的质量，还取决于发动机其他部件的技术状况。例如，曲轴主轴承间隙变大，机油压力便会降低，据此也可判断出轴承的配合情况。冷却系统的温度会影响到机油的黏度：水温高时，会使机油黏度变小，机油变稀，流动性加快，机油压力就会下降，运动副表面难以形成强力油膜，从而加剧机件磨损；水温低时，会使机油黏度增大，黏滞阻力增加，流动性变差，机油压力就会升高。这时因润滑不良也会加剧运动副表面的磨损。例如，寒冷季节的低温启动磨损，就是气缸壁和曲轴轴颈磨损的主要原因之一。因此，正确选用适宜的机油型号、维护发动机的技术状态至关重要。

一般发动机润滑系统机油压力警告灯点亮时，可按图 7-4 所示的流程进行故障诊断与排除。

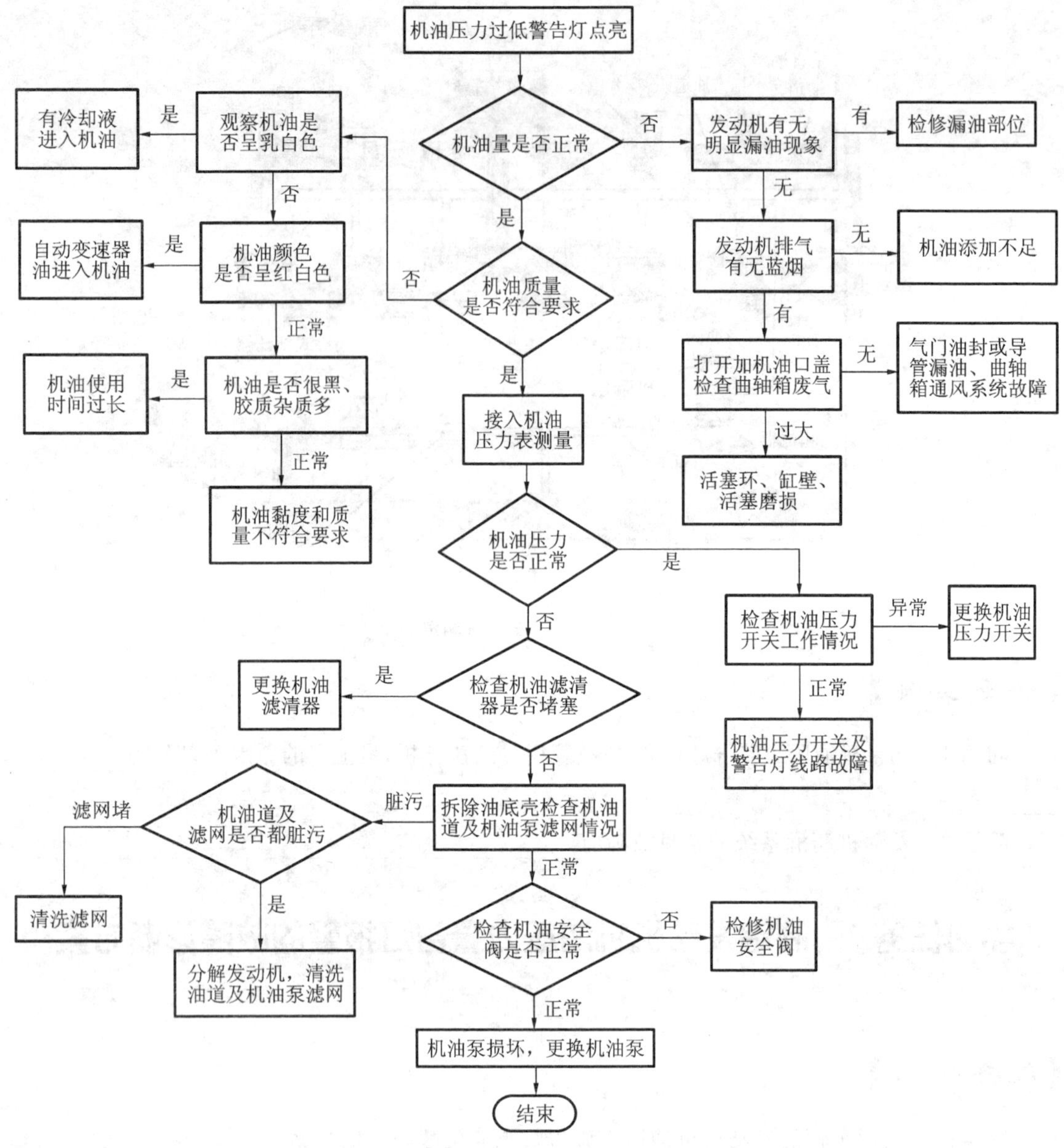

图 7-4　机油压力警告灯点亮诊断流程图

【任务实施】

结合实训车辆实际故障现象及工具设备情况等，画出该车故障诊断的流程图。

学习任务 3　发动机润滑系统的故障诊断

【任务导入】

根据故障诊断流程实施故障诊断。

【知识准备】

发动机润滑系统一般由机油盘(油底壳)、集滤器、滤清器、机油泵、限压阀、旁通阀、机油压力表、报警开关和报警器等组成,常见故障为机油压力过低(润滑不良)、机油压力过高、机油消耗过大、机油变质等,常见故障部位为机油泵和机油滤清器。

一、机油压力过低

1. 故障现象

发动机在正常温度和转速下,报警器报警或机油压力表读数始终低于规定值。

2. 故障原因

油压过低有润滑系统的原因,也有非润滑系统的原因,具体如下。

(1)机油油面过低、黏度过小或未按规定换油、机油变质(如混入汽油、冷却液)等。

(2)机油压力指示有误。如油压表、传感器、油压开关、油压报警灯、报警器失效等。

(3)油底壳漏油,放油螺塞漏油,机油管道、接头漏油、堵塞等。

(4)机油泵工作不良,机油泵进油滤网堵塞等。

(5)机油限压阀调整不当、卡滞,或限压阀弹簧过软、折断。

(6)机油集滤器、滤清器堵塞,密封衬垫损坏漏油,旁通阀堵塞等。

(7)曲轴主轴承、连杆轴承或凸轮轴轴承配合间隙过大,轴承盖松动,造成泄油量过大,导致机油压力过低。

(8)点火正时失准、混合气浓度不当、发动机过热等。

3. 故障诊断与排除

(1)根据发动机的故障征兆,确认机油压力过低为润滑系统所致。首先区分是机油压力指示系统故障还是润滑系统油路故障。

观察机油压力表、报警灯或报警器,如果所示信号不一致,则可能是指示系统或报警系统有故障。可检查油压表与传感器的连接状况,若正常,则拆下传感器导线,打开点火开关,使导线与机体搭铁。若油压表指针急速上升,则说明油压表良好;若油压表指针不动或微动,则说明油压表失效。若油压表良好,则应检查传感器的工作性能。

现代轿车除设有油压指示系统外,还设有油压报警系统,如捷达轿车设有两个压力开关(高、低压开关)、一个压力报警灯和一个压力报警蜂鸣器。若报警系统失效,则应主要检测两个报警开关。捷达轿车的两个报警开关位于滤清器支架上,低压开关(30 kPa)为褐色,是常闭的;高压开关(180 kPa)为白色,是常开的。检测方法如下。

①拆下 180 kPa 白色高压开关,将其拧入测试仪 V.A.G 1342,然后将测试仪装入机油滤清器支架上的油压开关处,并将测试仪的褐色导线 3 搭铁,如图 7-5 所示。

②用 V.A.G 1594 辅助接线把二极管电笔 V.A.G 1527 接到蓄电池正极和 30 kPa 褐色油压开关 B 上,发光二极管必须亮。

③启动发动机,慢慢提高转速,压力达 14 kPa 时,发光二极管必须熄灭,否则应更换低压开关。

④将二极管电笔接到高压开关 A 上,压力达到 160 kPa 时,发光二极管必须亮,否则应更换高压开关。

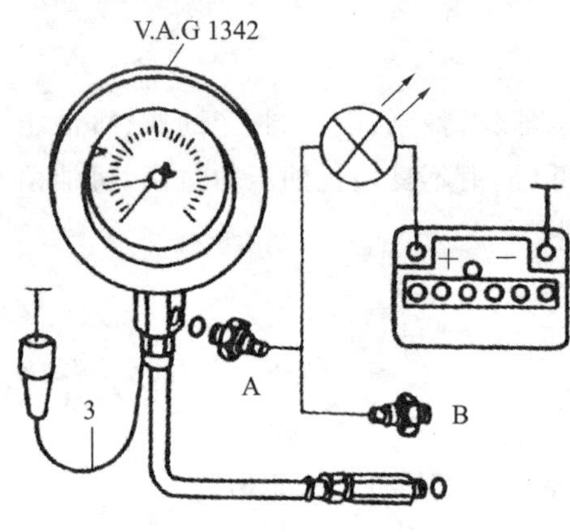

图 7-5 捷达轿车机油压力开关的检测

⑤继续提高转速，达到 2000 r/min 且机油温度达到 80 ℃时，油压至少应达到 200 kPa。进一步提高转速，机油压力不可超过 700 kPa，否则应更换机油滤清器支架上的安全阀。

(2)拔出机油尺，检查油面高度、机油黏度和机油质量。若油面过低，则应检查有无泄漏，并按规定添加机油。用手指检查机油黏度，同时检查机油质量，观察是否混入汽油或水分，若机油变稀或成乳膏状，则应及时更换，并查明泄漏原因。

(3)拆下机油滤清器，启动发动机，观察喷油情况。若喷油有力，则说明机油泵工作正常，应检查机油滤清器的滤芯、旁通阀是否堵塞，视情更换。若喷油无力，则应拆检机油泵。

(4)检查机油泵齿轮副的端面间隙、径向间隙和啮合间隙，并进行油压、泵油量等性能检测。

(5)若润滑系统正常，则需检查曲轴主轴承和连杆轴承、凸轮轴轴承等配合间隙。因配合间隙过大造成机油压力过低时，往往伴随有发动机异响，分解发动机之前，应注意听诊。

二、机油压力过高

1. 故障现象

发动机在正常温度和转速下，机油压力表读数始终高于规定值。

2. 故障原因

(1)机油黏度过大，机油量过多。

(2)油压表、传感器及油压指示装置失效。

(3)机油压力限压阀调整不当或卡滞。

(4)机油滤清器滤芯堵塞，且旁通阀开启困难。

(5)润滑油道、气缸体主油道堵塞、积垢过多。

(6)发动机各轴承配合间隙过小。

3. 故障诊断与排除

(1)试车检查。根据故障征兆进行分析和诊断。

(2)检查油面高度。若油面正常，则应检查机油黏度、牌号是否符合要求。

(3)检查油压指示系统装置。若接通点火开关就有压力指示，则说明油压表或传感器有故障，检查方法同前。

(4)检查、调整限压阀，对于与机油泵一体的限压阀，则应拆检机油泵。

(5)拆检发动机，检查、清洗润滑油道，并用压缩空气吹通；同时检查曲轴主轴承、连杆轴承、凸轮轴轴承等各配合间隙是否过小。

三、机油消耗过大

1. 故障现象

机油消耗超过 0.5 L/(100 km)，排气管大量排蓝烟，积炭增加，火花塞油污现象严重等。

2. 故障原因

机油消耗过大的主要原因是漏油和烧机油，具体原因如下。

(1)气门室盖、油底壳、放油螺塞、正时齿轮(链轮、带轮)、凸轮轴、机油滤清器、压力感应塞等各部位的油封或密封垫损坏漏油。

(2)活塞与气缸配合间隙过大，活塞环对口、弹性下降等造成窜油。

(3)气门与气门导管配合间隙过大、气门油封失效或脱落、曲轴箱通风阀失效等使机油进入燃烧室被烧掉。

3. 故障诊断

(1)首先根据故障现象进行确诊。如：每天检查机油时，油面高度逐渐降低；排气管大量排蓝烟；火花塞积炭严重等。也可采用机油标尺测定法和质量测定法，测出发动机规定行驶里程(如 100 km)的油耗，若超过 0.5 L/(100 km)，则说明油耗过大。

(2)检查发动机前、后、上、下及侧部有无明显漏油痕迹。

(3)若排气管排蓝烟，则说明机油被吸入燃烧室，应根据故障现象确定具体故障部位。

①检测缸压，若缸压过低，同时加机油口脉动冒烟，则说明气缸活塞组磨损过大、密封不良而导致气缸窜油。也可用加机油法确诊。

②若排气管排蓝烟，加机油口无脉动冒烟现象，则说明故障在气门导管处，应检查气门与气门导管配合间隙是否过大、气门油封是否失效等。

③检查曲轴箱通风阀是否黏结失效。

机油消耗过多的故障诊断流程如图 7-6 所示。

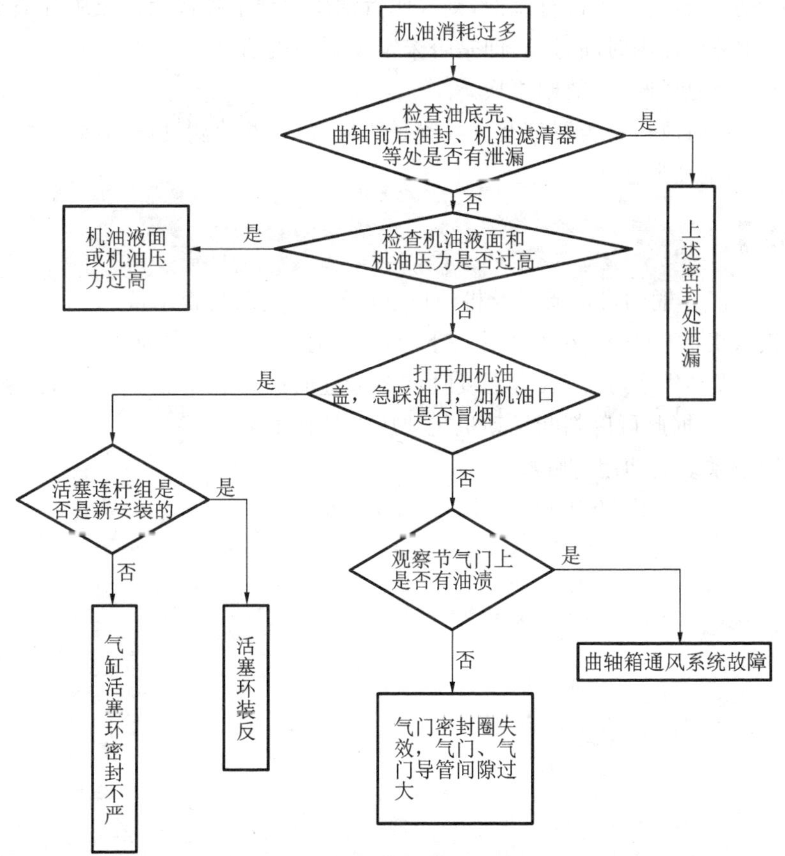

图 7-6　机油消耗过多的故障诊断流程

四、机油变质

1. 故障现象

(1)将机油滴在白纸上或目测,机油呈黑色,且用手指捻拭无黏性,并有杂质感。

(2)机油高度增加,且呈浑浊乳白色,伴有发动机过热或个别缸不工作现象。

(3)机油变稀,高度增加,且有汽油味,并伴有混合气过稀现象。

2. 故障原因

机油变质主要是高温氧化或混入冷却液、汽油及其他杂质所致,具体原因如下。

(1)机油使用时间过长,未定期更换,高温氧化而变质。

(2)气缸活塞组漏气、曲轴箱通风不良,机油受燃烧废气污染而变质。

(3)燃烧炭渣、金属屑或其他杂质过多,落入油底壳使机油变质。

(4)汽油压力调节器或汽油泵膜片(化油器式发动机)破裂,汽油漏入油底壳稀释机油。

(5)气缸垫损坏、气缸体或气缸盖破裂,冷却液漏入油底壳使机油变为乳白色。

(6)机油散热器不良、发动机过热,使机油温度超过 80 ℃,加速机油高温氧化。

3. 故障诊断与排除

(1)根据机油颜色和症状特征判断机油是否变质(经验法),也可利用机油清净性分析仪、机油黏度检测仪测定机油的黏度、颜色,并判断有无汽油、水分和其他杂质等。

(2)根据机油变质后的症状,确定故障原因和故障部位。若机油呈浑浊乳白色且油面增高,则说明气缸内进水。若机油中掺有汽油,则说明汽油压力调节器或汽油泵膜片破裂漏油。

(3)检查机油是否使用时间过长,即是否未定期更换机油。

(4)检查曲轴箱通风阀,失效则更换。

(5)检查曲轴箱通风口是否冒烟及排气管是否排蓝烟,并检测缸压,判断气缸活塞组是否漏气窜油导致机油污染变质。

【任务实施】

问题 1　对故障车辆的机油质量及机油量进行检查,判断是否正常。

问题 2　接入机油压力表,在冷车状态下,检查怠速时机油压力为____,转速为 2000 r/min 时压力为____。当发动机达到正常工作温度时,检查怠速时机油压力为________,转速为 2000 r/min 时压力为________。据此可以判断发动机机油压力是否正常。

问题 3　润滑系统的功用有哪些?

项目8 柴油发动机的故障诊断

【案例引入】

一辆依维柯40-10型柴油发动机汽车，当车速在40 km/h以下时，车速有明显的波动现象，当车速在40 km/h以上时，车速波动现象逐渐消失，同时伴有加速迟缓现象。送厂修理。

学习任务1 柴油发动机燃料供给系统的故障诊断

【任务导入】

根据典型故障特征，结合柴油机的结构组成和工作原理分析造成故障现象的直接原因及故障部位。

【知识准备】

柴油机燃料供给系统一般由柴油箱、输油泵、低压油管、柴油滤清器、喷油泵、高压油管、喷油器、回油管路等组成，如图8-1所示。

柴油机燃料供给系统的作用是把过滤后清洁的燃油，用输油泵输送给高压油泵，增压后按喷油正时规律打开喷油器，依次喷入压缩终了的燃烧室。在压力、温度、空燃比合适的燃烧室内的某一点或几点，开始着火燃烧，膨胀做功后把燃烧废气排入大气中。

柴油机燃料供给系统的常见故障部位如图8-2所示。

一、柴油机不能启动

1. 故障现象

启动机能够带动柴油机正常运转，但柴油机不能启动，主要表现为：

(1)柴油机无发动征兆，启动时听不到爆发声，排气口无烟排出；

(2)柴油机有发动征兆，启动时能听到不连续的爆发声，排气口大量冒黑烟、水汽白烟或灰白烟。

2. 故障原因

柴油机不能启动主要与压缩终了时的喷油质量、喷油正时等压燃条件有关。

(1)柴油机无发动征兆的故障实质为柴油没有进入气缸，多是供给系工作不良所致，具体故障原因如下。

①油箱内无油或存油不足、上油管堵塞或折断，油箱开关未打开或油箱盖空气孔堵塞。

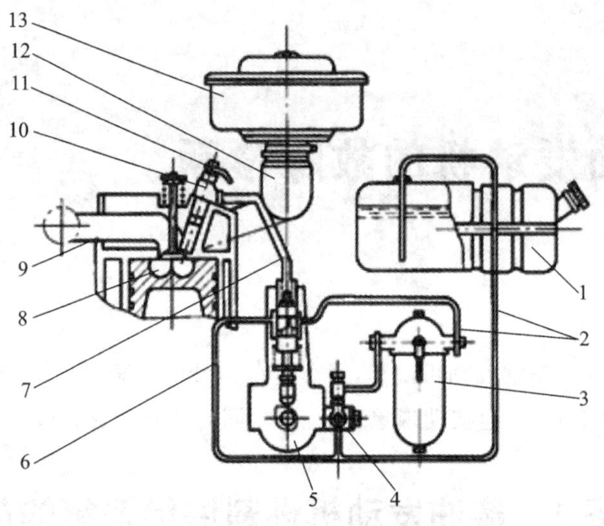

图 8-1　柴油机燃料供给系统的组成

1—柴油箱；2—低压油管；3—柴油滤清器；4—输油泵；5—喷油泵；
6、11—回油管；7—高压油管；8—燃烧室；9—排气管；10—喷油器；
12—进气管；13—空气滤清器

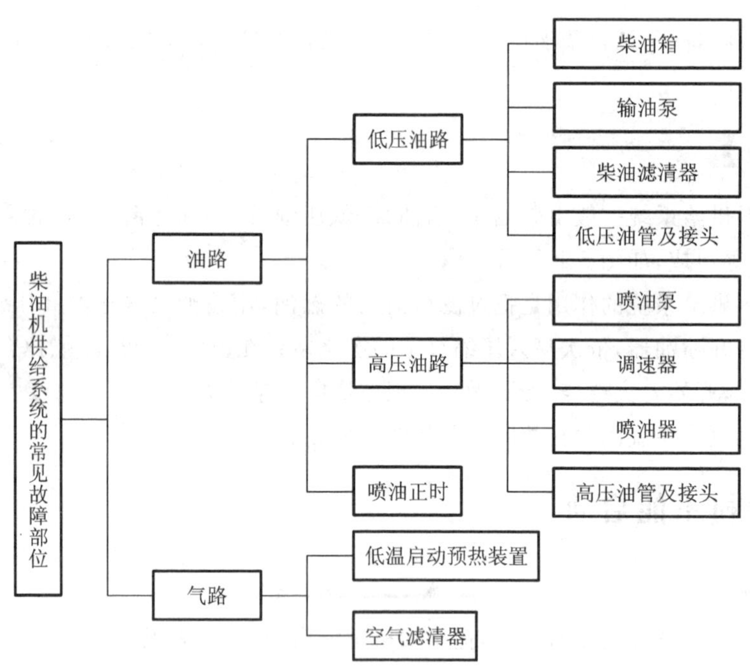

图 8-2　柴油机燃料供给系统的常见故障部位

②滤网堵塞、进出油阀密封不良、活塞损坏、卡滞或密封圈失效。

③滤清器堵塞、油管破裂或接头松动漏气、油管严重堵塞。

④驱动联轴节损坏、供油拉杆卡死在不供油位置或熄火拉钮未退回、柱塞与套筒间隙过大或二者黏滞、低压油腔内有空气或压力过低、出油阀黏滞或其弹簧折断。

⑤针阀积炭或烧结而不能开启、针阀喷油孔堵塞、喷油压力调整过高。

(2)柴油机有启动征兆但不能启动的故障实质为柴油虽进入了燃烧室，但不完全具备压燃条件，已喷入的柴油不能燃烧或不能完全燃烧，并导致柴油机大量排黑烟、水汽白烟或灰白烟。

柴油机不能启动并大量排黑烟多为进气道堵塞、喷油过早、喷油压力不足、雾化不良、气缸压力过低、柴油质量低劣或供油量过大所致，具体原因如下。

①气缸压力过低或空气滤清器、进气通道堵塞。

②喷油泵驱动联轴节上的固定螺栓松动，或喷油泵正时调整过早。

③具有柱塞挺杆调整螺钉的喷油泵调整螺钉松动。

④喷油器泄漏、卡死在常开位置，或弹簧过软使喷油压力过低。

⑤排气制动阀未完全打开。

柴油机不能启动并大量排水汽白烟多为进入燃烧室的水受热汽化所致，具体原因如下。

①燃油中水分过多。

②气缸垫损坏或气缸盖螺栓松动使冷却液进入燃烧室。

③气缸体或气缸盖冷却水套破裂。

柴油机不能启动并大量排灰白色烟雾（柴油蒸汽）多为发动机温度过低、气缸压力严重不足、喷油过晚、喷油器泄漏等所致，具体原因如下。

①低温启动预热装置失效，发动机温度过低。

②喷油正时不准确，燃油不能形成混合气燃烧被排出。

③供气不足，缺氧使部分燃油未能燃烧被排出。

④供油不足、气缸中温度低、燃油蒸发条件差而使发动机不能启动或启动后不久又熄火，未燃烧的柴油便与空气混合成灰色烟雾排出。

⑤喷油器卡在常开位置或雾化不良。

⑥气缸压缩温度和压力达不到柴油的自燃条件。

3. 故障诊断与排除

诊断过程中，应根据柴油机不能启动的故障征兆进行具体分析，采用不同的故障诊断流程。

(1)若柴油机无启动征兆，则应先区分供给系统高、低压油路故障，以确定故障部位。诊断时先排除油箱方面的原因，然后旋松喷油泵放气螺塞，压动手油泵，观察放气螺塞处的出油情况：不流油或流出泡沫状柴油为低压油路故障（流出泡沫状柴油表明油路中有空气），出油正常说明高压油路有故障。柴油机低压油路故障诊断流程如图 8-3 所示。柴油机高压油路故障诊断流程如图 8-4 所示。

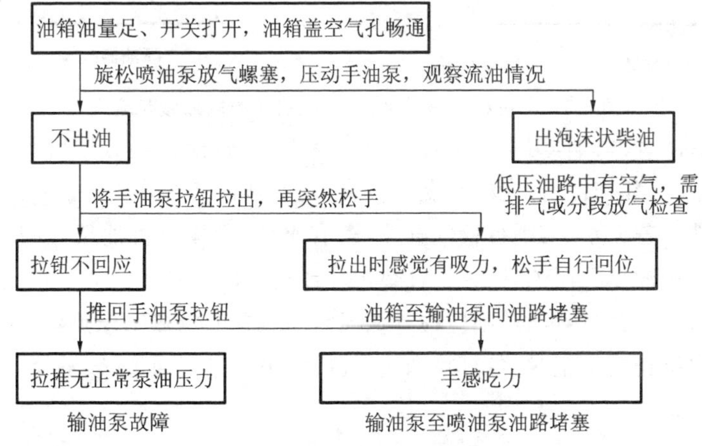

图 8-3　柴油机低压油路故障诊断流程

(2)若柴油机大量排黑烟、不能启动,则按图 8-5 所示的故障诊断流程进行故障的诊断与排除。

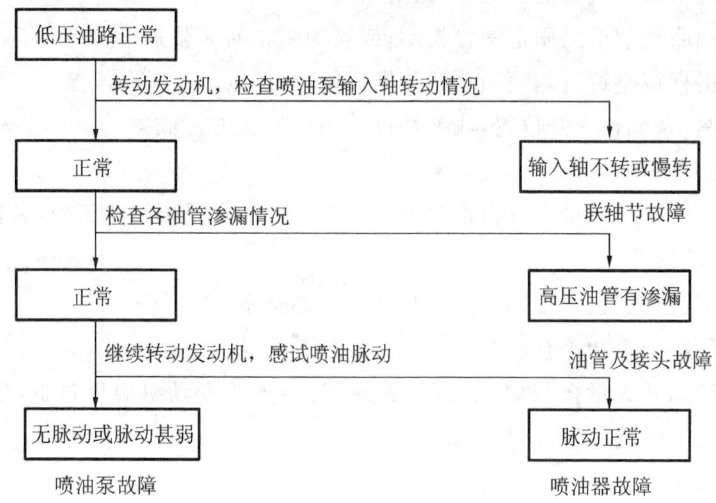

图 8-4　柴油机高压油路故障诊断流程

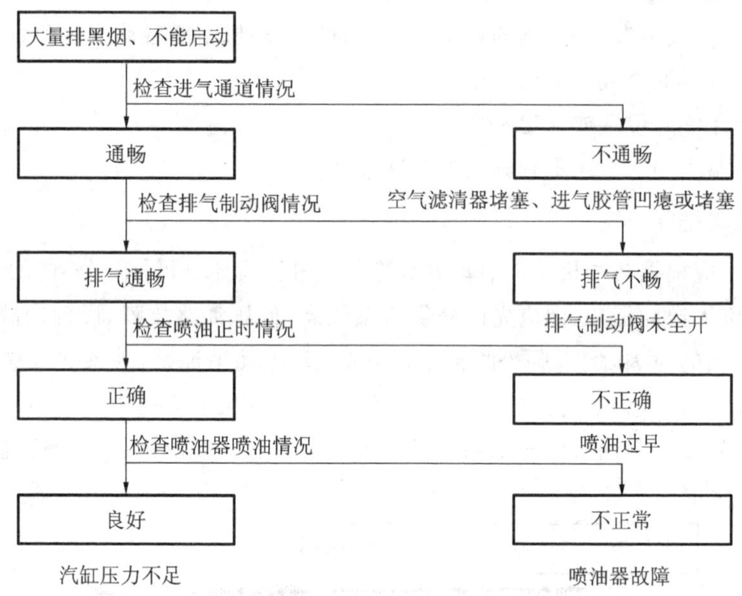

图 8-5　柴油机大量排黑烟、不能启动的故障诊断流程

(3)若柴油机排水汽白烟,用手接近排气消声器出口处,白色烟雾过后手上留下水珠,则说明有水进入燃烧室。诊断时应首先检查燃油质量,观察是否有水分混入。其次,拆下喷油器,观察喷口是否有水珠。若无水珠,则拆检气缸盖;若有水珠,则拔出机油尺,观察机油油面和机油质量,若油面升高、机油呈乳白色,则为气缸垫损坏或气缸破裂漏水。

(4)若柴油机排出灰白色烟雾,则应检查低温启动装置的电热塞炽热丝、线路是否短路或断路,若正常,则依次检查喷油正时、各缸喷油量、气门间隙和进气通道、喷油器的雾化情况和气缸压力等。

二、柴油机运转无力，排气管大量排黑烟或白烟

1. 故障现象

(1)柴油机无力，运转不平稳，大量排黑烟，加油时可听到敲击声，有时出现过热现象。

(2)柴油机无力，运转不稳并排出大量白烟，或刚启动时排白烟，温度升高后排黑烟。

2. 故障原因

(1)柴油机无力并大量排黑烟多为燃烧不完全所致，主要原因如下。

①多缸或个别缸喷油压力过低或喷雾质量太差。

②多缸或个别缸气缸压力过低或供油过多。

③多缸或个别缸供油时间过迟。

④进、排气通道不畅通，包括空气滤清器、管路和排气制动阀等。

(2)柴油机无力并大量排白烟的原因如下。

①柴油中水分过多。

②气缸垫烧损，气缸或气缸盖破裂漏水。

③喷油时间过迟、气缸压力过低或配气正时失准。

3. 故障诊断与排除

诊断时应观察柴油机运转及排烟情况。

(1)若柴油机运转无力，排气管大量排黑烟，且转动不平稳，则为个别缸工作不良。首先进行逐缸断油试验。若某缸断油时，发动机转速显著降低，黑烟减少，敲击声变弱或消失，则说明该缸供油过多；若发动机转速变化小而黑烟消失，则说明该缸喷雾质量太差，可换装新喷油器对比试验。其次检查喷油泵各缸供油正时是否一致，必要时进行调整。最后检测气缸压力，并视情维修。

(2)若柴油机运转无力，排气管大量排黑烟，但转动比较平稳，则为多缸工作不良。柴油机运转均匀、大量排黑烟的故障诊断流程如图 8-6 所示。

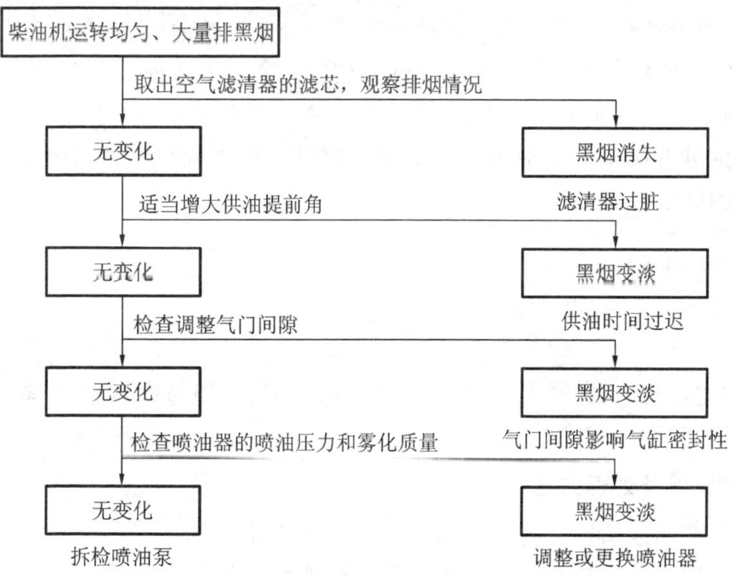

图 8-6　柴油机运转均匀、大量排黑烟的故障诊断流程

(3)柴油机运转无力、大量排白烟的故障诊断流程如图 8-7 所示。

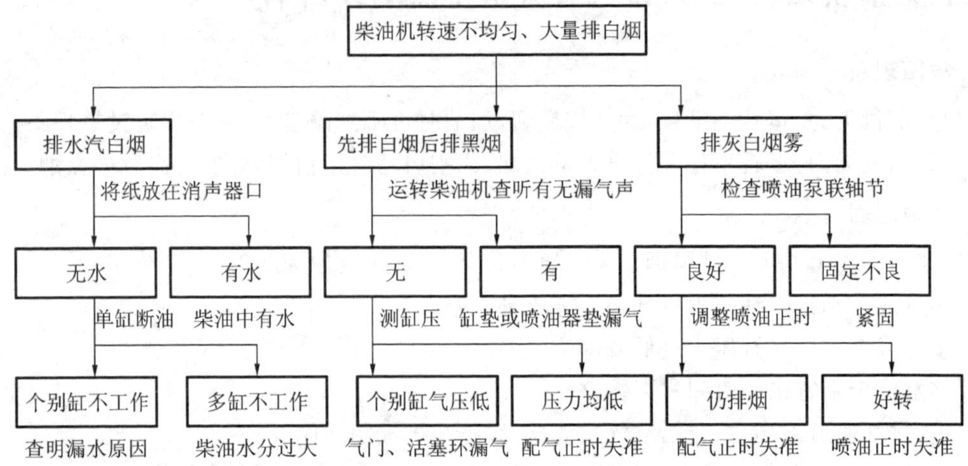

图 8-7　柴油机运转无力、大量排白烟的故障诊断流程

三、混合气过浓

1. 故障现象

发动机不易启动,燃烧室积炭严重;排气管冒黑烟或放炮;发动机工作粗暴,震动加剧;加速不灵,动力不足,油耗增加。

2. 故障主要原因及处理方法

(1)空气滤清器过脏堵塞。清洁或更换空气滤清器滤芯。

(2)废气涡轮增压器系统增压强度不足。检修废气涡轮增压器系统。

(3)喷油器喷油压力调得过低。调高喷油压力。

(4)喷油泵的供油量过大。调小喷油泵供油量。

3. 故障诊断方法

检查空气滤清器是否过脏堵塞,若不堵塞则检查废气涡轮增压器系统。首先查听涡轮增压器运转是否正常,然后检查系统总管有无泄漏和堵塞。若增压系统正常则检查喷油器喷油压力是否过低。喷油压力可从油压表上读取,也可拆下喷油器直接观察、对比各缸的喷油质量。若喷油压力过低,则可直接调整喷油器上部的调整螺钉。检查调整喷油器喷油压力后若仍然过高,则为喷油泵的供油量过大。

四、混合气过稀

1. 故障现象

发动机不能或不易启动;动力不足,加速不灵;发动机水温过高,汽车行驶中柴油机运转无力,排气管排烟不正常。

2. 故障主要原因及处理方法

(1)输油管路漏油或堵塞。清理输油管路并检修漏油部位。

(2)输油泵滤网或柴油机滤清器堵塞。清洗滤网和滤清器。

(3)输油泵故障。检修输油泵。

(4)输油泵输油压力调整过低。重新调整输油泵输油压力。

(5)喷油泵油量调节机构卡滞在不供油位置。检修油量调节机构。

(6)喷油泵供油量过小。重新调整喷油泵供油量。

(7)喷油器喷油压力调整过高。重新调整开启压力。

(8)调速器故障。检修调速器。

3. 故障诊断方法

混合气过稀故障诊断流程如图 8-8 所示。

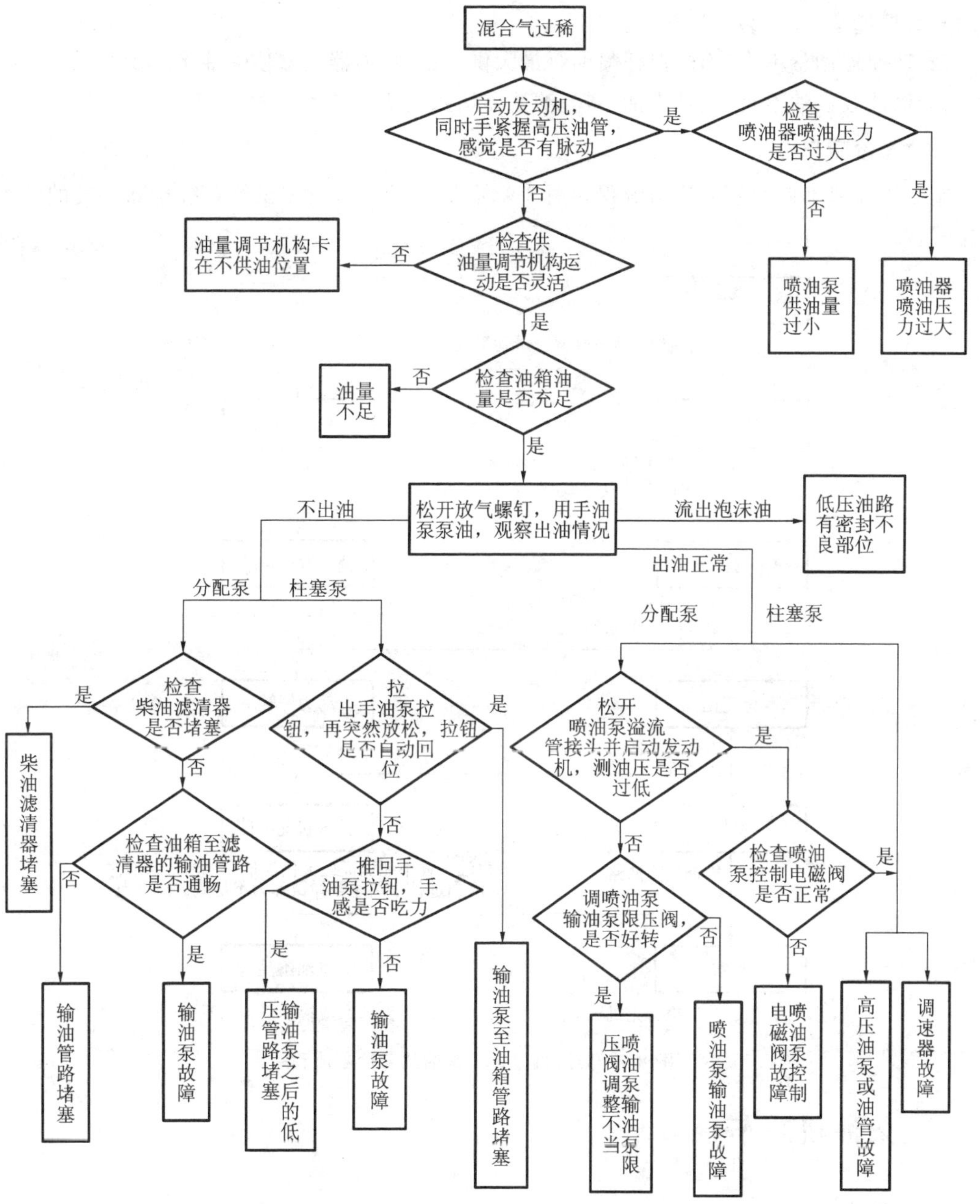

图 8-8　混合气过稀故障诊断流程

五、柴油机高速不良

1. 故障现象

柴油机运转均匀，但无力、无高速且排烟极少。

2. 故障原因

柴油机高速不良的故障实质为达不到最大供油量或供油不足。

(1)供油调节拉杆行程不能保证最大供油量，油量调节齿杆达不到最大供油位置，挺杆滚子或凸轮磨损过甚，柱塞磨损过甚等。

(2)调速器调整不当，不能保证喷油泵最大供油量，喷油器泄漏使喷油量减少。

(3)输油泵供油不足、油管来油不畅、滤清器堵塞或柴油黏度过大。

3. 故障诊断与排除

柴油机高速不良的故障诊断流程如图 8-9 所示。诊断时，应按供给系统排除空气的顺序先行排气。

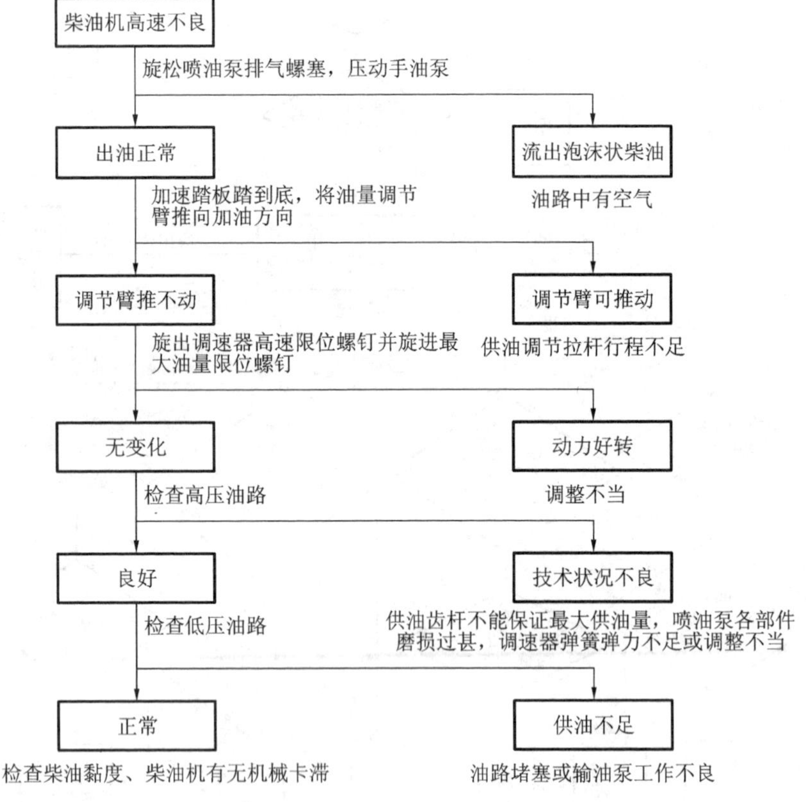

图 8-9　柴油机高速不良的故障诊断流程

六、柴油机游车

1. 故障现象

柴油机运转过程中出现有规律的忽快忽慢现象，加、减速时，发动机转速变化不及时，发动机无力等。

2. 故障原因

柴油机游车的原因为柴油机正常的调速功能被破坏，通常是由喷油泵和调速器内零件运动阻力过大，使调速器灵敏度下降，或内部零件配合间隙过大，使供油量的改变滞后于转速变化过多所造成的，如调速器或油量调节机构卡滞、机件连接松旷等。

3. 故障诊断与排除

柴油机游车的故障诊断流程如图 8-10 所示。

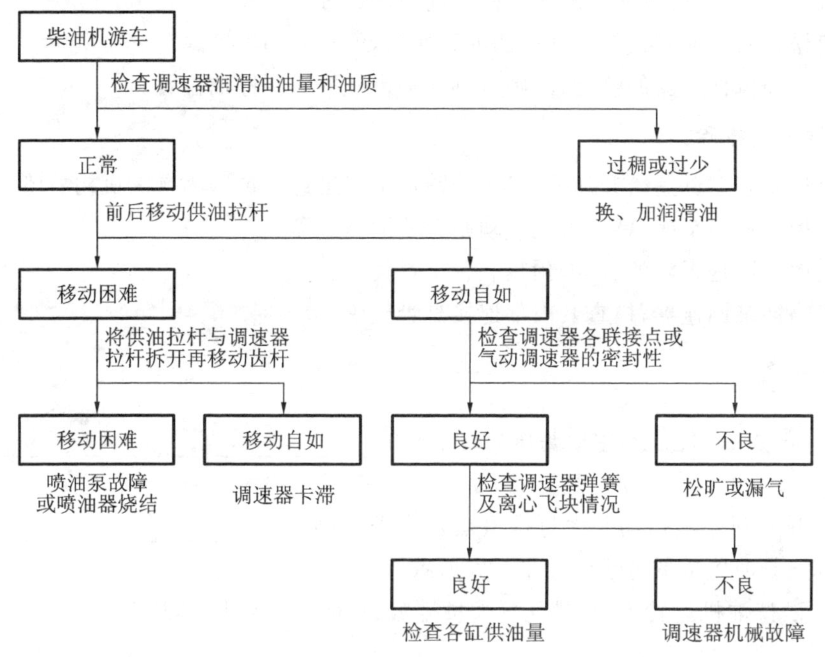

图 8-10 柴油机游车的故障诊断流程

七、柴油机超速

1. 故障现象

柴油机超速俗称“飞车”，是指在汽车运行或柴油机空转过程中，尤其在全负荷或超负荷运行突然卸载后，转速自动升高超过额定转速而失去控制的现象。

柴油机“飞车”时会发出巨大声响，若不及时控制，则会导致机件损坏，甚至飞出伤人。

2. 故障原因

“飞车”的主要原因有二：一是喷油泵调速器产生故障，丧失了正常的调速特性；二是有额外柴油或机油进入了燃烧室。具体原因如下。

（1）喷油泵供油拉杆或油量调节齿杆卡滞在额定供油位置不回位。

（2）油量调节齿杆与调速器拉杆松脱。

（3）调速器弹簧折断或弹力下降、销子脱落。

（4）喷油泵柱塞卡滞在高速位置或其弹簧折断。

（5）调速器最大油量调整螺钉调整不当。

（6）低温预热电磁阀失效，热机后仍额外供给柴油。

（7）增压器油封损坏，机油进入燃烧室燃烧。

3. 制止“飞车”的紧急措施

柴油机一旦出现“飞车”征兆，应首先采取下述紧急措施，设法使柴油机立即熄火，避免发生严重事故。

(1)迅速将加速踏板收回到停车位置。

(2)若汽车正在行驶，应及时挂入高速挡，踩下制动踏板，缓抬离合器，使发动机强制熄火。

(3)堵塞进气管道。

(4)有减压装置的，可迅速将减压手柄拉到减压位置。

(5)迅速松开高压油管或低压油路的油管接头，停止供油。

(6)若是供油齿杆外露的喷油泵，则可迅速将齿杆推回到停油位置。

4. 故障诊断与排除

(1)在停机状态下迅速松开加速踏板，若踏板不能迅速回位则为操纵机构故障。

(2)用手扳动喷油泵操纵臂，若扳不动则为喷油泵故障。

(3)检查增压器是否漏油、低温预热装置是否失效。

(4)拆检喷油泵调速器，检查其内部连接是否松脱。

【任务实施】

问题 1　柴油机不能启动主要与压缩终了时的＿＿＿＿＿＿、＿＿＿＿＿＿＿＿等压燃条件有关。

问题 2　柴油机不能启动并大量排黑烟多为进气道堵塞、＿＿＿＿、＿＿＿＿、＿＿＿＿、气缸压力过低、柴油质量低劣或供油量过大所致。

问题 3　若柴油机运转无力，排气管大量排黑烟，且转动不平稳，则为＿＿＿＿＿＿＿＿工作不良。

学习任务 2　柴油发动机燃料供给系统的检测

【任务导入】

依据已制定的故障诊断流程，对故障车辆输油泵、喷油泵和喷油器进行检测与诊断，注意各种工具设备的合理使用。

【知识准备】

柴油机燃料供给系统主要由柴油箱、柴油滤清器、输油泵、喷油泵、调速器、喷油器等组成。以下分别介绍输油泵、A 形喷油泵及喷油器的检测。

一、输油泵的检测

1. 输油泵主要零件的磨损与检查

(1)出油阀的磨损。出油阀的磨损主要是指阀门与阀座配合面的磨损。检查的方法是用嘴吸气或吹气，对于进油阀可从进油口方向吸气，吸气时应感觉不到有漏气。

(2)活塞与输油泵体的磨损。磨损使活塞与孔的配合间隙增大。活塞与泵体孔的标准配合间隙为 0.015～0.038 mm,当此间隙达到 0.06 mm 时应修理。

2. 输油泵的试验

输油泵的工作性能试验主要有密封性试验、吸油能力试验、供油量试验等。

(1)密封性试验。旋紧手油泵的手柄并堵住出油口,将输油泵浸入清洁的煤油或柴油中。从进油口接入 147～196 kPa 的压缩空气,若在泵体与推杆之间的缝隙处有气泡漏出,则用量筒收集气泡,若 1 min 收集量在 50 mL 以内,则说明此间隙正常,密封良好。

(2)吸油能力试验。将输油泵装在喷油泵上,旋紧手油泵手柄。在进油口接头上安装一根内径为 8 mm、长度为 2 m 左右的塑料管,使输油泵进油口高于油箱油面 1 m,然后用手以 2～3 次/s 的速度往复拉压柱塞,记录燃油输送到出油口的时间,此时间应小于 1 min,否则应检修。试验应在管路密封的情况下进行,手动泵油时所排出的油液不应有泡沫。

(3)供油量试验。当喷油泵转速为 750 r/min,输油压力为 206 kPa 时,输油泵应能连续供油,且供油量不低于 250 mL/min。当喷油泵转速为 600 r/min 时, 从开始吸油到供油压力上升到 180 kPa 所需的时间不应超过 30 s。

EQD6102 型柴油机输油泵性能试验示意图如图 8-11 所示。

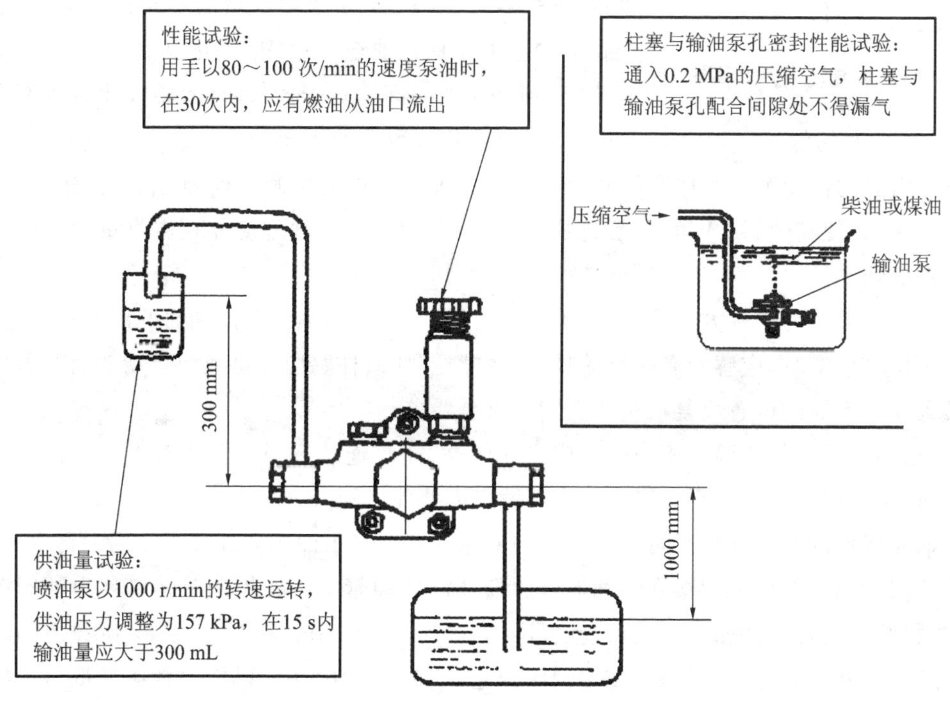

图 8-11 EQD6102 型柴油机输油泵性能试验示意图

二、A 形喷油泵的检测

1. 喷油泵检测调整的主要项目

(1)供油不均匀性的检查。A 形喷油泵各缸供油不均匀度较大时,会导致柴油机各缸工作不均衡,影响发动机的动力性和经济性,并使发动机转速不稳。

(2)额定供油量的检查。A 形喷油泵额定供油量和供油不均匀度的检查与调整是在喷油泵试验台上进行的。

(3)供油间隔角的检查。A形喷油泵各缸供油间隔角的均匀性，将决定柴油机各缸供油提前角的一致性。

A形喷油泵供油间隔角的检查方法如下。

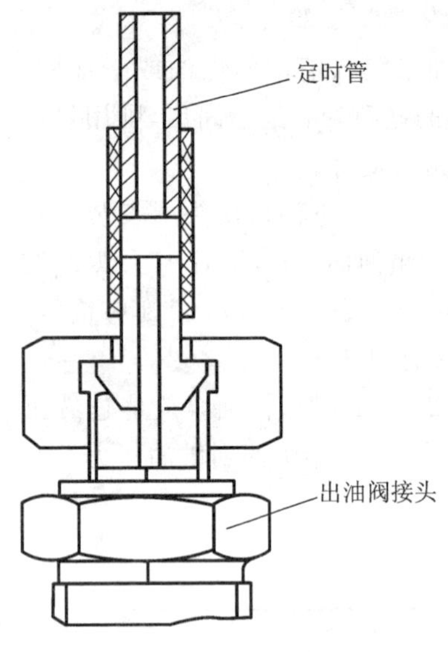

图 8-12　定时管结构示意图

在一缸出油阀管接头上安装内径为 2～3 mm 的透明(玻璃)定时管(见图 8-12)。油门处于全开位置，转动喷油泵凸轮，注意观察定时管内液面，当油面微一闪动时，立即停止转动油泵凸轮，这就是第一缸柱塞供油起始角，记录此时刻度盘的读数；然后用同样的方法，依次检查并记录六缸发动机 1、5、3、6、2、4 缸柱塞的供油起始角。前后两缸的刻度盘读数之差，即这两缸的供油间隔角。

2. 喷油泵偶件的检测方法

(1)柱塞偶件的检验。密封性能检验方法：将喷油泵中的出油阀取出，将阀座与出油阀衬垫仍留在里面，旋上出油阀座，将喷油泵试验台上的高压油管接在出油阀座上，并排净内部的空气；将柱塞调整到最大供油量的中间行程位置；用喷油泵试验台上的手柄泵油至 20 MPa 停止泵油，测量油压下降至 10 MPa 所经历的时间。对于柱塞偶件，要求此时间不应少于 18 s。各个柱塞偶件的密封性指标相差应不大于最大数值的 15%。

也可用滑动性能试验对柱塞偶件的磨损程度进行简单的检测。检测方法：将柱塞、套筒洗净后装一体，并使其倾斜 60°角，然后将柱塞拉出 35～40 mm，柱塞应能在本身重力作用下沿套筒缓缓下滑到原位。

密封性试验的另一种方法是：一只手握住套筒，并用手指堵住套筒端面的出油孔和进油孔，另一只手拉出柱塞时，应感到有明显的吸力，放开柱塞时，柱塞应能迅速而自动地回至原位。将柱塞转到几个不同的位置反复试验几次均应符合要求。

(2)出油阀偶件的检验。密封锥面应光泽明亮、完整连续。当锥面接触不均或接触宽度超过 0.5 mm 时，应对其进行研磨修理或将其做报废处理。

出油阀偶件的密封性试验可采用简单的专用夹具。将出油阀偶件装入专用夹具中，并将专用夹具连同出油阀偶件一起接在喷油器试验器的高压油管上。拧松调节螺钉使出油阀落在阀座上，以检验密封锥面的密封性，其试验标准为：油压从 25 MPa 降至 10 MPa 所经历的时间不应小于 60 s。然后旋进调节螺钉，使出油阀顶起 0.30～0.50 mm，以检验减压环带与导向孔之间的密封性，其试验标准为：油压从 25 MPa 降至 10 MPa 所经历的时间不应小于 2 s。

也可用简易的方法检验出油阀偶件的密封性。用拇指和中指轻轻夹住出油阀座，食指按住出油阀，用嘴吸出油阀下平面的孔，若能吸住则说明锥面是密封的。然后用手指抵住出油阀座下孔，当减压环带进入阀座导向孔时，轻轻按下出油阀，若感觉得到空气压缩力，松手时出油阀能弹上来，则表明减压环带的密封性是良好的。同一喷油泵的出油阀偶件的密封性应一致。

滑动性能试验：将在柴油中浸泡后的出油阀偶件，沿轴线垂直方向抽出阀体约 1/3，然后松开，阀体应能靠本身的重力下落到阀座的支承面上。

三、喷油器的检测

喷油器的针阀偶件磨损主要发生在密封锥面、轴针与喷孔、针阀雾化椎体及导向面等几个部位。

1. 喷油器针阀偶件的磨损

针阀密封锥面磨损后，一些燃油会在未达到针阀开启压力之前就从密封锥面漏出，造成漏油、滴油，从而导致高温燃气易窜入针阀体内，使燃油在导向面上结胶，针阀卡死；轴针与喷孔磨损后，燃油通过时的流速降低，影响喷雾锥角，造成雾化不良；针阀导向面磨损使喷油量减少，供油时间迟滞。

2. 喷油器的检验与调试

喷油器的检验与调试一般是在喷油器试验器上进行的。为保证试验的准确性，喷油器试验器的油箱内应加注经过滤清的柴油，并放净空气，同时应保证试验器本身具有良好的密封性。

(1)密封性检验。将喷油器装在试验台上，缓慢均匀地用手柄压油，同时旋进喷油器的调压螺钉，经调整使喷油器在规定压力下喷油。停止压油后，观察压力表指针，记下油压自 20 MPa 降至 18 MPa 所经历的时间，此时间应不少于 9 s。在试验器上检查调整喷油器的示意图如图 8-13 所示。

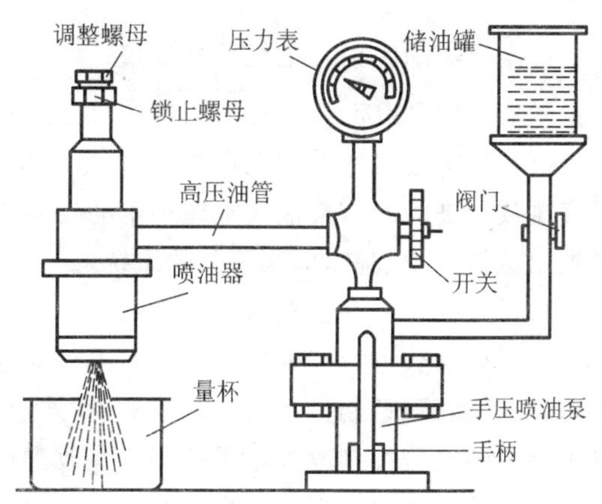

图 8-13 在试验器上检查调整喷油器的示意图

(2)喷油压力的检验和调整。将喷油器装在试验器上，缓慢均匀地用手柄压油，当喷油器刚开始喷油时，压力表所指示的最高压力即喷油压力。若不符合规定，则应进行调整。旋入喷油器调压螺钉会使喷油压力升高，旋出时喷油压力降低。同一台发动机各缸喷油器的喷油压力应一致，其误差不应大于 0.25 MPa。

(3)喷雾质量的检验。在进行试验时，以 60～70 次/min 的频率压动手柄，使喷油器喷油，喷出的燃油应呈雾状，没有明显可见的油滴和油流，以及浓稀不均的现象；断油应干脆，喷射时应伴有清脆的响声；喷射前后不允许有滴油现象。经多次喷油后，喷口附近应是干的或稍有湿润。

(4)喷雾锥角的检验。喷油器喷出燃油的雾化锥角不应偏斜，其锥角角度和形状应符合要求。

(5)喷油器通过能力的检验。在喷油器试验台上，将各个喷油器用同一根高压油管逐个接到预先调整好的喷油泵的同一个分泵上，在标定转速下测量每分钟的喷油量。各个喷油器的喷油量相差不得超过平均值的 5%。

【任务实施】

问题 1　简述柱塞偶件密封性能的检测方法。

问题 2　简述喷油器喷雾质量的检测方法。

问题 3　简述柴油机排气冒黑烟的故障排除方法。

学习任务3　电控柴油发动机加速无力的故障诊断

【任务导入】

了解电控柴油发动机的结构类型和特点，分析电控柴油供给与控制喷射系统常见故障发生的原因及部位，结合实训车辆结构特点，制定和优化电控高压共轨柴油发动机加速无力的故障诊断流程。

【知识准备】

一、制定电控柴油发动机加速无力故障诊断流程

1. 电控柴油喷射发动机分类知识

随着美国和欧洲各国排放法规的日益严格，柴油机的燃油喷射系统逐渐向高压喷射方向发展。西方各国已广泛采用电控泵喷嘴、电控单体泵和电控高压共轨燃油喷射系统来解决柴油机尾气排放污染问题。柴油机电控技术的发展历经了第一代位置控制和第二代时间控制，现已发展到第三代压力控制，即高压共轨系统。

1)位置控制式电控柴油喷射系统

位置控制式电控柴油喷射系统是第一代电控柴油喷射系统，在该系统中仍保留着高压泵、高压管、喷油器、控制齿条、齿圈、滑套、柱塞上的螺旋槽等油量控制机构，齿条或滑套的移动位置由原来的机械控制改为电子控制。在改进后的电控位置控制系统中，常用博世公司的电控分配泵。在该系统中，引擎控制模块(engine control module，ECM)根据滑套位置传感器输入的信号驱动油量调节器调节供油量。当滑套位置传感器和油量调节器失效，发动机运行不稳直至熄火时，发动机的预热指示灯闪烁。喷油器喷油正时点是由ECM根据安装在第三缸喷油器上的针阀升程位置传感器信号来确定的。如果针阀升程位置传感器失效，那么喷油器喷油正时信号将转换到开环控制。在正常工作时，喷油器喷油正时信号由闭环功能控制，即ECM根据发动机转速、负荷和温度等信号进行控制。若针阀升程传感器信号失效，则发动机运转不稳，废气排放恶化，发动机预热灯闪烁。一汽捷达轿车SDI电控柴油喷射系统就采用了博世公司的EDC，即在VP37分配泵上实行位置控制式电控柴油喷射系统。

2)时间控制式电控柴油喷射系统

(1)电控单体式喷油器系统。

电控单体式喷油器系统，即电控泵喷嘴系统，其喷油量由安装在喷嘴总成上的电磁阀关闭时间决定，喷油正时由电磁阀关闭时刻决定，所以称作时间控制式电控柴油喷射系统。电控泵喷嘴由凸轮摇臂机构驱动，泵喷嘴系统将喷油泵、喷油嘴和电磁阀组合在一起。每缸安装一组喷油嘴，四缸机有4个泵喷嘴，六缸机有6个泵喷嘴。泵喷嘴由安装在气缸体上的凸轮轴摇臂驱动或由安装在气缸盖上的凸轮摇臂驱动。电控泵喷嘴没有高压油管，没有机械式供油量调节齿条。喷油量和喷油正时由电子控制单元根据各种传感器输入的信号和油门踏板位置信号，使电磁阀关闭执行喷油，电磁阀打开喷油结束。电控泵喷嘴系统由于没有高压油管，所以具有很高的机械强度，喷油压力可达200 MPa以上。电控泵喷嘴系统可应用于小型汽车、轻型车，以

及中、重型载货汽车柴油机上，其尾气排放可达欧Ⅲ标准以上。一汽大众宝来的柴油机就采用了博世电控泵喷嘴系统。

(2)电控单体泵系统。

电控单体泵系统和电控泵喷嘴系统一样。燃油喷射所需要的高压燃油，仍然由在套筒内做往复运动的柱塞产生。单体式喷油泵总成内的单体泵，六缸发动机有 6 个，四缸发动机有 4 个。单体泵体上的滚轮由发动机凸轮轴驱动，推动套筒内的柱塞向上运动，产生喷射所需的高压。当 ECU 使电磁阀断电时，高压燃油顶开喷嘴针阀将燃油喷入气缸，喷油完毕，ECU 发出通电指令，电磁阀打开，柱塞在回位弹簧作用下向下移动，低压燃油开始溢流回油箱。单体泵喷油压力可达 180 MPa 以上。

每个单体泵上均安装有一个电磁阀，ECM 控制电磁阀关闭和打开时间的长短，决定喷油量和喷油正时，所以电控单体泵仍属于时间控制式，是第二代电控柴油喷射系统。电控单体泵有高压油管，与电控泵喷嘴一样，没有机械式供油量调节齿条。电控单体泵系统是由博世公司喷油泵-高压油管-喷油嘴(PLN)系统发展起来的高压燃油喷射系统，现已广泛应用于美国和欧洲各国的电控柴油车上，特别是应用在重型载货汽车柴油机上的电控单体泵，其燃油经济性好、尾气排放可达欧Ⅲ标准。我国玉柴公司引用美国德尔福电控单体泵系统，研制和开发了排放达到欧Ⅲ标准的 YC6G、YC6L、YC4G 系列电控单体泵燃油喷射系统。

(3)电控高压共轨燃油喷射系统。

电控高压共轨技术是指在由高压油泵、压力传感器和 ECM 组成的闭环控制系统中，喷油压力大小与发动机转速无关的一种供油方式。在共轨系统中，喷油压力的产生和喷油过程是完全彼此分开的。高压油泵将高压燃油输入蓄压器，通过对蓄电池内油压的调整实现精确控制，使最终高压油管压力大小与发动机的转速无关。高压共轨供油方式可以大大减小柴油机供油压力随发动机转速变化的幅度，也就减少了传统柴油机的缺陷。

在电控高压共轨系统中，由各种传感器(如曲轴转速传感器、油门踏板位置传感器、凸轮轴位置传感器、各种温度和压力传感器等)及时检测出发动机的实际运行状态，由 ECM 中的微型计算机根据预置的程序进行预算后，确定适合于该工况下的最佳喷油量、喷油时刻、喷油速率模型参数等，ECM 发出指令，使发动机始终处在最优工作状态，从而使发动机的动力性、经济性得到有效的发挥，并使排放污染降到最低。

2. 电控柴油发动机加速无力常见故障现象

电控柴油发动机加速无力的故障现象与传统柴油发动机相似，同样会出现排烟异常的情况，一般黑烟大说明柴油未完全燃烧，或混合比不正常，进气量不充足，电控系统检测进气量不准确，控制的喷油量异常。与传统柴油机不同的是，电控系统检测到发动机供油压力、燃烧不正常或相关电控系统故障时，会在仪表盘点亮电控系统故障警告灯，要求进行相关喷油控制系统的检修。

3. 电控高压共轨柴油发动机故障原因分析

1)电控高压共轨柴油发动机结构组成与原理

电控高压共轨系统由电子控制和燃油供给两大部分组成，其基本组成如图 8-14 所示。

(1)电子控制部分。

电子控制部分由 ECM、各种传感器和执行器，如喷油器、电磁阀等组成。电控系统的功能是根据各种传感器输入信号，由 ECM 经过比较、运算、处理后，得出最佳喷油时间和喷油量，向喷油器发出开启或关闭电磁阀的指令，同时控制它的喷油时间，而喷油量大小则由蓄压器中燃

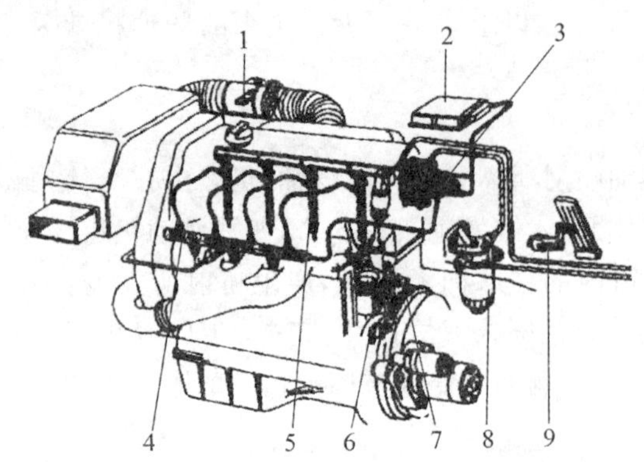

图 8-14　电控高压共轨系统的基本组成

1—空气质量流量传感器；2—ECM；
3—VP 分配式高压油泵；4—高压蓄压器；
5—喷油器；6—曲轴转速传感器；
7—冷却液温度传感器；8—柴油滤清器；
9—加速踏板位置传感器

油压力和电磁阀开启时间的长短决定，进而实现对柴油机工作过程的控制。

在 ECM 控制系统中，曲轴转速传感器用来测试发动机的转速。凸轮轴位置传感器用来确定发动机的发火顺序。加速踏板位置传感器是一种电位计，它通过电信号告知 ECM 驾驶员对转矩的要求。空气质量流量传感器用于检测空气质量流量，ECM 可根据空气质量流量的大小，按空燃比控制喷油量。增压压力传感器用于检测增压压力，ECM 可根据增压压力的大小，按空燃比控制喷油量。在发动机冷机启动或温度较低时，ECM 可以根据发动机冷却液温度传感器和空气温度传感器的信号电压值对喷油始点、预喷油量、主喷射量及其他参数进行匹配。ECM 还可根据其他传感器和数据传输线(CAN)输入的数值，进行各项综合控制。ECM 控制装置还具有自我诊断功能，可随时对系统的主要部件的工作进行技术诊断，如果某个部件出现了故障，诊断系统会向驾驶员发出警报，并根据情况进行自我处理，或者使发动机切断燃油供给，或者切换控制模式使车辆继续行驶到修理厂。

(2)燃油供给部分。

电控高压共轨柴油发动机燃油供给系统为蓄压器式共轨系统，该系统可分为低压部分和高压部分。其中，油箱、柴油滤清器、电动输油泵、低压燃油管等组成低压部分，高压部分由 VP 分配式高压油泵、高压燃油管、蓄压器(油轨)、喷油器、回油管和 ECM 等组成(见图 8-15)。

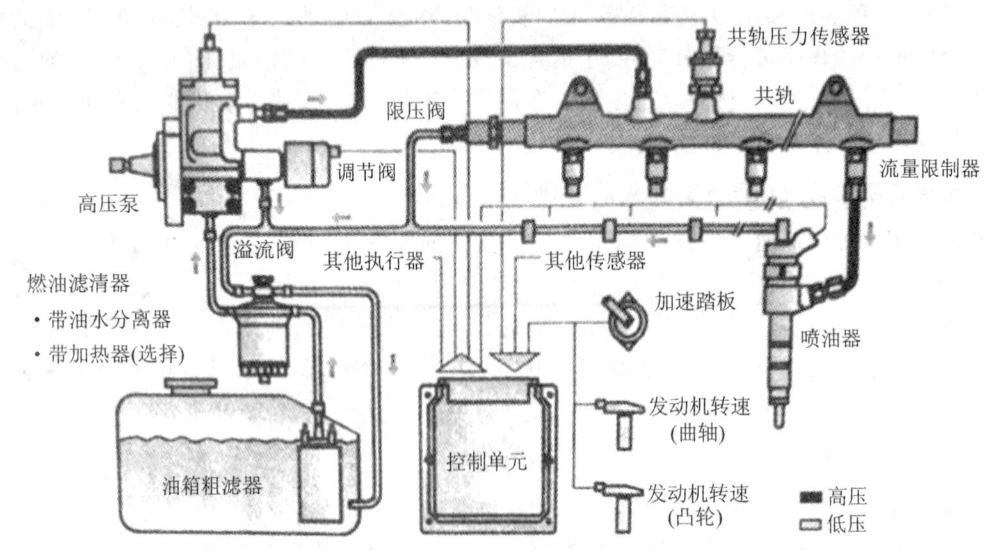

图 8-15　电控高压共轨柴油发动机燃油供给系统组成图

该燃油供给系统的基本工作原理是，燃油从油箱被电动输油泵吸出，经油水分离器和滤清器滤清后，被送入 VP 分配式高压油泵，这时燃油压力为 0.2 MPa。进入 VP 分配式高压油泵的燃油一部分通过高压油泵上的安全阀进入油泵的润滑和冷却油路后，流回油箱，一部分进入

VP分配式高压油泵，在VP分配式高压油泵中被加压到135 MPa后，输送到蓄压器。在蓄压器上有一个压力传感器和一个通过切断油路来控制油量的压力限制阀，系统利用压力限制阀来调节ECM设定的共轨压力(见图8-16)。

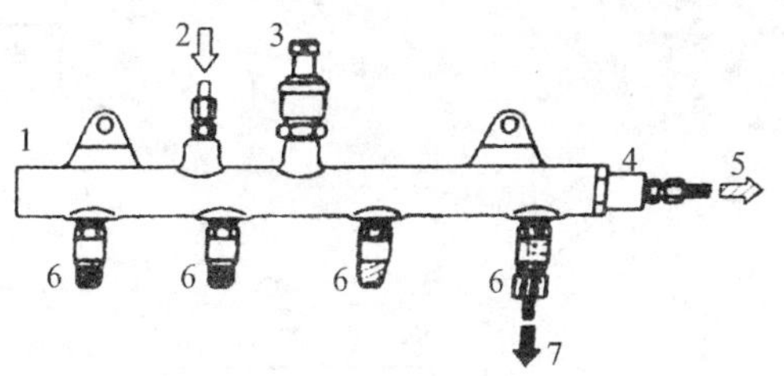

图8-16 高压蓄压器(油轨)

1—油轨；2—高压泵端进油口；3—油轨压力传感器；4—限压阀；5—出油口；6—流量限制阀；7—喷油器端连接油管

高压柴油从蓄压器、流量限制阀经高压油管进入喷油器后，又分两路：一路直接喷入燃烧室，而另一路在喷油期间针阀导向部分和控制套筒与柱塞缝隙处泄漏的多余燃油一起流回油箱。

电控高压共轨技术是一种燃油喷射压力与发动机转速无关的供油方式，即喷射压力的产生和喷射过程互相分开。在电控高压共轨燃油喷射系统中，高压油泵(柱塞泵或分配式油泵)把高压燃油输送到高压蓄压器(公共油轨)，油轨内的高压燃油通过燃油分配器，按发动机喷油顺序，将高压燃油输送到喷油器，喷油器内电磁阀根据ECM指令切断回油通路，高压燃油克服喷油器内弹簧预紧力而开启喷油，最高喷射压力可达135 MPa以上。高压共轨系统是压力-时间控制式喷油系统，高压油泵只是向油轨供油以维持所必需的油轨中油压，而公共油轨中的油压由压力调节阀进行调节，以控制喷射压力大小，用电磁阀关闭时间的长短控制喷油量。高压共轨系统喷油压力的大小独立于发动机的转速和负荷，喷油正时、喷油压力和喷油持续时间可以在较宽的范围选择。共轨系统可以根据发动机的需要进行预喷射、主喷射和二次喷射，可以提高燃烧效率、减少NO_x，排放可达欧Ⅲ标准。我国欧Ⅲ排放标准的城市公交客车，其发动机绝大多数是美国康明斯ISBe、ISCe发动机，这两款发动机均采用了蓄压器高压共轨系统，发动机每缸四气门、功率大、油耗低。

2)电控高压共轨柴油发动机加速无力的故障原因

影响电控高压共轨柴油发动机加速无力的原因主要可从喷油情况、喷油正时、气缸进气量(气缸压缩力)等几个方面考虑。其中，喷油正时与气缸压缩力等故障原因和检测方法与传统柴油车相同。对于喷油情况，可分为喷油时间不够、喷油压力不足及喷油雾化不良三方面。与传统柴油发动机相似，当柴油低压系统油压不足时，会造成高压系统供油量不足，最终导致高压喷油压力不足。低压系统主要故障原因是柴油滤清器堵塞、油管泄漏、电动输油泵损坏等。高压系统主要故障原因是高压油泵磨损或脏污、高压油管泄漏、压力控制阀失效、流量限制阀失效、喷油器工作不良等。电控系统主要故障原因是相关传感器信号不良、电控单元异常、电源及系统电路故障等，应通过故障码指引或通过数据流进行细致检测分析。

4. 制定诊断流程

一般电控柴油发动机的故障诊断流程图如图8-17所示。

二、电控柴油发动机电控系统故障诊断方法与技能

柴油机电控系统和汽油机电控系统一样，也是由电控单元ECM、传感器和执行器组成。在电控柴油机上所用的传感器有曲轴转速传感器、凸轮轴位置传感器、加速踏板位置传感器、车速传感器、燃油压力传感器、进气温度传感器、燃油温度传感器、冷却水温度传感器、增压压力传感器和空气质量流量传感器等。ECM根据各种传感器检测到的柴油机运行参数，与ECM中预先存储的参数值或脉谱图相比较，按其最佳值或计算后的目标值将指令输送到执行器。执行器(如喷油器电磁阀)根据ECM指令控制喷油量(电磁阀开闭持续时间)和喷油正时(电磁阀开闭

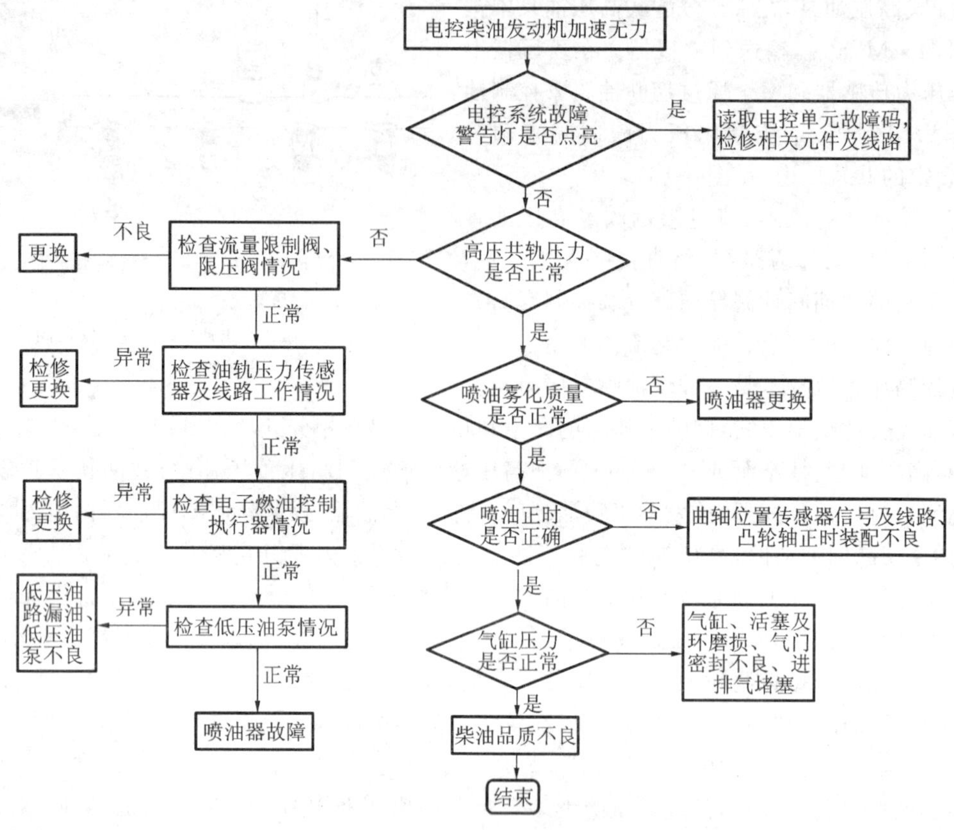

图 8-17 一般电控柴油发动机的故障诊断流程图

始点)。电控柴油机喷射系统通过局域网(CAN)控制器和底盘传动装置 ECU、ABS/ASR 系统 ECU、AC 系统 ECU、SRS 系统 ECU 等进行信息交流,以便对全车进行综合控制。柴油机电控系统与汽油机电控系统有许多相似的地方,但柴油机实行电控要复杂得多。下面以康明斯 ISBe 高压共轨柴油机为例进行电控系统故障诊断介绍。

1. 故障代码诊断

1)故障代码的显示

康明斯 ISBe 高压共轨柴油机电控系统具有故障诊断功能,该系统可检查传感器输入的信号是否正确,软件操作是否正确和电子控制模块中的电源驱动电路是否发生了故障。当诊断系统检测到故障时,就会在存储器中记录下该故障和相应的发动机运行参数数值。诊断系统还将根据现行故障的类型和严重程度,使不同的故障指示灯点亮。故障指示灯包括报警指示灯“WARNING”、停机指示灯“STOP”、保养指示灯“MAINTENANCE”和等待启动指示灯“WAIT TO START”,如图 8-18 所示。

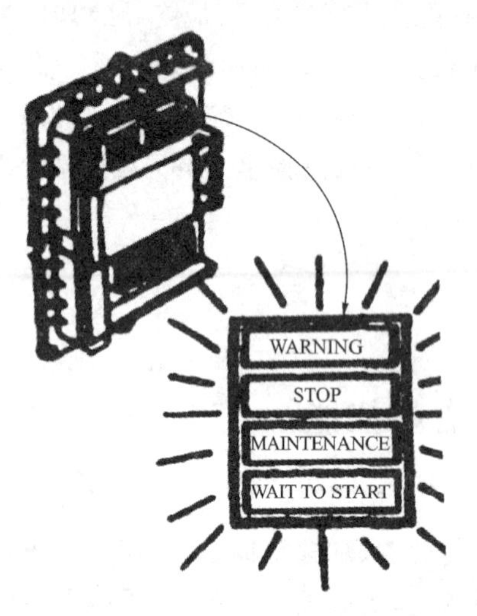

图 8-18 四种指示灯自检点亮

2)故障代码信息的设置

由原厂设定的故障诊断特性,用户不得调整。

3)故障代码的诊断操作和有关信息

(1)故障指示灯自检。

当点火钥匙开关在“ON”接通位置、诊断开关在“OFF”断开位置时，四种指示灯(报警指示灯、停机指示灯、保养指示灯和等待启动指示灯)将依次点亮约 2 s，然后熄灭，进行自检。

(2)检查故障代码。

操作发动机电控系统若没有记录下故障代码，则故障指示灯将保持熄灭状态。若存在一个现行故障代码，则指示灯将保持点亮状态。一个报警指示灯“WARNING”点亮表明有一个故障码存在，但车辆能行驶并且需要尽快修理。若停机指示灯“STOP”点亮，则说明应尽快安全地使车辆停驶并且进行检修，以保护发动机。

有些故障状况与发动机保护相关联。若选用发动机保护停机，则 ECM 可能由于故障代码而使发动机停机。有些车型的发动机保护性故障通过蜂鸣器发出声音，使驾驶员知道有严重故障代码并应立即停机。笔记本式计算机能够显示现行和非现行故障代码。只有排除故障，将现行故障代码变成非现行故障代码后，才能将非现行故障代码和相关故障信息从 ECM 存储器中清除掉。笔记本式计算机具有发动机监测和特殊诊断测试功能。

检查故障代码的操作方法如下。

①将钥匙开关转到“OFF”位置，将诊断开关转到“ON”位置。

②再将钥匙开关转到“ON”位置，发动机不运转。

③观察故障指示灯闪码情况。

若未记录下现行故障代码，则红色和黄色指示灯将依次点亮，然后熄灭并且保持熄灭状态。若记录了现行故障代码，则两个指示灯都将瞬间点亮，然后开始闪烁出已记录的现行故障代码，如图 8-19 所示。

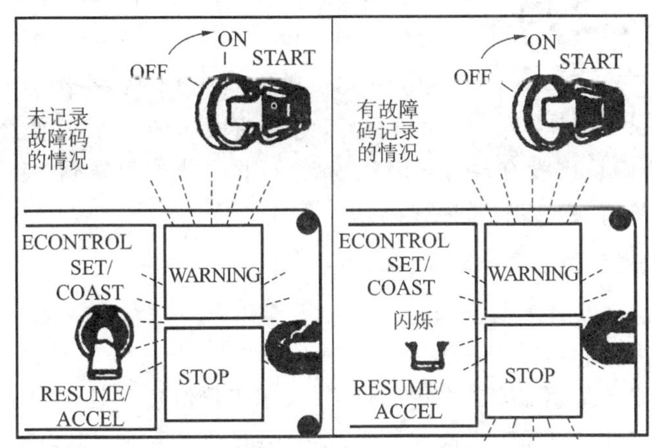

图 8-19 检查故障代码操作

故障代码闪烁顺序示例如图 8-20 所示。首先，报警指示灯“WARNING”(黄色)闪烁，然后停留 1 s 或 2 s，停机指示灯 STOP(红色)闪烁已记录的故障代码，各号码间会有 1 s 或 2 s 的停顿。在红色指示灯闪烁完号码之后，黄色指示灯再次闪亮。三位数或四位数的代码将以相同的顺序重复闪烁。

当第一个故障代码读取后，要读取下一个故障代码时，应将巡航控制 SET/RESUME 开关扳到“+”(增加位置)，这时将闪烁下一个故障代码。若将 SET/RESUME 开关扳到“−”(减小位置)，就可以回到上一个故障代码。若只记录了一个现行故障代码，则无论将此开关扳到“+”

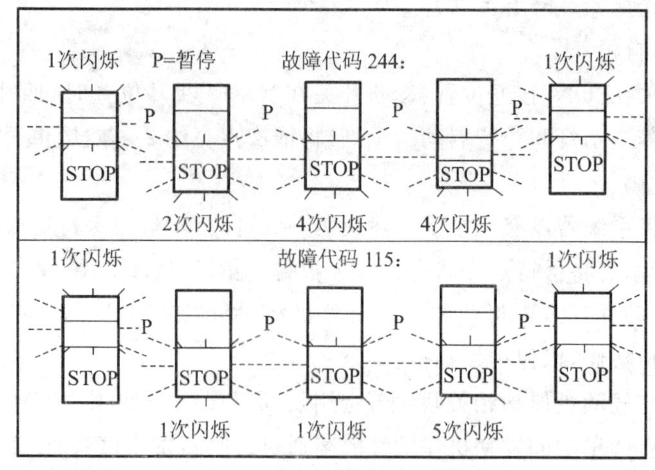

图 8-20　故障代码闪码顺序示例

(增加位置)还是扳到“－”(减小位置),总是显示同一个故障代码。

在诊断完成或诊断没有闪烁出故障代码时,应关闭诊断开关。

4)数据存储

使用笔记本式计算机可以得到附加的故障代码信息,这些存储数据记录着故障发生时控制系统传感器和开关的数值或状态,以及自从清零后第一次和最近一次发生的故障。读取故障代码信息如图 8-21 所示。

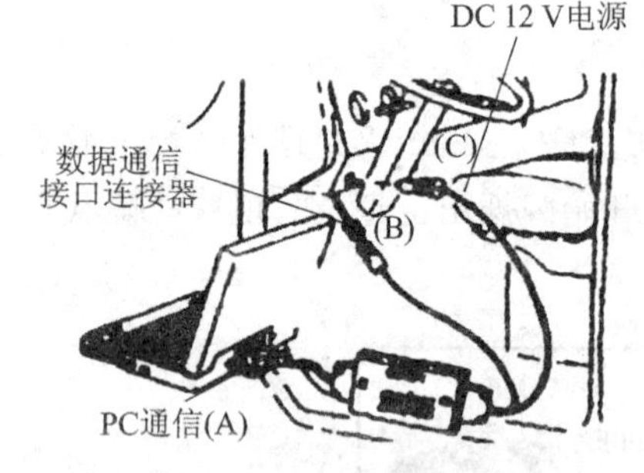

图 8-21　读取故障代码信息

故障代码诊断完毕,应关闭诊断开关或取下短接线。

5)故障代码的清除

用原始设备制造商(OEM)提供的笔记本式计算机能够显示现行和非现行故障代码。只有非现行故障代码和相关故障信息才能从 ECM 存储器中清除掉。也就是经过维修后,使发动机运转 1 min,使故障代码不起作用。经过笔记本式计算机确认已没有现行故障代码后,再将点火钥匙转到“ON”位置,发动机不运转,用笔记本式计算机清除非现行故障代码。

2. 高压共轨柴油发动机主要电器元件的检查

1)进气歧管压力/温度传感器

(1)进气歧管压力传感器。

进气歧管压力/温度传感器安装在进气歧管内,用于检测进气歧管的压力并通过线束将该信号输送到 ECM。进气歧管压力太高或太低,都会引起功率下降。其电路如图 8-22 所示。当进气歧管压力传感器出现故障时,黄色故障指示灯点亮,故障原因是在进气歧管压力传感器信号触针上检测到不正常电压,导致发动机功率降低。

进气歧管压力传感器检修要点如下。

①测量 3 号触针与 4 号触针之间的电阻,应为 10～10 MΩ。

②测量 3 号触针与蓄电池负极接线柱间的电压,应为 4.75～5.25 V。

③测量 4 号触针与蓄电池负极接线柱间的信号电压,应为 0.10～0.25 V。

④测量 1 号触针与 3 号触针间的电源电压,应为 4.75～5.25 V。

⑤测量 1 号触针与蓄电池负极接线柱间的回路电阻,应小于 10 Ω。

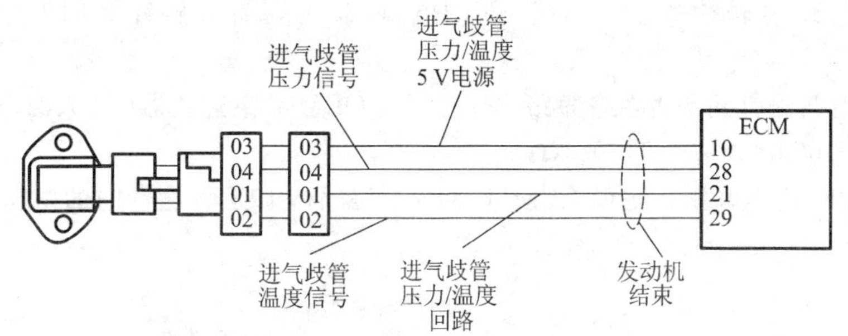

图 8-22 进气歧管压力/温度传感器电路

(2)进气歧管温度传感器。

ECM 通过进气歧管温度传感器来监测发动机的进气温度，ECM 将进气温度信号用于发动机保护系统、冷启动辅助装置、喷油量和喷油正时控制。它与进气歧管压力传感器共同安装在进气歧管上。

当进气歧管温度传感器出现故障，可在进气歧管温度传感器信号触针上检测到异常电压，ECU 点亮黄色故障指示灯，同时使用进气歧管默认值，发动机失去对进气歧管空气温度的保护功能。

测量进气歧管温度传感器的 1 号触针与 2 号触针之间的电阻值，应符合表 8-1 所示的规定值。

表 8-1 温度传感器对应的电阻数据

温度/℃	电阻/Ω
0	5000～7000
25	1700～2500
50	700～1000
75	300～450
100	150～220

2)油门位置传感器

油门位置传感器安装在油门踏板上，当驾驶员踩下油门踏板时，油门位置传感器将信号传递到 ECM。油门位置电路有 3 条导线，即信号导线(83 号触针)、5 V 电源导线(55 号触针)和回路接地导线(81 号触针)。油门位置传感器电路如图 8-23 所示。

当油门位置传感器出现故障时，红色故障指示灯点亮，此时在油门位置传感器信号触针上检测到不正常电压。故障结果：当怠速有效开关指示怠速时，发动机怠速运行；当怠速有效开关指示非怠速时，发动机转速逐渐上升，直至发动机以默认设置转速运行。

检修要点如下。

①检查油门位置传感器中是否存在开路或触针与触针之间的短路。在释放和踩下油门踏板时，测量传感器的 5 V 电源触针和回路触针间的电阻，应为 2000～3000 Ω。

②测量传感器侧的 5 V 电源触针和信号触针间的电阻。释放踏板时，应为 1500～3000 Ω；踩下踏板时，应为 250～1500 Ω。

③检查是否存在短路接地。测量传感器侧的 5 V 电源触针的接地电阻，测量传感器侧的信号触针的接地电阻，均应大于 100 kΩ。

④检查是否存在开路。分别测量 OEM 线束连接器中的 55 号触针和传感器线束侧的触针

C(A)间的电阻、81号触针和触针A(C)间的电阻、83号触针和触针B间的电阻,均应小于10 Ω。

⑤检查触针与触针间是否存在短路。分别测量OEM线束连接器中55、81、83号触针和其他所有触针间的电阻,均应大于100 kΩ。

⑥测量ECM输出电压。测量ECM上的55号触针和81号触针间的电压,应为4.75~5.25 V。

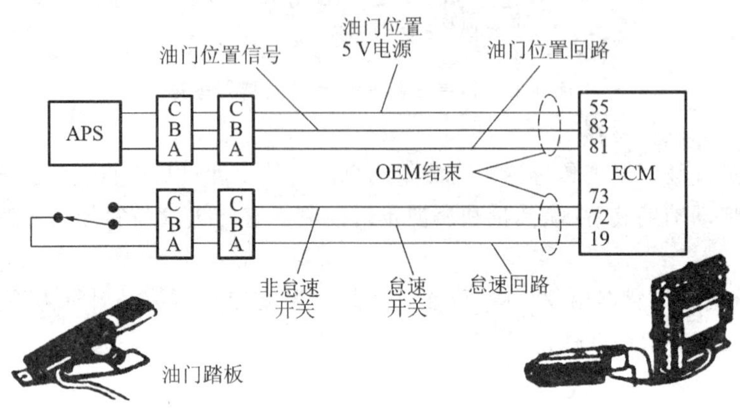

图 8-23　油门位置传感器电路

3)燃油温度传感器

ECM通过燃油温度传感器检测燃油温度。ECM将燃油温度值用于发动机保护和燃油加热器辅助装置。该传感器安装在燃油滤清器壳体上。燃油温度传感器电路如图8-24所示。当燃油温度传感器出现故障时,黄色故障指示灯点亮。故障原因:检测到温度过高。燃油温度信号触针上的信号电压显示燃油温度超过71 ℃。此时根据标定状况,发动机功率逐渐下降,并在报警后停机。

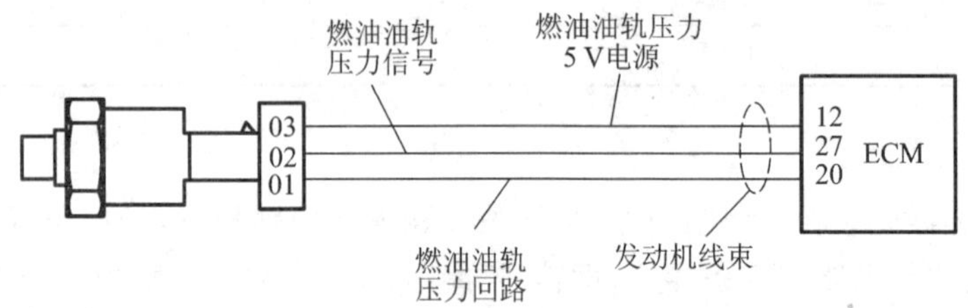

图 8-24　燃油温度传感器电路

检修要点如下。

①保证燃油箱正确加注。返回的燃油会加热油箱中的燃油,所以在温度较高的条件下运行时,应当使燃油箱中的燃油处于满刻度位置。

②用热电偶或类似的温度传感器校验传感器的准确性。其阻值应符合表8-1所示的规定值。

4)燃油压力传感器

燃油控制执行器通电后,高压泵对燃油进行加压。高压燃油聚集到燃油油轨中,燃油压力传感器检测燃油压力,并向ECM输入压力信息。燃油系统位于发动机的进气侧。

检修要点如下。

①燃油压力传感器本身故障和燃油发生泄漏都可能引起故障。故障代码诊断完毕,应检查燃油是否泄漏。

②检查燃油控制执行器和燃油压力传感器线束是否受干扰，测量燃油执行器的电阻，即测量1号触针与2号触针间的电阻，应为1.0～2.2 Ω。

③检查输油泵的输出压力。使用INSITE(TM)监测燃油压力和电子燃油控制执行器的电流，并和规定值比较。当转速为600 r/min时，压力值应为500 bar；当转速为800 r/min时，压力值应为800 bar。

④测量燃油压力传感器连接器上的电压，即测量1号触针与3号触针间的电压，应为4.75～5.25 V。

⑤测量ECM输出电压，即测量12号触针与20号触针间的电压，应为4.75～5.25 V。

5)发动机转速传感器

发动机转速传感器向ECM提供发动机转速信号。该传感器通过磁感应曲轴转速信号轮上的目标齿的运动产生转速信号。发动机转速与位置传感器电路如图8-25所示。

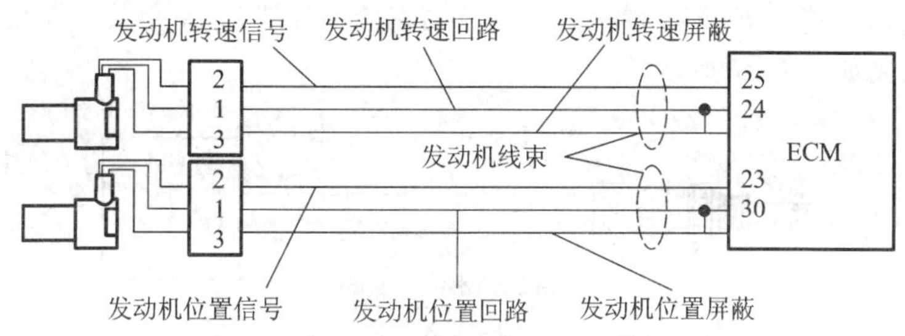

图8-25 发动机转速传感器与位置传感器电路

检修要点如下。

①故障原因可能是发动机转速传感器损坏，传感器顶部有碎屑，电路中存在短路(或开路)故障或电源电压故障。

②测量发动机转速传感器电阻值，即测量1号触针与2号触针间的电阻，应为650～1000 Ω。

③测量发动机转速传感器空气隙(见图8-26)，应为0.8～1.5 mm，同时注意曲轴轴向间隙也应在规定范围。

如果出现相关转速传感器信号不良的故障码，在完成上述检查没有发现故障时，利用示波器观察其信号波形，若不正常，可拆下发动机转速传感器安装螺栓，从线束上拆下发动机转速传感器，检查发动机线束连接器和转速传感器是否存在下列问题：

a.连接器壳体有裂纹或断裂；

b.连接器密封损坏；

c.触针内有灰尘、碎屑或湿气；

d.触针弯曲、断裂、缩进或伸出；

e.O形圈已膨胀变形；

f.O形圈内部或表面有裂纹或断裂；

g.与曲轴信号轮相对的一面有灰尘、碎屑或损坏。

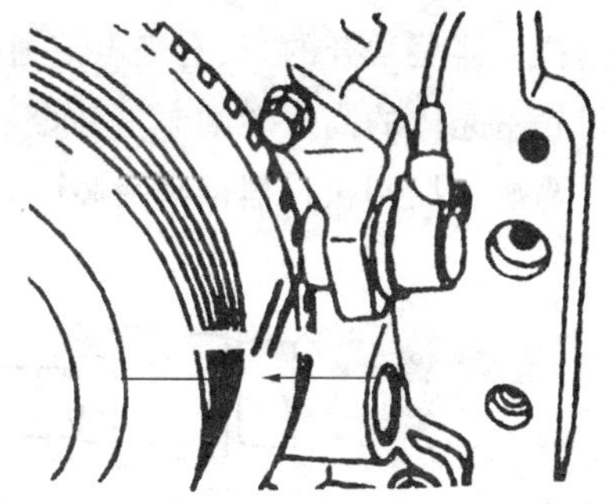

图8-26 测量发动机转速传感器空气隙

6)发动机位置传感器

发动机位置传感器向ECM提供发动机位置信息。该传感器通过感应凸轮轴齿轮上的目标齿的运动来产生信号。

检修要点如下。

①故障原因可能是发动机位置传感器损坏，传感器顶部有碎屑，电路存在开路(或短路)或电源电压故障。

②引起故障代码的原因是凸轮轴齿轮的凹槽内有碎屑或凸轮轴齿轮损坏。

③ECM 接收不到数量正确的脉冲，将触发故障代码。四缸发动机的凸轮轴齿轮有 5 个缺口，六缸发动机的凸轮轴齿轮有 7 个缺口。

④测量发动机位置传感器的电阻，即测量 1 号触针与 2 号触针间的电阻，应为 650～1000 Ω。

⑤测量发动机位置传感器与信号齿的间隙，应为 0.8～1.5 mm。

7)燃油含水传感器

燃油含水传感器安装在油水分离器内。当燃油滤清器中的水积累到某一设定体积时，燃油含水传感器会将信号传给 ECM。燃油含水传感器有两根导线，一条是信号导线，另一条是接地回路导线。其电路如图 8-27 所示。

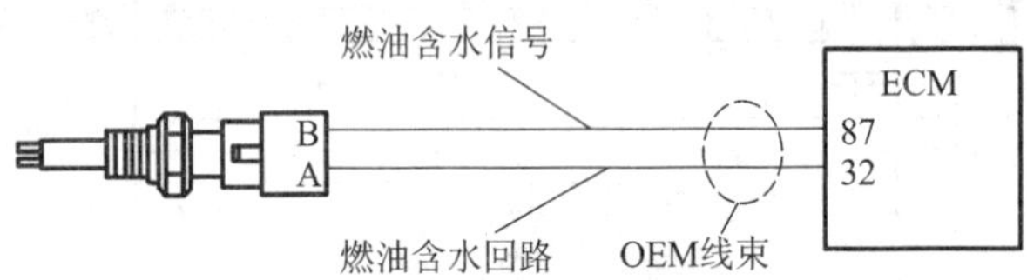

图 8-27　燃油含水传感器电路

检修要点如下。

①检查燃油含水传感器的触针是否损坏。

②测量传感器触针 A 和触针 B 之间的电阻，应大于 100 kΩ。

③检查 OEM 线束是否存在短路。

8)燃油控制执行器

燃油控制执行器(输油泵)控制供给高压燃油泵的燃油量，ECM 向执行器提供电流。燃油控制执行器是常开的，只有当电流通过时才闭合。电子燃油控制执行器安装在发动机进气侧后部齿轮室壳体的高压燃油泵上。燃油控制执行器电路如图 8-28 所示。

当燃油控制执行器出现故障时，黄色故障指示灯点亮，发动机功率下降。

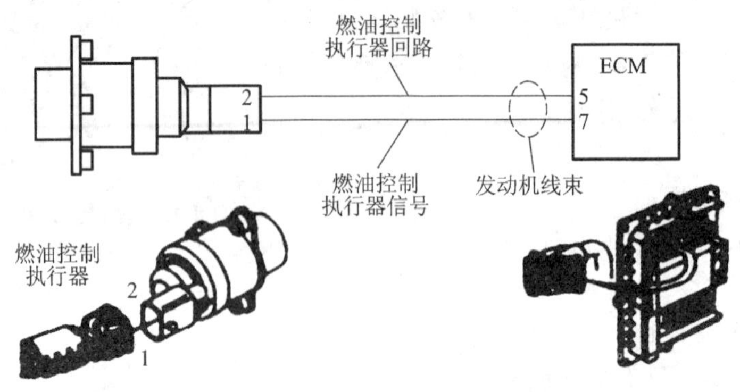

图 8-28　燃油控制执行器电路

检修要点如下。

①燃油控制执行器断路或接线不正确可能会引起该故障。

②电子燃油控制执行器开路会造成发动机工作粗暴和功率下降。

③检测执行器电阻，即测量1号触针与2号触针间的电阻，应为1.0～2.2 Ω。

④检查电路中是否存在开路或短路故障。

9)喷油器及其电路

ECM通过操纵喷油器电磁阀来控制发动机的喷油量和喷油正时。每个喷油器电磁阀都通过驱动导线和回路导线与ECM相连。ECM通过驱动导线向喷油器发送电脉冲信号，操纵电磁阀后，通过回路导线返回ECM。电磁阀为常闭式，它只在燃油喷射和计量期间由来自ECM的脉冲电流打开。喷油器安装在气缸盖上。侧1喷油器电路如图8-29所示。对于六缸发动机，侧1是指1、3、5号气缸；对于四缸发动机，侧1是指1、3号气缸。

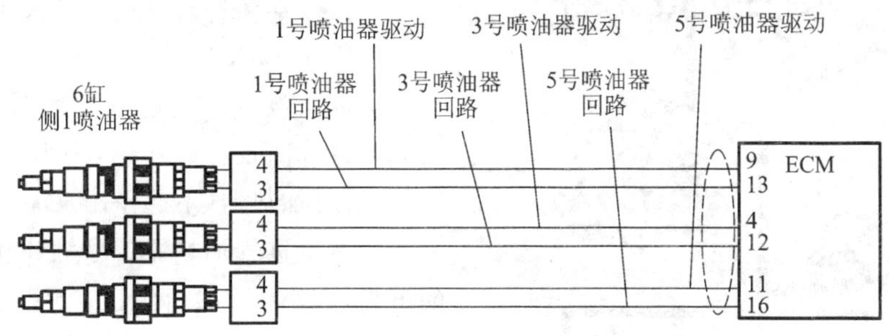

图8-29　侧1喷油器电路

当在喷油器电路中检测到短路或开路故障时，ECU控制黄色故障灯点亮。当喷油器整体电路出现故障时，发动机不能着火启动。

检修要点如下。

①检查喷油器引线螺母，确保无任何导线通过气门室盖下的零件短路接地。

②检查喷油器引线螺母，确保引线螺母紧固到规定扭矩值，且螺母和电磁阀接线柱螺纹没有损坏。

③喷油器电磁线圈的电阻应小于0.5 Ω。

10)燃油加热器电路故障

在低温环境下，燃油加热器将燃油预热以降低黏度、改善启动性能。燃油加热器安装在燃油滤清器上。燃油加热器电路如图8-30所示。

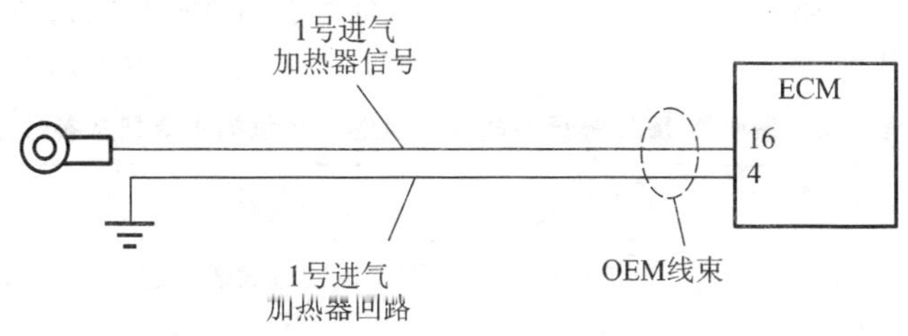

图8-30　燃油加热器电路

检修要点如下。

①故障原因可能是燃油加热器与蓄电池正极之间短路。可能是燃油加热器一直处于通电加热状态，从而消耗蓄电池的电能或导致燃油加热器烧损。

②测量燃油加热器的电阻，即测量1号触针和2号触针间的电阻，应小于2.5 Ω。

③测量电源电压，即测量1号触针的接地电压，应为9～15 V(12 V系统)、21～27 V(24 V系统)。

11)进气加热器电路故障

进气加热器(预热器)在低温下能改善发动机的启动性能,防止发动机冒白烟,ECM通过电源继电器控制加热器的工作。加热器有两个加热线圈,均由ECM控制。进气加热器安装在进气歧管的进气接头处,加热器继电器的位置随OEM变化。

检修要点如下。

①故障原因可能是进气加热器电路与蓄电池("+"极)短路,使得加热器始终通电。消耗蓄电池的电能,会使加热器或进气密封垫损坏。

②进气加热器只有钥匙开关置于"ON"、进气温度低于19 ℃时才开始工作。

③如果没有安装进气加热器,而且故障代码381或382现行起作用,用INSITE(TM)使特性"进气加热器"不起作用。

④测量进气加热器1号触针和2号触针间的电阻,应小于1 Ω;否则,应更换进气加热器。

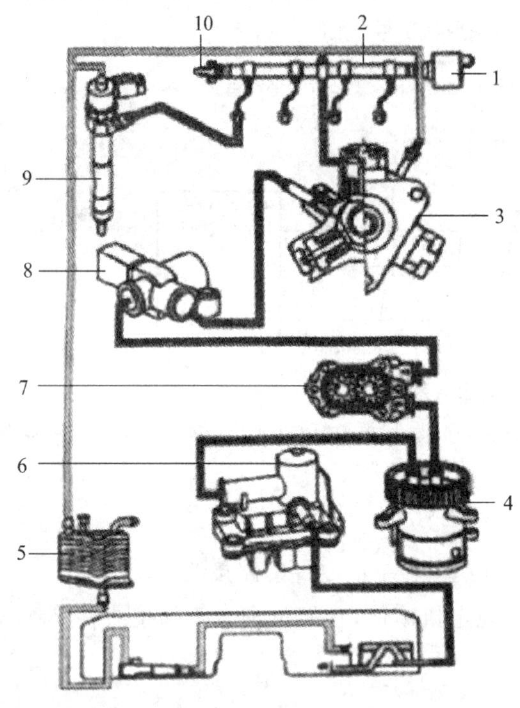

图8-31　康明斯ISBe高压共轨柴油机外部零部件安装位置

1—压力控制阀;2—共管;3—高压泵;4—燃油滤清器;5—燃油冷却器;6—燃油预热器;7—输油泵;8—停车阀;9—喷油器;10—燃油压力传感器

3. 燃油供给系统的检修

以康明斯ISBe高压共轨柴油机为例进行介绍。如图8-31所示,康明斯ISBe高压共轨柴油机采用Bosch高压共轨电子控制燃油系统。该系统由四个主要部件构成,即燃油齿轮泵(与高压油泵装在一起)、高压油泵(博世VP44分配式电控泵)、燃油油轨和电磁喷油器。高压油泵向燃油油轨输送高压柴油,但这与发动机转速无关系。高压燃油存储在燃油油轨中,连续不断地向喷油器提供高压燃油。ECM通过控制电磁喷油器的开启来控制发动机的喷油量和喷油正时。

康明斯ISBe高压共轨柴油机燃油系统的主要技术参数如表8-2所示。

表8-2　康明斯ISBe高压共轨柴油机燃油系统的主要技术参数

项　目	数　据	项　目	数　据
发动机怠速转速/(r/min)	600~800	齿轮泵的最大燃油进油阻力/kPa	50.7
燃油滤清器出口燃油压力/bar (发动机运转时)	5~13	燃油滤清器出口燃油压力/bar (发动机启动时)	3.0~11.0
油轨压力/bar	250~1400	燃油滤清器最大压降/bar	2
燃油回油管最大阻力/bar	1.2	发动机最低启动转速/(r/min)	150

1)电子燃油加热器

电子燃油加热器安装在燃油滤清器座上,滤清器上的双金属片起节温器的作用。燃油加热器大约在 1 ℃时接通，在 18 ℃时断开。检查燃油加热器的电压是否正确，对于 12 V 系统，加热电压应为 12 V；对于 24 V 系统，加热电压应为 24 V。如果电压不在规定范围内，则应进行维修。

2）电子燃油控制执行器（EFC）的检查

当接通和断开钥匙开关后，检查燃油控制执行器有无“咔嗒”声。如果断开钥匙开关时没有听到“咔嗒”声，则应更换燃油控制执行器。

①从发动机上拆下燃油泵和低压油管。

②如图 8-32 所示，拆卸螺栓和电子燃油控制执行器。

③测量电子燃油控制执行器电磁线圈的电阻，最大值应为 3 Ω。

④安装电子燃油控制执行器，更换 O 形圈；紧固螺栓力矩（7 N・m）。

⑤安装低压油管。

⑥运转发动机，检查有无泄漏或故障代码。

3）燃油压力测试

①拆下从齿轮泵到燃油滤清器进口的低压油管。

②将燃油压力表插入燃油滤清器座，连接好低压油管，如图 8-33 所示。

图 8-32 拆卸 EFC 执行器

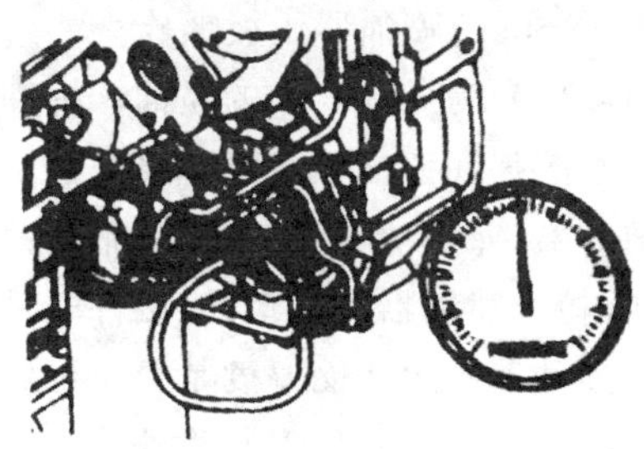

图 8-33 安装压力表和低压油管

③测量怠速时的燃油压力。燃油滤清器进口处的压力应为 5～13 bar。

④测量发动机启动期间的燃油压力，应为 3～11 bar。燃油滤清器两端的最大压降为2.0 bar。

4）燃油进油阻力测试

①从齿轮泵上拆下连接 ECM 冷却板与齿轮泵的燃油管，安装燃油压力表，重新安装好燃油管。

②安装量程为 0～508.0 mmHg（1 mmHg≈133 Pa）的真空表，运转发动机，测量燃油进油阻力。高怠速时允许的进油阻力最大值为 50.8 kPa。

③如果燃油进油阻力太大，则应检查燃油管尺寸是否正确，燃油管是否存在弯曲或堵塞。应保证燃油滤清器过油畅通，单向阀未发生故障。

5）燃油回油管阻力测试

①从燃油滤清器座接头处，拆下回油管，连接好压力表，重新连接好燃油管。

②在发动机启动或低怠速运转时，测量燃油回油管阻力。允许的燃油回油管阻力为 120 kPa。

③如果燃油管回油管阻力太大，则应检查燃油管尺寸是否正确，燃油管有无泄漏、是否存在弯曲或堵塞等。

6）齿轮式燃油泵

①从齿轮室壳体上拆下高压油泵。

②从高压油泵上拆下与之相连的齿轮式燃油泵。检查齿轮式燃油泵驱动联轴节和驱动轴

轴端是否过度磨损，如图 8-34 所示。

7)喷油器

康明斯 ISBe 高压共轭柴油机采用电磁喷油器，ECM 通过控制喷油器电磁阀的开闭来控制发动机的供油量和供油正时。当高压柴油进入喷油器侧时，ECM 向电磁阀发送脉冲信号，电磁阀被激活，带动针阀升起，喷出柴油。由于喷嘴孔很小，脏物或污物会使喷嘴阻塞导致针阀卡滞。在进行维护作业前，应先清洗周围所有油管的接头，并将燃油管接头罩住。

燃油系统各连接螺栓、螺母应当按规定扭紧力旋紧，防止漏油。燃油连接件带有一个边缘滤清器，用于分解燃油系统的小污染物。

所有喷油器与缸盖上的公共回油管相连，泄漏的燃油通过回油管流回油箱。高压油泵中多余的燃油也通过回油管流回油箱。

ECM 通过控制喷油器实现多次燃油喷射。

①拆下燃油油轨与高压油管。

②拆下摇臂室盖和排气摇臂。

③拆下电磁阀导线。

④拆下 8 mm 的喷油器压板螺栓。

⑤使用零件号为 3164025 的喷油器拆卸工具从缸盖上拆下喷油器。

⑥用安全溶剂和清洁软布清理喷油器，但不能使用钢丝刷清洁喷油器。

⑦如图 8-35 所示，检查喷油器端部是否有积炭，可使用黄铜丝刷清理积炭；检查电磁阀端子是否损坏；检查喷油器进油口、连接件端部和进油口是否损坏；检查 O 形圈是否损坏。

⑧检查喷油器密封垫圈厚度是否正确，垫片厚度应为 3.0 mm。

⑨按与拆卸相反的顺序安装喷油器。喷油器压板螺栓紧固力矩为 3.5 N·m，电磁阀导线连接件紧固力矩为 2.0 N·m。运转发动机，检查有无泄漏。

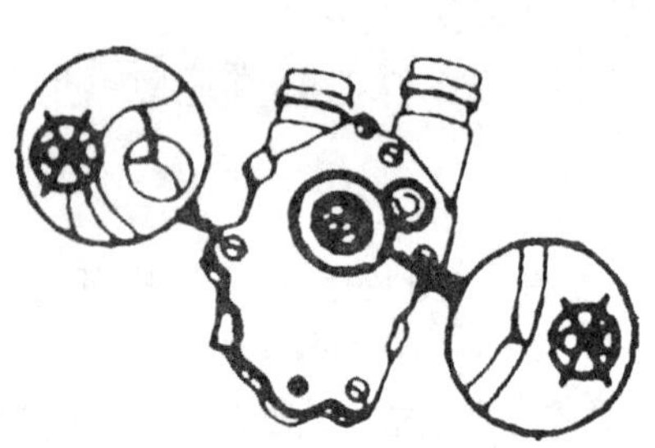

图 8-34　检查齿轮式燃油泵

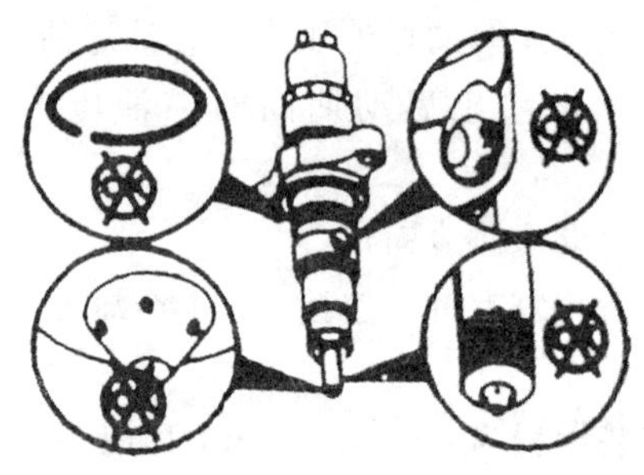

图 8-35　检查喷油器

【任务实施】

问题 1　实训车辆油门位置传感器安装在________________位置，画出其端子图并标注内容，它是____________类型的传感器，打开钥匙开关，测得其信号端子间的电压变化范围是________________。

问题 2　找到燃油压力传感器，画出其端子图并标注内容，测得其信号端子间的电压变化范围是________。

问题 3　燃油含水传感器在正常无水情况下阻值是________________。

问题 4　电子燃油控制执行器的作用是______________，检测执行器电阻，即测量 1 号触针与 2 号触针间的电阻，应为________________。

模　块　3

汽车底盘常见故障诊断

项目 9　汽车传动系统工作不良的故障诊断

【案例引入】

一辆大众宝来轿车离合器接合后，出现汽车起步困难，运行中油耗上升，发动机过热、加速不良等现象，进厂送修。

本项目的主要任务是检查传动系统的动力传动路线，找出产生故障的环节，排除故障，恢复传动系统的功能。

学习任务 1　传动异响的故障分析与诊断思路

【任务导入】

与实训教师进行故障车辆路试，倾听声响，描述所听到的异响特点，分析造成异响的故障原因，拟订诊断方案。

【知识准备】

一、动力传动系统的组成

汽车发动机与驱动轮之间的动力传递装置称为汽车的传动系统。汽车传动系统与发动机协同工作，保证汽车在各种使用条件下的正常行驶，它具有减速增矩，实现汽车倒驶，必要时中断传动、差速及万向传动等功能。传动系统由离合器、变速器(及分动器)、万向传动装置和驱动桥(减速器、差速器、半轴)等组成。根据布置方式的不同可分为发动机前置后轮驱动(FR)、发动机前置前轮驱动(FF)、发动机后置后轮驱动(RR)和四轮驱动(4WD)等类型。捷达轿车传动系统组成示意图如图 9-1 所示。

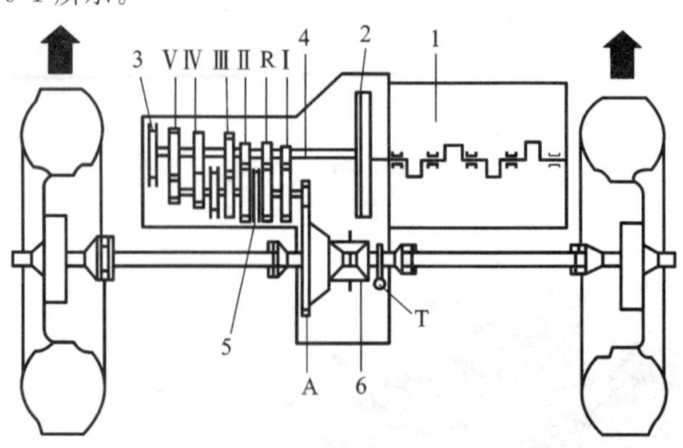

图 9-1　捷达轿车传动系统组成示意图

1—发动机；2—离合器；3—变速器；4—输入轴；5—输出轴/小齿轮轴；6—差速器；
Ⅰ、Ⅱ、Ⅲ、Ⅳ、Ⅴ—一、二、三、四、五挡齿轮；R—倒挡齿轮；A—主减速器齿轮；T—车速表齿轮传动系统的常见故障为功能异常和异响，其常见故障部位如图 9-2 所示。

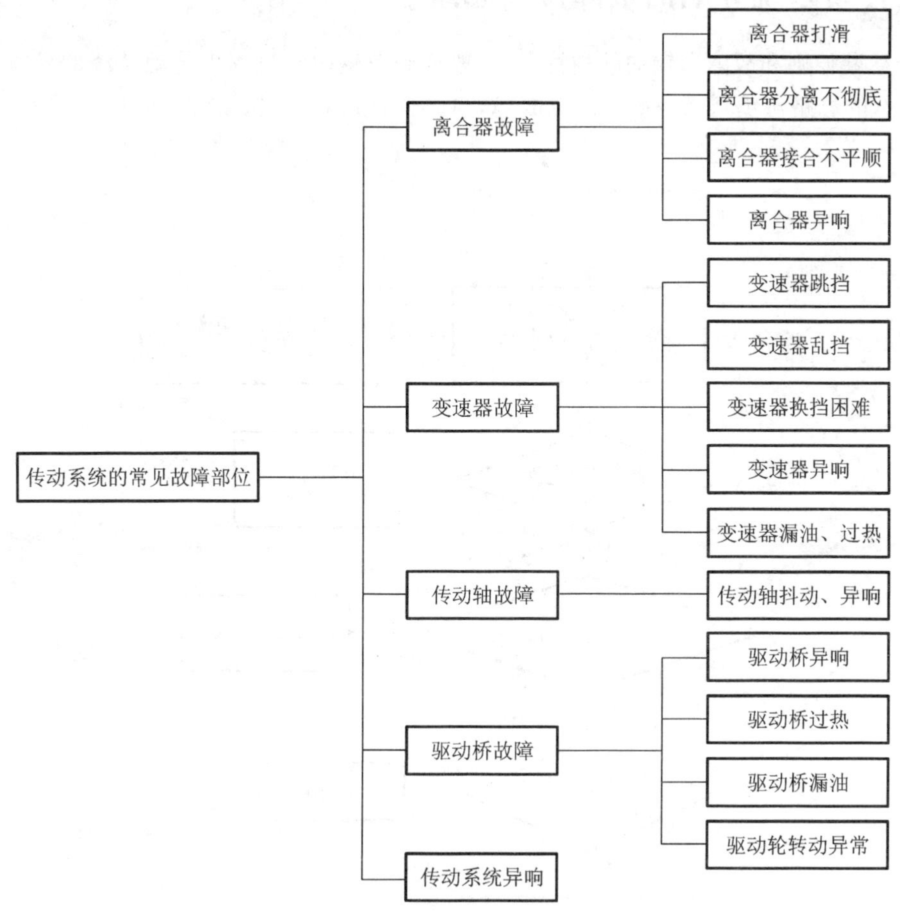

图 9-2 传动系统的常见故障部位

二、传动系统异响的特点

传动系统异响一般属于机械故障。传动系统的机械零件磨损、变形、损坏、失油或装配不良使运动件配合间隙不正常等都会使零部件在运动过程中产生干涉或干摩擦等现象，同时出现各种响声。随着传动系统机械部件故障程度的不同，响声及部位也各不相同。一般故障初期会出现在负荷较大的起步、加速等动力传递过程中，后期车辆空挡滑行可能也会产生响声，严重时会使零部件脱落打坏总成，造成安全事故。在传动系统中各个总成有自身的异响特点。离合器的响声主要是分离轴承及压盘弹簧断裂造成的响声，多发生在踩下或松开离合器的过程中，而且响声较尖锐。机械变速器的响声往往与轴承损坏、齿轮打齿、运动件配合间隙不良、润滑油缺失等情况相关联。如果汽车行驶中发出周期性的响声，速度越快时响声越大，严重时车身发生抖振，甚至握转向盘的手有麻木感，则大多是由传动轴弯曲引起的响声。传动轴中间支承响是一种连续的“呜呜”的响声，且车速越快、响声越大。驱动桥响声主要受负荷影响较大，响声较多样，有可能是轴承造成的“呜呜”“哄哄”的响声，或齿轮间隙不当造成的“哽哽”声等。差速器在转弯时失效也可能发出响声，打方向或起步时半轴球笼等都会发出异响。传动系统的异响是最常见的故障现象，由于响声初期总要在车辆负荷行驶时才听得到，给故障部位确诊造成了一定的困难，因此要针对现象和部位采取多种手段认真分析和诊断。

三、传动系统异响的故障诊断思路

结合诊断原则和故障车辆的结构特点，一般遇到车辆驱动过程中传动系统的异响，可以按图 9-3 所示的思路初步判断是哪个总成故障，再具体针对总成进行诊断和维修，进而排除异响故障。

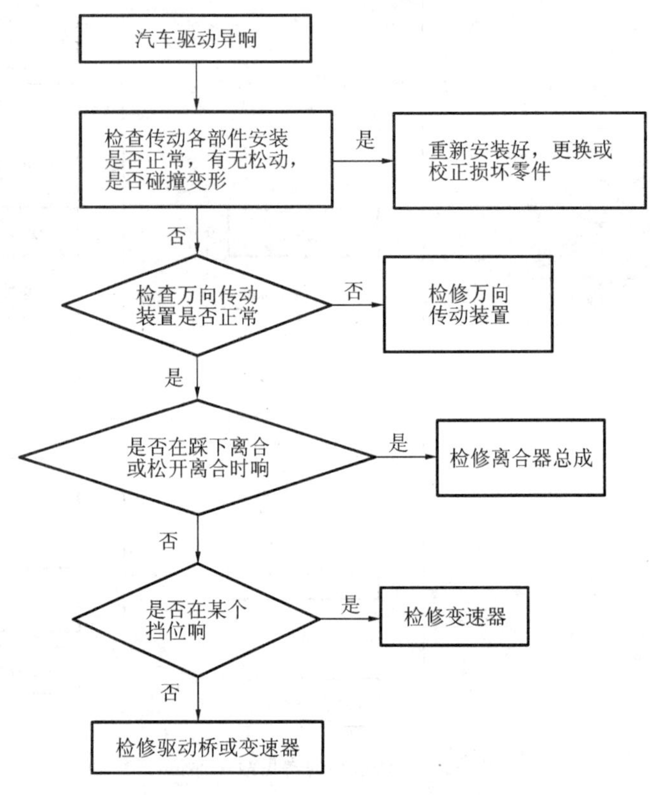

图 9-3　汽车驱动异响的诊断思路

【任务实施】

问题 1　汽车传动系统主要由________、________、________、________、差速器及半轴等部分组成。

问题 2　简述传动系统异响的故障诊断思路。

学习任务 2　离合器的常见故障诊断

【任务导入】

认识离合器异响等常见故障的故障现象及特点，分析故障的原因及部位，制订故障检修方案，掌握故障诊断与排除的方法与技能。

【知识准备】

离合器是依靠摩擦力矩来传递动力的，其功用是保证发动机顺利启动和汽车平稳起步，保证传动系统换挡时工作平顺，防止传动系统过载。离合器主要由主动部分、从动部分、压紧机构和操纵机构组成。捷达轿车离合器零件分解图如图 9-4 所示。离合器使用频率较高，常见故障为分离不彻底、打滑、接合不平顺、异响等，其常见故障部位和故障原因如表 9-1 所示。

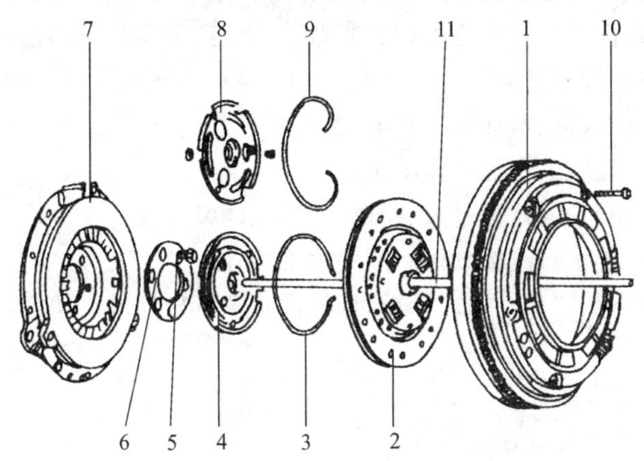

图 9-4 捷达轿车离合器零件分解图

1—飞轮；2—从动盘；3、9—卡簧；4—分离盘（直径 190 mm）；5、10—螺栓；6—中间盘；7—压盘；8—离合分离盘（直径 200 mm）；11—离合器压杆

表 9-1 离合器常见故障部位和故障原因

序号	故障部位	故障现象及危害	故障原因
1	踏板	打滑，分离不彻底	不能回位，自由行程过大、过小
2	分离杠杆	调整不当，打滑或分离不彻底；支架松旷发响	调整不当，不在一个平面内；支架螺母松动
3	从动盘	打滑，异响，分离不开	油污，变薄，烧损，破裂，铆钉外露，钢片翘曲，盘毂键槽锈蚀
4	分离轴承	烧蚀卡滞，发响	严重缺油，回位弹簧过软、脱落
5	压紧弹簧	打滑，起步发抖	过软、折断，弹力不均，膜片弹簧变形
6	离合器盖	壳盖高度不够，分离杠杆位置过低，分离不开	变形，分离杠杆座磨损
7	压盘	起步发抖	翘曲划伤，龟裂
8	减振弹簧	发抖	断裂失效
9	飞轮	离合器打滑	端面翘曲，连接螺栓松动
10	分离叉轴	间隙过大，分离不开	衬套松旷

一、离合器分离不彻底

1. 故障现象

(1)汽车起步时，将离合器踩到底仍感到挂挡困难，或虽勉强挂上挡，但离合器踏板尚未完全放松车就前移或发动机立即熄火。

(2)变速器挂挡困难或不能换挡。

2. 故障原因

离合器分离不彻底的故障实质是将离合器踏板踩到底时，从动盘与主动盘没有完全分离，离合器处于半接合状态。离合器操纵系统类型的不同，造成其分离不彻底的原因略有不同。液压操纵系统由于液压元件的存在而变得较为复杂。造成离合器分离不彻底的主要原因如下。

(1)离合器踏板自由行程过大。

(2)液压操纵系统进入空气，油液不足或漏油。

(3)液压操纵系统主缸、工作缸工作不良。

(4)离合器从动盘翘曲、偏移量过大、摩擦片破损、铆钉松脱。

(5)膜片弹簧变形，压紧弹簧部分折断或弹力不均等。

(6)分离杠杆内端不在同一平面内，分离杠杆调整螺钉松动或支架松动，个别分离杠杆弯曲或调整螺钉折断。

(7)离合器压盘变形失效。

(8)发动机前后支承固定螺栓松动等。

(9)刚维修后的离合器则可能是更换的新摩擦片过厚、从动盘装反等。

(10)双片离合器中间压盘限位螺钉调整不当，其个别支承弹簧折断、过软、弹性相差过大，定位块损坏等。

3. 故障诊断与排除

离合器分离不彻底的故障诊断流程如图 9-5 所示。

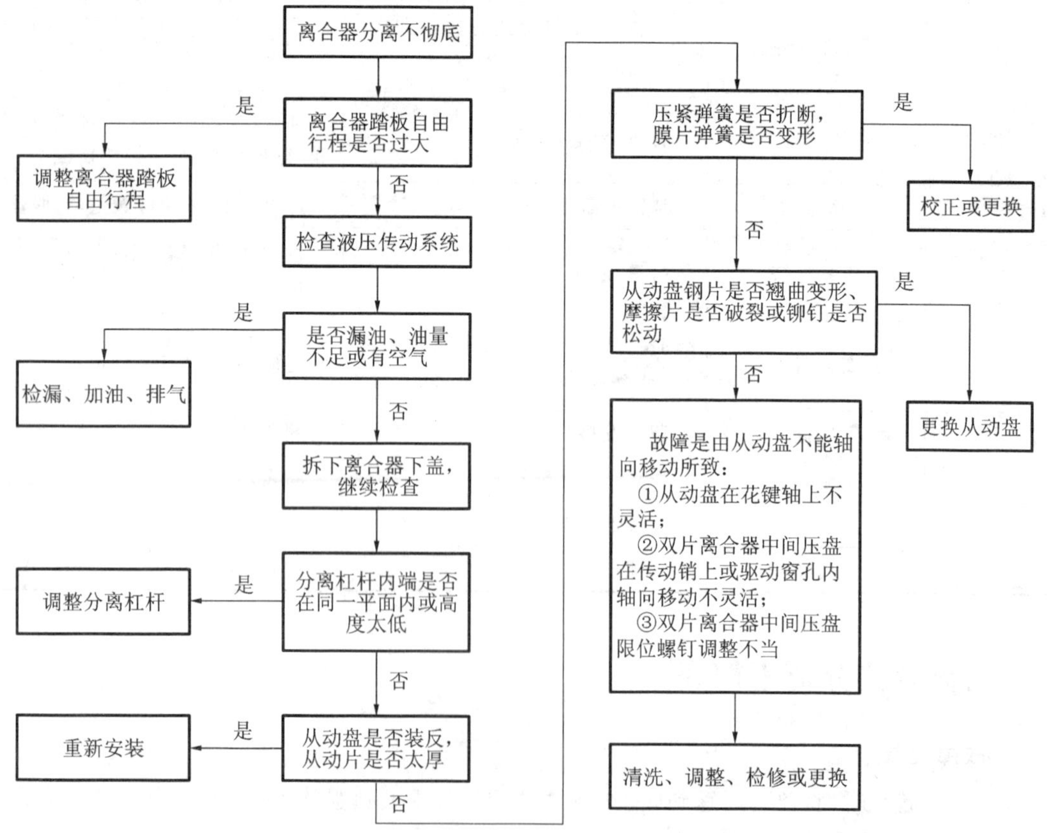

图 9-5　离合器分离不彻底的故障诊断流程

(1)离合器操纵系统不同,踏板自由行程的调整方法也不同。对于杆式操纵系统,用改变踏板拉杆长度的方法来调整踏板自由行程;对于拉索式操纵系统,可用改变拉索长度的方法来调整其自由行程。车型不同,踏板自由行程的标准值也不相同,如:桑塔纳轿车离合器踏板的自由行程为15～20 mm;捷达轿车离合器拉索具有自动补偿离合器自由行程的功能,是一种免维护、免保养、免调整的自动调整拉索。

离合器分离杠杆的调整是将各分离杠杆内端面或膜片弹簧内端面调整到与飞轮平面平行的同一平面内,同时分离杠杆内端面或膜片弹簧的高度应符合要求,如轿车膜片弹簧内端面的平面度一般为0.5 mm。分离杠杆高度可通过旋动调整螺钉进行调整,膜片弹簧则利用专用工具进行校正。

注意:调整分离杠杆高度时,踏板自由行程也会随着发生改变,因此应同时进行调整。

(2)离合器的液压操纵系统故障可参照后述“液压制动系统”的同类故障予以诊断和排除。

(3)对于双片离合器,其中间压盘限位螺钉与中间压盘的间隙约为1～1.25 mm。调整时将限位螺钉旋入并抵住中间压盘,然后退出五六圈即可。注意:各限位螺钉的调整必须一致。

(4)让汽车起步前进或倒退,检查离合器的分离情况。若离合器分离不彻底现象时有时无,则为发动机前后支承固定螺栓松动,应加以紧固。

(5)新装复的离合器,如果出现分离不彻底现象应进行如下检查。

①踩踏离合器踏板。若踏板沉重,多为更换的新从动盘摩擦片过厚而使离合器压紧弹簧过度压缩,预紧力过大,且离合器分离后压盘间隙不足,致使分离不彻底,可重新更换摩擦片。

②踏下离合器踏板观察从动盘位置。若双片离合器从动盘前端面与中间压盘紧抵或单片离合器从动盘前端面与飞轮紧抵,而其后端面却与压盘有足够间隙,则说明变速器一轴后轴承盖颈部过长,以至抵触从动盘花键毂,使从动盘不能后移。

③若上述正常,经调整后仍难以分离,则应检查从动盘是否装反。单片离合器从动盘短毂多朝向飞轮,双片离合器两从动盘短毂相对(解放车)或按规定装配。

④若以上各项均正常,则应检查和调整分离杠杆高度(方法如前述)。若分离杠杆高度合适,则参照上述诊断过程进行诊断和排除。

二、离合器打滑

1. 故障现象

(1)完全放松离合器踏板,汽车不能起步或起步困难。

(2)汽车行驶中车速不能随发动机转速的提高而提高,感到行驶无力。

(3)上坡行驶或重载时,动力明显不足,严重时可嗅到离合器摩擦片的焦臭味。

2. 故障原因

(1)离合器踏板自由行程过小或没有自由行程、踏板不能完全回位,分离轴承常压在分离杠杆上,使压盘处于半分离状态。

(2)离合器拉索失效,丧失自调功能。

(3)分离杠杆调整不当,弯曲变形。

(4)离合器摩擦衬片变薄、硬化,铆钉外露或沾有油污等。

(5)压紧弹簧过软或折断,膜片弹簧受热退火变软或变形,致使压紧力不足。

(6)离合器与飞轮连接螺栓松动。

(7)离合器压盘或飞轮表面翘曲变形。

3. 故障诊断与排除

(1)首先进行故障确诊，然后再进行逐项检查。

①启动发动机，拉紧驻车制动，挂上低速挡，缓缓放松离合器踏板，使离合器逐渐接合，若汽车不能起步，而发动机无负荷感能继续运转又不熄火，则为离合器打滑。

②汽车加速行驶时，若发动机转速升高，而车速不随之相应升高，感到行驶无力，严重时有焦臭味或出现冒烟现象，则为离合器打滑。

(2)故障确诊后，按图 9-6 所示的流程诊断并排除故障。在诊断过程中要注意检查离合器压盘和从动盘的磨损和变形情况，若超过规定的技术要求，必须及时维修或更换。如捷达车离合器的从动盘摩擦衬片铆钉头最小深度为 0.3 mm，在从动盘外边缘 2.5 mm 处端面跳动量不应大于 0.5 mm，压盘向内扭曲量不应大于 0.2 mm，超出极限应更换。

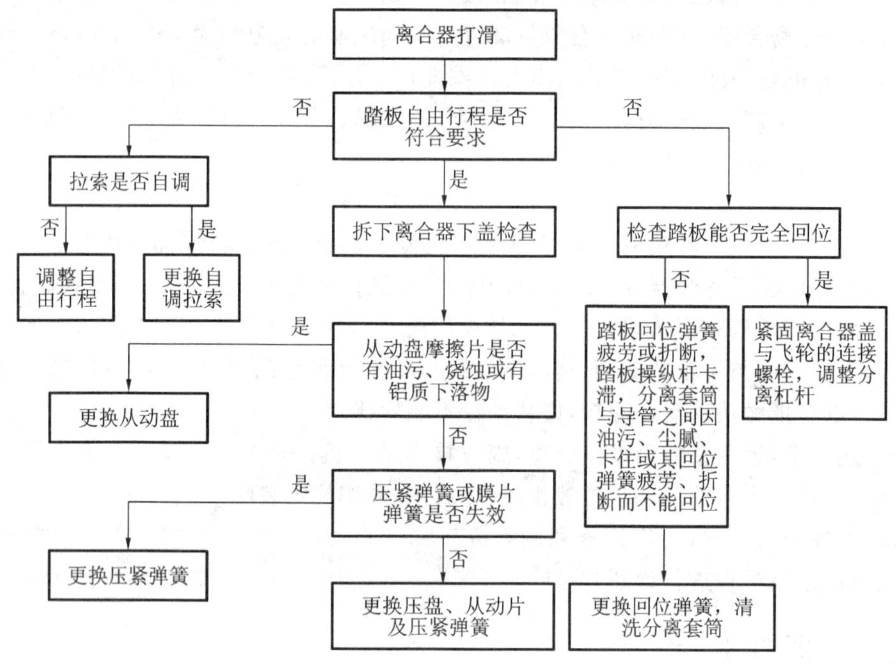

图 9-6 离合器打滑的故障诊断流程

三、离合器接合不平顺

1. 故障现象

离合器接合不平顺具体表现为汽车起步发抖或发闯。汽车用低速挡起步时，逐渐放松离合器踏板，并缓缓踩下加速踏板，离合器不能平顺接合，产生振抖；严重时整车出现振抖或突然闯出。

2. 故障原因

离合器发抖的实质是其主、从动盘之间接触不平顺，在同一平面内接触时间不同。离合器发闯则为主、从动盘突然接合之结果。

离合器发闯的主要原因为分离套筒涩滞、踏板回位弹簧折断或脱落、踏板轴锈涩等，而离合器发抖的主要原因如下

(1)离合器自由行程过小，分离杠杆内端面不在同一平面内。

(2)从动盘波形弹簧片损坏，摩擦片油污、破裂、凹凸不平或铆钉外露，接合时断时续。

(3)主、从动盘磨损不均或翘曲不平，接合时出现局部接触，压不紧而出现抖动现象。

(4)离合器压紧弹簧弹力不均，个别折断或高度不一致，膜片弹簧弹力严重不足。

(5)变速器与飞轮壳或发动机固定螺栓松动。

(6)从动盘扭转减振器损坏，膜片弹簧固定铆钉松动。

(7)从动盘、中间压盘因花键锈蚀、积污而移动发滞。

(8)分离叉轴及衬套磨损严重或分离叉支点破损。

3. 故障诊断与排除

使发动机怠速运转，踩下离合器踏板，变速器挂入低速挡，再慢慢放松离合器踏板，轻踩加速踏板让汽车起步。若车身有明显的振抖，并发出"哐当"的撞击声，则为离合器发抖；若汽车不是平顺起步，而是突然闯出，则为离合器发闯。离合器接合不平顺的故障诊断流程如图 9-7 所示。

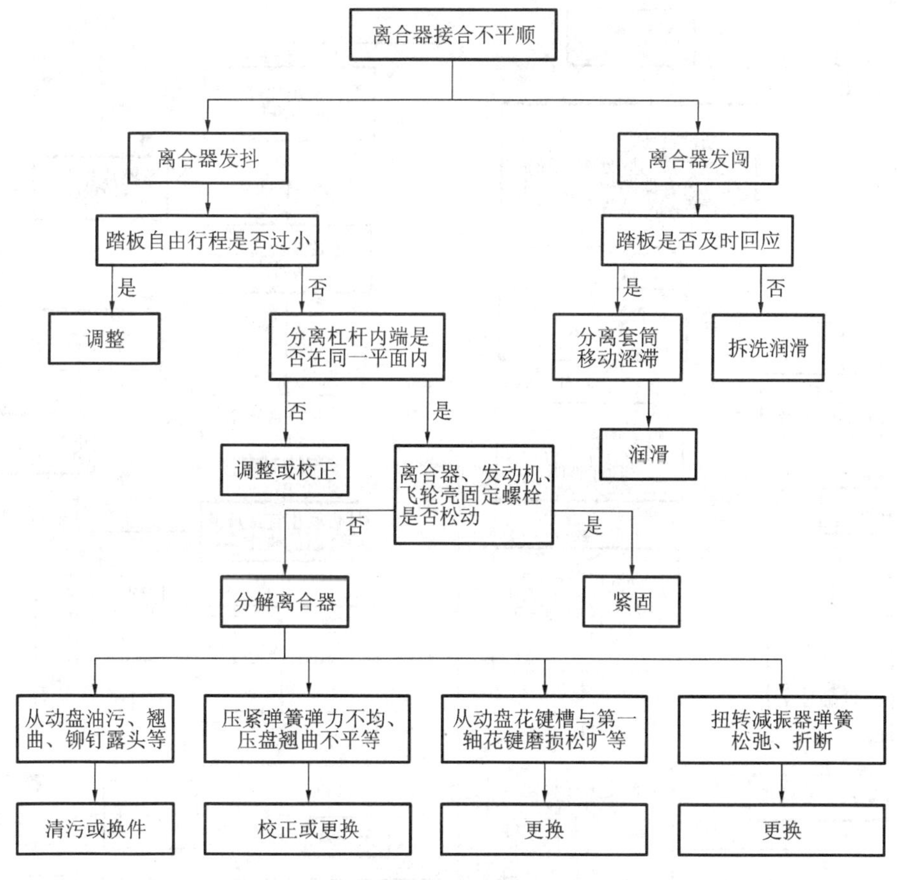

图 9-7　离合器接合不平顺的故障诊断流程

四、离合器异响

1. 故障现象

在汽车行驶过程中，踩下离合器踏板时发出异响，放松踏板时异响消失，或踩下、放松离合器踏板时都有异响。离合器异响往往在发动机启动后、汽车起步前离合器接合和分离时产生。

2. 故障原因

(1)分离轴承损坏或润滑不良。

(2)踏板回位弹簧过软、折断,离合器踏板无自由行程。

(3)分离轴承套筒与导管脏污,其回位弹簧过软、折断,使分离轴承回位不佳。

(4)分离叉或其支架销、孔磨损松旷。

(5)从动盘摩擦片铆钉松动、外露或摩擦片破裂、减振弹簧折断等。

(6)离合器盖与压盘配合松动,从动盘花键配合松旷。

(7)双片离合器中间压盘传动销、孔磨损松旷。

3. 故障诊断与排除

发动机怠速运转,拉紧驻车制动,变速器挂空挡,慢慢踩下离合器踏板,倾听响声变化,再缓缓放松离合器踏板,倾听响声变化。如此反复多次,若均出现不正常响声,则为离合器异响。

离合器异响的故障诊断流程如图 9-8 所示。

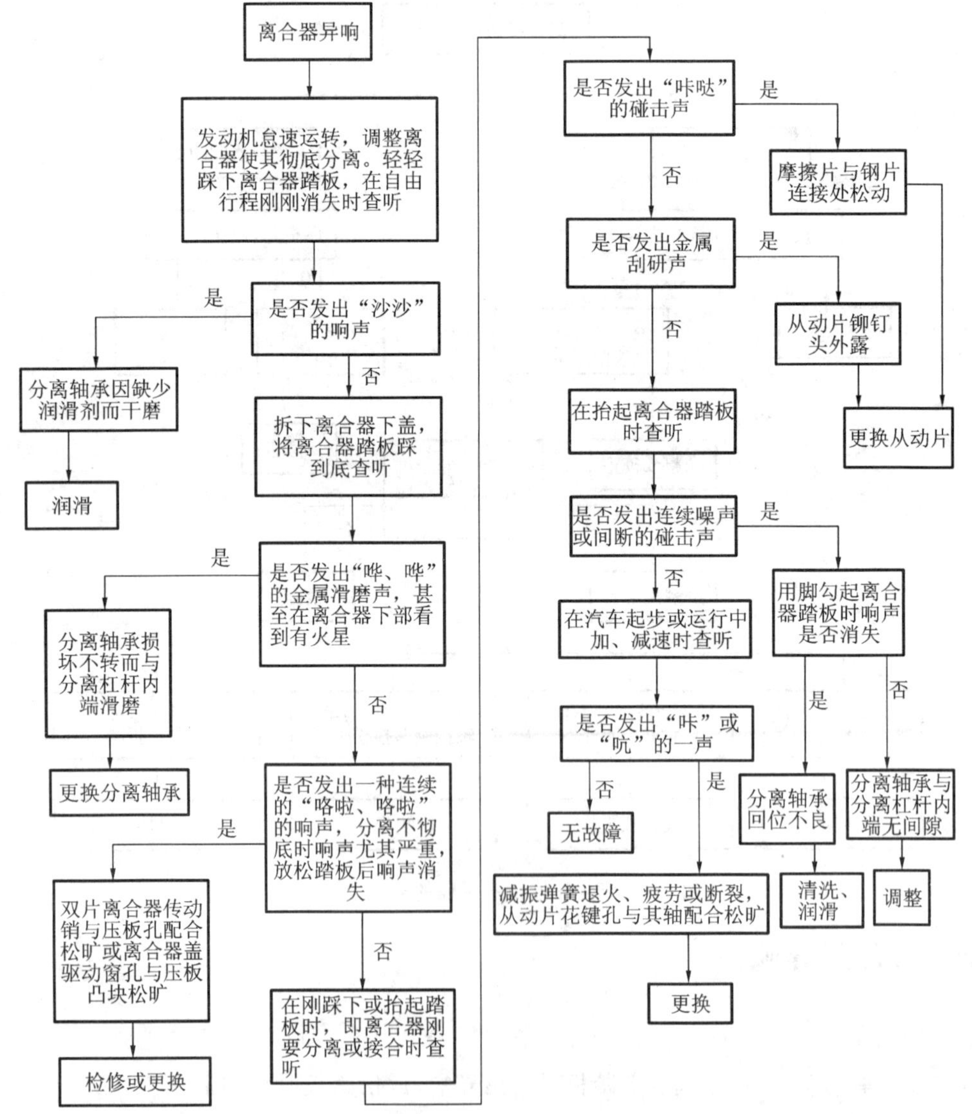

图 9-8 离合器异响的故障诊断流程

【任务实施】

问题1　离合器分离不彻底的影响有哪些？

问题2　造成离合器打滑的原因有哪些？

学习任务3　机械变速器的故障诊断

【任务导入】

与实训指导教师一起路试手动变速器车辆，对车辆机械变速器异响的故障症状加以描述，分析故障原因，从变速器的结构及变速原理出发，结合实际情况制定高效的诊断流程并进行诊断排除。

【知识准备】

变速器具有变速变矩、使汽车倒驶、利用空挡切断发动机的动力传递等功用，其主要由操纵机构、传动机构及壳体组成。奥迪100轿车变速器传动简图如图9-9所示。变速器工作时，各零部件需适应运转速度的频繁变化，同时承受各种不同载荷，随着汽车行驶里程的增加，磨损、变形量也随之加大，各零件间的配合关系变差，引起跳挡、乱挡、换挡困难、卡挡、异响及漏油等一系列故障。

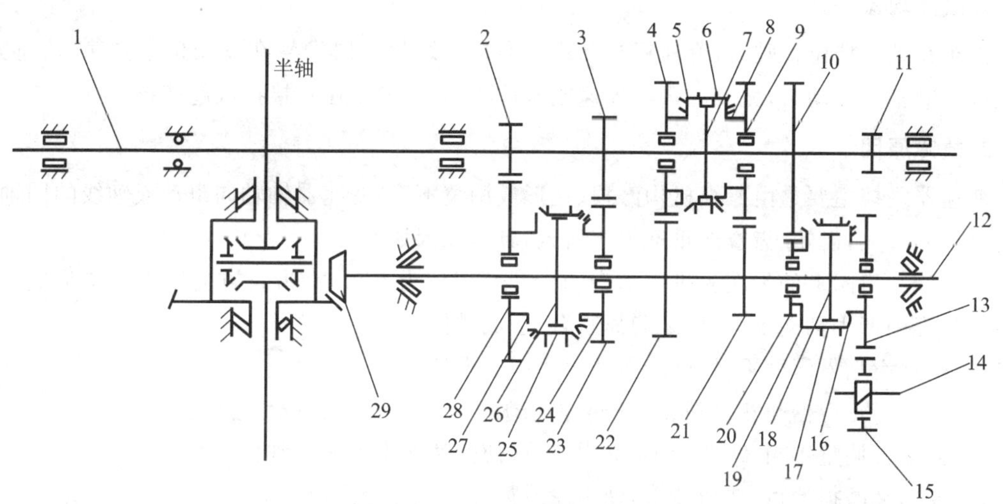

图9-9　奥迪100轿车变速器传动简图

1—输入轴；2、3、4、9、10—一、二、三、四、五挡主动齿轮；5、8、16、19、24、27—同步器锁环；6、17、25—同步器接合套；7、18、26—同步器花键毂；11、13—倒挡主、从动齿轮；12　输出轴；14　倒挡齿轮轴，15　倒挡中间轴；20、21、22、23、28—五、四、三、二、一挡从动齿轮；29—主减速器主动锥齿轮

变速器操纵机构有手动和自动之分，下面以手动普通机械变速器为例进行变速器的故障分析。手动普通机械变速器的常见故障部位和故障原因如表9-2所示。

表 9-2　手动普通机械变速器的常见故障部位和故障原因

序　号	故障部位	故障现象及危害	故障原因
1	壳体	漏油，跳挡，松动，冲击震动，异响	破裂，端面不平，衬垫损坏，变形，形位误差超标
2	轴承	撞击，卡滞，异响	磨损松旷，座孔失圆，钢球、支架剥落
3	齿轮	跳挡，撞击，异响	齿面剥落，断裂，磨损松旷，齿轮不配套
4	第一轴	异响	与曲轴向轴度超差，键槽齿磨损
5	第二轴	轴向窜动，跳挡，异响	磨损，弯曲变形，固定螺母松动
6	同步器	跳挡，换挡困难	锁销松旷，锥盘、锥环磨损擦伤
7	锁止机构	跳挡，乱挡	磨损，失效
8	变速叉轴	跳挡，挂挡困难	磨损，弯曲变形
9	拨叉	齿轮不能正常啮合，跳挡	弯曲变形，磨损，固定螺钉松动
10	变速杆	换挡困难，乱挡	球头磨损，定位销松旷，下端面磨损
11	油封	漏油	损坏，密封不良

一、变速器跳挡(脱挡)

1. 故障现象

汽车在某一挡位行驶时，变速杆自动跳回空挡。跳挡一般发生在发动机中高速、负荷突然变化或车辆剧烈震动时，尤其在重载加速或爬坡时，且多发生在直接挡或超速挡。

2. 故障原因

变速器跳挡主要是由操纵机构磨损、变形或调整不当，变速器轴轴向窜动或轴线的同轴度、平行度误差过大，齿轮、齿圈严重磨损等所致，具体原因如下。

(1)齿轮、齿圈上的齿在先进入啮合的一端磨损较为严重，沿齿长方向磨损不均形成锥形，在传动过程中产生轴向推力，使之脱离啮合，造成跳挡。

(2)啮合齿啮入深度不足，同步器严重磨损或损坏。

(3)滑移齿轮键槽与花键毂花键齿磨损松旷。

(4)操纵杆调整不当、弯曲变形、磨损严重，使变速叉不能完全到位。

(5)变速叉磨损严重、弯扭变形，使齿轮或齿套不能完全到位。

(6)变速叉轴弯曲或磨损，导致锁紧机构工作不可靠。

(7)锁止装置的定位球、锁销及凹槽磨损，定位弹簧过软，导致锁紧机构工作失效。

(8)变速器轴、轴承严重磨损松旷或轴向间隙过大。

(9)变速器轴的同轴度、平行度误差过大。

(10)变速器第二轴前端固定螺母松动、变速器固定螺栓松动。

3. 故障诊断与排除

变速器跳挡故障应按图 9-10 所示的诊断流程进行检查与排除。

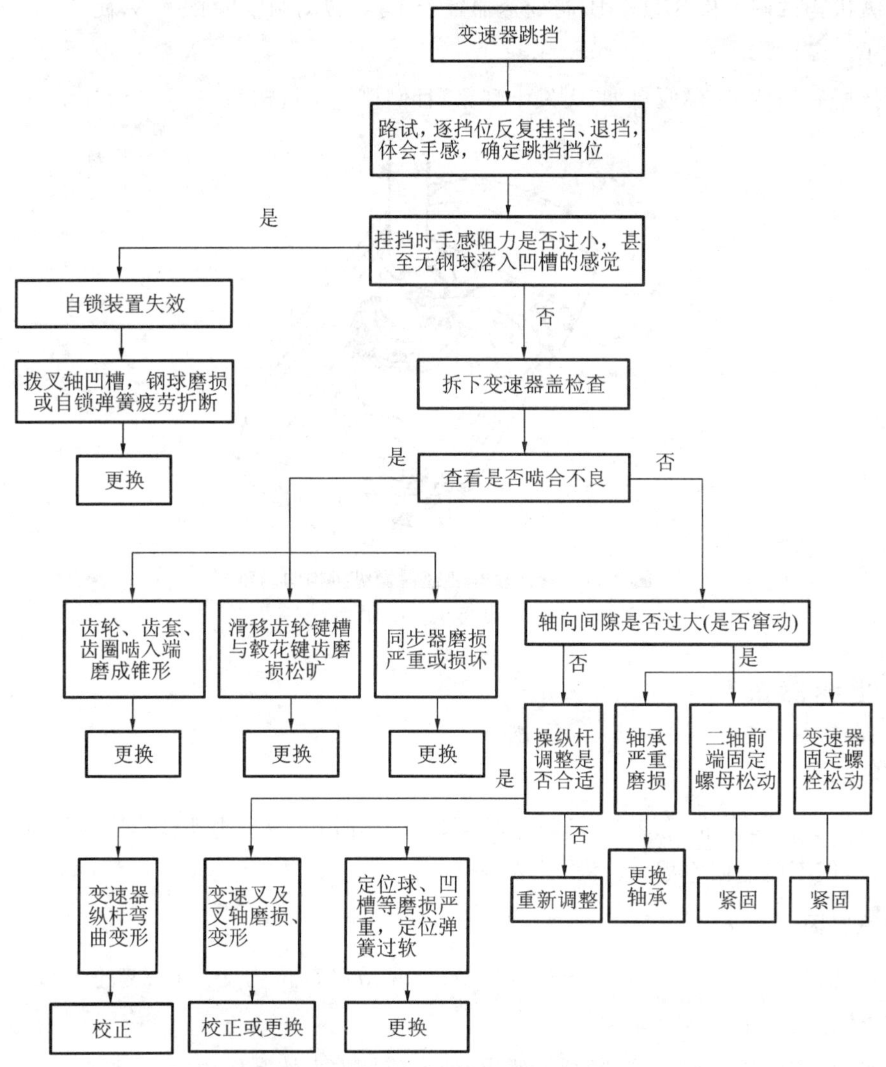

图 9-10　变速器跳挡的故障诊断流程

(1)确定跳挡的挡位。在行驶过程中将变速杆挂入某挡，稍收油门，若变速杆自动跳回，则可诊断为该挡跳挡。

(2)若变速器直接挡跳挡，但并未发现变速器其他故障，则应检查第一轴与曲轴同轴度。

(3)变速器挂挡时，变速杆阻力甚小或无阻力，且该挡跳挡，多为变速叉轴自锁不良。

(4)挂挡时变速杆移动距离变短，且该挡跳挡，说明齿轮啮入深度不足，多是变速叉磨损或向一侧弯曲变形所致。

(5)变速器维修后出现跳挡时，应考虑变速器在装配时改变了原来的配合状况，如花键毂方向装反等。

(6)变速器操纵机构的调整。车型不同，操纵机构的调整要求也不同。捷达轿车变速器操纵机构的调整过程如下。

①将变速器置于空挡位置，松开夹箍。

②拆卸换挡手柄及防尘罩，放入专用定位夹具 U-40026(不要夹得太紧)。

③旋紧夹箍螺栓，试挂所有挡位，换挡应轻便，之后取下专用工具。

④操纵机构微调。松开螺栓 B，将变速器置于 1 挡，转动调整偏心环 A，使 $a=15$ mm，拧紧螺栓 B，如图 9-11 所示。

⑤试挂所有挡位，应轻便自如，无发卡现象，且倒挡锁止机构有效。

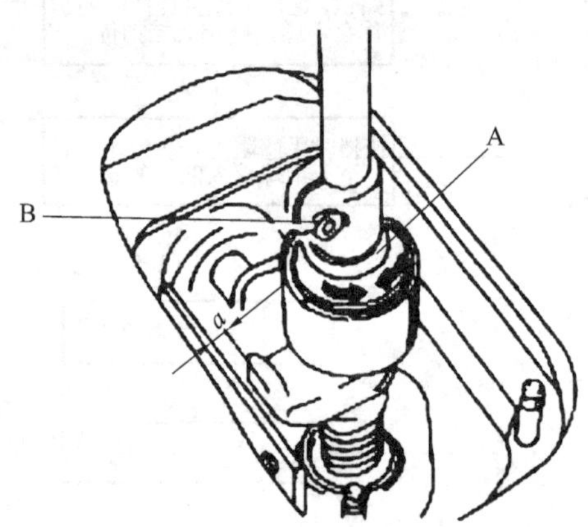

图 9-11　捷达轿车变速器操纵机构的调整

A—调整偏心环；B—螺栓

二、变速器乱挡

1. 故障现象

离合器技术状况正常，汽车起步挂挡或行驶中换挡时，变速杆不能挂入所需挡位，或虽能挂入所需挡位，但不能退回空挡，或一次挂入两个挡位。

2. 故障原因

变速器乱挡的主要原因是其操纵机构失效，常见故障部位为变速杆、变速叉与叉轴及互锁装置，其具体原因如下。

(1)变速杆定位销磨损松旷、断裂或脱出，使变速杆失去控制作用，任意乱摆。

(2)变速杆下端弧形工作面磨损过大，不能正确拨动变速叉或导块。

(3)变速叉弯曲、下端面或变速叉导块磨损过度。

(4)变速叉轴弯曲，互锁销、钢球或凹槽磨损过甚，失去互锁作用。

(5)第二轴前端滚针轴承烧结，使第一轴和第二轴连成一体。

3. 故障诊断与排除

(1)摆动变速杆，若变速杆能成圈转动，则为定位销折断或脱出；若变速杆摆动幅度较大，则为定位销磨损过甚。出现以上两种情况时均应更换定位销，并调整变速杆。

(2)若变速器只能挂挡，不能退回空挡，且变速杆可以转动引起错挡，则为变速杆下端球面或导块、变速叉凹槽磨损过甚。若变速杆摆动量甚大，不能退回空挡位置，则说明变速杆下端弧形工作面已脱出导块、凹槽或变速叉拨槽，必须对其进行焊补修复或更换。

(3)若能同时挂入两个挡位，则说明互锁销、钢球磨损过甚而失去互锁作用，必须予以更换。

(4)若除空挡和直接挡外，其他挡位均不能正常工作，则应检查第二轴前端滚针轴承是否烧结而使一、二轴连成一体，若是，则应予以清除、更换。

三、变速器换挡困难

1. 故障现象

离合器工作良好，变速杆不能正常挂上挡位，或者勉强挂入挡位后，又很难退回。

2. 故障原因

变速器换挡困难的主要原因为操纵机构和同步器失效，具体原因如下。

(1)变速叉轴弯曲变形，严重锈蚀，端头出现毛刺，移动困难。

(2)变速叉或导块、凹槽磨损严重，换挡时变速杆从槽中滑出，造成挂挡、摘挡困难。

(3)锁止钢球或凹槽严重磨损，导致定位不准，挂不上挡，还可能出现乱挡。

(4)变速杆调整不当。

(5)同步器损坏或严重磨损。

3. 故障诊断与排除

(1)检查变速杆有无损坏，调整是否正常，并视情调整、校正或更换。

(2)查看齿轮齿端倒角是否过小、是否出现毛刺，若出现此类情况，则应予更换。

(3)检查变速叉轴能否正常移动，变速叉及导块凹槽是否磨损过度，锁紧螺钉有无松动，视情修复或更换。

(4)检查锁止机构的钢球、凹槽的磨损情况，视情修复或更换。

(5)检查各同步器，失效则更换。

(6)若上述各项均正常，则需检查变速器齿轮及轴的装配和配合情况，若不正常，则应重新装配。

四、变速器异响

1. 故障现象

变速器异响是指变速器内发出不正常响声，主要表现如下。

(1)变速器空挡异响。发动机怠速运转，变速器处于空挡时即有异响，踩下离合器踏板后响声消失。有的空挡异响不明显，但在汽车起步、离合器处于半接合状态时有强烈的金属摩擦声。

(2)直接挡工作无异响，其他挡均有异响。

(3)低速挡有异响，高速挡时响声减弱或消失。汽车在一、二挡及倒挡行驶时异响明显，高速挡(直接挡或超速挡)行驶时，响声减弱或消失。

(4)变速器个别挡有异响。汽车行驶时，只在某一挡位有异响。

(5)变速器各挡均有异响。汽车以各挡行驶时，变速器均有异响，车速越高，响声越大。

2. 变速器异响部位

变速器异响较复杂，异响部位较多，发出的响声也不同。

(1)齿轮啮合异响。一般是“刚啷、刚啷”的相互撞击声，与道路条件有关。当车速相对稳定时，响声减弱或消失;在变速器温度升高、润滑油较稀时响声较为严重。

(2)轴承异响。滚动轴承剥落破损、磨蚀松旷及润滑不良等，均会产生“哗啦啦”的响声，同时还会影响齿轮的正常啮合，齿轮异响随之产生，其响声随车速的改变而改变。

(3)变速叉凹槽异响。在汽车运行中时有时无，尤其在不平路面上行驶时，操纵杆摆动会发出一种较为沉闷、无节奏的声音，握住操纵手柄时响声即消失。

(4)其他异响。金属干摩擦声及轮齿折断、变速器内异物所造成的异响。

3. 故障原因

(1)新更换的齿轮副不匹配或单独更换了一个齿轮，破坏了原来的配合。

(2)轮齿磨损过度，齿侧间隙变大，导致齿面撞击声响。

(3)齿轮齿面损伤或齿轮断裂、个别齿折断，造成较为强烈的金属敲击声响。

(4)同步器严重磨损、锁环滑块槽严重磨损及环齿折断均会产生不正常响声。

(5)齿轮油不足或变质，将导致各运动副润滑不良，出现金属干摩擦声响。

(6)各轴弯曲变形，同轴度、垂直度误差过大，影响了齿轮的正常啮合和轴承的正常运转。

(7)滑移齿轮齿槽与花键齿磨损严重、配合松旷，导致主、从动齿轮相互撞击，产生异响。

(8)变速器壳体磨损、变形及总成定位不良，破坏了各齿轮副、轴承及花键齿的配合精度，是导致变速器异响的重要原因。

(9)变速操纵机构中，变速杆及变速叉变形、松动及过度磨损均会造成异响。

4. 故障诊断与排除

变速器异响与挡位、齿轮副转速、负荷等因素均有关系。挡位不同，齿轮副转速不同，参加工作和承受载荷的零件也不同，因而异响部位也不同。

(1)在汽车行驶中，若听到变速器部位有金属干摩擦声，触摸变速器外壳感到烫手，则为润滑油不足或变质，应按规定添加或更换变速器润滑油。

(2)变速器空挡异响的故障诊断。变速器空挡时，承受负荷的仅有第一轴常啮合齿轮及其轴承。

①发动机怠速运转，变速器置空挡时有异响，拉紧驻车制动后响声加重，踩下离合器踏板后响声即消失。若行驶中响声并不明显，用听诊器或金属棒触听变速器前端，异响较其他部位强烈，则为第一轴后轴承及其承孔磨损松旷。

②在上述工况下，若变速器有不均匀的噪声，拉紧驻车制动后响声更大，汽车行驶中响声也清晰，则多为常啮合齿轮啮合不良。变速器轴同轴度、垂直度误差过大，会导致齿轮啮合不良，产生异响，且在非直接挡行驶时响声增大。

③发动机怠速运转，变速器有明显噪声，转速提高时噪声增大并转为齿轮撞击声。可先轻轻推拉变速杆，若有明显震动感，可旋松变速器盖固定螺栓，将盖微微移动，若移至某种程度时响声减轻或消失，则说明变速器盖定位失准，应重新定位、安装。若响声不变，则应检查变速叉有无松动、变形，若有，则应进行校正和紧固。

(3)直接挡工作无异响，其他挡均有异响的故障诊断。普通变速器在直接挡工作时，中间轴和第二轴前轴承并不承受负荷，而在其他挡工作时，二者均有负荷。其诊断过程如下。

①若在任一非直接挡工作时，变速器均有连续的金属敲击声，并伴有变速杆的前后振摆，则说明第二轴前滚针轴承损坏。

②在任一非直接挡工作时，均有连续的沉闷噪声，且在毗邻直接挡的低速挡噪声尤重，多为

中间轴前轴承或后轴承损坏。

③若以任一非直接挡行驶时变速器突然出现强烈的“当当”的金属敲击声，则多为第一轴常啮合齿轮副个别齿折断。

④出现上述情况后可拆下变速器盖予以验证。若第二轴前端径向间隙过大，则说明滚针轴承不良；若中间轴径向间隙过大，则说明其两端轴承不良；啮合齿轮损伤可直接目测。

(4)低速挡有异响，高速挡时响声减弱或消失的故障诊断。变速器在一、二挡和倒挡运转时传递扭矩较大，且一、二挡齿轮又接近二轴后轴承，因此在低速挡时轴承负荷比高速挡时大得多，若有损坏则特别容易在一、二挡时表现出来。

①架起驱动桥，启动发动机，使变速器在一、二挡或倒挡运转。查听异响并辅之以听诊器或金属棒听诊，可确诊异响部位在第二轴后轴承及倒挡齿轮处。

②停车并将变速器置于空挡，放松驻车制动。径向晃动第二轴凸缘，若其径向间隙过大，则说明第二轴后轴承松旷或损坏。

(5)变速器个别挡异响的故障诊断。变速器个别挡异响多为在异响挡位工作时，承受负荷的齿轮、轴承磨损或损坏所致。

①若某挡有异响，则可能是该挡齿轮啮合不良或齿面剥落损伤、断齿等，可拆下变速器盖予以验证。

②若更换某挡齿轮后该挡产生异响，则为单独更换了一个齿轮，破坏了原来的配合所致。

(6)变速器各挡均有异响的故障诊断。变速器各挡均有异响，多为变速器壳严重磨损、变形所致。

①变速器在各挡运转时均有连续而沉闷的异响，且挂挡吃力，变速器温度过高。其原因是第二轴弯曲或壳体的轴孔中心距偏小而使齿轮啮合间隙过小。

②汽车在各挡行驶时，变速器均有杂乱噪声，车速越高，噪声越大，多为更换中间轴或第二轴后轴承后使齿轮啮合位置改变所致。若二轴与各滑动齿轮花键配合松旷，则在高速挡行车时响声明显，特别是突然踩下加速踏板时，响声更为清晰。

(7)汽车运行中时有时无，尤其在不平路面上行驶时，操纵杆摆动会发出一种较沉闷、无节奏的响声，而握住手柄时响声即消失，一般为变速叉凹槽磨损或操纵杆下端工作面磨损所致，可焊补修复或更换。

(8)若上述检查均正常，则应检查变速器螺栓螺母是否松动，变速器内有无异物等。

五、变速器过热

1. 故障现象

汽车在行驶中可听到金属摩擦声，行驶一段路程后，用手触摸变速器，有过热烫手的感觉。

2. 故障原因

(1)齿轮油不足，齿轮油黏度过小或型号不对。

(2)齿轮啮合间隙过小。

(3)轴承装配过紧。

3. 故障诊断与排除

(1)用手触摸变速器,若发热烫手则说明变速器过热。

(2)检查油面和油质。必须按原厂规定的型号及油面高度(油量)加注润滑油,如捷达轿车需加入1.5 L SAE80 G50或SAE75W-90润滑油。

(3)对于新修的变速器,应检查齿轮啮合间隙或轴向间隙是否过小、轴承是否过紧等。

六、变速器漏油

变速器漏油是指变速器盖、前后轴承盖或其他部位渗漏润滑油,其主要原因为各轴油封、油堵、衬垫等密封不良,或回油螺纹积污、磨损变浅,或润滑油过多、壳体破裂等,可根据油迹来判断漏油部位、查找漏油原因,并及时予以排除。

【任务实施】

问题1　说出奥迪轿车手动变速器一挡的动力传动路线。

问题2　说明手动变速器异响的故障原因。

学习任务4　万向传动装置及驱动桥的故障诊断

【任务导入】

若车辆在行驶中发生万向传动装置及驱动桥异响,可在维修厂举升车辆进行传动轴和驱动桥的性能测试,判断故障原因和部位,制定维修方案,排除故障。

【知识准备】

一、万向传动装置的故障诊断

汽车经常在复杂的道路上行驶,传动轴便是在其角度和长度不断变化的情况下传递扭矩的。万向节轴承磨损松旷、各连接处松动、传动轴弯曲变形等,均会导致异响与振抖。万向传动装置的常见故障部位和故障原因如表9-3所示。

表9-3　万向传动装置的常见故障部位和故障原因

序　号	故障部位	故障现象及危害	故障原因
1	传动轴	严重摆振	凹陷、弯扭变形、安装不当、平衡块脱落
2	万向节	异响	装配不当、转动不灵活、轴颈磨损
3	中间支承	异响	装配歪斜、支架螺栓松动、减振胶垫裂损
4	中间轴承	异响	润滑不良、内座圈松旷、轴承损坏
5	十字轴轴承	异响	轴颈磨损松旷、滚针断碎、润滑不良
6	万向节滑动叉	异响	花键齿配合松旷、轴承座孔磨损

1. 汽车起步时有撞击声，行驶中始终有异响

1）故障现象

汽车起步时传动轴有撞击声，行驶中当车速变化或高速挡低速行驶时也会出现撞击声，整个行驶过程中响声不断。

2）故障原因

此故障为连接松旷所致，具体原因如下。

（1）传动轴各凸缘连接处有松动。

（2）万向节轴承磨损松旷。

（3）中间轴承支架固定螺栓松动，内座圈松旷。

（4）后钢板弹簧U形螺栓松动。

3）故障诊断与排除

（1）汽车行驶中突然改变车速时，总有一声金属敲击响，多为个别凸缘或万向节轴承松旷所致，应紧固凸缘或更换轴承。

（2）制动减速时，传动轴出现沉重的金属敲击声，应检查并紧固后钢板弹簧螺栓。

（3）若起步和改变车速时，撞击声明显，汽车低速行驶比高速行驶时异响明显，则为中间轴承内座圈静配合松动，应重新压配或更换轴承。

（4）起步或行驶中，始终有明显异响并有震动，多为中间轴承支架固定螺栓严重松动所致，重新拧紧则异响消失。

（5）停车，检测其游动间隙或目测并晃动传动轴各部，即可找出松旷部位。

2. 起步时无异响，行驶中却有异响

1）故障现象

汽车起步时虽无异响，但加速时异响出现，脱挡滑行时异响仍然十分清晰。

2）故障原因

（1）万向节装配过紧，转动不灵活。

（2）传动轴两端万向节不在同一平面内，破坏了传动轴的等速排列。

（3）中间轴承球架散离、轴承滚道损伤、轴承磨损松旷或润滑不良。

（4）中间轴承支架安装偏斜，或轴承在支架中的位置不正。

3）故障诊断与排除

（1）低速行驶时出现清脆而有节奏的金属敲击声，脱挡滑行时声响仍清晰存在，多为万向节轴承壳压紧过甚使之转动不灵活所致，一般发生在维修之后。

（2）汽车行驶时，车速加快响声增大，脱挡滑行时尤为明显，直到停车时才消失，一般为中间轴承响。若响声混浊、沉闷而连续，则说明轴承散架，可拆下传动轴挂挡运转，验证响声是否出自中间轴承。

若响声是连续的“呜呜”声，则应检查中间轴承支架橡胶垫圈、紧固螺钉是否过紧或过松而使轴承位置偏斜，可旋松轴承盖螺栓。若响声消失，则说明中间轴承安装偏斜；若仍有响声，则应检查轴承的润滑情况。若响声杂乱，时而出现不规则的撞击声，则应检查传动轴万向节叉的等速排列情况。

(3)若高速时传动轴有异响,脱挡滑行时异响也不消失,则应检查中间轴承座圈表面是否有损伤以及支架的安装情况。

3. 行驶中有异响并伴随车身振抖

1)故障现象

车速超过中速时出现异响,且车速越快响声越大,达到一定速度时车身振抖,车门、方向盘等强烈振响。若此时空挡滑行,振抖更强烈,降到中速时振抖消失,但传动轴异响仍然存在。

2)故障原因

(1)传动轴弯曲、平衡块脱落或轴管凹陷破坏了动平衡。

(2)传动轴凸缘和轴管焊接时歪斜。

(3)中间轴承支架垫圈磨损松旷。

(4)万向节十字轴回转中心与传动轴同轴度误差过大。

(5)传动轴万向节滑动叉花键配合松旷,变速器输出轴上的花键与凸缘花键槽磨损过甚。

3)故障诊断

(1)若为周期性异响,且车速越快响声越大,则应检查传动轴是否弯曲,平衡块有无脱落,传动轴套管是否凹陷,万向节滑动叉花键配合是否松旷。可检查传动轴游隙或用手晃动传动轴,若有晃动感则可确诊为花键齿或各部螺栓松动、万向节轴及滚针磨损松旷。

(2)举起汽车或支起驱动桥,挂入高速挡,查看传动轴摆振情况。如果抬起加速踏板,当车速突然下降时摆振更大,则为凸缘和轴管焊接歪斜或传动轴弯曲所致,可拆下传动轴,检查是传动轴弯曲、轴管凹陷,还是凸缘和轴管焊接处歪斜。

(3)若连续振响,则应检查中间轴承支架垫圈径向间隙是否过大。松开中间轴承支架螺栓,发动机怠速运转,挂入低速挡,查看摆动情况。若摆动量较大,则可拆下中间轴检查。若既不弯曲又没有摆量或摆量不大,则说明凸缘与轴管焊接良好,其故障为中间轴支架孔偏斜。若中间轴承无故障,则应检查万向节十字轴回转中心与传动轴的同轴度。

二、驱动桥的故障诊断

驱动桥一般由主减速器、差速器、半轴和桥壳等组成,万向传动装置传来的动力依次经主减速器、差速器、半轴传给驱动轮。在汽车行驶中,轴承磨损松旷、损伤,齿轮啮合不良,齿面损伤及壳体变形等,会使驱动桥出现异响、过热和漏油等故障。

按汽车的驱动形式不同,驱动桥有前驱动桥和后驱动桥之分。在此主要介绍后驱动桥的故障诊断。

1. 后驱动桥异响

1)在行驶时后驱动桥发响,脱挡滑行时响声减弱或消失

这种异响的主要表现是:行驶时发响,车速加快响声增大,脱挡滑行时响声减弱或消失。其故障原因如下。

(1)圆锥及圆柱主、从动齿轮、行星齿轮及半轴齿轮等啮合间隙过大,或半轴齿轮花键槽与半轴配合松旷。

(2)圆锥主、从动齿轮啮合不良或啮合间隙不均、齿面损伤或轮齿折断。

(3)半轴齿轮与行星齿轮不配套。

后驱动桥传递动力时产生异响，滑行时异响明显减弱或消失，说明异响与各齿轮副的齿隙及啮合情况有关，这是诊断的重要依据。后驱动桥异响的故障诊断流程如图9-12所示。

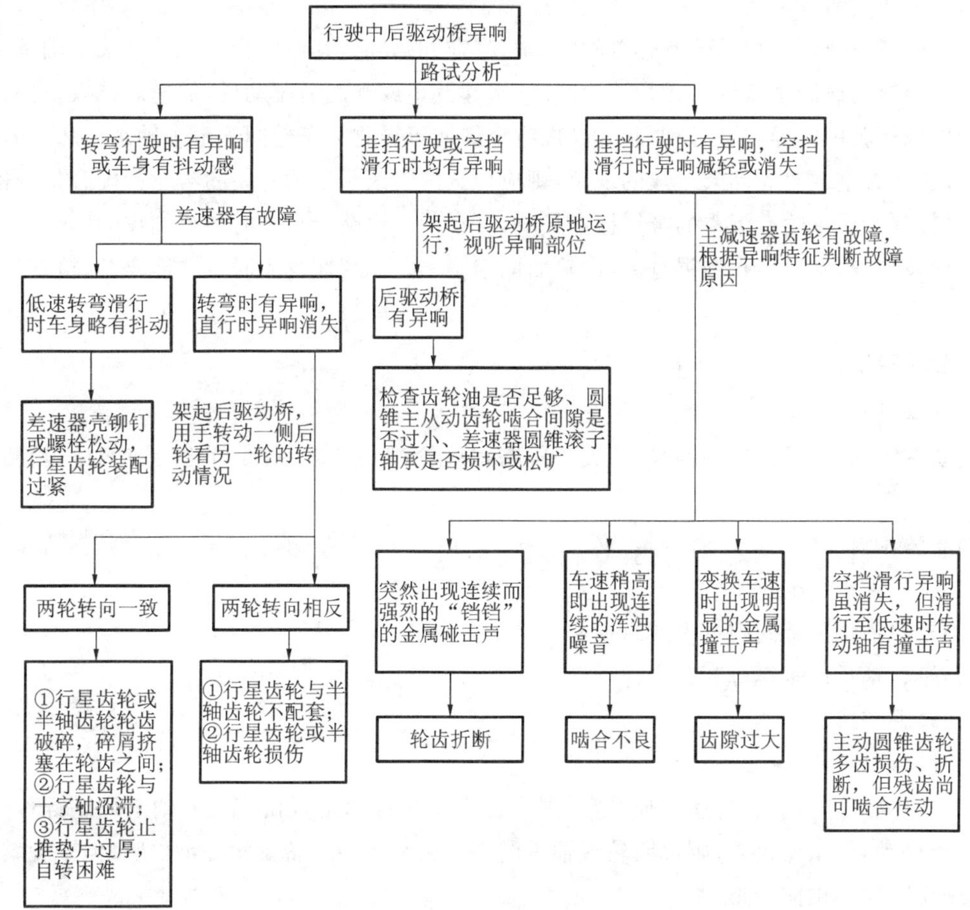

图9-12 后驱动桥异响的故障诊断流程

2)汽车行驶时后驱动桥发出异响，脱挡滑行也不消失

这类异响的故障原因如下。

(1)圆锥、圆柱主动齿轮轴承松旷，多为轴承磨损、凸缘螺母松动或轴承调整不当所致。

(2)差速器圆锥滚子轴承松旷，多为磨损、调整不当或轴承盖固定螺母松动所致。

(3)轴承间隙过小，预紧力过大，齿轮啮合间隙过小。

(4)润滑油不足。

诊断时应注意，这种异响与传动轴异响相似，但往往在车速变慢时更为明显。

3)汽车直线行驶时良好，转弯时后驱动桥有异响

产生这种异响的主要原因如下。

(1)差速器行星齿轮与半轴齿轮不配套，使齿轮啮合不良。

(2)行星齿轮、半轴齿轮磨损、折断或行星齿轮轴磨出台阶、止推垫片过薄，在转弯时因行星齿轮自转而发出异响。

(3)主减速器圆锥、圆柱从动齿轮与差速器壳的固定螺栓或铆钉松动。

(4)润滑油不足。

4)上、下坡时后驱动桥异响

若上坡时后驱动桥发响,则为齿轮啮合间隙过小;若下坡时后驱动桥发响,则为齿轮啮合间隙过大;若上、下坡时后驱动桥都有异响,则为齿轮啮合印痕不符合要求或轴承松旷。

5)后车轮发响

(1)汽车低速行驶时,后轮有轻微的“哗啦、哗啦”的异响,其原因为后轮圆锥滚子轴承损坏、轴承外座圈松动或制动鼓内有异物。诊断时,举起汽车或支起后驱动桥,加速后挂入空挡,如果其后轮出现行驶中的异响,则说明制动鼓内有金属屑等异物或车轮圆锥滚子轴承损坏。若除有异响外,还伴有重载时制动鼓过热的现象,则应检查圆锥滚子轴承外座圈与轮毂配合是否松旷。

(2)行驶中后车轮有沉重的金属撞击异响,且在不平道路上行驶时异响加重,其原因可能为车轮轮辋破碎、轮胎螺栓孔磨损过大,使轮胎固定不牢。发现此现象时应立即停车,检查后轮轮辋的技术状况。

2. 后轮转动异常

1)故障现象

制动系统正常,后轮转动困难,行驶一段路程后轮毂发热烫手,或后轮旋转偏摆,轮胎磨损异常。

2)故障原因

(1)轮毂轴承装配过紧。

(2)轮毂轴承装配间隙过大或磨损松旷。

(3)轮毂轴承调整螺母和锁紧螺母松动。

(4)轮辋变形。

3)故障诊断

(1)若后轮旋转偏摆、轮胎磨损异常,则应检查车轮轴承是否松旷。若轴承调整螺母、锁紧螺母并未松动,但车轮松旷,则说明轮毂轴承磨损或调整不当。若车轮并不松旷,但车轮转动时偏摆,则说明轮辋拱曲变形。

(2)若后轮轮毂过热,可抽出半轴,架起车轮,若车轮转动阻力过大,则说明轴承装配过紧,否则应检查润滑脂是否足够。

3. 过热

当汽车行驶一定里程后,以手触摸主减速器壳,若有无法忍受的烫手感,则为过热。手摸轴承部位,能忍受其热度但不能长久停留时,仍为适合温度。若不能忍受,则说明轴承装配过紧,应重新调整。普通过热多为齿轮啮合间隙过小、润滑油不足所致,应重新调整齿轮啮合间隙,加足润滑油。

4. 后驱动桥漏油

后驱动桥漏油主要是主减速器油封、半轴油封损坏或安装不当,与油封接触的轴颈磨损或表面有沟槽,衬垫损坏或紧固螺钉松动,润滑油过多等原因造成的,可根据油迹判断漏油部位并排除。

5. 前驱动桥的故障诊断

现代轿车多采用前轮驱动方式,主减速器、差速器与变速器组装在一起,没有单独的驱动桥桥壳。前驱动桥主减速器或差速器故障可参照后驱动桥同类故障做出判断，同时应注意等速万向节工作不良引起的故障。

6. 传动系统异响的综合诊断

传动系统异响较为复杂，应视情诊断，确定异响部位。传动系统异响的故障诊断流程如图9-13所示。

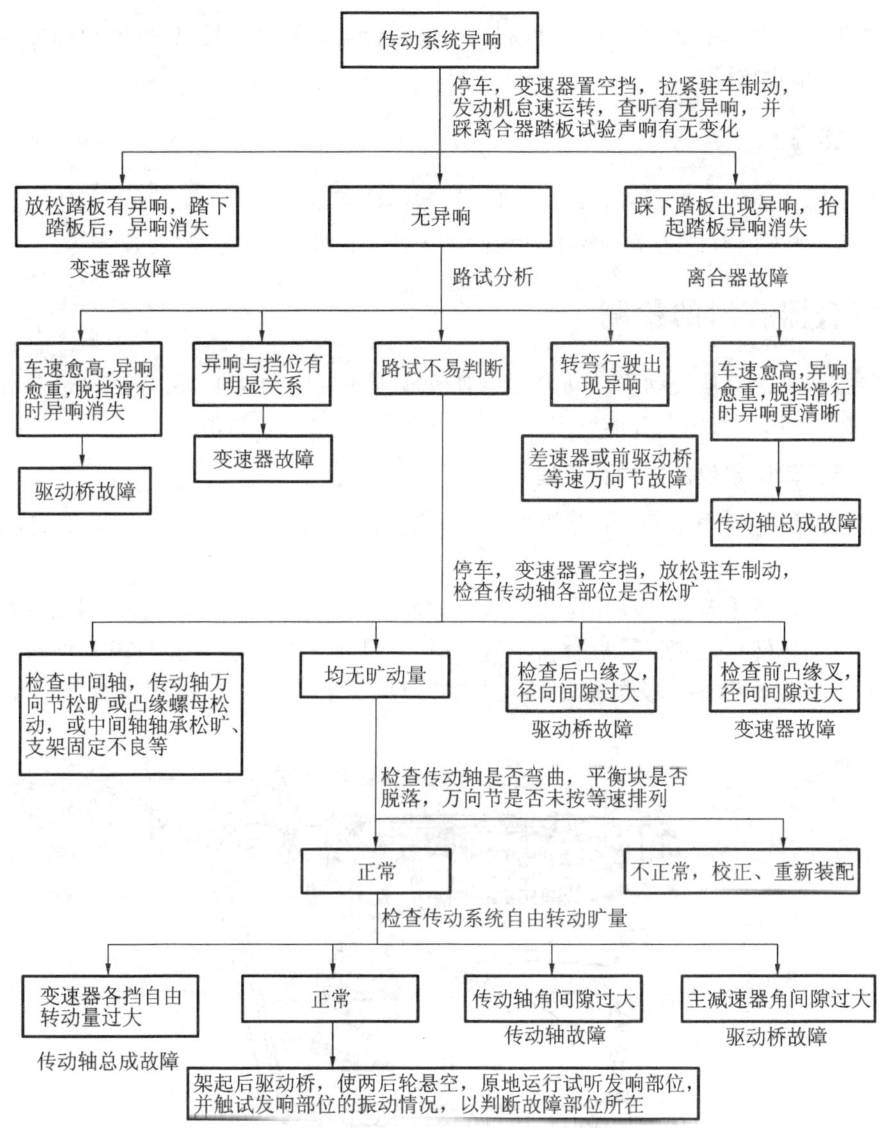

图9-13 传动系统异响的故障诊断流程

【任务实施】

问题1 举起汽车或架起驱动桥，挂入高速挡，查看传动轴摆振情况，如果抬起加速踏板，当车速突然下降时摆振更大，则为________________或____________所致，可拆下传动轴，检查是传动轴弯曲、轴管凹陷，还是凸缘和轴管焊接处歪斜。

问题2 造成驱动桥异响的根本原因是驱动桥的传动部件________________，______________不当或__________________不良，一般情况下均应拆卸驱动桥进行检修。

学习任务5　传动系统的仪器检测

【任务导入】

若车辆在行驶中发生动力不足，则可利用仪器对传动系统进行检测，判断故障原因和部位，制定维修方案，排除故障。

【知识准备】

在汽车不解体的情况下，使用仪器既可以检测传动系统的技术参数，如滑行距离、功率消耗和游动角度等，又可以对传动系统的主要部件进行检测诊断，如离合器、变速器等。

一、离合器打滑的检测

离合器打滑不仅会使发动机的动力不能有效地传递到驱动轮上，还会使离合器磨损加剧、过热、烧焦甚至损坏。使用离合器频闪测定仪可检测离合器是否打滑。

1. 离合器频闪测定仪的结构和原理

离合器频闪测定仪由电源（车上的蓄电池）、透镜、电容、电阻和闪光灯等组成，如图 9-14 所示。

该仪器由发动机火花塞的高压电极输入电脉冲信号，火花塞每跳火一次，闪光灯就亮一次，闪光频率与发动机转速成正比。离合器不打滑时，传动轴上的设定点会与闪光点同步动作，传动轴似乎处于不转动状态。若传动轴上设定点转速滞后于闪亮点动作，则说明离合器存在打滑现象。

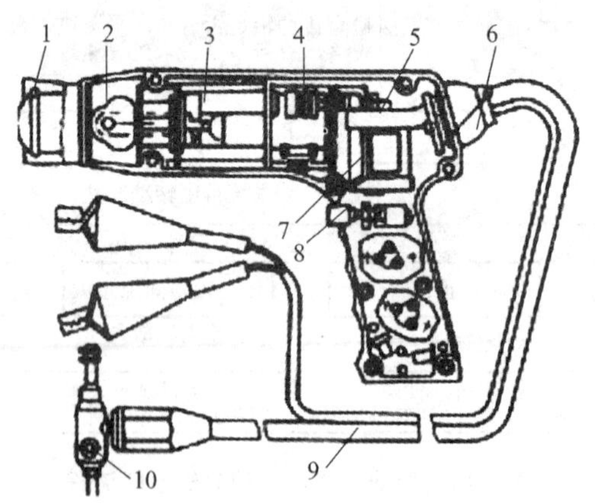

图 9-14　离合器频闪测定仪

1—透镜；2—闪光灯；3—电阻器；4—电容器；5—二极管；6—座套；7—变压器；8—开关；9—导线；10—传感接头

2. 离合器频闪测定仪的使用方法

离合器打滑的检测可以在底盘测功试验台上或车速表试验台上进行，无试验台的可支起驱动轮进行检测。检测时，变速器应挂入直接挡并加油，使车轮原地运转，必要时可给试验台滚筒增加负荷或使用行车制动器，以增加驱动轮和传动系统的负荷。将闪光灯发出的光亮点投射到传动轴上的某点。若离合器不打滑，则传动轴上的某点与光亮点同步；若离合器打滑，则传动轴上的某点与光亮点不同步。

二、传动系统游动角度的检测

汽车传动系统游动角度常用指针式游动角度检测仪和数字式游动角度检测仪进行检测。以指针式游动角度检测仪为例，介绍游动角度检测仪的结构、原理及应用。

1. 指针式游动角度检测仪的结构与原理

指针式游动角度检测仪由指针、刻度盘、测量扳手等组成。在测量过程中，指针固定在驱动桥主动轴上，刻度盘固定在主减速器壳上，如图 9-15(a)所示。测量扳手一端带有 U 形卡嘴，以便卡在十字万向节上。为了适应多种车型，卡嘴上带有可更换的钳口。测量扳手另一端有指针和刻度盘，可指示转动扳手的转矩值，如图 9-15(b)所示。

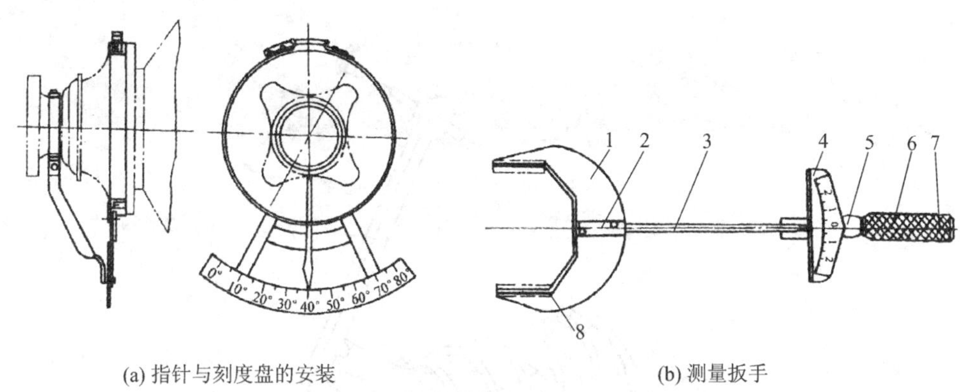

(a) 指针与刻度盘的安装　　(b) 测量扳手

图 9-15　指针式游动角度检测仪

1—卡嘴；2—指针座；3—指针；4—刻度盘；5—手柄；6—手柄套筒；7—定位销；8—可换钳口

检测传动系统游动角度时，将检测扳手卡在万向节上，用不小于 30 N·m 的转矩转动，使之从一个极端位置转到另一个极端位置，刻度盘上指针转过的角度即所测游动角度。

2. 指针式游动角度检测仪的应用

检测离合器和变速器的游动角度。放松制动器，离合器处于接合状态，视必要可支起驱动桥。测量扳手仍卡在变速器后端万向节的主动叉上，依次挂入各挡，即可获得不同挡位下从离合器到变速器的游动角度。

检测驱动桥的游动角度。变速器挂空挡，松开驻车制动器，驱动轮制动，将测量扳手卡在驱动桥主动轴万向节的从动叉上，即可测得驱动桥的游动角度。

检测万向传动装置的游动角度。与测驱动桥游动角度的方法基本相同，只是扳手卡在变速器后端万向节的主动叉上。此时获得的游动角度减去游动桥的游动角度，即万向传动装置的游动角度。

对上述三段游动角度求和，即可获得传动系统的游动角度。

三、数字式游动角度检测仪及检测方法

数字式游动角度检测仪的检测范围为 0°～30°，使用的电源为直流 12 V。

1. 结构与原理

数字式游动角度检测仪由倾角传感器和测量仪两部分组成，两者以电缆相连。

1)倾角传感器

倾角传感器的作用是将其外壳随传动轴游动的倾斜角转换为相应频率的电振荡。传感器外壳是一个长方形的壳体，其上部开有 V 形缺口，并配有带卡扣的尼龙带，因而可方便地固定在传动轴上。倾角传感器结构示意图如图 9-16 所示。图中弧形线圈固定在外壳中的夹板上，弧形铁氧体磁棒通过摆杆和心轴支承在夹板的两轴承上，因此可绕心轴轴线摆动。在重力作用下，摆杆与重力方向始终保持某一夹角 α_0。当传感器外壳倾斜角度不同时，弧形线圈内弧形磁棒的长度亦随之不同，产生的电感量亦不同，因而也就改变了电路的振荡频率。可见，传感器实际上是一个倾角-频率转换器。为使传感器摆动后能迅速处于平衡状态，传感器外壳内装有变压器油。

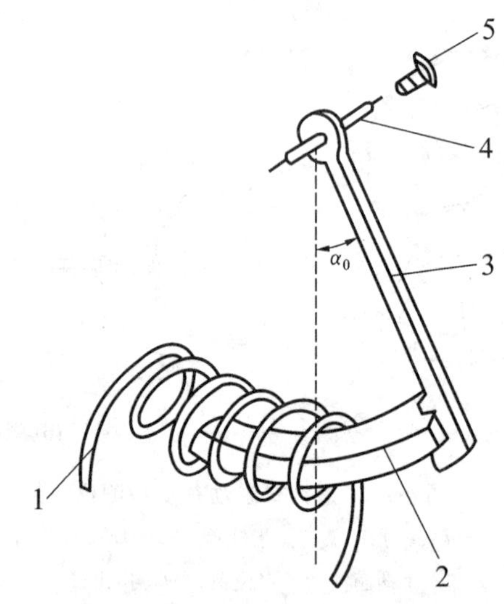

图 9-16 倾角传感器结构示意图

1—弧形线圈；2—弧形铁氧体磁棒；3—摆杆；4—心轴；5—轴承

2)测量仪

测量仪是一台专用的数字式频率计，由于采用了与传感器特性相应的初始置数的措施，因而能直接显示传感器的倾角。

仪器采用 PMOS 数字集成电路。由传感器送来的振荡信号经计数门进入主计数器，在置成的补数基础上累计脉冲数。计数结束后，在锁存器接收脉冲作用下，将主计数器的结果送入寄存器，并由荧光数码管将结果显示出来，将游动范围内两个极端位置的倾角读出，其差值即游动角度。

2. 使用方法

将测量仪接好电源，用电缆把测量仪和传感器连接好，先按使用说明书的要求对仪器进行自校，再将转换开关扳到“测量”位置上，即可进行实测。在汽车传动系统中，最便于固定倾角传感器的部位是传动轴。因此，在整个检测过程中，该传感器一直固定在传动轴上。

1)万向传动装置的游动角度

把传动轴置于驱动桥游动范围的中间位置或将驱动桥支起，拉紧驻车制动器。左、右旋转传动轴至极端位置，测量仪便直接显示出固定在传动轴上的传感倾斜角度，将两个极端位置的倾斜角度记下，其差值即万向传动装置的游动角度。此角度不包括传动轴与驱动桥之间的万向节的游动角度。

2）离合器与变速器及各挡的游动角度

放松驻车制动器，将变速器挂入选定挡位，离合器处于接合状态，传动轴置于驱动桥游动范围中间位置或将驱动桥支起。左、右旋转传动轴至极端位置，测量仪便显示出传感器的倾斜角度。求出两极端位置倾斜角度的差值，便可得到一游动角度值。该游动角度减去已测得的万向传动装置的游动角度，即离合器与变速器在该挡位下的游动角度。按同样的方法，依次挂入各挡位，便可测得离合器与变速器各挡位下的游动角度。

3）驱动桥的游动角度

变速器置于空挡位置，松开驻车制动器，踩下制动踏板将驱动轮制动。左、右旋转传动轴至极端位置，即可测得驱动桥的游动角度。该角度包括传动轴与驱动桥之间万向节的游动角度。

对于多桥驱动的汽车，分别将传感器固定在变速器与分动器之间的传动轴、前桥传动轴、中桥传动轴和后桥传动轴上，可以检测每段传动轴的游动角度。

在测量仪上读取数值时应注意，显示的角度值在0°～30°的范围内有效，出现大于30°的情况时，可将固定在传动轴上的传感器适当转过一定角度。若其中一极限位置为0°，另一极限位置超过30°，则说明该段游动角度已大于30°，超出了仪器的测量范围。

四、传动系统游动角度诊断参数标准

目前，我国尚无游动角度的诊断参数标准，根据国外资料，中型载货汽车传动系统游动角度及各分段游动角度应不大于下面的数据（仅供诊断时参考）。

离合器与变速器的游动角度为5°～15°，驱动桥的游动角度为55°～65°，万向传动装置的游动角度为5°～6°，传动系统的游动角度为65°～86°。

【任务实施】

问题1　简述离合器频闪测定仪的使用方法。

问题2　如何利用指针式游动角度检测仪检测离合器和变速器的游动角度？

问题3　如何利用数字式游动角度检测仪检测驱动桥的游动角度？

项目 10 自动变速器的故障诊断

【案例引入】

一辆雷克萨斯自动变速器轿车，行驶了 168 351 km。最近车主发现车辆在行驶到 40 多千米时会挫动一下，以往只是感觉轻微抖动，现在抖动越来越严重，同时感觉车辆在起步提速时没有以往迅速，于是到维修店进行检查。

学习任务 1 制定自动变速器换挡冲击的故障诊断方案

【任务导入】

认识自动变速器的故障现象和故障特点，理解换挡冲击的形成机理，从自动变速器工作原理出发分析故障常见部位与原因，根据车辆故障现象和车型特点制定故障的诊断方案。

【知识准备】

一、自动变速器的常见故障现象与部位

1. 自动变速器的组成

现代轿车多装有电控液动式自动变速器，变速器主要由液力变矩器、行星齿轮变速器、液压控制系统和电子控制系统等组成，其组成和控制原理示意图如图 10-1 所示。

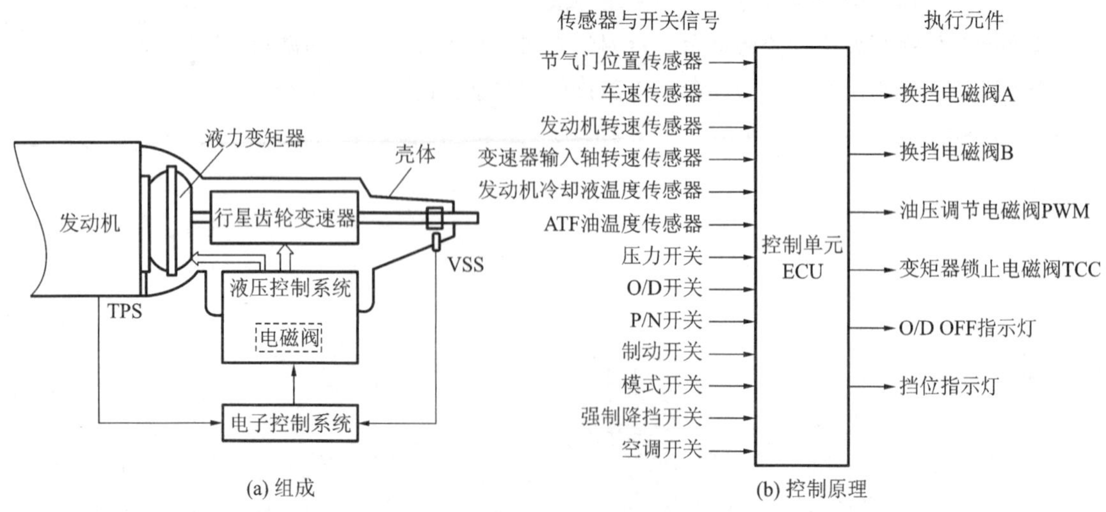

图 10-1 自动变速器的组成和控制原理示意图

(1)液力变矩器。它与发动机飞轮相连,利用液力传动原理,将发动机动力传给行星齿轮变速器的输入轴。液力变矩器由泵轮、涡轮和带单向离合器的导轮组成,为实现直接传动,还带有锁止离合器。宝来轿车液力变矩器组成示意图如图 10-2 所示。

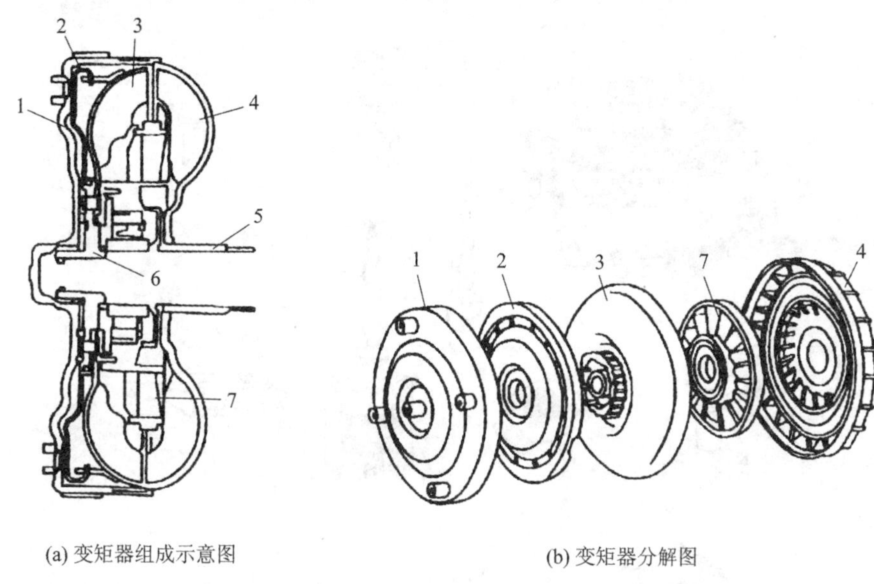

(a) 变矩器组成示意图　　(b) 变矩器分解图

图 10-2　宝来轿车液力变矩器组成示意图

1—液力变矩器壳;2—锁止离合器;3—涡轮;4—泵轮;
5—变矩器轴套;6—花键套;7—导轮

(2)行星齿轮变速器。它是自动变速器的主要组成部分,多采用双排、三排辛普森式或拉维萘尔赫式,一般具有 3~5 个前进挡和一个倒挡。

(3)液压控制系统。它主要由油泵、调压控制阀、换挡阀、蓄压器及离合器、制动器等组成,各种控制阀均安装在位于行星齿轮变速器下方的阀体总成内,由变速器控制单元通过各种电磁阀进行控制,实现自动换挡。

(4)电子控制系统。它主要由控制单元、传感器、调压和换挡电磁阀、各种开关和故障警示装置等组成。传感器将发动机和汽车的行驶参数转变为电信号输送给控制单元,控制单元根据设定的换挡规律通过电磁阀控制液压控制系统,实现自动换挡。车型不同,电子控制元件的配置也不相同。捷达轿车自动变速器的电子控制元件如图 10-3 所示。

2. 自动变速器的常见故障现象

自动变速器的常见故障现象主要为汽车不能行驶、加速无力、换挡冲击过大、不能升挡、无超速挡、无前进挡、无倒挡、不能强制降挡、挂挡后发动机已熄火、锁止离合器不能锁止、锁止离合器不能分离、自动变速器油易变质、异响等。

自动变速器的结构和工作原理较复杂,导致自动变速器故障的原因很多,情况也比较多样,可能是调整不当或电子控制系统有故障,也可能是油泵、变矩器、控制阀、换挡执行元件等有故障,盲目拆卸分解往往找不出产生故障的真正原因,甚至会损坏自动变速器。在诊断过程中,应利用各种检测仪器和手段,按照由外到内、由简到繁的步骤和程序,先对电子控制系统进行检测,然后对相关部件进行相应调整,最后再进行分解检修,切忌盲目拆卸。

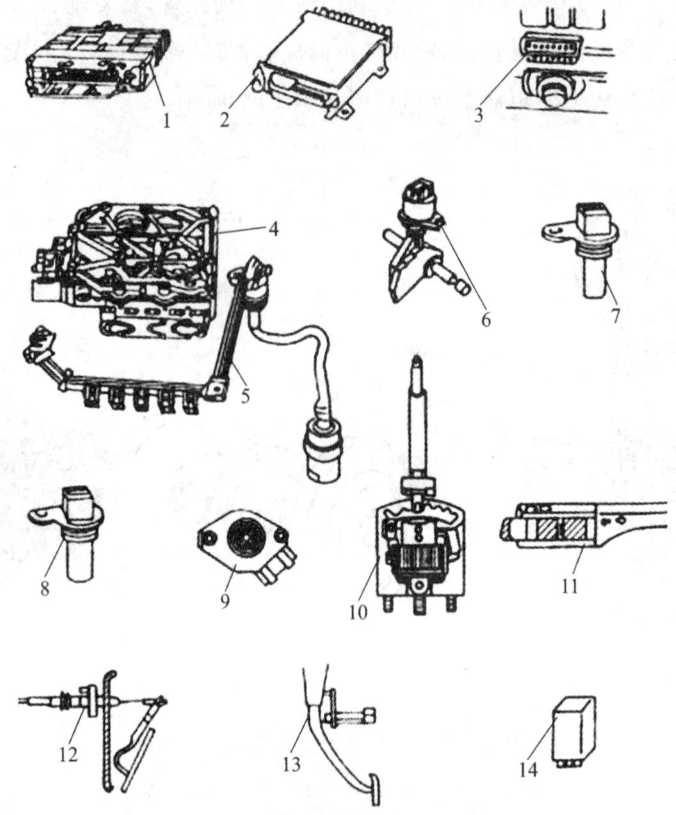

图 10-3　捷达轿车自动变速器的电子控制元件

1—自动变速器控制单元 J217；2—发动机控制单元；3—自诊断接口；4—阀体总成；5—传输线；
6—多功能开关 F125；7—变速器转速传感器；8—车速传感器；9—节气门电位计 G69；
10—操纵杆锁止电磁阀 N110；11—速度调节装置开关 E45；12—强制降挡开关 F8；
13—制动灯开关 F；14—启动锁和倒车灯开关继电器 J226

3. 自动变速器的常见故障部位和故障原因

自动变速器的常见故障部位和故障原因如表 10-1 和表 10-2 所示。

表 10-1　自动变速器故障原因分析表

故 障 现 象	可 能 原 因
发动机运转，但车辆在各挡位均不能行驶	1,11,12,15,16,35,44,45
车辆在 2 挡位不能行驶	3,22,30,48,49
车辆在 D4、D3、1 挡位不能行驶	29,46,47
车辆在 R 挡位不能行驶	17,18,28,32,51,52
在 D4、D3、2、1 挡位失速	1,11,15,16,35,36
在 D4、D3、1 挡位失速	11,47
在 2 挡位失速	49
在 R 挡位时失速高	51

续表

故障现象	可能原因
失速低	6,40,42,43,37
发动机怠速不稳	1,6,15,37,41,42,43
车辆在N挡位时移动	2,21,47,49,50,51,53,54,55
从N挡位换到D4、D3挡位过慢，且震动过大	5,7,11,12,17,19,21,24,27,29,33,47
从N挡位换到R挡位过慢，且震动过大	5,7,11,12,17,21,28,32,51
不能换挡	18
在D4挡位不能换挡，不能升到4挡位	3,13,14,25
在D4、D3挡位不能换挡	4,17,23,27
在D4、D3、1挡位不能换挡	4,23,26
操纵手柄在所有位置震动过大	7,19,20,21
1挡升2挡或2挡降1挡时震动过大	5,9,21,24,29,30,33,34,47,49
2挡升3挡或3挡降2挡时震动过大	5,10,21,24,30,31,34,49,50
3挡升4挡或4挡降3挡时震动过大	5,21,24,31,32,50,51
操纵手柄在所有位置时变速器均有噪声	15,56
车速大于50 km/h时车辆不能加速	40
操纵手柄在所有位置时均有震动	41
操纵手柄操纵不顺畅	8,11,12
操纵手柄不能换至P挡位	11,12,57
锁止离合器不分离	6,7,37,38,39,43
锁止离合器操纵不顺畅	6,7,36,37,38,39,43
锁止离合器不接合	6,7,13,14,36,37,38,43
A/T挡位位置指示灯不显示操纵手柄位置	8,11,12
车速里程表工作不正常	14
在N挡位时车辆跳动	53,58,59

表10-2 自动变速器故障原因数字代码的含义

代码	故障原因	代码	故障原因
1	ATF油不足	31	3挡蓄压器故障
2	ATF油过多	32	4挡蓄压器故障

续表

代码	故障原因	代码	故障原因
3	换挡控制电磁阀 A 故障	33	1 挡单向阀球卡滞
4	换挡控制电磁阀 B 故障	34	2 挡单向阀球卡滞
5	换挡控制电磁阀 C 故障	35	ATF 滤网堵塞
6	锁定控制电磁阀故障	36	液力变矩器单向阀故障
7	A/T 离合器压力控制电磁阀 A/B 故障	37	锁止换挡阀故障
8	A/T 挡位位置开关故障或调节失灵	38	锁止控制阀故障
9	2 挡离合器压力开关故障	39	锁止正时阀故障
10	3 挡离合器压力开关故障	40	液力变矩器单向离合器故障
11	换挡拉线破损调节失灵	41	驱动盘故障或变速箱组装不当
12	换挡拉线与变速箱接头或变速箱体磨损	42	发动机输出功率低
13	主轴转速传感器故障	43	锁止离合器活塞故障
14	中间轴转速传感器故障	44	主轴磨损损坏
15	ATF 泵磨损或堵塞	45	主减速器齿轮磨损损坏
16	调节阀卡滞或弹簧磨损	46	1 挡齿轮磨损损坏(两个齿轮)
17	换挡拨叉轴卡滞	47	1 挡离合器故障
18	调节阀故障	48	2 挡齿轮磨损损坏(两个齿轮)
19	CPC 阀 A 故障	49	2 挡离合器故障
20	CPC 阀 B 故障	50	3 挡离合器故障
21	隔板节流孔中有异物	51	4 挡离合器故障
22	换挡阀 A 故障	52	倒挡齿轮磨损损坏(三个齿轮)
23	换挡阀 B 故障	53	离合器间隙不当
24	换挡阀 C 故障	54	滚针轴承接触面胶合或磨损损坏
25	换挡阀 D 故障	55	止推垫圈接触面胶合或磨损损坏
26	换挡阀 E 故障	56	液力变矩器壳体或变速箱箱体轴承磨损损坏
27	伺服控制阀故障	57	驻车制动机构故障
28	倒挡 CPC 阀故障	58	修理或组装不当
29	1 挡蓄压器故障	59	齿轮间隙不当
30	2 挡蓄压器故障		

二、自动变速器换挡冲击现象与原因分析

一般自动变速器换挡冲击会表现在车辆行驶过程中，自动变速器换挡时有比较明显的车辆挫车感，或者车辆在滑行时降挡也会感觉到车辆自动变速器内部有撞击的情况，另外车辆在起步时，由停车挡或空挡挂入倒挡或前进挡时感觉有明显震动，这些都是变速器换挡冲击的表现。

自动变速器出现换挡冲击时，结合“故障树”的逻辑分析方法，可以从换挡的输出扭矩变化、机械执行机构、液压控制系统和电控系统几方面分析其故障原因与部位。

1. 发动机输出扭矩异常

发动机输出扭矩异常会影响自动变速器的换挡规律和换挡特性。当发动机动力性能下降时，会使自动变速器的升挡时间推迟，挡位、车速、节气门开度不符合常用规律，容易误判为自动变速器故障，此时换挡会造成冲击。故障原因主要有发动机相关油电路故障、发动机进气增压系统工作异常、排气管堵塞、电控单元间传输信号线路故障等。

2. 自动变速器机械故障

自动变速器机械故障主要是指换挡结合元件中离合器或制动器摩擦片漏装错装、卡簧装配不到位、异常磨损等造成的间隙值异常，包括：多片式离合器或制动器内减振片变形、磨平、漏装和装反，单向超越离合器损坏、卡滞或装反，变矩器锁止离合器摩擦片磨损间隙大，变矩器及变速器内相关传动件轴向间隙异常等。

3. 液压控制系统故障

液压控制系统故障主要是指油压及相关控制调节阀体工作异常。前者的影响因素包括油泵损坏、主油路堵塞或泄漏、滤网堵塞、油量异常、油质不良。后者的影响因素包括：油路阀体内相关挡位的换挡阀、油压调节器、增压阀泄漏（交叉渗漏导致主油压增压失控）或卡滞，换挡缓冲装置中止回节流阀节流孔堵塞，单向球阀磨损、错位和丢失，塑胶球受热变形，顺序动作阀和制动带滑行调节阀卡滞或泄漏，储能器活塞及其背压调节阀卡滞或泄漏等。

4. 电控系统故障

电控系统故障可以从输入信号、执行器、电控单元三方面进行分析。影响换挡冲击的输入信号元件主要有节气门位置传感器、油门踏板位置传感器、输入轴转速传感器、输出轴（车速）传感器、自动变速器油压传感器和油温传感器、挡位开关、强制降挡开关等。执行器部分主要有换挡电磁阀、主油压调节电磁阀、变矩器锁止电磁阀、电子节气门等。涉及电控单元的问题主要是电控单元进入失效保护或应急模式、基本设置和自适应不正确、编码错误等程序问题及电控单元硬件损坏，还有电控系统的信号传输线路故障等。

三、故障诊断流程

液力变矩器、换挡执行元件、阀体、电控系统或其他任何部件出现故障，都会影响自动变速器的正常工作。由于自动变速器不易拆装，当出现故障和工作不正常时，盲目拆卸分解往往找不出产生故障的真正原因，甚至会损坏自动变速器。因此，应利用各种检测仪器和手段，按照由外到内、由简到繁的步骤和程序，诊断出故障原因，有针对性地进行检修。电控液力自动变速器的换挡冲击的故障诊断流程如图 10-4 所示。

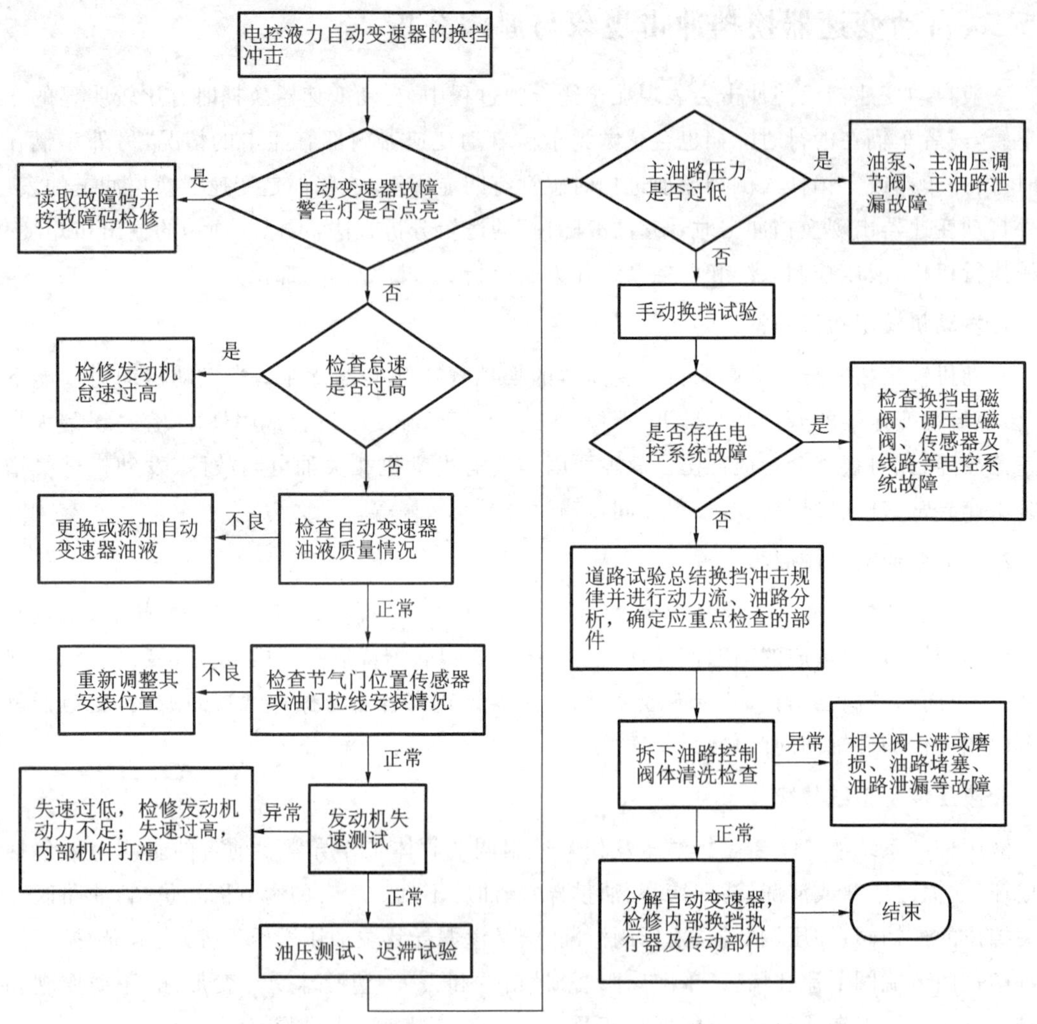

图 10-4　电控液力自动变速器的换挡冲击的故障诊断流程

【任务实施】

问题 1　请描述自动变速器换挡冲击现象。

问题 2　分析自动变速器出现换挡冲击的故障原因与部位。

问题 3　结合车辆实际情况，制定自动变速器的换挡冲击的故障诊断流程。

学习任务 2　自动变速器的故障诊断方法

【任务导入】

熟悉自动变速器电控系统的工作过程和原理，分析可能产生故障的原因，利用多种方法读取自动变速器的故障码，确定故障排除方案并进行检修。

【知识准备】

一、自动变速器故障诊断方法

自动变速器可采用人工经验法和现代仪器设备诊断法进行故障诊断，其机械故障需要依靠维修经验进行人工检测和分析，但人工经验法对电子控制系统的诊断准确性差、效率低，而现代仪器设备诊断法往往只能对电子控制系统进行检测，因此自动变速器的最佳诊断方法是二者的结合，即现代仪器设备诊断法＋人工经验诊断法。

电子控制自动变速器的控制单元内部有一个自诊断电路，它能在汽车行驶过程中不断监测自动变速器控制系统的故障，并将故障以代码的形式记录在控制单元内。维修人员可以采用特定的方式将故障代码从控制单元中读出，为自动变速器电控系统的检修提供依据。

自动变速器的检测仪器很多，有专用和通用两种形式。专用检测仪是汽车制造公司为本公司生产的汽车专门设计和生产的，这种检测仪只用于指定车型，如美国通用公司的 Tech 2 和德国大众公司的 V.A.G 1551/1552 等。通用检测仪可以检测不同车型的电脑，如美国 Snap-on 公司生产的 Scanner MT2400、MT2500 汽车电脑解码器，美国 LAE 公司生产的 OTL 汽车电脑解码器，元征公司生产的 431ME 汽车故障电脑分析仪，美国 TranX2000 自动变速器检测仪等。大部分故障检测仪能够读出自动变速器的故障代码。

二、自动变速器故障代码的读取方法

1. LS400 轿车自动变速器故障代码的人工读取方法

LS400 轿车以仪表盘上的“O/D OFF”指示灯作为自动变速器控制系统的故障警示灯，当超速挡开关置于“ON”位时，若打开点火开关或汽车行驶中“O/D OFF”指示灯不停地闪烁，则说明自动变速器的控制系统有故障。在读取故障代码时，不要将超速挡开关置于“OFF”位，否则“O/D OFF”指示灯将一直发亮，无法读取故障代码。其读码方法如下。

(1)打开点火开关，但不要启动发动机，按下超速挡开关，使之置于“ON”位。

(2)用跨接线连接 TDCL 或检测专用连接器的端子 TT(故障自诊断触发端)和 E1(搭铁)，此时“O/D OFF”指示灯将闪烁。

(3)根据自动变速器故障警示灯的闪亮规律读出故障代码。

若自动变速器控制系统工作正常，电控单元内没有故障代码，则故障警示灯以每秒 2 次的频率连续闪亮；若自动变速器电控单元内存在故障代码，则故障警示灯以每秒 1 次的频率闪亮，并将两位数故障代码的十位数和个位数先后用故障警示灯的闪亮次数表示出来。当电脑内储存有多个故障代码时，电控单元会按故障代码的大小，依次将储存的所有故障代码显示出来，相邻两个故障代码之间的停顿时间为 2.5 s。当所有故障代码全部显示完毕后，停顿 4.5 s，再重新开始显示。表 10-3 所示为 LS400 轿车自动变速器的故障代码及含义。

表 10-3　LS400 轿车自动变速器的故障代码及含义

故障代码	含　义	故障代码	含　义
42	1 号车速(车速表)传感器无信号	63	2 号换挡电磁阀不工作
46	4 号(油压)电磁阀不工作	64	3 号(锁止)电磁阀不工作
61	2 号车速传感器无信号	67	O/D 直接挡转速传感器无信号
62	1 号换挡电磁阀不工作	68	自动跳合开关一直闭合

2. 大众捷达轿车自动变速器故障代码的仪器读取方法

捷达轿车利用专用故障阅读仪 V.A.G 1551 读取故障代码，其操作步骤如下。

(1)断开点火开关，连接故障阅读仪 V.A.G 1551 及自诊断连接线。打开点火开关，显示屏显示：

Schnelle Datenübertragung Adre β wort eingeben　×× 快速数据传递 输入地址码　××

(2)按下“0”和“2”键(02 为地址码“变速器电子装置”)，显示屏显示：

Sechnelle Datenübertragung　Q 02　Getriebeelektronik 快速数据传递　Q 02　变速器电子装置

(3)按“Q”键继续操作，直至显示屏显示：

Schnelle Datenübertragung Funktion anwählen　×× 快速数据传递 功能选择　××

(4)按下“0”和“2”键(02 为功能“查询故障存储器”)，显示屏显示：

Schnelle Datenübertragung　Q 02　Fehlerspeicher abfragen 快速数据传递　Q 02　查询故障存储器

(5)按“Q”键确认，显示屏显示：

×　Fehler erkannt ×　有故障

(6)按下“→”键，直至显示最后一个故障码。故障代码在运作方式“快速数据传递”状态时可用 V.A.G 1551 打印机打印出来。

捷达轿车自动变速器的故障代码及故障排除方法如表 10-4 所示。

表 10-4 捷达轿车自动变速器的故障代码及故障排除方法

故障代码	可能的故障原因	排除方法
显示屏显示： 无故障	若显示“无故障”，则自诊断结束	自诊断“无故障”后，若自动变速器仍有故障，则必须按故障诊断程序继续查找故障
00258 电磁阀 1—N88	导线断路或对地短路； 电磁阀 1—N88 有故障	进行电气检查，按电路图检查导线和连接器； 读取测量数据块
00260 电磁阀 2—N89	导线断路或对地短路； 电磁阀 2—N89 有故障	进行电气检查，按电路图检查导线和连接器； 读取测量数据块
00262 电磁阀 3—N90	导线断路或对地短路； 电磁阀 3—N90 有故障	进行电气检查，按电路图检查导线和连接器； 读取测量数据块
00264 电磁阀 4—N91	导线断路或对地短路； 电磁阀 4—N91 有故障	进行电气检查，按电路图检查导线和连接器； 读取测量数据块
00266 电磁阀 5—N92	导线断路或对地短路； 电磁阀 5—N92 有故障	进行电气检查，按电路图检查导线和连接器； 读取测量数据块
00268 电磁阀 6—N93	导线断路或对地短路； 电磁阀 6—N93 有故障	进行电气检查，按电路图检查导线和连接器； 读取测量数据块
00270 电磁阀 7—N94	导线断路或对地短路； 电磁阀 7—N94 有故障	进行电气检查，按电路图检查导线和连接器； 读取测量数据块
00281 车速传感器 G68	导线断路； 车速传感器 G68 有故障； 主动齿轮上的脉冲叶轮松动	进行电气检查，按电路图检查导线和连接器； 读取测量数据块； 更换车速传感器 G68； 更换主动齿轮
00293 多功能开关 F125	开关状态不稳定； 导线断路； 多功能开关 F125 有故障	进行电气检查，按电路图检查导线和连接器； 读取测量数据块； 更换多功能开关 F125
00297 转速传感器 G38	导线断路； 转速传感器 G38 有故障	进行电气检查，按电路图检查导线和连接器； 读取测量数据块； 更换转速传感器 G38

续表

故障代码	可能的故障原因	排除方法
00300 油温传感器 G93	无法识别故障类型； 导线断路； 油温传感器 G93 有故障	进行电气检查，按电路图检查导线和连接器； 读取测量数据块； 更换油温传感器 G93
00518 节气门电位计 G69	信号超出允许值； 导线断路或短路； 节气门电位计 G69 有故障	如果还显示了故障 00638，则应先排除该故障； 进行电气检查，按电路图检查导线和连接器； 读取测量数据块； 更换节气门电位计 G69； 对系统进行基本调整
	对于六缸机、柴油机或带有 Simos 点火和喷射装置的四缸机，由于节气门电位计信号是由发动机控制单元传送给变速器控制单元的，因此故障原因可能是发动机控制单元或节气门电位计 G69 损坏	检查数据传输线和发动机控制单元； 更换节气门电位计 G69； 对系统进行基本调整
00529 无转速信号	导线断路	按电路图检查导线和连接器； 读取测量数据块； 检查发动机控制单元； 按当时发动机的故障代码进行相应检修
00532 电源电压	蓄电池损坏； 整流器电压过低	检查蓄电池； 读取测量数据块； 检查控制单元 J217 的电压； 进行电气检查
00545 发动机/变速器电气连接 1	导线断路或短路； 发动机/变速器控制单元未接上	按电路图检查导线和连接器； 读取测量数据块； 检查发动机控制单元； 按当时发动机的故障代码进行相应检修； 对系统进行基本调整
00596 整流器导线	短路； 传输线/阀体和线束间 10 孔连接器损坏； 连接阀体的传输线损坏	按电路图检查导线和连接器； 进行电气检查； 更换传输线

续表

故障代码	可能的故障原因	排除方法
00638 发动机/变速器电气连接2	无信号； 导线断路或短路； 发动机/变速器控制单元未接上	按电路图检查导线和连接器； 读取测量数据块； 检查发动机控制单元，若有需要，则更换相应元件； 对系统进行基本调整
00641 变速器油温度	温度信号过大； 变速器油温过高，自动换入相邻低挡； 汽车拖载过大； 变速器油位不正常，油温传感器损坏	检查油面高度； 读取测量数据块； 检查变速器油温； 更换传输线
00652 挡位监控不可靠信号	电气/液压故障； 离合器或阀体损坏	读取测量数据块； 在行驶中确定哪一挡有故障
00660 强制降挡开关/节气门电位计	导线断路； 节气门电位计G69损坏； 强制降挡开关F8损坏	按电路图检查导线和连接器； 按故障代码00518进行检修； 读取测量数据块； 进行电气检查； 调整或更换节气门拉线
65535 控制单元J217	控制单元J217损坏	更换控制单元； 对系统进行基本调整

三、自动变速器电子控制元件的检测方法

1. 自动变速器电子控制元件的仪器检测分析

不同的检测仪器，其测量结果的读取和显示方法也不相同。捷达轿车采用故障阅读仪V.A.G 1551进行数据测量，方法如下。

(1)连接故障阅读仪V.A.G 1551，输入地址码“02 变速器电子装置”，继续操作，选择功能“08 读取测量数据块”，按“Q”键确认，显示屏显示：

Me β wertblock lesen Anzeigegruppennemmer eingeben ××
读取测量数据块 输入显示组号码 ××

(2)输入显示组号码，按“Q”键确认。故障阅读仪V.A.G 1551可选择显示组号码表如表10-5所示。

表 10-5 故障阅读仪 V.A.G 1551 可选择显示组号码表

显示组	显示区	说明	显示组	显示区	说明
01	1 2 3 4	选挡杆位置 节气门电位计电压 加速踏板位置值 开关位置	05	1 2 3 4	自动变速器油温 换挡输出 将要挂入挡位 发动机转速
02	1 2 3 4	电磁阀 6-N93 实际电流 电磁阀 6-N93 额定电流 蓄电流电压 车速传感器 G68 电压	06	1 2 3 4	无须考虑
03	1 2 3 4	车速 发动机转速 挂入挡位 加速踏板位置值	07	1 2 3 4	挂入挡位 锁止离合器打滑 发动机转速 加速踏板位置值
04	1 2 3 4	电磁阀 挂入挡位 选挡杆位置 车速	08	1 2 3 4	无须考虑

捷达轿车自动变速器仪器检测结果分析如表 10-6 所示。

2. 自动变速器电子控制元件的人工检测

(1)车速传感器。用万用表测量其电阻，捷达车阻值应为 800～900 Ω；用磁铁靠近车速传感器并迅速移开，反复进行几次，测量传感器信号电压，捷达车车速传感器信号电压应为 2.2～2.5 V。若不正常，则更换车速传感器。

(2)油温传感器。可将油温传感器放入盛有水的容器中加热，测量其在不同温度下的电阻值。捷达车油温传感器温度在 20 ℃时阻值约为 0.247 MΩ，60 ℃时阻值约为 48.8 kΩ，120 ℃时阻值约为 7.4 kΩ。若阻值不符，则应更换传感器。

(3)换挡电磁阀。测量电磁阀电阻，捷达车阻值应为 55～65 Ω；在电磁阀两端加 12 V 电压，电磁阀应有“咔嗒”声；对电磁阀施加 490 kPa 的压缩空气，检查电磁阀是否漏气，不通电时应密封，通电时应导通。若以上各项均不正常，则应更换电磁阀。

(4)调压电磁阀。测量电磁阀的电阻，捷达车阻值应为 4.5～6.5 Ω；将可变电源连接到电磁阀端子，逐渐增加电压，检查阀门的运动情况(供电电流不得超过 1 A)。随着电压的增加，阀门应缓慢伸出，切断电源后，阀门应缩回。若不正常，则应更换电磁阀。

(5)各种控制开关。自动变速器的控制开关较多，有超速挡开关、多功能开关、模式开关、强制降挡开关、制动开关等。通常用万用表检测开关端子的导通情况，开关导通时阻值极小(小于 1 Ω)，开关断开时阻值为无穷大。多功能开关触点较多，需分别检测。

表 10-6 捷达轿车自动变速器仪器检测结果分析

显示组	显示区	说　明	检查条件		V.A.G 1551 显示额定值	与额定值不符应采取的措施
01	1	变速杆开关——多功能开关 F125	选挡杆位置	P	P	检查多功能开关 F125，进行电气检查
				R	R	
				N	N	
				D	D	
				3	3	
				2	2	
				1	1	
	2	节气门电位计 G69 电压	节气门位置	最低怠速 最高怠速	0.156 V 0.8 V	从怠速到节气门全开的加速过程中，电压值应稳步升高； 六缸或带 Simos 多点喷射和点火装置的四缸发动机，应对发动机电控单元进行自诊断； 若有故障，则检查节气门电位计，进行基本设定
				节气门全开 最小 最大	3.5 V 4.680 V	
	3	加速踏板位置	节气门位置	怠速	0～1%	从怠速到节气门全开的加速过程中，百分数值稳步升高； 若有故障，则进行基本设定
				节气门全开	99%～100%	
	4	制动灯开关 F （显示的第 1 位数字）	制动踏板	踏下	1	检查制动灯开关 F，进行电气检查
				未踏下	0	
		牵引力控制系统 （显示的第 2 位数字）	起作用		1	仅指奥迪车
			不起作用		0	
		强制降挡开关 （显示的第 4 位数字）	强制降挡开关起作用		1	带节气门拉索的汽车检查强制降挡开关
			强制降挡开关不起作用		0	设有节气门拉索的汽车执行发动机自诊断，检查连接导线和连接器及数据总线线束

续表

<table>
<tr><th>显示组</th><th>显示区</th><th colspan="2">说　明</th><th colspan="2">检 查 条 件</th><th colspan="2">V.A.G 1551 显示额定值</th><th>与额定值不符应采取的措施</th></tr>
<tr><td rowspan="8">01</td><td rowspan="8">4</td><td rowspan="8">多功能开关 F125</td><td rowspan="2">显示的第5位数字</td><td colspan="2" rowspan="2">选挡杆位置</td><td>R、N、D、3、2</td><td>1</td><td rowspan="8">检查和调整换挡拉索；
检查多功能开关F125</td></tr>
<tr><td>P、1</td><td>0</td></tr>
<tr><td rowspan="2">显示的第6位数字</td><td colspan="2" rowspan="2">选挡杆位置</td><td>P、R、2、1</td><td>1</td></tr>
<tr><td>N、D、3</td><td>0</td></tr>
<tr><td rowspan="2">显示的第7位数字</td><td colspan="2" rowspan="2">选挡杆位置</td><td>P、R、D、N</td><td>1</td></tr>
<tr><td>3、2、1</td><td>0</td></tr>
<tr><td rowspan="2">显示的第8位数字</td><td colspan="2" rowspan="2">选挡杆位置</td><td>P、R、N</td><td>1</td></tr>
<tr><td>D、3、2、1</td><td>0</td></tr>
<tr><td rowspan="8">02</td><td rowspan="2">1</td><td colspan="2" rowspan="2">电磁阀 6-N93 实际电流值</td><td rowspan="2">选挡杆在 N 位</td><td>节气门全开</td><td colspan="2">0.0 A</td><td rowspan="4">当查找故障时，实际和额定电流不得相差 0.050 A；
进行基本设定；
检查电磁阀 N93</td></tr>
<tr><td>怠速最大</td><td colspan="2">1.1 A</td></tr>
<tr><td rowspan="2">2</td><td colspan="2" rowspan="2">电磁阀 6-N93 额定电流值</td><td>选挡杆在 N 位</td><td>节气门全开</td><td colspan="2">0.0 A</td></tr>
<tr><td></td><td>怠速最大</td><td colspan="2">1.1 A</td></tr>
<tr><td rowspan="2">3</td><td colspan="2" rowspan="2">蓄电池电压</td><td colspan="2">最小</td><td colspan="2">10.8 V</td><td rowspan="2">检查蓄电池，若有必要则更换；
检查控制单元 J127 的电源电压；
更换变速器控制单元 J127-01</td></tr>
<tr><td colspan="2">最大</td><td colspan="2">16.0 V</td></tr>
<tr><td rowspan="2">4</td><td colspan="2" rowspan="2">车速传感器</td><td colspan="2">最大</td><td colspan="2">2.20 V</td><td rowspan="2">检查车速传感器 G68，进行电气检查</td></tr>
<tr><td colspan="2">最大</td><td colspan="2">2.50 V</td></tr>
<tr><td rowspan="13">03</td><td>1</td><td colspan="2">车速</td><td colspan="2">汽车在行驶中</td><td colspan="2">km/h</td><td>与车速表读数可稍有不同</td></tr>
<tr><td>2</td><td colspan="2">发动机转速</td><td colspan="2">发动机运转中</td><td colspan="2">r/min</td><td>若有必要，则调整发动机</td></tr>
<tr><td rowspan="9">3</td><td colspan="2" rowspan="9">挂入挡位</td><td rowspan="9">在行驶中</td><td>空挡</td><td colspan="2">O</td><td rowspan="9">检查电磁阀，进行电气检查</td></tr>
<tr><td>倒挡</td><td colspan="2">R</td></tr>
<tr><td>1 挡液压</td><td colspan="2">1H</td></tr>
<tr><td>2 挡液压</td><td colspan="2">2H</td></tr>
<tr><td>2 挡机械</td><td colspan="2">2M</td></tr>
<tr><td>3 挡液压</td><td colspan="2">3H</td></tr>
<tr><td>3 挡机械</td><td colspan="2">3M</td></tr>
<tr><td>4 挡液压</td><td colspan="2">4H</td></tr>
<tr><td>4 挡机械</td><td colspan="2">4M</td></tr>
<tr><td rowspan="2">4</td><td colspan="2" rowspan="2">加速踏板位置值</td><td rowspan="2">在行驶中</td><td>怠速</td><td colspan="2">0～1%</td><td rowspan="2">从怠速到节气门全开的加速过程中，百分数值稳步升高</td></tr>
<tr><td>节气门全开</td><td colspan="2">99%～100%</td></tr>
</table>

续表

<table>
<tr><th>显示组</th><th>显示区</th><th>说　明</th><th colspan="2">检查条件</th><th>V.A.G 1551 显示额定值</th><th>与额定值不符应采取的措施</th></tr>
<tr><td rowspan="25">04</td><td rowspan="13">1</td><td rowspan="13">显示的电磁阀的工作状态：
显示 1：N88
显示 2：N89
显示 3：N90
显示 4：不考虑
显示 5：N92
显示 6：N94
电磁阀接合用“1”表示，未接合用“0”表示</td><td colspan="2">P</td><td>101000</td><td rowspan="13">根据行驶状况接通电磁阀，若有故障，则根据故障诊断程序进行故障诊断</td></tr>
<tr><td colspan="2">R</td><td>001000</td></tr>
<tr><td colspan="2">N</td><td>101000</td></tr>
<tr><td rowspan="4">D</td><td>1H(1M)</td><td>001000</td></tr>
<tr><td>2H(2M)</td><td>011000</td></tr>
<tr><td>3H(3M)</td><td>000001</td></tr>
<tr><td>4H(4M)</td><td>110000</td></tr>
<tr><td rowspan="3">3</td><td>1H(1M)</td><td>001000</td></tr>
<tr><td>2H(2M)</td><td>011000</td></tr>
<tr><td>3H(3M)</td><td>000001</td></tr>
<tr><td rowspan="2">2</td><td>1H(1M)</td><td>001000</td></tr>
<tr><td>2H(2M)</td><td>011000</td></tr>
<tr><td>1</td><td>1H(1M)</td><td>001000</td></tr>
<tr><td rowspan="9">2</td><td rowspan="9">挂入挡位</td><td rowspan="9">在行驶中</td><td>空挡</td><td>O</td><td rowspan="9">检查电磁阀</td></tr>
<tr><td>倒挡</td><td>R</td></tr>
<tr><td>1 挡液压</td><td>1H</td></tr>
<tr><td>2 挡液压</td><td>2H</td></tr>
<tr><td>2 挡机械</td><td>2M</td></tr>
<tr><td>3 挡液压</td><td>3H</td></tr>
<tr><td>3 挡机械</td><td>3M</td></tr>
<tr><td>4 挡液压</td><td>4H</td></tr>
<tr><td>4 挡机械</td><td>4M</td></tr>
<tr><td rowspan="7">3</td><td rowspan="7">选挡杆位置</td><td rowspan="7">在行驶中</td><td>P</td><td>P</td><td rowspan="7">检查和调整选挡杆拉索；
检查多功能开关 F125</td></tr>
<tr><td>R</td><td>R</td></tr>
<tr><td>N</td><td>N</td></tr>
<tr><td>D</td><td>D</td></tr>
<tr><td>3</td><td>3</td></tr>
<tr><td>2</td><td>2</td></tr>
<tr><td>1</td><td>1</td></tr>
<tr><td>4</td><td>车速</td><td colspan="2">在行驶中的速度</td><td>km/h</td><td>车速表显示值和 V.A.G 1551 显示值可略有不同</td></tr>
</table>

续表

显示组	显示区	说　明	检查条件		V.A.G 1551 显示额定值	与额定值不符应采取的措施
05	1	ATF 油温（应在 35～45 ℃的温度范围内检查）	发动机运转，油温在 30 ℃以上时才精确显示		℃	检查变速器油温传感器 G93，进行电气检查
	2	挡位输出（显示第 1 位数字）	在行驶中点火正时和喷油量控制	接通	1	根据电路图检查线束和插头；更换发动机电控单元；检查变速器控制单元 J127；对系统进行基本调整
				断开	0	
		挡位输出（显示第 2 位数字）		接通	1	
				断开	0	
		挡位输出（显示第 3 位数字）	选挡杆锁止电磁阀 N110	接通	1	按电路图检查导线；检查选挡杆电磁铁 N110
				断开	0	
		挡位输出（显示第 4 位数字）	选挡杆锁止电磁铁	接通	1	按电路图检查导线；检查选挡杆电磁铁 N110
				断开	0	
		挡位输出（显示第 5 位数字）	速度调节装置	接通	1	根据电路图检查线束和连接器；检查速度调节装置
				断开	0	
		挡位输出（显示第 6 位数字）	空调	接通	1	根据电路图检查线束和连接器；检查空调装置
				断开	0	
		挡位输出（显示第 7 位数字）	选挡杆位置	P、N	1	根据电路图检查线束
				D、3、2、1	0	
	3	挂入挡位	在行驶中	空挡	O	检查电磁阀，进行电气检查；如果不能换挡，则可能是离合器或制动器损坏；更换变速器控制单元 J217
				倒挡	R	
				1 挡液压	1H	
				2 挡液压	2H	
				2 挡机械	2M	
				3 挡液压	3H	
				3 挡机械	3M	
				4 挡液压	4H	
				4 挡机械	4M	
	4	发动机转速	行驶中，发动机运转		r/min	若有必要，则调整发动机
06	无须考虑					

续表

<table>
<tr><th>显示组</th><th>显示区</th><th>说　明</th><th colspan="2">检查条件</th><th>V.A.G 1551 显示额定值</th><th>与额定值不符应采取的措施</th></tr>
<tr><td rowspan="14">07</td><td rowspan="9">1</td><td rowspan="9">挂入挡位</td><td rowspan="9">在行驶中</td><td>空挡</td><td>O</td><td rowspan="9">检查电磁阀，进行电气检查；
更换变速器控制单元 J217；
如果不能换挡，则可能是离合器或制动器损坏</td></tr>
<tr><td>倒挡</td><td>R</td></tr>
<tr><td>1 挡液压</td><td>1H</td></tr>
<tr><td>2 挡液压</td><td>2H</td></tr>
<tr><td>2 挡机械</td><td>2M</td></tr>
<tr><td>3 挡液压</td><td>3H</td></tr>
<tr><td>3 挡机械</td><td>3M</td></tr>
<tr><td>4 挡液压</td><td>4H</td></tr>
<tr><td>4 挡机械</td><td>4M</td></tr>
<tr><td rowspan="2">2</td><td rowspan="2">变矩器锁止离合器打滑电磁阀 4-N91 接通</td><td>行驶中，发动机运转</td><td>在液压挡位</td><td>0～失速转速</td><td rowspan="2">根据电路图检查导线；
检查电磁阀 4-N91；
检查变速器，更换损坏的变矩器和阀体</td></tr>
<tr><td>变矩器锁止离合器锁止</td><td>发动机转速 2000～3000 r/min</td><td>0～130 r/min</td></tr>
<tr><td>3</td><td>发动机转速</td><td colspan="2">发动机运转</td><td>r/min</td><td>若有必要，则调整发动机</td></tr>
<tr><td rowspan="2">4</td><td rowspan="2">节气门踏板位置值</td><td rowspan="2">加速踏板所在位置</td><td>怠速</td><td>0～1%</td><td rowspan="2">从怠速到节气门全开的加速过程中，百分数值稳步升高；
对系统进行基本调整</td></tr>
<tr><td>节气门全开</td><td>99%～100%</td></tr>
<tr><td>08</td><td colspan="6">无须考虑</td></tr>
</table>

【任务实施】

问题 1　说明 LS400 轿车自动变速器故障代码的人工读取方法。

问题 2　如何利用专用故障阅读仪 V.A.G 1551/1552 读取捷达轿车故障代码？

学习任务 3　自动变速器的性能检测

【任务导入】

自动变速器出现故障后应首先观察故障指示灯的闪烁情况，然后读取故障代码，并按故障代码提示进行检测和维修。若故障指示灯正常或无故障代码，但自动变速器仍然有故障，则应进行性能检测，以确定故障范围，为进一步检修提供依据。

【知识准备】

自动变速器是一个比较复杂的系统，由液力变矩器、齿轮变速系统、电子控制系统、液力控制系统和换挡执行器等组成。为了确定自动变速器的技术状况，并保证自动变速器能处于良好的工作状态，通常要进行自动变速器的性能检测。自动变速器的性能检测分为基础检测、失速试验、时滞试验、油压试验和道路试验等。

一、自动变速器的基础检测

1. 发动机怠速的检查

检查发动机处于怠速，达正常水温后，当自动变速器置于“N”位时，发动机的怠速是否在规定的范围内。若怠速过低，当变速器置于“R”“D”“2”或“1”位时，则会使汽车产生震动，影响乘坐的舒适性，严重时会使发动机熄火。若怠速过高，则会产生换挡冲击和爬行现象。

2. 自动变速器油质和液面高度的检查

自动变速器液面高度和油质的检查是自动变速器最基本的检查项目，也是决定自动变速器是否进行拆检的主要依据之一。

1)液面高度的检查

自动变速器液面过低将造成液压控制系统供油不足，汽车颠簸时还可能吸入空气，油压降低，使离合器、制动器烧损或打滑，导致润滑不良。液面过高时又会被旋转零件剧烈搅动产生泡沫，使系统渗入空气，导致油压降低；液面过高还会阻滞阀体内排泄孔排油，导致换挡迟滞和换挡冲击。因此，各种型号的自动变速器对液面高度都有明确的规定：在液力变矩器及各换挡执行元件的活塞都充满油后，通常液面高度应在行星排等旋转零件的最低位置之下，但必须高于阀体总成与变速器壳体的安装接合面。

大部分自动变速器的液面高度均可利用油尺来进行检查，操作方法是：将汽车停放在水平路面上，拉紧驻车制动；让发动机怠速运转，踩住制动踏板，将选挡杆分别拨至各个挡位，并在每个挡位上停留几秒，使液力变矩器和所有换挡执行元件都充满自动变速器油，最后再将选挡杆拨至停车挡“P”位；拔出油尺并擦干净，将擦净后的油尺全部插入加油管后再拔出，检查液面高度，自动变速器液面应位于油尺标定范围之内。注意，自动变速器冷态(低于 25 ℃)与热态(70～80 ℃)时油尺刻度范围不同。

(1)使汽车水平放置，选挡杆置于“P”位，将专用充油系统 V.A.G 1924 的储油罐固定到车上，如图 10-5 所示。

(2)连接故障阅读仪 V.A.G 1551，输入地址码“02 变速器电子系统”，继续操作，直至显示屏显示“功能选择××”。

(3)启动发动机，稍稍抬起汽车；按下“0”和“8”键，选择功能“08　读取测量数据块”，按“Q”

键确认，显示屏显示：

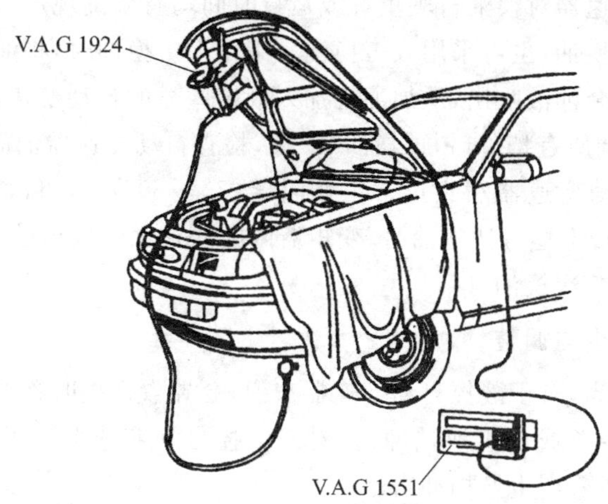

图 10-5 捷达轿车自动变速器液面高度检查

Me β werteblock lessen Anzeigegruppennummer eingeben ××
读取测量数据块 输入显示组号码 ××

(4)按下“0”和“5”键(05 为选择“显示组号”)，并按“Q”键确认，显示屏显示：

Me β werteblock lessen 5 40 ℃0011011 0 900 r/min
读取测量数据块 5 40 ℃0011011 0 900 r/min

第一个显示区显示的是自动变速器油的温度。

(5)拆下油底壳上自动变速器液面高度检查螺塞，使油温达到检查温度(35～45 ℃)。如果自动变速器油从孔中流出，无须补加；放出溢流管内的油。

(6)装上新密封圈，用 15 N·m 的力矩拧紧螺塞。

2)自动变速器油质的检查

自动变速器油通常带有颜色，如粉红色、黄色，且透明无味。将自动变速器油滴在干净的白纸上，检查其颜色和气味，若呈褐色或有焦煳味等，则说明油已变质。如表 10-7 所示为自动变速器油变质的现象和原因。

表 10-7 自动变速器油变质的现象和原因

现 象	原 因
黑色或褐色	超负荷或未按期换油，引起变矩器过热，离合器、制动器烧损
颜色清淡，充满气泡	油面过高，油被搅动产生气泡；内部密封不严，油液中混入空气
油液中有黑色固体残渣，且有烧焦味	制动器或离合器烧损，轴承缺损，有金属磨蚀的粉末等
似油膏覆盖在油尺上	进入冷却液，未定期换油，过热，油面过低等

3)自动变速器油的更换

各种型号的自动变速器对换油行驶里程或运行时间均有明确规定,必须定期更换。自动变速器可采用循环换油机换油,也可采用人工换油。采用人工换油时,将油底壳中的油放净,用压缩空气将散热器中的残余油液吹出,从加油管加入规定牌号的自动变速器油,然后启动发动机,将选挡杆从“P”位变换到所有挡位后,再换回“P”位,检查自动变速器油面高度,应位于“COOL”范围内;使发动机和自动变速器达到正常工作温度(70～80 ℃),再次检查油面高度,应位于“HOT”范围内。注意:按上述方法换油时,变矩器内的油是无法放出的,当油液污染严重时,应让汽车做短时间运行后再次换油。

3. 节气门拉线的检查与调整

节气门拉线调整不当,对于液控自动变速器来说,会导致换挡时刻的改变,造成换挡过早或过迟,使汽车加速性能变差或产生换挡冲击;对于电控自动变速器来说,会导致主油路压力异常,使换挡执行元件打滑或产生换挡冲击。

调整节气门拉线时,将加速踏板踩到全开位置,松开调整螺母,调整拉线,使防尘套与限位块的距离为 0～1 mm,然后拧紧调整螺母,并重新检查调整是否正确,如图 10-6 所示。

4. 选挡杆和挡位开关的检查与调整

选挡杆及挡位开关调整不当,会使选挡杆的位置与自动变速器阀体中手控阀的实际位置不符,易造成选挡错乱,并造成选挡杆位置与仪表盘上挡位指示灯的显示不符,甚至造成在空挡或停车挡时无法启动发动机,因此必须进行检查和调整。

自动变速器型号不同,选挡杆的调整方法也不同。捷达车通过调整选挡杆锁止电磁铁来保证选挡杆的功能。调整时,在长孔内移动电磁铁,直至调整压杆和杠杆之间的间隙 $a=0.3$ mm,如图 10-7 所示。调整完成后,应检查选挡杆的功能。

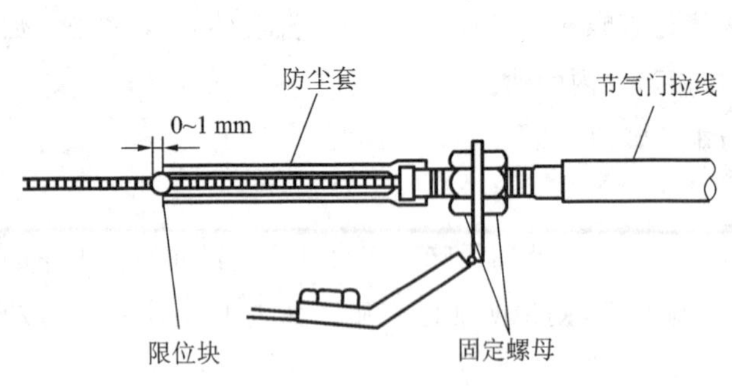

图 10-6　节气门拉线的调整

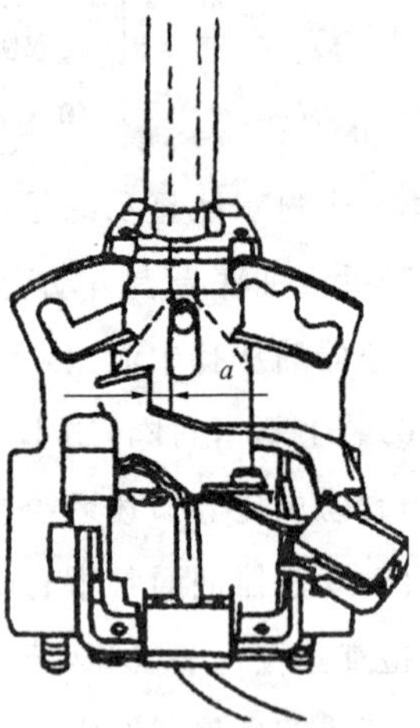

图 10-7　捷达车选挡杆的调整

(1)选挡杆置于“P”或“N”位并打开点火开关,未踩下制动踏板时,选挡杆锁止;踩下制动踏板时,锁止解除,选挡杆可挂入任一挡位。

(2)发动机只能在“P”或“N”位启动,选挡杆位于“1”“2”“3”“D”和“R”位时,启动机均不能启动。

(3)将选挡杆拨至各个挡位,挡位指示灯和选挡杆位置应当一致;拨至“R”位时倒挡灯应亮起。

5. 电控系统元件的检测

检测电控系统线束导线及各接插件是否有短路、断路、搭铁和接触不良等问题，以及各电控元件是否损坏或失效等。电控元件的检测内容和方法根据车型不同而异，这里主要介绍一些通用的元件损坏可能引发的故障和检查方法。

(1)车速传感器检测。车速传感器损坏可能使自动变速器只能以一个挡位行驶，不能升挡或不能降挡，严重时出现频繁跳挡。

首先目测传感器有无损伤变形等，然后用万用表测量传感器线圈电阻是否正常。其阻值因车型不同，一般在几百欧姆到几千欧姆之间。

(2)控制开关检测。自动变速器的控制开关较多，有超速开关、模式开关、挡位开关、制动开关和强制降挡开关等。一般用万用表测量两端子间的通断情况。挡位开关有多组触点，应分别测量。

(3)换挡电磁阀检测。换挡电磁阀有故障时会造成不能换挡。检测线圈是否短路、断路或接触不良。

(4)油压控制电磁阀检测。测量电磁阀两端的电阻值，一般为 3～5 Ω。在电磁阀线圈的两端接上可调电源，改变电压，电磁阀阀芯应移动。

(5)油温传感器检测。检测油温传感器是否短路或断路，以及传感器的电阻、温度值与标准是否相符。

6. 液压系统检测

关闭发动机，将变速器置于“P”位，拆下需要测试油压的接点堵头，再接上油压测试管接头，然后接上油压软管及油压表(量程为 0～3 MPa)。启动发动机，使变速器处于油压被测状态，检查管接头和油管的连接是否可靠，有无漏油处。待变速器的油温达到正常工作温度后，在各种工况下测试并记录油压标定数值，通过比较测量值与标准值的差异，判断系统的工作情况。

二、自动变速器的失速试验

失速试验是检查发动机、液力变矩器及自动变速器中有关的换挡执行元件的工作是否正常的一种常用方法。

1. 失速试验的准备

(1)行驶汽车，并使发动机和自动变速器均达到正常工作温度。

(2)检查汽车的行车制动和驻车制动情况，确认其性能良好后，方可进行试验。

(3)检查自动变速器的油面高度，应在正常范围内。

2. 失速试验步骤

(1)将汽车停放在宽阔的水平地面上，前后车轮用三角木块塞住。

(2)拉紧驻车制动，左脚用力踩住制动踏板。

(3)启动发动机，将选挡杆拨入“D”位。

(4)在左脚踏紧制动踏板的同时，用右脚将加速踏板踩到底，迅速读取此时发动机的最高转速。读取发动机转速后，立即松开加速踏板。

(5)将选挡杆拨入“P”或“N”位，使发动机怠速运转 1 min 以上，以防止自动变速器油因温度过高而变质。

(6)将选挡杆拨入“R”位，做同样的试验。

自动变速器的失速试验过程如图 10-8 所示。

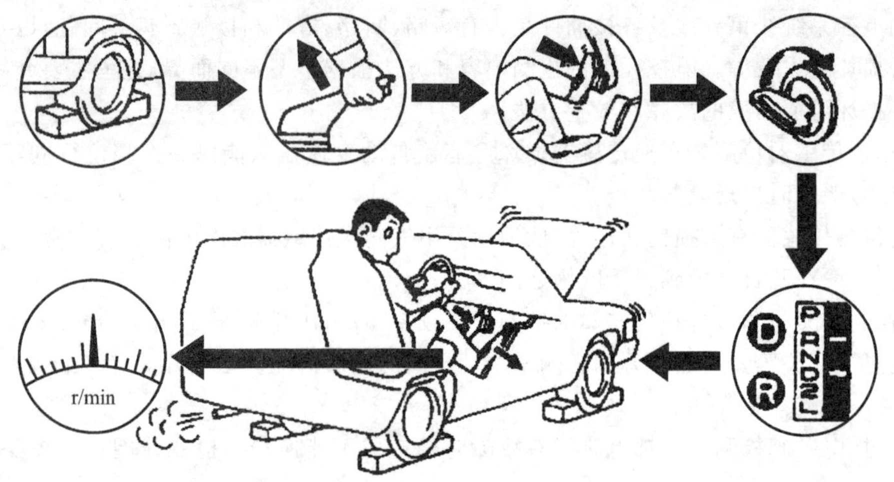

图 10-8 自动变速器的失速试验过程

在汽车处于前进挡或倒挡时，同时踩住制动踏板和加速踏板，发动机处于最大转矩工况，而此时自动变速器输入轴及输出轴均静止不动，液力变矩器的涡轮也因此静止不动，只有液力变矩器壳及泵轮随发动机一起转动，这种工况属于失速工况，此时的发动机转速称为失速转速。由于在失速工况下，发动机的动力全部消耗在液力变矩器内自动变速器油的摩擦损失上，自动变速器油的温度将急剧上升，因此在失速试验中，加速踏板从踩下到松开整个过程的时间不得超过 5 s，否则会使自动变速器油因温度过高而变质，甚至损坏密封圈等零件。在一个挡位试验完成之后，不要立即进行下一个挡位的试验，要等油温下降以后再进行。试验结束后不要立即熄火，应将选挡杆拨入"N"位或"P"位，让发动机怠速运转几分钟，以使自动变速器油温度正常。如果在试验中发现驱动轮因制动力不足而转动，则应立即松开加速踏板，停止试验。

三、自动变速器的时滞试验

在发动机怠速运转时，将选挡杆从空挡拨至前进挡或倒挡后，需要有一段短暂时间的迟滞或延时才能使自动变速器完成挡位的变换(此时汽车会产生一个轻微的震动)，这一短暂的时间称为自动变速器换挡的迟滞时间。时滞试验是指测出自动变速器换挡的迟滞时间，根据迟滞时间的长短来判断主油路油压及换挡执行元件的工作是否正常。

自动变速器的时滞试验步骤如下。

(1)行驶汽车，使发动机和自动变速器达到正常工作温度(70～80 ℃)。

(2)将汽车停放在水平路面上，拉紧驻车制动。

(3)将选挡杆分别置于"N"位和"D"位，检查其怠速，"D"位怠速略低于"N"位怠速(约低 50 r/min)，若不正常，则应按规定予以调整。

(4)将自动变速器选挡杆从"N"位拨至"D"位，用秒表测量从拨动选挡杆开始到感觉汽车震动为止所需的时间，该时间称为 N-D 迟滞时间。

(5)将选挡杆拨至"N"位，使发动机怠速运转 1 min 后，再做一次同样的试验。

(6)共做 3 次试验，取平均值作为 N-D 迟滞时间。

(7)按上述方法,将选挡杆由"N"位拨至"R"位,测量 N-R 迟滞时间。

自动变速器的时滞试验过程如图 10-9 所示。

大部分自动变速器的 N-D 迟滞时间为 1.0～1.2 s,N-R 迟滞时间为 1.2～1.5 s。若 N-D 迟滞时间过长,则说明主油路油压过低、前进离合器磨损过甚或超速排单向离合器工作不良;若 N-R 迟滞时间过长,则说明倒挡油路油压过低、倒挡离合器或倒挡制动器磨损过甚,或超级行星齿轮机构中单向离合器工作不良。

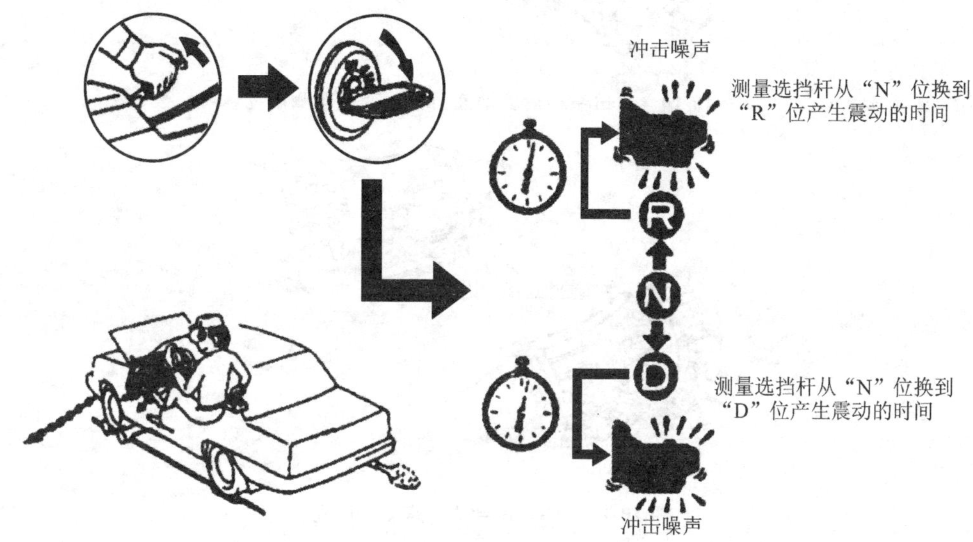

图 10-9　自动变速器的时滞试验过程

四、自动变速器的油压试验

自动变速器的油压试验是指测量自动变速器的油路压力,即在自动变速器工作时,测量其控制系统各个油路中的油压,为分析自动变速器的故障提供依据,以便有针对性地进行检修。控制系统的油压正常是自动变速器正常工作的先决条件:如果油压过低,则会造成换挡执行元件打滑,加剧其摩擦片的磨损,甚至使换挡执行元件烧毁;如果油压过高,则会使自动变速器出现严重的换挡冲击,甚至损坏控制系统。因此,在分解修理自动变速器之前和自动变速器修复之后,都要对自动变速器做油压试验,以保证自动变速器的修复质量。

进行该项试验时,为安全起见,测量油路压力时,一定要有两人配合,即一人进行测量,另一人站在车外观察车轮或车轮垫木的情况。

具体的试验程序如下。

(1)预热自动变速器油,使油温处于 70～80 ℃。

(2)拆下自动变速器壳体上的测试油压的接点堵头,将量程为 2 MPa 的油压表连接上。

(3)拉紧驻车制动器,并用垫木将 4 个车轮挡住。

(4)启动发动机并检查怠速转速是否正常。

(5)将制动踏板踩到底,将选挡手柄换入"D"位。

(6)在发动机怠速运转的情况下,检查并记录油路压力,将加速踏板踩到底,使转速达到失速转速时,迅速记录油路最高压力。

(7)用同样的方法对选挡手柄置于“R”位时的油路压力进行检测。

常见车型自动变速器测压孔位置如图10-10和图10-11所示。

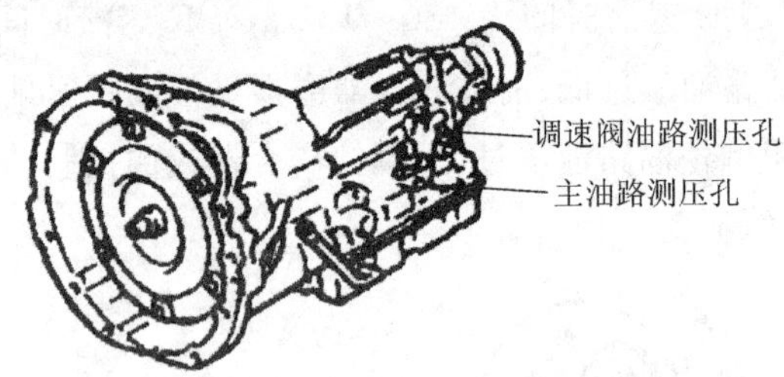

图10-10　丰田系列后驱动液力自动变速器测压孔

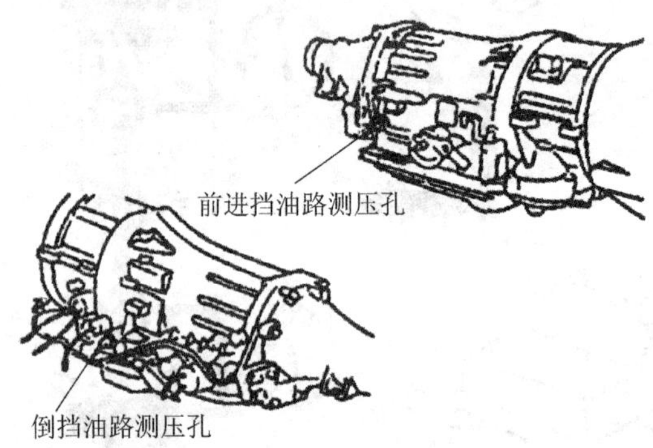

图10-11　4N71B自动变速器测压孔

五、自动变速器的道路试验

自动变速器的道路试验是分析、诊断自动变速器故障及检验修复后自动变速器工作性能和修理质量的最有效手段之一。道路试验是对汽车自动变速器性能的最终检验，检验内容侧重于检查换挡点的速度及是否有换挡冲击、震动、噪声和打滑等现象。

在进行道路试验之前，汽车发动机、底盘等系统的技术状态应完好，自动变速器应已经通过了各种检查和试验，让汽车以中低速行驶5～10 min，使发动机和自动变速器都达到70～80 ℃的正常工作温度。

以凌志LS400轿车为例，进行自动变速器的道路试验。

1)升挡过程的检测

将选挡杆拨至前进挡“D”位，踩下加速踏板，使节气门保持在1/2开度左右，让汽车起步加速，检查自动变速器的升档情况。自动变速器在升挡时发动机会有瞬时的转速下降，同时车身有轻微的闯动感。正常情况下，汽车起步后随着车速的升高，试车者应能感觉到自动变速器能顺利由1挡升入2挡，随后再由2挡升入3挡，最后升入超速挡。若自动变速器不能升入高挡(3挡或超速挡)，则说明控制系统或换挡执行元件有故障。

2)升挡车速的检测

启动发动机，将选挡杆拨至前进挡“D”位，踩下加速踏板，并使节气门保持在某一固定开度，让汽车起步并加速。当感觉到自动变速器升挡时，记下升挡车速。一般四挡自动变速器在节气门开度保持在1/2时，由1挡升至2挡的升挡车速为25～35 km/h，由2挡升至3挡的升挡车速为55～70 km/h，由3挡升至4挡(超速挡)的升挡车速为90～120 km/h。不同节气门开度时升挡车速不同，不同车型自动变速器的升挡车速也不相同。因此，只要升挡车速基本保持在上述范围内，而且汽车行驶中加速良好，无明显的换挡冲击，就可以认为其升挡车速基本正常。

若汽车行驶中加速无力，升挡车速明显低于上述范围，则说明升挡车速过低(即过早升挡)，一般是控制系统的故障所致；若汽车行驶中有明显的换挡冲击，升挡车速明显高于上述范围，则说明升挡车速过高(即过迟升挡)，可能是控制系统的故障所致，也可能是换挡执行元件的故障所致。

在不同节气门开度下的自动变速器的升挡车速，可作为判断换挡车速是否正常的标准。由于降挡时刻在行驶时不易察觉，因此在道路试验中一般无法检查自动变速器的降挡车速，只能通过检查升挡车速来判断自动变速器有无故障。

3)换挡质量的检测

换挡质量的检测主要是指检测有无换挡冲击。正常的自动变速器只能有不太明显的换挡冲击，特别是电子控制自动变速器，其换挡冲击应十分微弱。若换挡冲击太大，则说明自动变速器的控制系统或换挡执行元件有故障，其原因可能是油路油压过高或换挡执行元件打滑，应做进一步的检查。

4)锁止离合器工作情况的检测

液力变矩器中的锁止离合器的工作是否正常也可以采用道路试验的方法进行检测，如图10-12所示。试验中，让汽车加速至超速挡，以80 km/h的车速行驶，并让节气门开度保持在低于1/2的位置，使变矩器进入锁止状态。此时，快速将加速踏板踩下至2/3开度，同时检查发动机转速的变化情况。若各发动机转速没有太大变化，则说明锁止离合器处于接合状态；反之，若发动机转速升高很多，则表明锁止离合器没有接合，其通常是锁止离合器控制系统的故障所致。

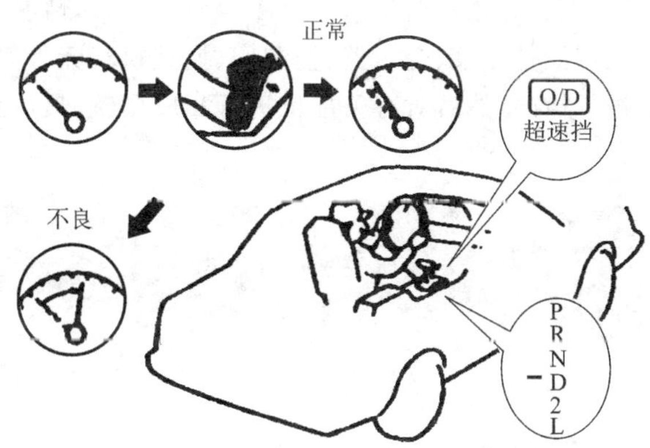

图10-12　检查锁止离合器工作情况示意图

5)发动机制动作用的检测

检测自动变速器有无发动机制动作用时，应将选挡杆拨至前进低挡(S、L或2、1)位置，在汽车以2挡或1挡行驶时，突然松开加速踏板，检查是否有发动机制动作用。若松开加速踏板后车速立即随之下降，则说明有发动机制动作用，否则说明控制系统或相关的离合器、制动器有故障。

6)强制降挡功能的检测

检测自动变速器的强制降挡功能时，应将选挡杆拨至前进挡“D”位，保持节气门开度为1/3左右，在以2挡、3挡或超速挡行驶时，突然将加速踏板完全踩到底，检查自动变速器是否被强制降低一个挡位。在强制降挡时，发动机转速会突然上升至4000 r/min左右，并随着加速升挡，转速逐渐下降。若踩下加速踏板后没有出现强制降挡，则说明强制降挡功能失效。若在强制降挡时发动机转速异常升高达 5000 r/min 左右，并在升挡时出现换挡冲击，则说明换挡执行元件打滑，应检修自动变速器。

7)"P"位制动效果的检测

将汽车停在坡度大于 9%的斜坡上，选挡杆拨入"P"位，松开驻车制动，检查机械闭锁爪的锁止效果。

【任务实施】

问题 1　故障车辆的自动变速器油液质量情况为：__________________________________。

问题 2　故障车辆冷车时怠速是____________________________，正常工作温度时怠速是________。

问题 3　故障车辆的失速测试，在"D"挡时失速转速为__________，"R"挡时为__________，与正常值比____________，可能原因是____________________________________。

学习任务 4　自动变速器的常见故障分析

【任务导入】

自动变速器的常见故障主要为汽车不能行驶、汽车换挡冲击过大、汽车加速无力、汽车不能升挡、自动变速器无超速挡、自动变速器无倒挡、挂挡后发动机怠速易熄火、锁止离合器无锁止作用及自动变速器油易变质等。导致自动变速器故障的原因很多，情况也比较复杂，可能是调整不当或电控系统故障，也可能是油泵、变矩器、控制阀、换挡执行元件等有故障。因此在诊断过程中，应先对电控系统进行检测，然后对有关部位进行相应调整，最后再进行分解检修，切忌盲目拆卸。

【知识准备】

一、汽车不能行驶

1. 故障现象

发动机运转正常，无论选挡杆位于任何前进挡或倒挡，汽车都不能行驶。

2. 故障原因

(1)无油、油面过低或自动变速器油严重变质。

(2)进油滤网堵塞、油泵损坏或主油路严重泄漏。

(3)油压电磁阀、控制单元或线路有故障。

(4)选挡杆和手控阀摇臂间的连接杆或拉线松脱，手控阀保持在空挡或驻车挡位。

(5)前进第一挡和倒挡离合器、制动器严重打滑。

(6)变矩器故障或其传动板折断。

(7)停车闭锁机构或汽车其他部位有故障。

3. 故障诊断与排除

(1)首先排除汽车其他总成的故障，如制动能否正常解除，有无严重拖滞等。

(2)若故障指示灯闪亮,则应先读取故障代码,再按故障代码的提示排除故障。电控系统主要故障部位为主油路调压电磁阀,若电控系统故障排除后仍不能行驶,则继续下列检查。

(3)检查油面高度和油质。若油面过低或无油,则应检查自动变速器油底壳、散热器、油管等部位有无泄漏,视情修复并按规定补充自动变速器油。若油液呈乳胶状,则为散热器损坏或混入了发动机冷却液,应维修或更换散热器。若自动变速器油变黑,且油液中含有黑色渣粒,则可能是离合器或制动器烧损。

(4)检查选挡杆与手控阀摇臂之间的连接杆或拉线,若有松脱,则应予以装复,并重新调整选挡杆的位置。

(5)进行失速试验,若失速转速过高,则说明离合器或制动器烧损打滑;若失速转速过低,则说明液力变矩器失效而导致动力不足,应更换变矩器。

(6)检测主油路油压。若主油路没有油压,则可能是油泵不工作。若主油路油压过低,则可能是油泵进油滤网堵塞、油泵损坏、安全阀失效或主油路严重泄漏,应拆检自动变速器,进行相应检修。

(7)若主油路油压正常,且变速器油变黑、有渣粒,则应拆检自动变速器,检测离合器与制动器间隙、摩擦片的磨损情况及活塞、油路的密封性。

二、汽车换挡冲击过大

1. 故障现象

(1)汽车起步时,由停车挡或空挡挂入倒挡或前进挡时震动较为严重。

(2)行驶中,在自动变速器升挡的瞬间汽车有较明显的“闯”动。

2. 故障原因

(1)发动机怠速过高。

(2)自动变速器油型号不符合规定。

(3)单向节流阀漏装、蓄压器活塞卡滞,不能起减振缓冲作用。

(4)蓄压器调压阀、各相关调压阀有故障。

(5)主油路油压电磁阀、蓄压器油压电磁阀等油压电磁阀或线路有故障。

(6)节气门拉线调整不当,真空式节气门阀的真空软管破裂或松脱。

(7)油路泄漏,换挡执行元件打滑。

(8)节气门位置传感器、车速传感器或线路有故障。

(9)锁止阀或锁止电磁阀有故障(锁止时换挡冲击过大)。

(10)控制单元及线路有故障或汽车其他部位(如传动系统)有故障。

3. 故障诊断与排除

(1)首先排除汽车其他部位的故障,确诊换挡冲击过大是由自动变速器原因所致。在诊断过程中,必须根据故障车的具体故障征兆(如是所有挡位升挡时换挡冲击过大,还是仅在某一挡位升挡瞬间换挡冲击较大等),检测不同故障的相关故障部位。

(2)若故障指示灯闪亮,则应读取故障代码,按提示检修并排除故障。主要排除调压电磁阀故障。

(3)检查发动机怠速,若过高则应进行调整。

(4)若刚刚更换过自动变速器油,则应询问或检查油的牌号是否符合规定。

(5)检查、调整节气门拉线。

(6)检测油压,并检查升挡瞬间油路压力的变化情况。若有异常,则应拆检阀体,检查蓄压器、相关调压阀等,尤其要注意检查单向节流阀是否错装或漏装,同时要检查密封圈的质量、油道的密封性等。

(7)若油压正常,则应进行时滞试验和道路试验,检测是否升挡过迟、有无迟滞现象、各换挡执行元件是否打滑等,若有,则应拆检自动变速器,检查换挡执行元件的间隙、磨损情况及元件油路的密封情况,做相应调整,必要时换件。

三、汽车加速无力

1. 故障现象

(1)起步加速无力:发动机运转正常,选挡杆挂入任何前进挡位,均起步困难,加速无力,当车速达到一定值后,汽车在各挡运行正常。

(2)行驶中加速无力:汽车在行驶中能够正常换挡,但加速无力,或在某个挡位时加速无力,加速时发动机转速明显升高而车速上升缓慢。

2. 故障原因

汽车起步加速无力的主要故障原因为液力变矩器导轮单向离合器打滑,不再具有增扭作用,使液力变矩器变成了耦合器;而行驶中加速无力的主要故障原因是主油路油压过低或换挡执行元件打滑。具体原因如下。

(1)油面过低,油液变质。

(2)液力变矩器导轮单向离合器打滑。

(3)进油滤网堵塞,油泵损坏。

(4)主油路油压过低。

(5)离合器、制动器打滑或其油路泄漏。

(6)调压电磁阀有故障。

3. 故障诊断与排除

诊断时,应试车确诊是起步加速无力,还是行驶中加速无力。

(1)若故障指示灯亮,则提取故障码,并按故障码提示排除相应故障。多为调压电磁阀故障,视情排除。

(2)检查油面高度,过低需检查有无漏油之处,密封并按规定加油。若油变黑且有黑色颗粒,则可能是执行元件摩擦片烧损。

(3)试车,若只是起步加速无力,则可能是变矩器导轮单向离合器或前进一挡执行元件打滑。进行失速试验,若失速转速过低,则为液力变矩器导轮单向离合器打滑,应拆检变矩器,检查导轮单向离合器,如果两个方向均能旋转,则可确认单向离合器失效,应更换变矩器。若失速转速过高,则可能是前进挡离合器或制动器打滑。

(4)如果汽车行驶中加速无力,则要确认是所有挡位加速无力还是仅在某一挡位加速无力。

若汽车在所有挡位均加速无力,则可能是主油路油压过低所致。检测主油路油压,若油压过低则应拆检油泵,清洗滤网,检查主油道的密封性,检修或更换阀体。

若汽车仅在某一挡位加速无力,则应拆检变速器,检查该挡位离合器或制动器是否磨损过甚,其活塞及油道密封圈有无破损,并视情维修或换件。

四、汽车不能升挡

1. 故障现象

(1)汽车行驶中自动变速器始终保持在一挡,不能升入二挡及高速挡。

(2)行驶中自动变速器可以升入二挡,但不能升入三挡、超速挡或最高挡。

2. 故障原因

自动变速器不能升挡的主要原因在电子控制系统。

(1)节气门位置传感器、车速传感器或线路有故障。

(2)换挡电磁阀或线路有故障。

(3)换挡阀卡滞。

(4)二挡或高速挡制动器、离合器及其油路有故障。

(5)强制降挡开关、制动开关、挡位开关、控制单元或线路有故障。

(6)液控变速器调速阀及其油路有故障。

3. 故障诊断与排除

进行故障诊断时,应试车观察汽车是只有一挡还是在某一挡位不能升挡,根据具体故障现象查找相关的故障原因,检修相关故障部位。

(1)若故障指示灯亮,则应先读码并按提示进行检修。可能是车速传感器、节气门位置传感器、强制降挡开关、制动开关、换挡电磁阀、控制单元及线路有故障,根据检测结果排除相应故障。

(2)若无论节气门开度多大,汽车只能以某一特定挡位运行,则可能是因为电子控制系统出现故障或控制单元存在故障码,使控制系统执行了锁挡,应排除控制系统故障或消除故障码。

(3)按规定重新调整节气门拉线。

(4)若变速器为液控,则应测量调速阀油压。如果车速升高后调速阀油压仍为零或很低,则为调速阀有故障或调速阀的油路严重泄漏,应拆检调速阀,视情维修或更换。

(5)检查油面、油质及主油路油压,若不正常,则应拆检阀体或变速器。

(6)清洗滤网,检修油泵;分解阀体,检查相应换挡阀是否卡滞,若不能修复,则应更换阀体。

(7)分解自动变速器,检查相关离合器或制动器的磨损情况,并用压缩空气检查其油路或活塞有无泄漏,视情修复或更换。

五、自动变速器无超速挡

1. 故障现象

(1)汽车行驶中,车速已升至超速挡范围,但自动变速器仍不能升入超速挡。

(2)车速达到超速挡工作范围后,采用提前升挡(即松开加速踏板几秒后再踩下)的方法也不能使自动变速器升入超速挡。

2. 故障原因

(1)超速挡开关、超速挡电磁阀或线路有故障。

(2)节气门位置传感器、车速传感器、自动变速器油温传感器、发动机水温传感器有故障。

(3)超速制动器、超速离合器严重打滑或超速单向离合器失效。

(4)超速离合器、制动器油路泄漏。

(5)3-4 挡换挡阀卡滞。

(6)挡位开关、制动开关或线路、控制单元或线路有故障。

3. 故障诊断与排除

(1)若故障指示灯亮,则应首先进行仪器检测或人工读码,按提示查找故障部位,并检修或更换相关电子元件。故障点在水温传感器、油温传感器、车速和节气门位置传感器、O/D 开关、挡位开关、制动开关或控制单元及其相关线路。

(2)用举升机将汽车举起或悬空驱动轮,运转发动机,让自动变速器在前进挡运行,检查在空载状态下自动变速器的升挡情况。如果在无负荷状态下仍不能升入超速挡,则说明液压控制系统有故障,可能是超速挡(3-4 挡)换挡阀卡滞。如果在空载状态下能够升入超速挡,且升挡车速正常,则说明液压控制系统工作正常,不能升挡的原因为超速执行元件打滑。如果能够升入超速挡,但升挡后车速提不高、发动机转速下降,则说明超速离合器或超速单向离合器卡死,应检修自动变速器。

(3)拆卸并分解阀体,检查 3-4 挡换挡阀,若不能修复,则更换阀体。

(4)拆检变速器,检查超速挡单向离合器是否失效,超速离合器、制动器是否磨损过度,其活塞及油道密封圈有无破损、漏油之处,视情维修或更换。

六、自动变速器无倒挡

1. 故障现象

选挡杆在任何前进挡位时汽车均能向前行驶,且能正常换挡,但选挡杆在“R”位时,汽车不能向后行驶。

2. 故障原因

倒挡时,部分变速器的电子控制系统没有工作,有的变速器的电子控制系统仅进行调压控制。倒挡的液压控制也比较简单,主调压阀和节气门阀进行调压,液压油不经过换挡阀,由手控制阀控制直接进入倒挡离合器和制动器。因此,无倒挡的主要故障原因是倒挡制动器、离合器烧损或其油路油压过低。

(1)自动变速器油变质。

(2)倒挡油压过低。

(3)倒挡离合器、制动器打滑,单向离合器失效。

(4)选挡杆与手控制阀的连接和调整不当。

3. 故障诊断与排除

(1)检查油质,若变黑,则可能是倒挡离合器和制动器烧损。

(2)检查选挡杆与手控制阀的连接情况,若松动或位置不当,则应重新调整。

(3)检查“R”位时的油压,若油压过低,则应检查倒挡油道的密封情况。

(4)拆检变速器,检查倒挡离合器、制动器是否烧损或磨损过度,其活塞及油道是否漏油,并更换损坏的摩擦片、压盘或密封圈。

七、挂挡后发动机怠速易熄火

1. 故障现象

(1)汽车起步时,踩下制动踏板,将选挡杆由“P”位或“N”位换入任何前进挡或倒挡时发动机易熄火。

(2)在前进挡或倒挡行驶中,踩下制动踏板停车时发动机易熄火。

2. 故障原因

此故障的主要原因是液力变矩器锁止离合器一直处于接合或半接合状态。

(1)锁止电磁阀或线路有故障。

(2)锁止阀或锁止信号阀卡在锁止位置。

(3)锁止离合器不能分离或分离不彻底

(4)车速传感器、挡位开关、控制单元或线路有故障。

(5)发动机怠速过低。

3. 故障诊断与排除

(1)在空挡或停车挡时,检查、调整发动机怠速。

(2)若故障指示灯闪亮,则应先读码,并根据提示检修锁止电磁阀、车速传感器、控制单元及线路等。

(3)若电控系统正常,则应拆检阀体,检查锁止阀和锁止信号阀,若不能修复则更换。

(4)若上述情况均正常,则为变矩器锁止离合器故障。拆卸变速器,将行星齿轮变速器的输入轴插入变矩器,锁住输入轴,转动变矩器壳,若不能转动或转动阻力非常大,则说明锁止离合器不能正常分离,应更换液力变矩器。

八、锁止离合器无锁止作用

1. 故障现象

汽车行驶中车速、挡位已满足了锁止离合器的锁止条件,在迅速踩下加速踏板时,发动机转速先升高,车速滞后上升,且汽车油耗较大,即锁止离合器没有产生锁止作用。

2. 故障原因

(1)锁止电磁阀或线路有故障。

(2)锁止阀、锁止信号阀及油路有故障。

(3)自动变速器油温传感器、车速传感器、节气门位置传感器或线路有故障。

(4)锁止离合器损坏,锁止油路严重泄漏。

(5)强制降挡开关、制动开关等工作不正常。

(6)控制单元或线路有故障。

3. 故障诊断与排除

(1)若故障灯亮,则应先读取故障代码,并按提示检测锁止电磁阀、强制降挡开关、制动开关、油温传感器、节气门位置传感器、车速传感器、控制单元及有关线路等。

(2)检查并调整节气门拉线。

(3)拆检阀体,检修锁止阀和锁止信号阀,并检查锁止油路有无泄漏、密封圈是否良好。

(4)若控制系统正常,则说明锁止离合器损坏或严重打滑,应更换变矩器。

九、自动变速器油易变质

1. 故障现象

(1)更换后的新自动变速器油使用不久即变质。

(2)自动变速器温度太高,从加油口处向外冒烟。

2. 故障原因

(1)自动变速器油牌号不符合规定。

(2)换油不彻底,仅仅更换油底盘内的油,而未更换变矩器和散热器中的油。

(3)发动机冷却液进入自动变速器冷却油路。

(4)汽车使用不当,经常超负荷或不正常行驶。

(5)自动变速器散热器或管路堵塞,散热器的限压阀卡滞等。

(6)离合器或制动器间隙过大、过小,运动件配合间隙过小。

(7)主油路油压过低,致使离合器或制动器在接合过程中打滑。

(8)液力变矩器有故障。

3. 故障诊断与排除

(1)查问汽车行驶情况。若汽车经常超负荷运行或不正常驾驶,如经常拖车或经常急加速、超速行驶等,则应改变汽车行驶状况,按规定要求行车。

(2)若行驶正常,则应检查油面和油质。若油面过低,则应按规定补充加油。若油液呈乳胶状,则可能是变速器散热器破裂以致发动机冷却液进入自动变速器冷却系统所致,对此,应检修或更换散热器。若混有黑色固体颗粒,则为换油不彻底或离合器、制动器烧片所致。对前者,应进行循环换油;对后者,应拆检自动变速器。

(3)若油面高度和油质正常,则应检测油温。让汽车以中速行驶 5～10 min,待自动变速器达到正常工作温度后,在发动机运转过程中检查自动变速器散热器的温度。在正常情况下,散热器的温度可达 60 ℃左右。

(4)若油温正常,则应检测主油路油压。若主油路油压过低,则应检查调压电磁阀及线路,调整节气门拉线,检修油泵、阀体及相应油路。

(5)若油温过高,则应检查自动变速器冷却系统。拆下进油管,中速运转发动机或自动变速器,若散热器无油流出或流量较小,则说明散热器或管路堵塞,也可能是散热器限压阀(旁通阀)卡滞在常开位置。

(6)若冷却系统正常,则可能是运动件配合间隙过小,使油温升高;也可能是离合器或制动器间隙过小或过大,使压盘和摩擦片经常处于摩擦状态而导致油温过高。对此,应拆检自动变速器,调整各间隙,若有必要,则更换相应零部件。

(7)若以上检查均正常,则可能是变矩器损坏,应更换变矩器。

【任务实施】

问题 1　自动变速器换挡冲击过大的现象如何?

问题 2　汽车不能升挡的故障原因有哪些?

问题 3　如何诊断自动变速器无超速挡?

项目11 汽车转向系统和行驶系统的故障诊断

【案例引入】

一辆桑塔纳轿车，行驶中发现转向盘不能回正、有行驶偏摆的感觉。回修理厂检查，技术人员说需要检调转向盘和转向器，进行前轮定位、轮胎平衡等项目的检查。

学习任务1 转向系统的故障诊断与检测

【任务导入】

汽车在行驶过程中，需要经常改变其行驶方向。汽车转向系统就是改变或保持汽车行驶方向的装置。转向系统性能的好坏，直接影响汽车行驶的稳定性和安全性。因此，应经常检测汽车转向系统的技术状况，发生故障时应及时进行诊断与维修。现代汽车转向系统按动力不同分为机械转向系统与动力转向系统两大类。

【知识准备】

一、机械转向系统的故障诊断

机械转向系统以驾驶员的操纵力作为动力，主要由转向操纵机构、转向器与转向传动机构组成。机械转向系统结构图如图11-1所示。

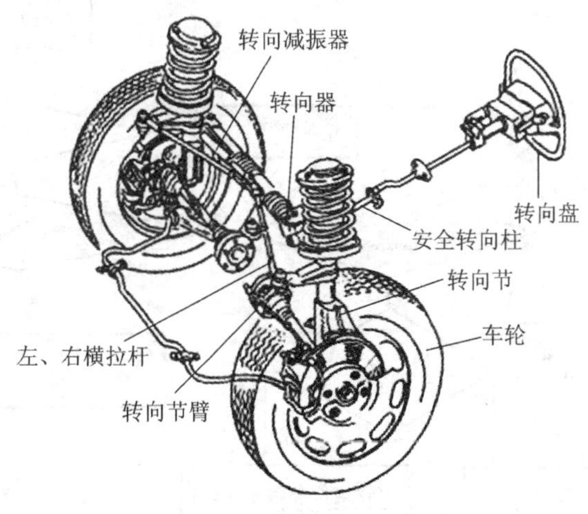

图11-1 机械转向系统结构图

汽车转向时，驾驶员对转向盘施加一个转向力矩，转向盘则以某种角速度向指定方向转动。

该力矩通过转向柱传给转向器，经转向器降速增扭改变力矩的传递方向后传递给左、右横拉杆。横拉杆推动转向节臂运动，带动转向节转动，从而使左、右车轮偏转相应的角度，以改变汽车的行驶方向。转向结束后，将转向盘恢复原始位置，使转向车轮恢复直线行驶位置。

汽车转向系统常见的故障有转向沉重、转向盘自由行程过大、转向轮抖动、自动跑偏等。这些故障现象通常为综合性故障，除与转向系统有关外，还可能与轮胎、悬架、车身等有关。

1. 转向沉重

1）故障现象

汽车行驶中，驾驶员向左、右转动转向盘时，感到沉重费力，无回正感；汽车低速转弯行驶和调头时，转动转向盘感到非常沉重，甚至转不动。

2）故障主要原因及处理方法

转向沉重的根本原因是转向轮气压不足或定位不准，转向系统传动链中出现配合过紧或卡滞而引起摩擦阻力增大。具体原因及处理方法如下。

（1）转向轮轮胎气压不足，应按规定充气。

（2）转向轮本身定位不准或车轴、车架变形造成转向轮定位失准，应校正车轴和车架，并重新调整转向轮定位。

（3）转向器主动部分轴承调整过紧或从动部分与衬套配合太紧，应予调整。

（4）转向器主、从动部分的啮合间隙调整过小，应予调整。

（5）转向器缺油或无油，应按规定添加润滑油。

（6）转向器壳体变形，应予校正。

（7）转向管柱、转向轴弯曲或套管凹瘪造成互相碰擦，应予修理。

（8）转向纵、横拉杆球头连接处调整过紧或缺油，应予调整或添加润滑脂。

（9）转向节主销与转向节衬套配合过紧或缺油，或转向节止推轴承缺油，应予调整或添加润滑脂等。

3）故障诊断方法

以桑塔纳乘用车为例，先检查轮胎气压，排除故障由轮胎气压过低引起。接着按图 11-2 所示的机械转向系统转向沉重常见故障原因的诊断流程找出故障位置。

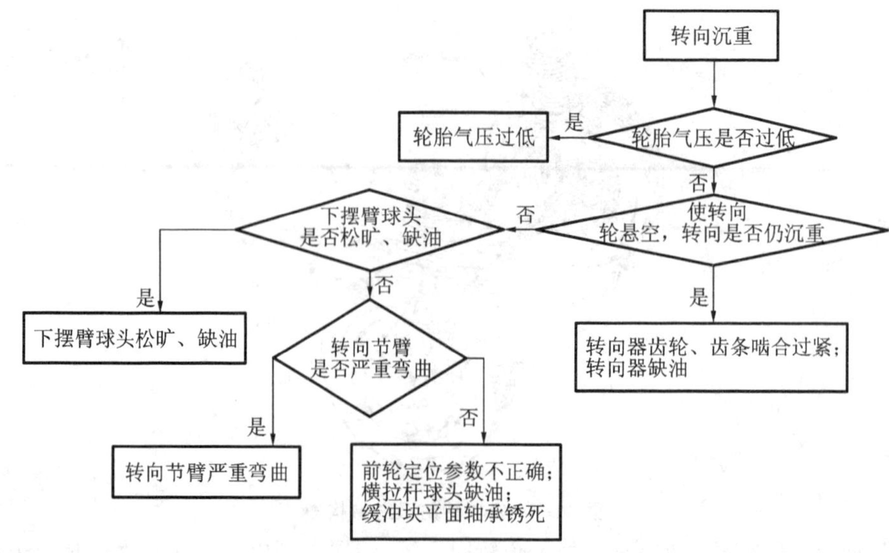

图 11-2 机械转向系统转向沉重常见故障原因的诊断流程

2. 转向盘自由行程过大

1)故障现象

汽车保持直线行驶位置静止不动时,转向盘左右转动的游动角度太大。具体表现为汽车转向时感觉转向盘松旷量很大,需用较大的幅度转动转向盘,方能控制汽车的行驶方向,而在汽车直线行驶时又感到行驶方向不稳定。

2)故障主要原因及处理方法

转向盘自由行程过大的根本原因是转向系统传动链中一处或多处的配合因装配不当、磨损等造成松旷。具体原因及处理方法如下。

(1)转向器主、从动啮合部位间隙过大或主、从动部位轴承松旷,应予调整或更换。

(2)转向盘与转向轴连接部位松旷,应予调整。

(3)转向垂臂与转向垂臂轴连接松旷,应予调整。

(4)纵、横拉杆球头连接部位松旷,应予调整或更换。

(5)纵、横拉杆臂与转向节连接松旷,应予调整或更换。

(6)转向节主销与衬套磨损后松旷,应予更换。

(7)车轮轮毂轴承间隙过大,应予更换等。

3)故障诊断方法

造成转向盘自由行程过大的根本原因是转向系统传动链中一处或多处连接的配合间隙过大,诊断时,可从转向盘开始检查转向系统各部件的连接情况,看是否有磨损、松动、调整不当等情况,找出故障部位,予以调整和紧固。

3. 转向轮抖动

1)故障现象

汽车在某低速范围内或某高速范围内行驶时,出现转向轮各自围绕自身主销进行角振动的现象。尤其是汽车高速行驶时,转向轮摆振严重,握转向盘的手有麻木感,甚至在驾驶室可看到汽车车头晃动。

2)故障主要原因及处理方法

转向轮抖动的根本原因是转向轮定位不准,转向系统连接部件之间出现松旷,旋转部件动不平衡。具体原因及处理方法如下。

(1)转向轮旋转质量不平衡或转向轮轮毂轴承松旷,应校正动平衡或更换轴承。

(2)转向轮使用翻新轮胎,应予更换。

(3)两转向轮的定位不准确,应予调整或更换部件。

(4)转向系统与悬挂的运动发生干涉,应更换部件。

(5)转向器主、从动部分啮合间隙或轴承间隙太大,应予调整或更换轴承。

(6)转向器垂臂与其轴配合松旷或纵、横拉杆球头连接部位松旷,应予调整或更换。

(7)转向器在车架上的连接松动,应予紧固。

(8)转向轮所在车轴的悬挂减振器失效或左、右两边减振器效能不一,应予更换。

(9)转向轮所在车轴的钢板弹簧 U 形螺栓松动或钢板销与衬套配合松旷,应予紧固或调整。

(10)转向轮所在车轴的左、右两悬挂的高度或刚度不一,应予更换等。

3)故障诊断方法

以桑塔纳乘用车为例,根据转向轮抖动特征,按照图 11-3 所示的机械转向系统转向轮抖动常见故障原因的诊断流程找出故障部位。

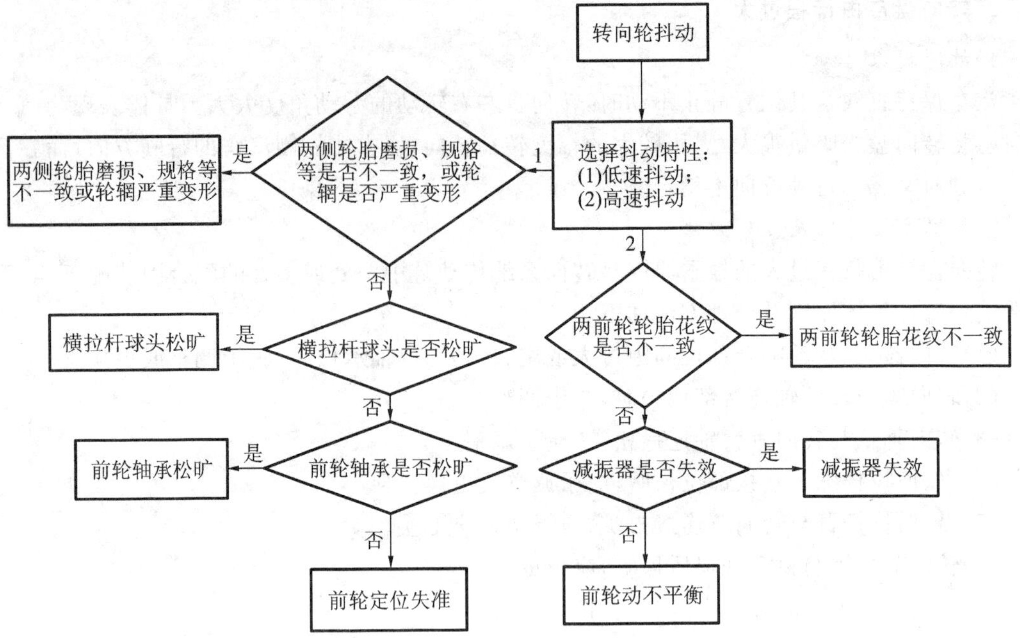

图 11-3　机械转向系统转向轮抖动常见故障原因的诊断流程

4. 自动跑偏

1)故障现象

汽车行驶中，行驶方向自动偏向一边，不易保持直线行驶，操纵困难。

2)故障原因

直行自动跑偏的原因主要与轮胎、减振器、转向轮、前轮制动器等的技术状况有关，主要包括以下几点。

(1)左、右轮胎气压不一致。

(2)前左、前右减振器弹簧刚度不一致。

(3)车身变形或车架变形使两侧轴距不等。

(4)转向轮定位失准。

(5)转向轮单边制动或单边制动拖滞。

(6)转向轮单边轮毂轴承装配过紧或损坏。

(7)转向轮某一侧的前稳定杆、下摆臂变形。

3)故障诊断与排除

(1)首先检查左、右轮胎气压是否符合标准或一致，不符合标准或不一致时应充气至标准值。

(2)检查前稳定杆和下摆臂是否变形，减振器弹簧刚度及左右钢板弹簧的变形量是否一致。

(3)行车后检查左、右轮毂和制动毂的温度情况，若温度不一致，则说明高温一侧的制动器存在单边制动、制动拖滞或轮毂轴承装配过紧、损坏等。

(4)检查转向轴的轴距和前轮定位是否符合标准值。

二、动力转向系统的故障诊断

桑塔纳 2000 型滑阀式动力转向系统的组成如图 11-4 所示。在动力转向系统中，液压转向系统的液压油泵由发动机带动，根据转向器的转动方向，可改变液压油的流动方向，从而推动液压油缸中的活塞，由液压力推动转向节臂，直接偏转前轮，实现动力转向。

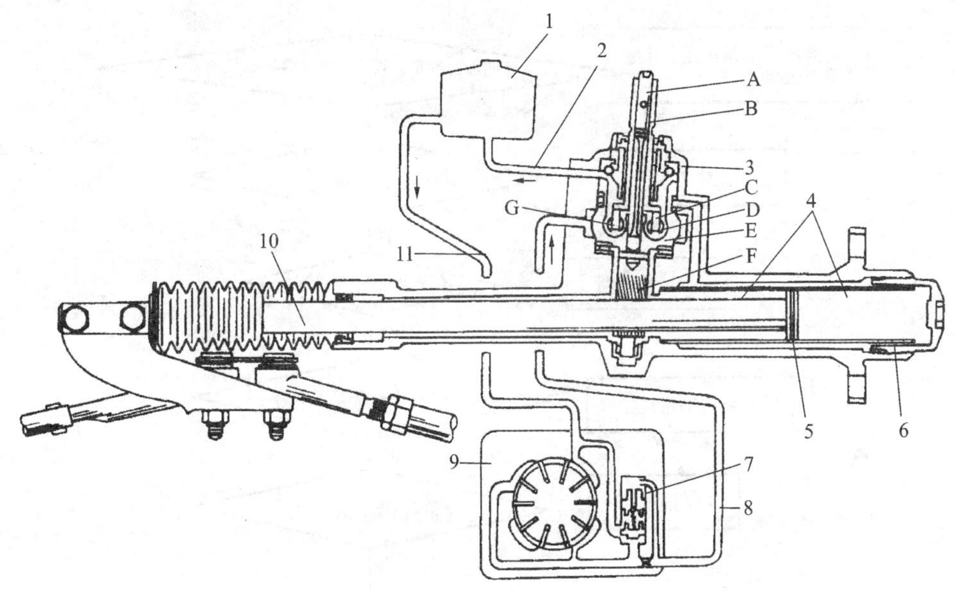

图 11-4　桑塔纳 2000 型滑阀式动力转向系统的组成

1—转向油罐；2—回油管；3—控制阀；4—活塞缸；5—活塞；6—活塞缸缸壁；
7—压力与流量限止阀；8—进油管；9—叶片泵；10—齿条；11—吸油管；A—扭力杆；
B—转向柱；C—拨叉；D—右阀芯；E—阀体；F—小齿轮；G—左阀芯

动力转向系统的常见故障部位主要有转向盘、转向传动机构连接处、转向器、转向泵、控制阀、油管接头等。

1. 转向沉重

1)故障现象

同机械转向系统。

2)故障主要原因及处理方法

转向沉重故障一般由液压转向助力系统失效或助力不足，机械传动机构损坏或调整不当引起。具体原因及处理方法如下。

(1)转向油罐油液油量不足或规格不对，应使用规格正确的油液并调整到规定高度。

(2)油路堵塞或不畅，应予检修。

(3)油路中有泄漏现象，应予检修排除。

(4)油路中有空气，应予排气。

(5)转向泵传动带损坏或打滑，应予调整或更换。

(6)调节阀失效，使输出压力过低，应予更换或调整。

(7)转向机构调整不当，应予调整等。

3)故障诊断方法

检查转向油罐中油液是否不足，规格是否不对和有无气泡，检查管接头有无松动，转向泵传动带张紧力是否正常。将转向盘向左、右极限位置来回转动，如果左、右转向都沉重，则故障在转向泵、液压缸或转向传动机构；如果左、右转向助力不同，则故障在控制阀。动力转向系统转向沉重助力部分常见故障原因的诊断流程如图 11-5 所示。

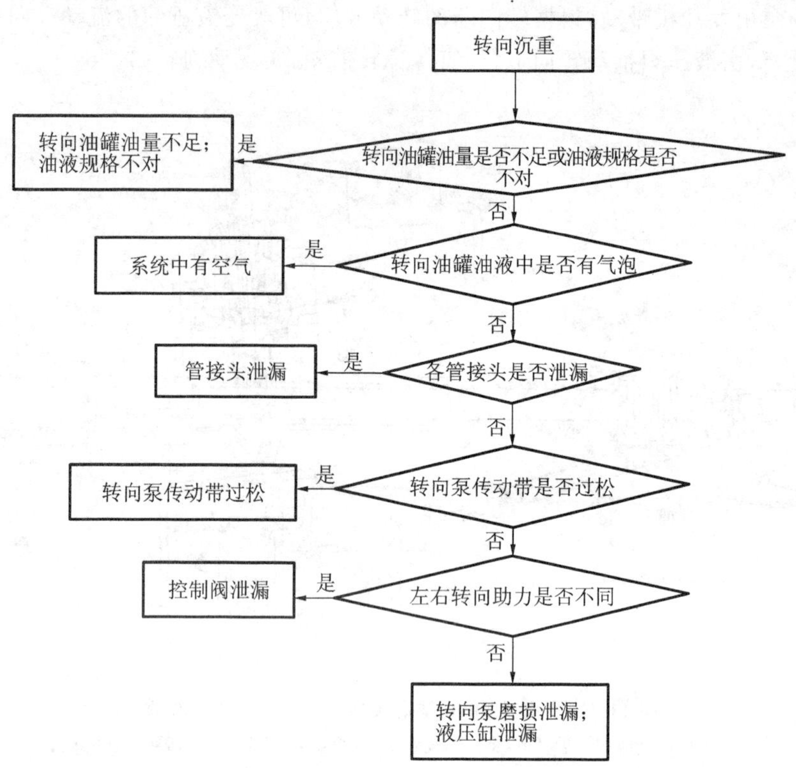

图 11-5　动力转向系统转向沉重助力部分常见故障原因的诊断流程

2. 转向噪声

1)故障现象

汽车转向时,转向系统出现过大的噪声。

2)故障主要原因及处理方法

装有动力转向系统的汽车,在发动机启动后,转向助力泵的溢流阀中出现液流噪声是正常的,但噪声过大甚至影响转向性能时,该噪声应视为故障。引起转向噪声的主要原因及处理方法如下。

(1)转向泵损坏或磨损严重,应予修理或更换。

(2)转向泵传动带打滑,应予调整或更换。

(3)控制阀性能不良,应予检修。

(4)系统中渗入空气,应予排气。

(5)管道不畅,应予检修等。

3)故障诊断方法

转向时发出“咔嗒”声,在已排除转向泵叶片噪声的情况下,则由转向泵带轮松动引起。

转向时发出“嘎嘎”声,由转向泵传动带打滑引起。

转向时转向泵发出“咯咯”声,是由于系统中有空气;发出“嘶嘶”声,而且系统无泄漏,转向泵传动带张紧度也合适,则由油路不畅或控制阀性能不良引起。

3. 动力转向系统的其他故障

1)转向助力瞬间消失

故障主要原因和处理方法如下:转向泵传动带打滑,紧固传动带;控制阀密封圈泄漏,更换控制阀密封圈;系统泄漏造成油面过低,找出泄漏部位,查明原因,排除故障;发动机怠速过低,调整发动机怠速;系统内有空气,排除空气。

2)转向盘回位不良

故障主要原因和处理方法如下:系统内有空气,排除空气;压力限制阀工作不良,更换;控制阀弹簧失效,更换。

3)转向盘自由行程过大

故障主要原因和处理方法如下:系统内有空气或压力限制阀失效,排除空气,更换压力限制阀或油泵。

4. 动力转向系统的维护(以桑塔纳2000为例)

1)检查转向油罐油平面和油液质量

(1)热车时让发动机怠速,转动转向盘,使油温达到40～80 ℃,检查转向油罐液面高度。

(2)检查油液是否有起泡或乳化现象。

2)检查油压

(1)系统压力检查。如图11-6所示,打开压力表阀门,启动发动机并怠速运转,满方向转动转向盘数次,压力表读数应为6.80～8.20 MPa。

(2)转向泵压力检查。如图11-7所示,启动发动机并怠速运转,满方向转动转向盘数次,将压力表阀门关闭(不超过5 s),压力表读数应为6.80～8.20 MPa。

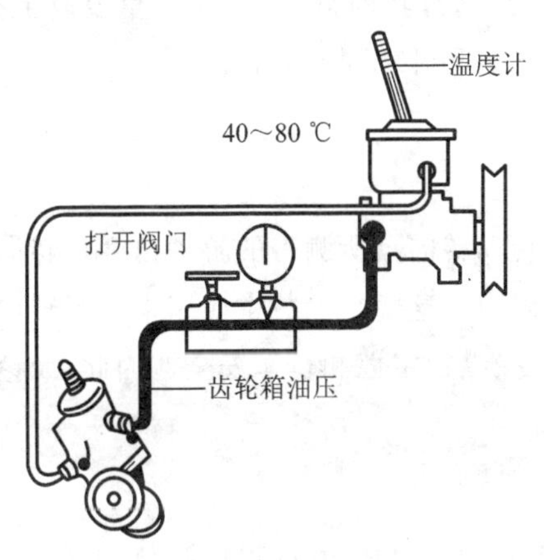

图11-6 系统压力检查

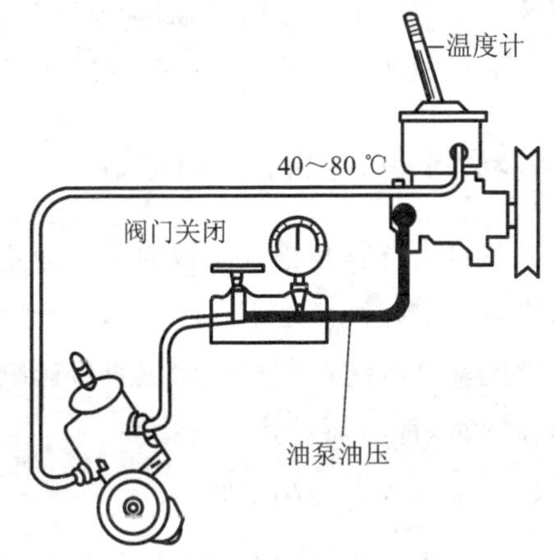

图11-7 转向泵压力检查

3)清洁转向器及转向油泵外部

清洁并检查是否有漏油痕迹。

4)检查各连接油管、接头

检查油管是否漏油,接头连接是否牢固可靠。

5)检查转向油泵传动带松紧度

如图11-8所示,松开转向油泵装配支架上的2个螺母,转动调整螺栓,当带中部的挠度为9～10 mm时,再将2个螺母锁止。

6)测量转向盘上的转向力

超过40 N时应予以检查维修,同时,转向盘自由行程应在规定范围内。

7)转向器齿轮齿条的间隙调整

转向器齿轮齿条的间隙调整如图11-9所示。

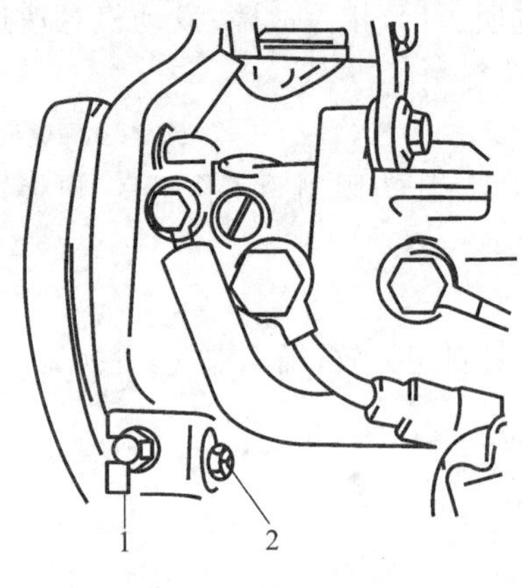

图 11-8 转向油泵传动带张力的调整

1—调整螺栓;2—锁紧螺母

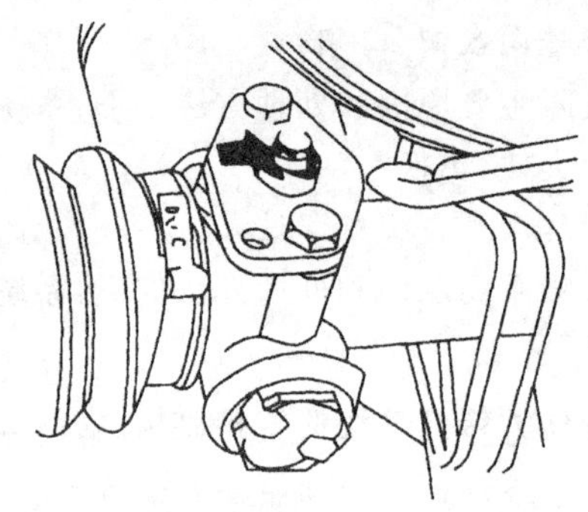

图 11-9 转向器齿轮齿条的间隙调整

8)转向油更换

(1)支起汽车前部,使两前轮离开地面。拧下转向油罐盖,拆下回油管放油,同时启动发动机怠速运转,左右转动转向盘。

(2)关闭发动机,在转向油罐中添加转向油至规定高度,满打转向盘 2~3 次,若液面下降则需补充转向油。降下汽车前部,启动发动机并怠速运转,满打转向盘 2~3 次。重复以上操作,直到转向油罐液面无明显下降,转向油罐中转向油无气泡和乳化现象为止。

三、转向系统的仪器检测

转向盘自由行程是指汽车转向车轮静止不动时,转动转向盘所测得的游动角度。转向盘转向力是指在一定行驶条件下,作用在转向盘外缘的圆周力。这两个参数主要用来诊断转向系统中各零件的配合状况。该配合状况直接影响到汽车的操纵稳定性和行车安全。因此,无论是新车还是在用车,都必须对其进行检测。

1. 转向盘自由行程的检测

转向盘自由行程采用专用检测仪进行检测。简易的转向盘自由行程检测仪如图 11-10 所示,主要由刻度盘和指针组成,只能测试转向盘的自由行程。刻度和指针分别固定在转向盘轴管和转向盘边缘上。固定方式有机械式和磁力式两种。

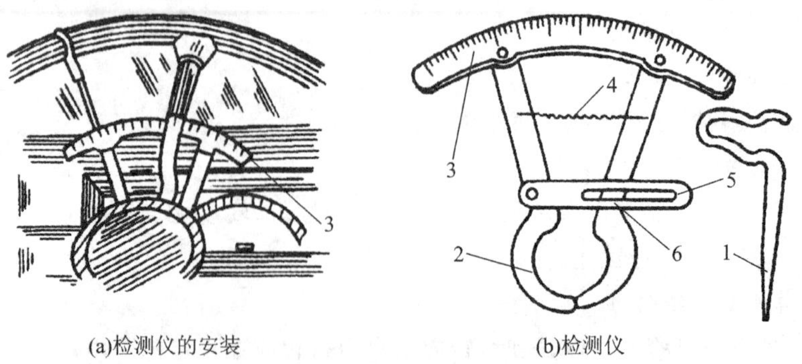

(a)检测仪的安装　　(b)检测仪

图 11-10 简易的转向盘自由行程检测仪

1—指针;2—夹盘;3—刻度盘;4—弹簧;5—连接板;6—固定螺钉

测量时，应使汽车的两转向轮处于直线行驶位置不动，轻轻向左（或向右）转动转向盘至空行程一侧的极端位置（感到有阻力），调整指针指向刻度盘零度。然后，再轻轻转动转向盘至另一侧空行程极端位置，指针所示刻度即转向盘自由行程。

2. 转向盘转向力的检测

转向盘转向力采用转向参数测量仪或转向力角仪进行检测。国产 ZC-2 型转向参数测量仪如图 11-11 所示，是以计算机为核心的智能仪器，可测得转向盘自由转向量和转向力。该仪器由操纵盘、主机箱、连接叉和定位杆四部分组成。操纵盘由螺钉固定在三爪底板上，底板经力矩传感器与三个连接叉相连，每个连接叉上都有一只可伸缩长度的活动卡爪，以便与被测转向盘相连接。主机箱为一圆形结构，固定在底板中央，其内装有口板、计算机板、转角编码器、打印机、力矩传感器和电池等。定位杆从底板下伸出，经磁力座吸附在驾驶室内的仪表盘上。定位杆的内端连接有光电装置，光电装置装在主机箱内的下部。

测量时，把转向参数测量仪对准被测转向盘中心，调整好三个连接叉上伸缩卡爪的长度，与转向盘连接并固定好。转动操纵盘，转向力通过底板、力矩传感器、连接叉传递到被测转向盘上，使转向盘转动以实现汽车转向。此时，力矩传感器转向力矩转变成电信号，而定位杆内端连接的光电装置则将转角的变化转变成电信号。这两种电信号由计算机自动完成数据采集、转角编码、运算、分析、存储、显示和打印。因此，使用该测量仪既可测得转向盘的转向力，又可测得转向盘的自由转动量。

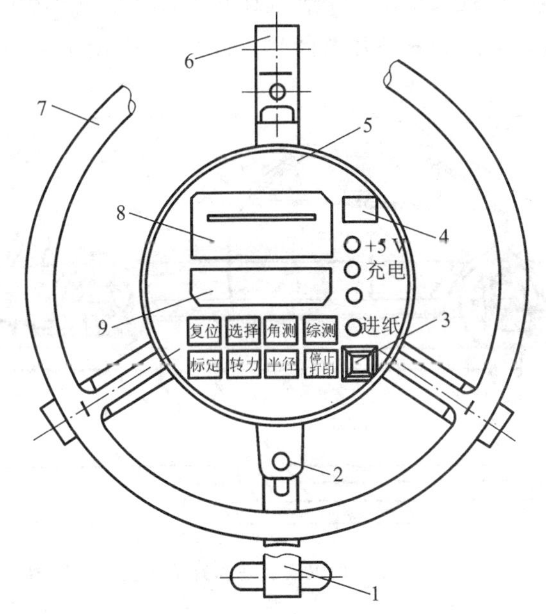

图 11-11　国产 ZC-2 型转向参数测量仪

1—定位杆；2—固定螺钉；3—电源开关；4—电压表；5—主机箱；
6—连接叉；7—操纵盘；8—打印机；9—显示器

四、车轮定位的检测

由于汽车的行驶速度越来越快，所以汽车的操纵稳定性对行车安全的影响越来越大。有些汽车，尤其是轿车，不仅具有前轮定位参数，还具有后轮外倾角和后轮前束等定位参数。如果能对汽车四轮定位参数进行检测,不仅能确定所有车轮定位是否正确,还能确定前轴、后轴、悬架、车架等的技术状况,为底盘不解体诊断提供可靠依据,而四轮定位仪是专门用来测量车轮定位参数的设备,所以四轮定位仪使用得越来越广泛。

四轮定位仪可检测的项目包括前轮前束、前轮外倾角、主销后倾角、主销内倾角、后轮前束、后轮外倾角、轮距、轴距、推力角和左右轴距差等。

常用的四轮定位仪有气泡水准式车轮定位仪、光学式车轮定位仪、激光式车轮定位仪和电脑式车轮定位仪等几种。它们的测量原理基本一致,但在使用方法上有一定的差异,因此,应严格按使用说明书的要求和方法进行操作。

电脑式车轮定位仪比其他几种车轮定位仪先进。下面以电脑式车轮定位仪为例,说明四轮定位仪的使用方法。一般地,它由电脑主机、彩色显示屏、操作键盘、传感器、打印机、遥控器和举升式支架等组成,且做成可移动的台式形状。这种仪器一般通过安装在车轮上的传感器把车轮与定位角之间的几何关系转换成电信号或光信号,传送到电脑进行分析判断,然后由显示屏或打印机输出。电脑可以预先存储若干车型的前轮定位数据,而且还可以在以后的使用过程中不断输入并存储新的数据,以便与测得的同一车型的定位值进行对照。操作人员将汽车资料由键盘输入后,可通过全功能遥控器操作测试过程,并可读取近 10 年来世界各国汽车的四轮定位参数,且这些参数可更新。此外,该仪器还配有数码视频图像数据库,以显示检查和调整位置等。有些电脑式车轮定位仪不仅能检测前轮定位参数,而且能检测后轮定位的技术状况。

为便于检测和调整,被检测汽车需放在地沟或举升平台上。地沟或举升平台应处于水平状态,四轮定位仪则安装在地沟两旁或举升平台上。如图 11-12 所示为四轮定位仪安装在举升平台上的示意图。

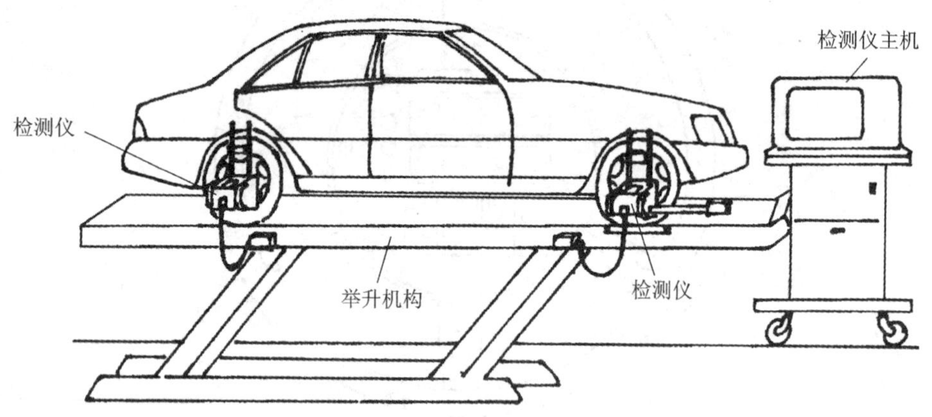

图 11-12　四轮定位仪安装在举升平台上的示意图

1. 检测前的准备

(1)把汽车开上举升平台,托住车轮,把汽车举升 0.5 m(第一次举升)。

(2)托住车身,把汽车举升至车轮能自由转动的位置(第二次举升)。

(3)检查轮胎气压,其值应符合标准值。

(4)拆下各车轮,检查轮胎的磨损情况。一般要求各轮胎的磨损情况基本一致。

(5)做车轮动平衡试验。动平衡试验完成后,将车轮装回车上。

(6)检查车身四个角的高度和减振器的技术状况。若车身不平,则应先将其调至水平,同时检查转向系统和悬架是否松旷，若松旷则应将其紧固或更换零件。

2. 检测步骤

(1)把传感器支架安装在轮辋上，再把传感器(定位校正头)安装到支架上，并按使用说明书的规定对其进行调整。

(2)接通电脑主机电源并运行测试程序，输入被测汽车的车型和生产年份。

(3)进行轮辋变形补偿。将转向盘置于直行位置，使每个车轮旋转一周，即可把轮辋变形误差输入电脑。

(4)降下第二次举升量，使车轮落到平台上，把汽车前部和后部向下压动4～5次，使各部位落到实处。

(5)用刹车锁压下制动踏板，使汽车处于制动状态。

(6)将转向盘左转至电脑显示“OK”，输入左转角度数；然后将转向盘右转至电脑显示“OK”，输入右转角度数。

(7)将转向盘回正，电脑显示出后轮的前束及外倾角的数值。

(8)调正转向盘，并用转向盘锁锁止转向盘，使之不能转动。

(9)将安装在四个车轮上的定位校正头的水平仪调到水平线上，此时电脑显示出转向轮的主销后倾角、主销内倾角、转向轮外倾角和前束的数值。电脑将比较各测量数值，得出“无偏差”“在允许范围内”或“超出允许范围”的结论。

(10)若结论为“超出允许范围”，则按电脑提示的调整方法对其进行有针对性的调整。若调整后仍不能解决问题，则应更换有关的零部件。

(11)将转向轮左右转动，观察屏幕上的数值有无变化，若有变化，则应重新调整车轮定位参数。

(12)拆下定位校正头和支架，进行汽车路试，检查四轮定位调整的效果。

五、动力转向电控系统的检测与故障诊断

动力转向电控系统是由机械转向系统和电子控制的多功能液压助力系统组成的转向机构，简称PSS。该系统利用发动机的动力驱动液压油泵，将油压作用在动力缸的活塞上，并通过齿轮齿条转向器操纵转向轮。辅助驱动转向力的大小由液压控制阀控制，而控制阀由PSS的ECU控制。该系统包括由动力倾斜/动力伸缩ECU控制的转向柱，根据驾驶员的需要，转向柱可以自动选择合适的倾斜角度和伸缩长度，并能及时回位。

以丰田凌志轿车的转向系统为例，根据汽车行驶车速不同，可以改变液压助力的大小，从而提高汽车的操纵稳定性。

1. 动力转向电控系统的检测与诊断

动力转向电控系统的结构示意图如图11-13所示。动力转向电控系统的控制电路如图11-14所示。

动力转向电控系统的电路检测及故障排除程序如下。

(1)接通点火开关，检查ECU-IG熔断器是否正常。如果不正常，则更换熔断器后再检查，若仍不正常，则应检查熔断器与ECU端子+B之间的配线有无短路。如果此时正常，可以确定是熔断器故障，则进入步骤(2)。

(2)拔开ECU插接器，检查ECU插接器端子+B与车身接地之间有无蓄电池电压。如果

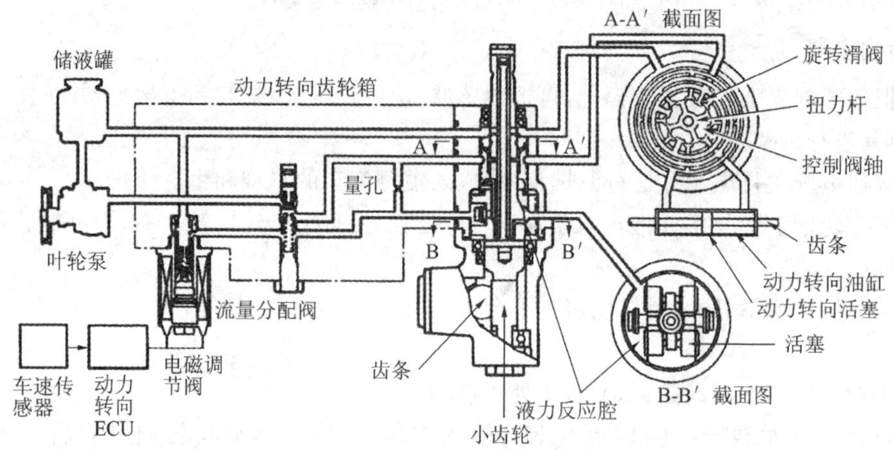

图 11-13　动力转向电控系统的结构示意图

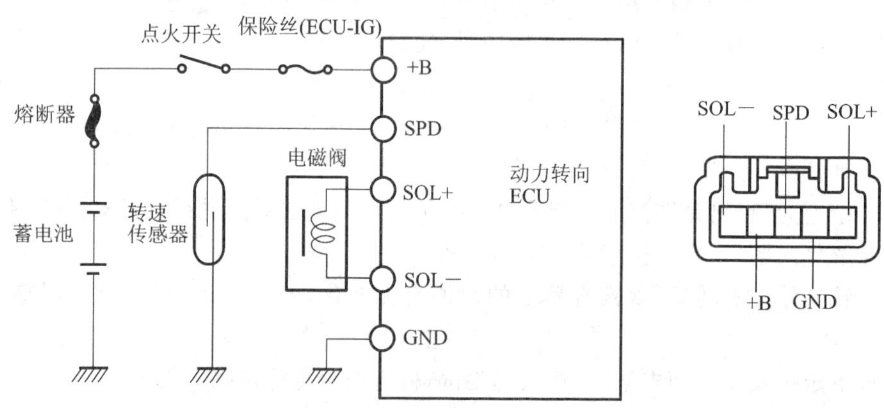

图 11-14　动力转向电控系统的控制电路

没有，则检查熔断器与 ECU 插接器端子＋B 间的配线是否存在开路；如果有，则进入步骤(3)。

(3)用欧姆表检查 ECU 插接器端子 GND 与车身接地之间是否导通。如果未导通，则检查 ECU 插接器端子打铁与车身接地之间的配线，看是否存在开路或车身接地不良；如果导通，则进入步骤(4)。

(4)检查转速传感器信号电压。用千斤顶顶起一侧的后车轮，把电压表接到 ECU 的插接器端子 SPD 和打铁上，转动后轮。对于 UCF10 系列车辆，表的读数应为 0→≥5 V→0；对于 UCF20 系列车辆，表的读数应为 0→∞→0。

如果电压表读数不正确，则检查 ECU 的插接器端子 SPD 与转速传感器之间的配线是否存在开路或短路，检查转速传感器是否有故障。如果电压表读数正确，则进入步骤(5)。

(5)用欧姆表检查 ECU 插接器端子 SOL＋或 SOL－与打铁之间是否导通。如果导通，则检查 ECU 连接器端子 SOL＋与 SOL－之间的配线是否短路，检查电磁阀是否有故障。如果不导通，则进入步骤(6)。

(6)用欧姆表检查 ECU 插接器端子 SOL＋与 SOL－之间的电阻值。正常电阻值为 6.0～11.0 Ω，如果电阻值不正常，则检查 ECU 插接器端子 SOL＋与 SOL－之间的配线是否开路，检查电磁阀是否存在故障。如果电阻值正常，则检查或更换动力转向 ECU。

2. 动力倾斜/动力伸缩转向柱电控系统的电路检测与诊断

转向柱的电控系统分为两类：一类是动力倾斜/手动伸缩型，其控制电路如图11-15所示；另一类是动力倾斜/动力伸缩型，其控制电路如图11-16所示。动力倾斜/动力伸缩ECU插接器端子如表11-1所示。动力倾斜ECU插接器端子如表11-2所示。动力倾斜/动力伸缩转向柱系统的故障现象表如表11-3所示。

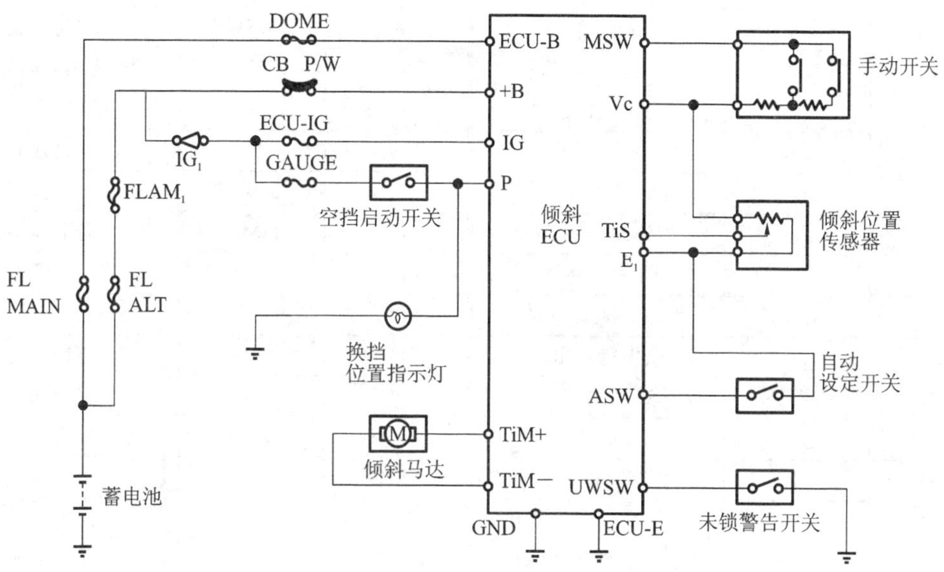

图 11-15 动力倾斜/手动伸缩转向柱电控系统的控制电路

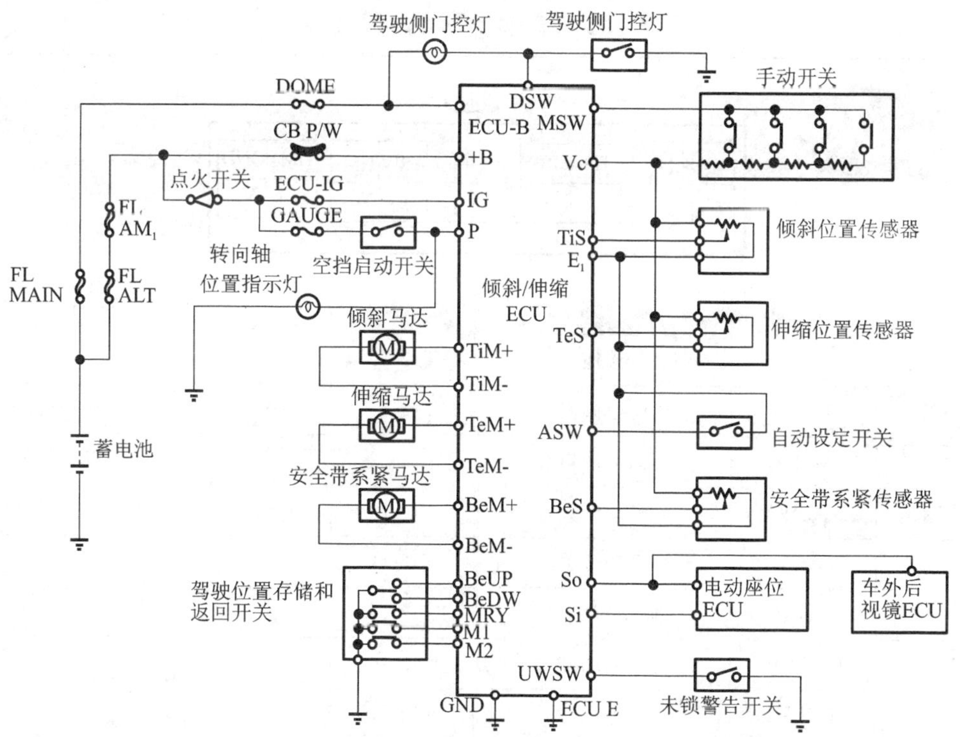

图 11-16 动力倾斜/动力伸缩转向柱电控系统的控制电路

表 11-1　动力倾斜/动力伸缩 ECU 插接器端子

端　　子	符　　号	端　子　名　称	端　　子	符　　号	端　子　名　称
T13-1	Si	串行输入	T13-16	MSW	手动开关
T13-2	DSW	门控灯开关	T13-17	V_C	传感器电器
T13-3	M1	返回开关 1	T13-18	ECU-B	电源
T13-4	ASW	自动开关	T14-1	IG	点火开关
T13-5	E_1	传感器接地	T14-2	TeM+	向前伸缩
T13-6	TeS	伸缩传感器	T14-3	TiM−	向下倾斜
T13-7	TiS	倾斜传感器	T14-4	+B	电源
T13-8	ECU-E	接地	T14-5	—	—
T13-9	So	串行输出	T14-6	P	空挡开关
T13-10	UW SW	未锁警告开关	T14-7	GND	接地
T13-11	MRY	存储开关	T14-8	BeM−	安全带系紧器放松
T13-12	M2	返回开关 2	T14-9	—	—
T13-13	BeUP	安全带系紧器收紧开关	T14-10	TiM+	向上倾斜
T13-14	BeDW	安全带系紧器放松开关	T14-11	TeM−	向后伸缩
T13-15	BeS	安全带系紧传感器	T14-12	BeM+	安全带系紧器收紧

表 11-2　动力倾斜 ECU 插接器端子

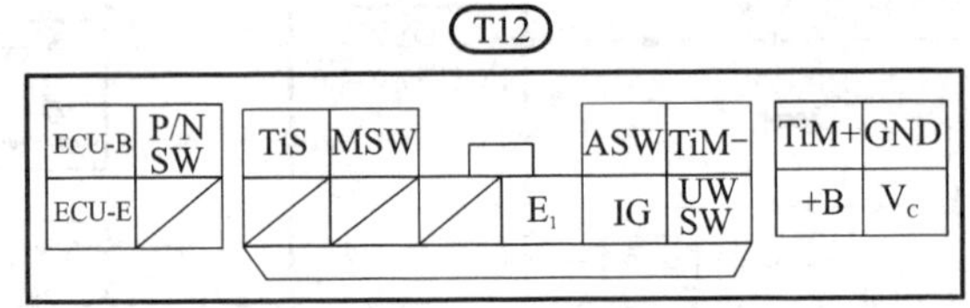

端　　子	符　　号	端 子 名 称	端　　子	符　　号	端 子 名 称
T12-1	GND	接地	T12-10	+B	电源
T12-2	TiM+	向上倾斜	T12-11	UW SW	未锁警告关
T12-3	TiM−	向下倾斜	T12-12	IG	点火开关
T12-4	ASW	自动开关	T12-13	E_1	传感器接地
T12-5	MSW	手动开关	T12-14	—	—
T12-6	TiS	倾斜传感器	T12-15	—	—
T12-7	P/N SW	驻车制动开关	T12-16	—	—
T12-8	ECU-B	电源	T12-17	—	—
T12-9	V_C	传感器电源	T12-18	ECU-E	接地

表 11-3 动力倾斜/动力伸缩转向柱系统的故障现象表

故障征兆 \ 检查顺序 \ 故障位置		ECU电源电路	执行器电源电路	传感器电源电路	倾斜位置传感器电路	倾斜电机电路	伸缩位置传感器电路	伸缩电机电路	自动设定开关电路	手动开关电路	SET开关电路	存储和返回开关电路	点火开关电路	空挡启动开关电路	门控灯开关电路	未锁报警开关电路	ECU
手动、自动和返回功能失效	倾斜和伸缩	1	2	4												3	5
	仅倾斜				1	2											3
	仅伸缩						1	2									3
自动返回或自动返回切断或能失效									1								2
存储功能失效											1						2
仅手动功能失效	倾斜和伸缩		1														2
	仅倾斜									1							2
	仅伸缩									1							3
仅返回功能失效	任何情况下均失效		3								2	1					4
	仅插入钥匙时												1	2			3
	仅不插钥匙时														1	2	3
	仅存储和返回开关1或2时											1					2

1)动力倾斜 ECU 电源电路的检测与诊断

动力倾斜 ECU 电源电路如图 11-17 所示。在点火开关断开时也能向 ECU 供电,同时向中央处理器和传感器供电。

①拆下带有导线插接器的倾斜(和伸缩)ECU,将电压表正极接 ECU 电源端子 B,负极接 ECU 搭铁端子 E,表的读数应为蓄电池电压,若符合要求,则进到故障现象表(表 11-3)中的下一电路检查,否则进入步骤②。

②用电阻表检查 ECU 插接器的 ECU-E 与车身接地间的导通情况,表的读数应为 0。若不符合要求,则应修理或更换配线或插接器;若符合要求,则进入步骤③。

③拆下 2 号接线盒中的 DOME 熔断器,用万用表检查各熔断器间的导通情况。若不导通,则检查与 DOME 相连的全部配线及元件有无短路;若导通,则检查倾斜(和伸缩)ECU 与蓄电池之间的配线及插接器有无开路。

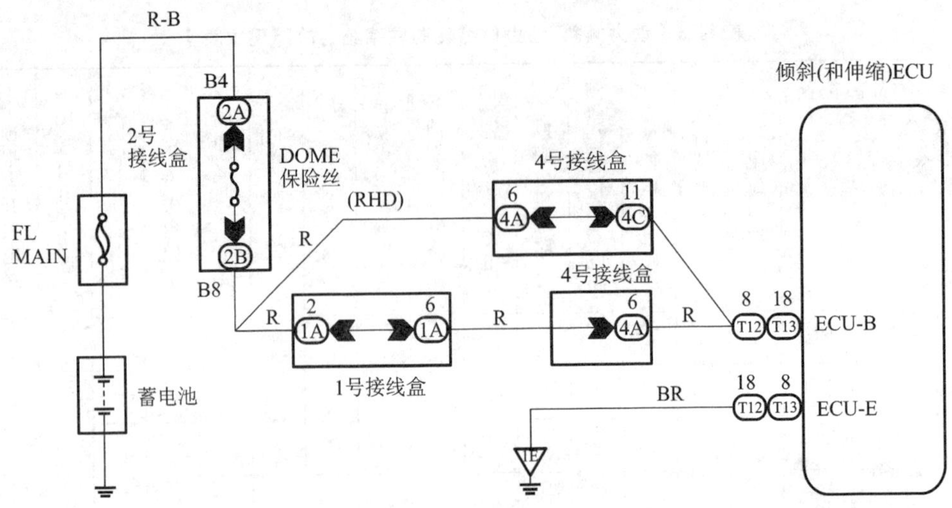

图 11-17　动力倾斜 ECU 电源电路

2)执行器电源电路的检测与诊断

执行器电源电路如图 11-18 所示。

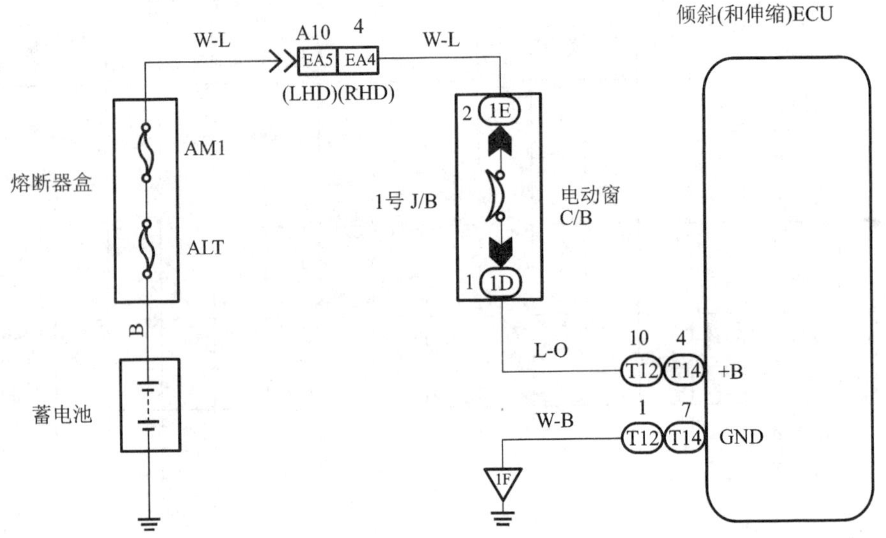

图 11-18　执行器电源电路

①拆下带有插接器的倾斜(和伸缩)ECU,把电压表的正极接连接器的端子＋B,负极接端子 GND,表的读数应为蓄电池电压。若表的读数符合要求,则进到故障现象表(表 11-3)中的下一电路检查;若不符合要求,则进入步骤②。

②用万用表检测倾斜(和伸缩)ECU 插接器的 GND 端子与车身接地之间的导通情况,表的读数应为 0。若不符合要求,则应修理或更换配线或插接器;若符合要求,则进入步骤③。

③拆下 1 号接线盒上的电动窗电路断路器,用电阻表检测断路器的导通情况。若不导通,则检查与电动窗断路器相连的全部配线及插接器有无短路;若导通,则检查倾斜(和伸缩)ECU 与蓄电池之间的配线和插接器有无断路。

3)传感器电源电路的检测与诊断

传感器电源电路如图 11-19 所示。倾斜(和伸缩)ECU 通过此电路向位置传感器、手动开关和自动设定开关供电。

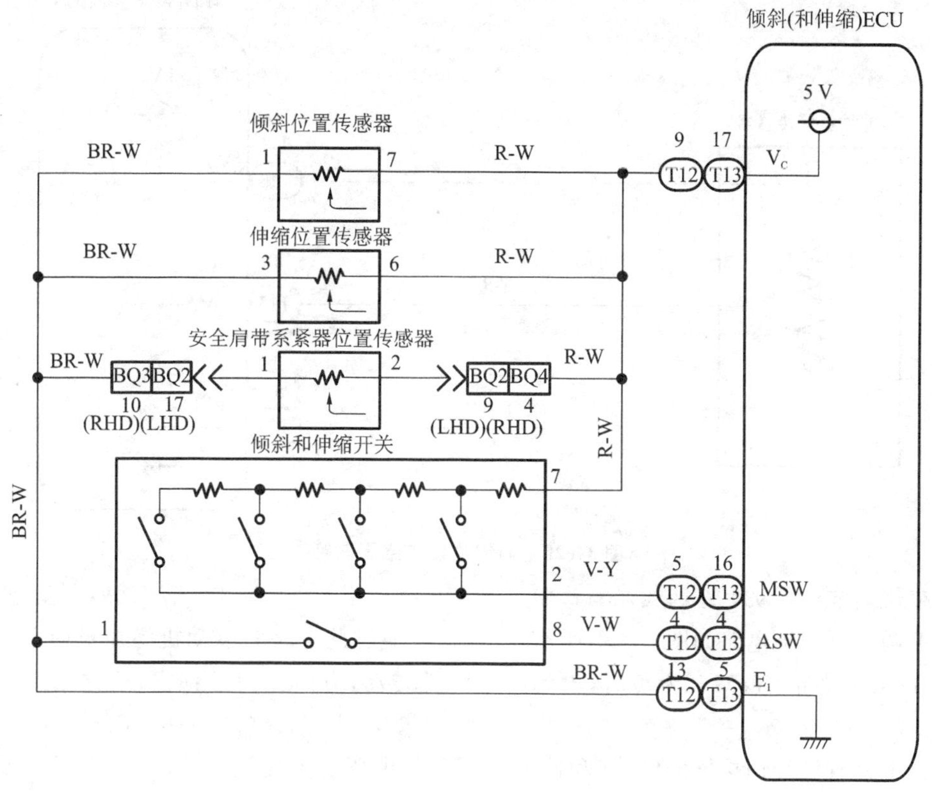

图 11-19 传感器电源电路

拆下带有导线插接器的倾斜(和伸缩)ECU,把电压表的正极接 ECU 的插接器端子 V_C,负极接端子 E_1,若表的读数为 0,则检查 ECU 的导线插接器端子 V_C 与 E_1 之间的配线和连接器有无短路,若无短路,则检查和更换倾斜(和伸缩)ECU。若表的读数为 5 V,则检查 ECU 的导线插接器 V_C 与 E_1 端子之间的配线有无断路。若有断路,则修理或更换配线或连接器;若无断路,则进到故障现象表(表 11-3)中的下一电路检查。

4)伸缩位置传感器电路的检测与诊断

伸缩位置传感器电路如图 11-20 所示。伸缩位置传感器可检测方向盘的伸缩位置,并以电压信号通过此电路输送给 ECU。传感器端子 6 上接有 5 V 恒定电压,端子 5 处的电压随方向盘伸缩位置的变化而变化,并通过端子 TeS 输入 ECU。

①拆下带有导线插接器的 ECU 和伸缩位置传感器,将电压表的正极接插接器端子 TeS,负极接端子 E_1。当伸缩传感器杆在前端位置时,表的读数应约为 0。当缓慢把传感器杆移到后端位置时,表的读数应为 5 V。若表的读数符合要求,则进到故障现象表(表 11-3)中的下一电路检查,否则进入步骤②。

②拔开位置传感器导线插接器,测量传感器端子 6 与 3 间的电阻,应为 5 kΩ。再把电阻表接传感器的端子 5 和 3,把传感器杆移到前端位置,该端子间的电阻应为 0;把传感器杆移到后端位置,表的读数应为 5 kΩ。

③检查传感器各种状态下的电阻值。若不符合要求,则更换传感器。若符合要求,则检查 ECU 与传感器间的配线和插接器,若配线或插接器不良,应予以修理或更换;若配线或插接器良好,应检查 ECU,若有故障应修理或更换。

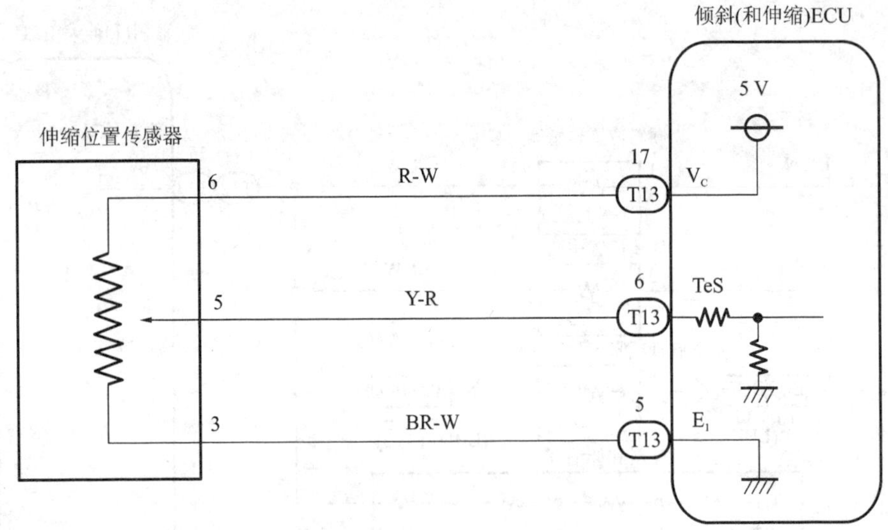

图 11-20　伸缩位置传感器电路

5)伸缩调节电动机电路的检测与诊断

伸缩调节电动机电路如图 11-21 所示。当 ECU 通过此电路向电动机施加正向电压时，即当端子 TeM＋为正，TeM－为负时，电动机顺时针转动，方向盘向后伸出；反之，方向盘向前缩回。

①拆下带有导线插接器的倾斜(和伸缩)ECU，把电压表连接到 TeM＋和 TeM－端子上。当手动开关处在前端位置时，两端子间为正向电压；当手动开关处在后端位置时，两端子间为反向电压。表的读数均应为蓄电池电压。若不符合要求，则应检查和更换倾斜(和伸缩)ECU；若符合要求，则进入步骤②。

②拔开伸缩调节电动机的导线插接器，把蓄电池正、负极分别接端子 1、2 时，方向盘应向前缩回；施加反向电压时，方向盘应向后伸出。否则，应更换伸缩调节电动机。若方向盘伸缩情况与所加蓄电池电压相对应，则进入步骤③。

③检查倾斜(和伸缩)ECU 与电动机间的配线及插接器。若连接不良，则应修理或更换；若连接良好，则进到故障现象表(表 11-3)中的下一电路检查。

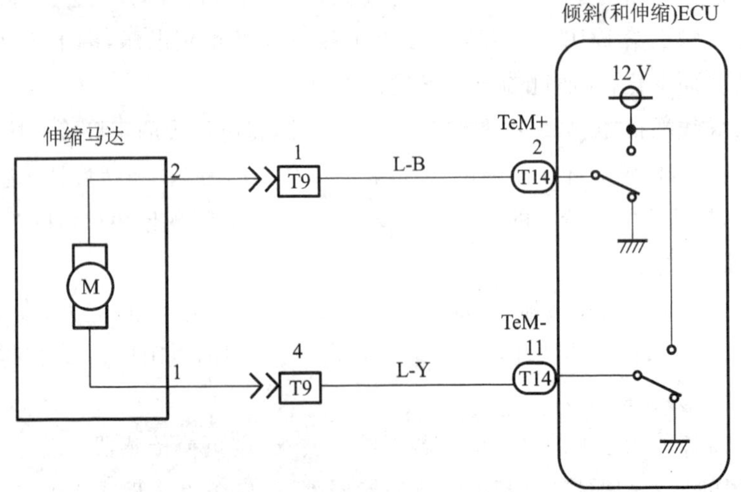

图 11-21　伸缩调节电动机电路

6)倾斜位置传感器电路的检测与诊断

倾斜位置传感器电路如图 11-22 所示。倾斜位置传感器将转向柱的倾斜位置以电压信号通过此电路输送给 ECU,传感器端子 1 上有 5 V 的恒定电压,端子 3 上的电压随转向柱位置的变化而变化,并由端子 TiS 输入倾斜(和伸缩)ECU。

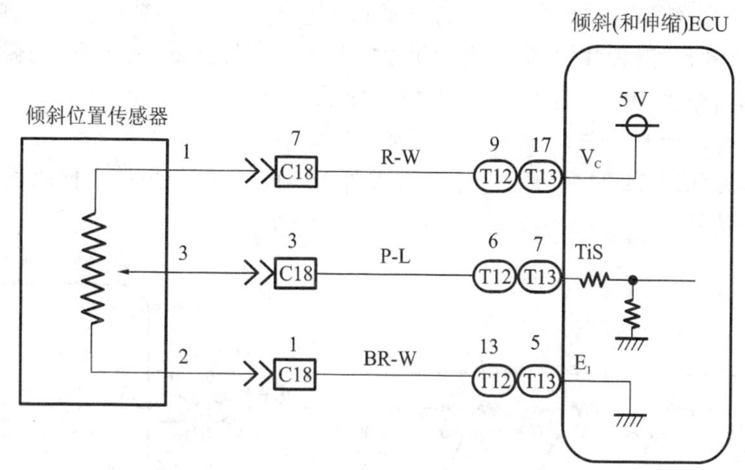

图 11-22 倾斜位置传感器电路

①拆下带有导线插接器的 ECU 和带有导线插接器的倾斜传感器,把电压表的正、负极表笔分别接 ECU 插接器的端子 TiS 和 E_1,缓慢将倾斜位置传感器手柄抬到最高点,表的读数应为 0。再把该传感器手柄转到最低点,表的读数应为 5 V。若读数符合要求,则进到故障现象表(表 11-3)中的下一电路检查;若不符合要求,则进入步骤②。

②拔开位置传感器的导线插接器,用电阻表检测传感器的端子 1 和 2 间的电阻,其值应为 5 kΩ。再把电阻表接传感器的端子 3 和 2,当把传感器手柄提到最高点时,表的读数应为 0,当把手柄转到最低点时,表的读数应为 5 kΩ。

③检查传感器各种状态下的电阻值,若不符合要求,则应更换倾斜位置传感器。若符合要求,则应检查 ECU 与传感器之间的配线或插接器,若有问题应修理或更换配线或插接器;若配线或插接器良好,应检查 ECU,若有故障应修理或更换 ECU。

7)倾斜调节电动机电路的检测与诊断

倾斜调节电动机电路如图 11-23 所示。倾斜调节电动机端子+B 的电压由 ECU 提供。当端子 TiM+为正,TiM-为负时,电动机顺时针转动,方向盘向上倾斜;反之,当端子 TiM+为负,TiM-为正时,电动机逆时针转动,方向盘向下倾斜。

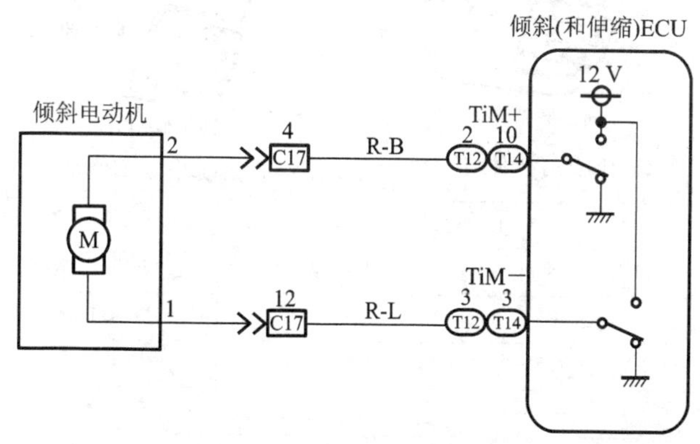

图 11-23 倾斜调节电动机电路

①拆下带有导线插接器的倾斜(和伸缩)ECU,用电压表检查 ECU 导线插接器端子 TiM+与 TiM-之间的电压,当手动开关分别处于上、下倾斜位置时,表的读数均应为蓄电池电压。若表的读数不符合要求,则应检查 ECU,若有故障应修理或更换;若符合要求,则进入步骤②。

②拔开倾斜调节电动机的导线插接器,把蓄电池正、负极分别接端子 1、2 时,方向盘应向下倾斜;反接后,方向盘应向上倾斜。若倾斜方向不符合要求,则应更换电动机;若符合要求,则进入步骤③。

③检查倾斜(和伸缩)ECU 与调节电动机之间的配线和插接器,若不良,则修理或更换配线或插接器;若良好,则进到故障现象表(表 11-3)中的下一电路检查。

8)手动开关电路的检测与诊断

手动开关电路如图 11-24 所示。当手动开关处于不同位置时,电路会向倾斜(和伸缩)ECU 发送不同的电压信号。

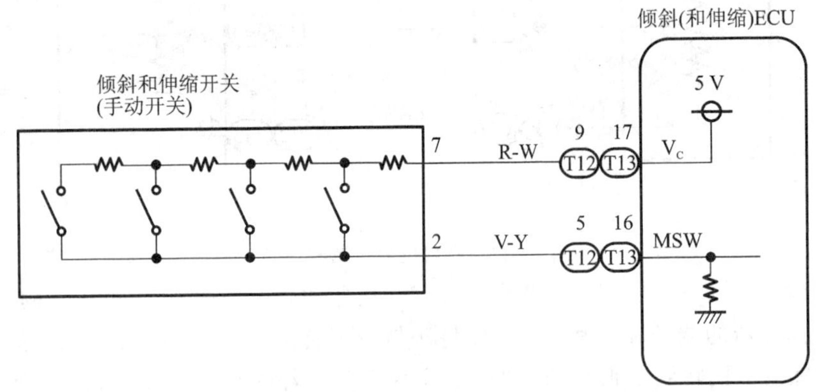

图 11-24　手动开关电路

①拆下带有导线插接器的倾斜(和伸缩)ECU,将电压表正、负极分别接 ECU 插接器的 MSW、V_C 端子,操作手动开关,电压表的读数应符合规定。若数据符合规定,则进到故障现象表(表 11-3)中的下一电路检查,否则进入步骤②。

②拆开组合开关的导线插接器,用电阻表检测开关的端子 2 与 7 之间的电阻值,如表 11-4 所示。若所测电阻值与表中的数值相符,则进入步骤③,否则应更换组合开关。

③检查倾斜(和伸缩)ECU 与开关之间的配线及插接器,若不良,则应修理或更换配线或插接器;若良好,则应检查倾斜(和伸缩)ECU,有故障应修理或更换。

表 11-4　操作手动开关时的电压和电阻信号

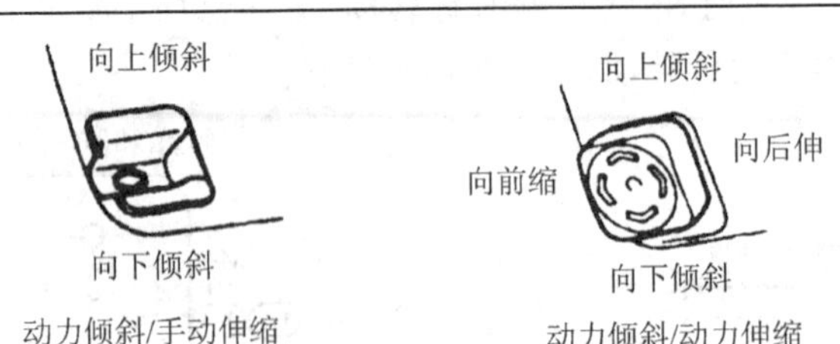

转向盘位置	电压/V		电阻/Ω	
	UCF10 系列	UCF20 系列	UCF10 系列	UCF20 系列
向后伸出	≈2.6	2.05～2.75	≈160	160
向上倾斜	≈3.5	1.3～1.7	≈360	360
向前缩回	≈4.2	0.65～0.95	≈790	790
向下倾斜	≈4.6	0.3～0.5	≈1990	1990

9)自动设定开关电路的检测与诊断

自动设定开关电路如图11-25所示。电路中的开关为自动设定开关,在开关断开时,不能进行自动操作。

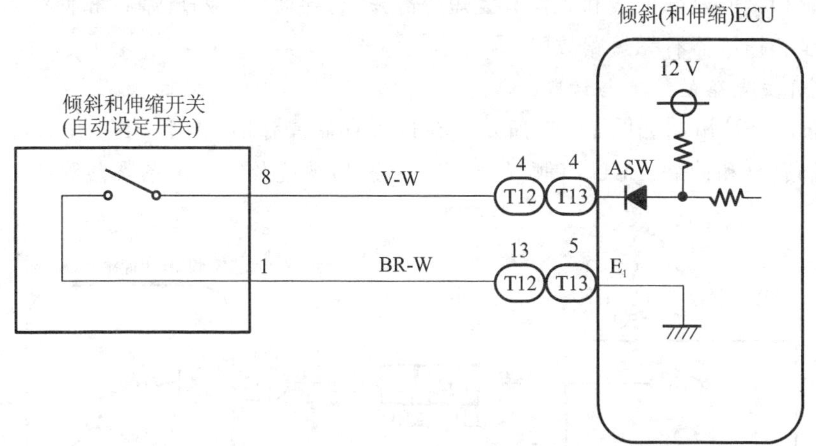

图 11-25　自动设定开关电路

①拆下带有导线插接器的倾斜(和伸缩)ECU,把电压表的正、负极分别接插接器的ASW、E_1端子。当自动开关接通、断开时,表的读数应分别为0、8~12 V。若符合要求,则进入故障现象表(表11-3)中的下一电路检查;若不符合要求,则进入步骤②。

②拔开自动开关导线连接器,用电阻表测量自动开关端子1与8之间的电阻值。当该开关接通、断开时,表的读数应分别为0、∞。若不符合要求,则更换开关,否则进入步骤③。

③检查倾斜(和伸缩)ECU与开关之间的配线及插接器,若不良,则修理或更换配线或插接器;若良好,则检查ECU,若有故障应修理或更换。

10)点火开关电路的检测与诊断

点火开关电路如图11-26所示。点火开关由此电路向ECU发出“ON”和“OFF”信号。

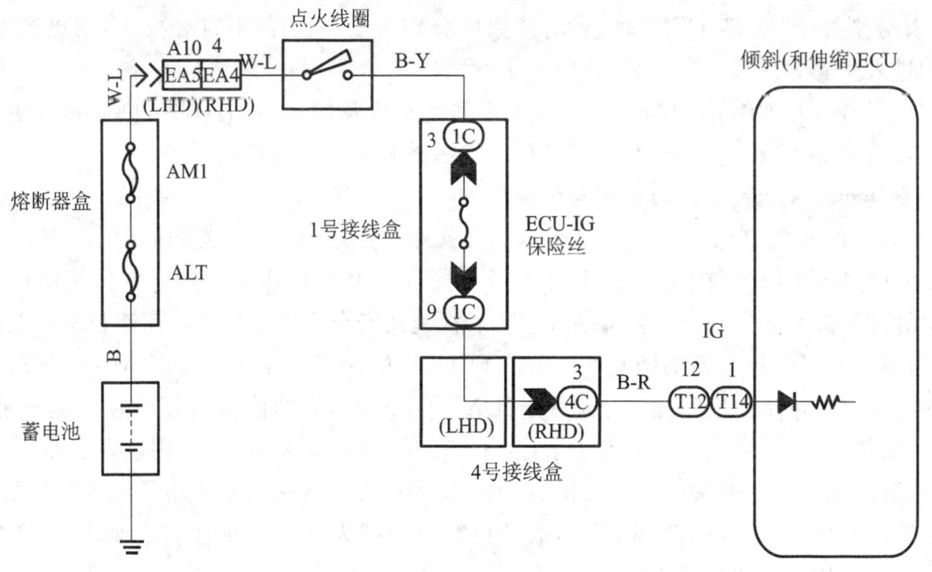

图 11-26　点火开关电路

①拆下带有导线插接器的倾斜(和伸缩)ECU,把电压表的正极接插接器的IG端子,负极

接地。当点火开关分别处于“ON”“OFF”时，表的读数应分别为蓄电池电压、0。若表的读数符合要求，则进入故障现象表（表 11-3）中的下一电路检查，否则进入步骤②。

②拆下 1 号接线盒上的 ECU-IG 保险丝，用电阻表检测保险丝的导通情况。若不导通，则检查与保险丝相接的全部配线和元件有无短路故障；若导通，则检查倾斜（和伸缩）ECU 与蓄电池之间的配线和插接器有无短路故障。

11）设定开关电路的检测与诊断

设定（SET）开关电路如图 11-27 所示。在进行存储操作时，按下 SET 开关，即向 ECU 发送信号，同时倾斜（和伸缩）ECU 将倾斜、伸缩、座位、后视镜及安全带系紧器等此刻的位置存储起来。

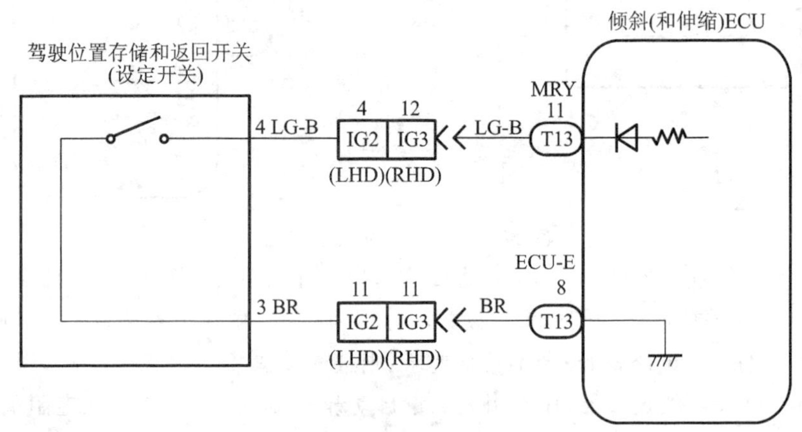

图 11-27　设定（SET）开关电路

①拆下带有导线插接器的倾斜（和伸缩）ECU，将电压表的正、负极分别接 MRY、ECU-E 端子。当 SET 开关分别处于“ON”“OFF”时，表的读数应分别为 0、蓄电池电压。若符合要求，则进入故障现象表（表 11-3）中的下一电路检查；若不符合要求，则进入步骤②。

②拔开 SET 开关的导线插接器，用电阻表检测 SET 开关端子 3 和 4 之间的电阻值。当 SET 开关分别处于“ON”“OFF”时，表的读数应分别为 0、∞。若不符合要求，则更换 SET 开关，否则进入步骤③。

③检查倾斜（和伸缩）ECU 与 SET 开关之间的配线及插接器，若不良，则修理或更换配线或插接器；若良好，则检查倾斜（和伸缩）ECU，若有故障应修理或更换。

12）存储和返回开关电路的检测与诊断

存储和返回开关电路如图 11-28 所示。在按下（接通）SET 开关的同时，倾斜（和伸缩）ECU 发出存储指令信号；在按下 SET 开关后再按下开关 M1 或 M2（接通）时，倾斜（和伸缩）ECU 发出返回指令信号，对倾斜、伸缩、座位、后视镜及安全带系紧器进行存储和返回操作。

①拆下带有导线连接器的倾斜（和伸缩）ECU，将电压表的正极接端子 M1 和 M2，负极接端子 ECU-E。当存储和返回开关分别处于“ON”“OFF”时，表的读数应分别为 0、蓄电池电压。若表的读数符合要求，则进入故障现象表（表 11-3）中的下一电路检查，否则进入步骤②。

②拔开存储和返回开关的导线插接器，用欧姆表检查该开关的 6、7 端子与端子 3 之间的电阻。当该开关分别处于“ON”“OFF”时，表的读数应分别为 0、∞。若不符合要求，则更换存储和返回开关，否则进入步骤③。

③检查倾斜（和伸缩）ECU 与开关之间的配线及插接器，若不良，则修理或更换配线或插接器；若良好，则检查倾斜（和伸缩）ECU，若有故障应修理或更换。

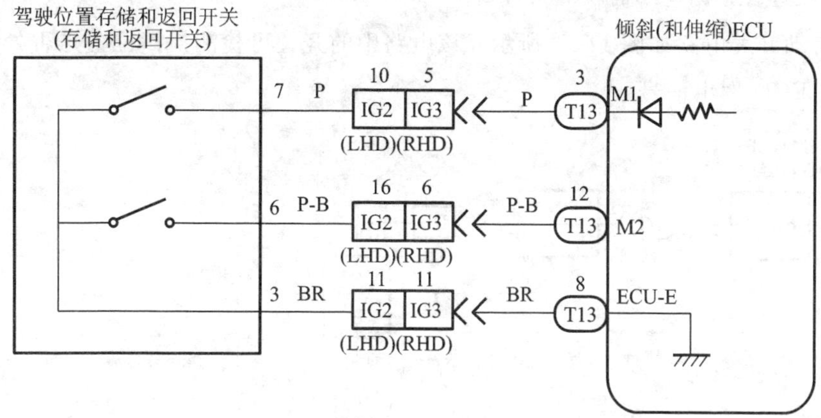

图 11-28 存储和返回开关电路

13)门控灯开关电路的检测与诊断

门控灯开关电路如图 11-29 所示。ECU 通过 DSW 的电压信号，确定驾驶员侧门灯是接通还是断开，从而显示驾驶员侧车门是处于打开状态还是处于关闭状态。

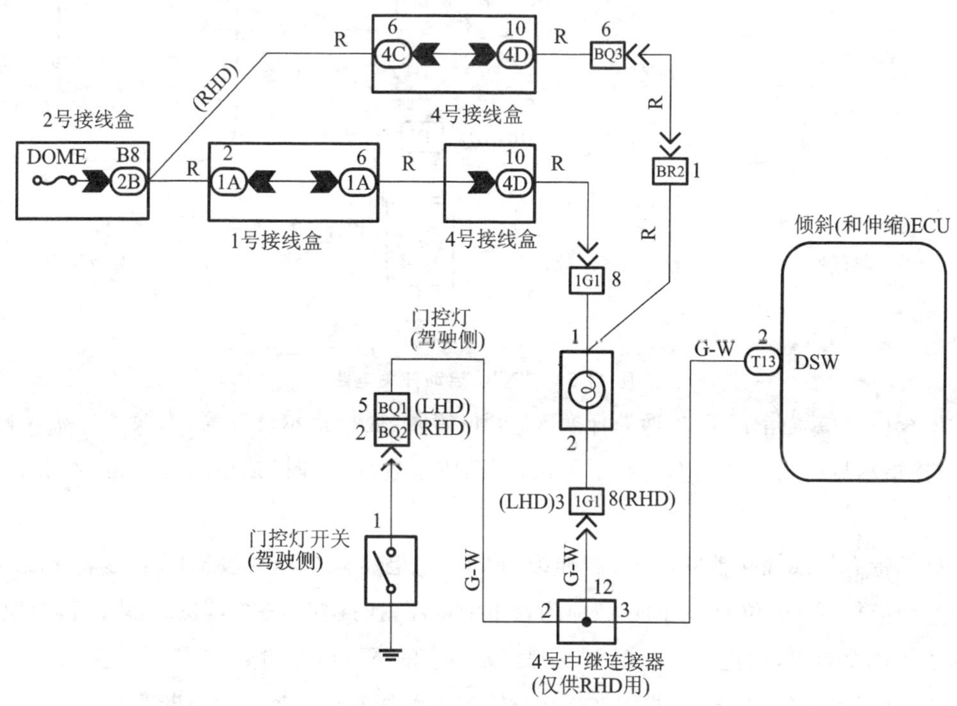

图 11-29 门控灯开关电路

①驾驶员侧车门打开、关闭时，驾驶员侧门控灯应亮起、熄灭。若不正常，则应检修门控灯电路；若正常，则进入步骤②。

②拆下带有导线插接器的倾斜(和伸缩)ECU，用电压表检测插接器端了 DSW 与车身接地之间的电压。当驾驶员侧车门打开、关闭时，表的读数应分别为 0、蓄电池电压。若表的读数符合要求，则进入故障现象表(表 11-3)中的下一电路检查，否则进入步骤③。

③检查倾斜(和伸缩)ECU 与连接器端子 BQ1 之间的配线和插接器有无断路故障。

14)"N"位启动开关电路的检测与诊断

"N"位启动开关电路如图 11-30 所示。该电路中的开关可检测换挡位置是否处在"N"或其他挡位,并向 ECU 发出信号。

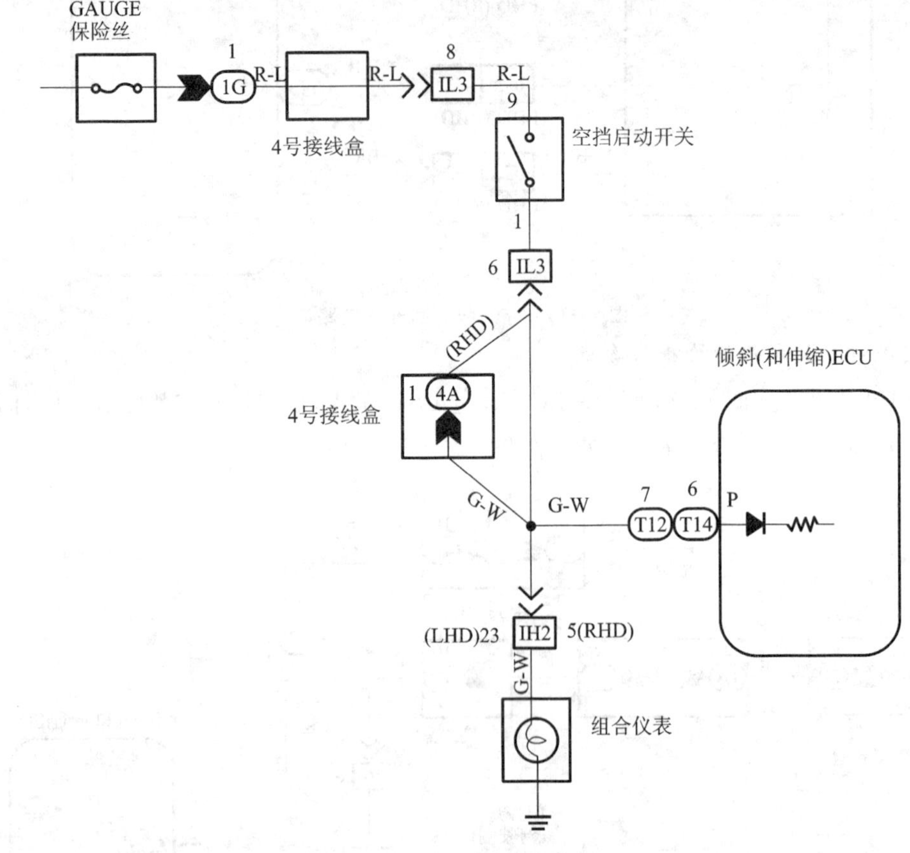

图 11-30 "N"位启动开关电路

①检查换挡位置指示灯,当换挡杆换入"N"位置时,换挡指示灯应亮;当换挡杆换入另一位置时,换挡指示灯应灭。若指示灯指示不正常,则应检查或修理换挡指示灯电路;若指示正常,则进入步骤②。

②拆下带有导线插接器的倾斜(和伸缩)ECU,用电压表检查插接器端子与车身接地之间的电压。换挡杆置"N"位时,表的读数应为蓄电池电压;换挡杆不在"N"位时,表的读数应为 0。若表的读数符合要求,则进入故障现象表(表 11-3)中的下一电路检查,否则进入步骤③。

③检查倾斜(和伸缩)ECU 与 IL3 连接器之间的配线和插接器是否有断路故障。

15)未锁报警开关电路的检测与诊断

未锁报警开关电路如图 11-31 所示。未锁报警开关可检测钥匙是否插入锁芯,当钥匙插入锁芯时,此开关闭合,并向 ECU 发送信号。

①拆下带有导线插接器的倾斜(和伸缩)ECU,把电压表的正极接插接器端子 UWSW,负极接地。当插入、拔出钥匙时,表的读数应分别为 0、蓄电池电压。若表的读数符合要求,则进入故障现象表(表 11-3)中的下一电路检查,否则进入步骤②。

②拔开未锁报警开关的导线插接器,用电阻表检测开关端子 9 与 10 之间的电阻值。当插

入、拔出钥匙时,表的读数应分别为 0、∞。若表的读数符合要求,则进入故障现象表(表 11-3)中的下一电路检查,否则进入步骤③。

③检查倾斜(和伸缩)ECU 与未锁报警开关之间的配线及插接器,若不良,则应修理或更换配线或插接器;若良好,则应检查 ECU,若有故障应修理或更换。

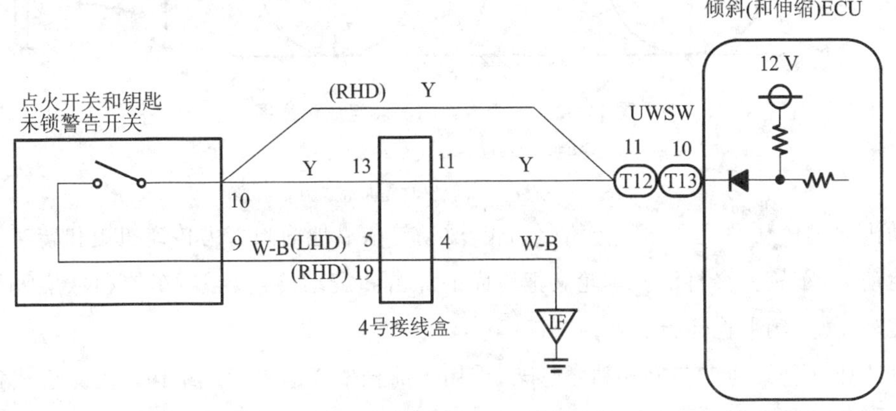

图 11-31 未锁报警开关电路

【任务实施】

问题 1 机械转向系统转向沉重的故障原因有哪些?怎样诊断?

问题 2 动力转向系统转向沉重的故障原因有哪些?怎样诊断?

问题 3 说明简易的转向盘自由行程检测仪的组成和测试过程。

问题 4 说明动力转向电控系统的电路检测及故障排除程序。

学习任务 2 行驶系统的故障诊断与检测

【任务引入】

一辆桑塔纳轿车在行驶过程中,有行驶偏摆的感觉,送修理厂检修,技术人员说,需要进行前轮定位、轮胎平衡等项目的检查。本任务就是要对行驶系统进行故障诊断和检查,以排除故障,恢复行驶性能。

【知识准备】

行驶系统是发动机的最终传动系统,是汽车行驶的"腿"和"脚",其性能将直接影响车辆的动力性、经济性、安全性、可靠性、舒适性。因此,需要经常进行维护保养、检查调整。行驶系统是汽车极易损坏和产生故障的系统,我们先来熟悉一下行驶系统的相关知识。

行驶系统主要由车架、车桥、车轮(包括轮胎)和悬架等组成,如图 11-32 所示。悬架分为独立悬架和非独立悬架,图 11-32 中的前悬架为麦弗逊式独立悬架,后悬架为钢板弹簧非独立悬架。

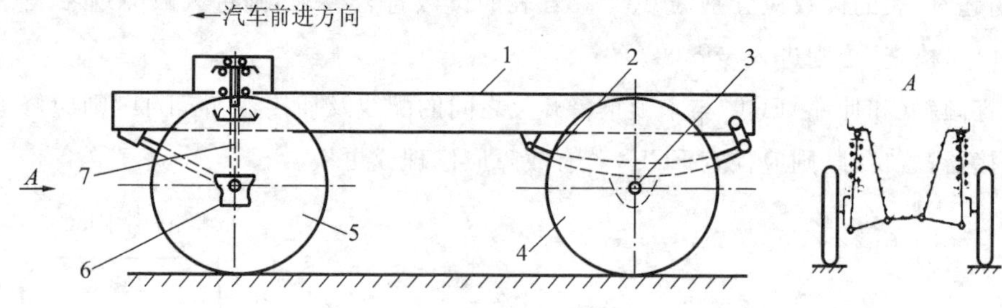

图 11-32　行驶系统的一般组成示意图

1—车架；2—后悬架(钢板弹簧非独立悬架)；3—后桥；4—后轮；

5—前轮；6—前桥；7—前悬架(麦弗逊式独立悬架)

发动机通过传动系统把动力传给驱动轮，驱动轮依靠地面附着力传递扭矩和转速。若附着力大于驱动力，车轮就会打滑。车轮又把地面的冲击和震动传给悬架，车轮和悬架吸收地面的冲击和震动，使车辆平稳运行。

常见的独立悬架为麦弗逊式独立悬架，乘用车前悬架普遍采用此结构。麦弗逊式独立悬架的杆件和活动部位很多，球头销等处磨损松旷后会带来车轮定位角的变化。非独立悬架因其结构简单，工作可靠，被广泛应用于货车的前、后悬架。在少数乘用车中，非独立悬架仅用作后悬架。货车上非独立悬架普遍采用钢板弹簧式；由于货车行驶路面较差，悬架受到的冲击载荷大，加上超载情况严重，钢板弹簧很容易永久变形甚至断裂，从而引起车轮定位角的变化。

一、行驶系统故障的经验诊断

行驶系统的常见故障部位主要有减振器、前轮、轮胎、杆系连接处，以及驱动桥的齿轮、轴承等。

行驶系统的常见故障主要包括：行驶平顺性不良，车身横向倾斜，轮胎异常磨损，行驶无力和行驶跑偏。

1. 行驶平顺性不良

1）故障现象

汽车行驶时出现震动，加速时出现窜动，驾乘人员感觉很不舒服。

2）故障主要原因及处理方法

①前稳定杆卡座松旷或橡胶支承损坏，应予更换。

②车轮动平衡超标，应予校正。

③减振器或缓冲块失效，应予修理或更换。

④传动轴动不平衡，应予校正。

⑤钢板弹簧支架衬套磨损松旷，应予更换。

⑥车轮轴承松旷或转向横拉杆球头松旷，应予更换。

⑦钢板弹簧 U 形螺栓滑牙或松动，应予更换或紧固。

⑧发动机横梁和下摆臂的固定螺栓或衬套松旷，应予修理或更换。

⑨半轴内外万向节磨损松旷，应予更换。

⑩轮胎气压过高，磨损不均，应予调整或更换等。

3)故障诊断方法

以桑塔纳乘用车为例,针对不同的行驶平顺性特征,对照图11-33所示的行驶平顺性不良常见故障原因的诊断流程,找出故障部位。流程图中1、2序号是推荐的检测顺序,实际检测时,可根据具体故障现象来决定检测顺序,以迅速排除故障。

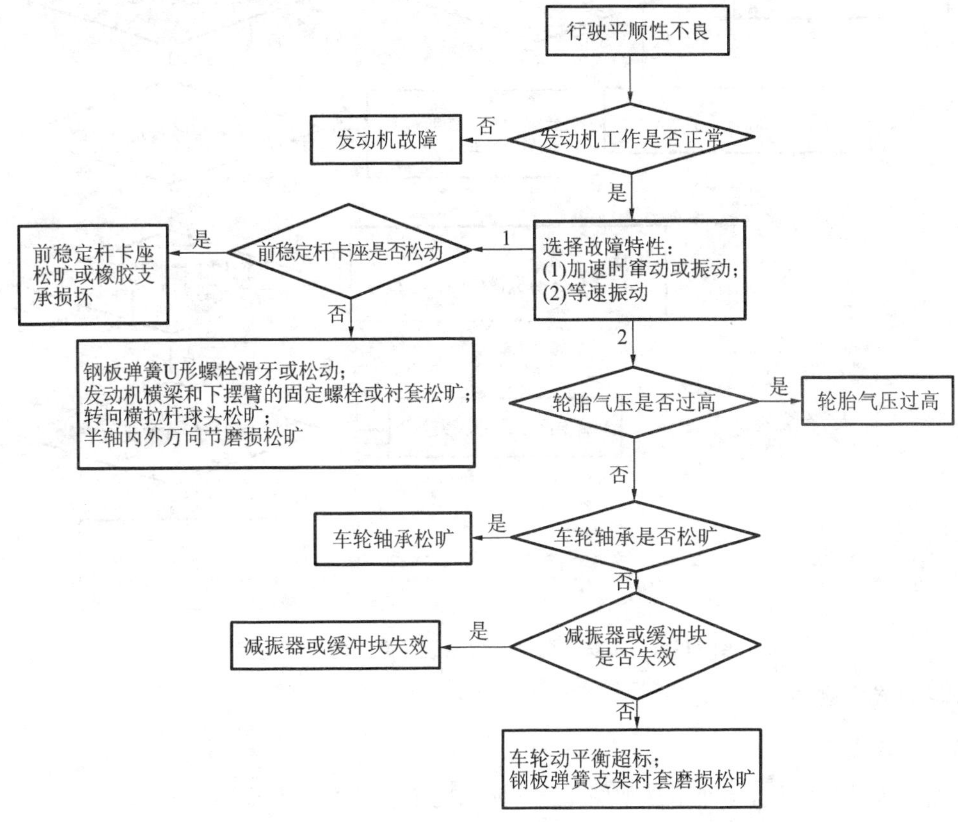

图11-33 行驶平顺性不良常见故障原因的诊断流程

2. 车身横向倾斜

1)故障现象

汽车车身左高右低或左低右高,出现倾斜。

2)故障主要原因及处理方法

①左右轮胎气压不一致,应按规定充气。

②左右轮胎规格不一致,应予更换。

③悬架弹簧自由长度或刚度不一致,应予更换。

④下摆臂变形,应予校正或更换。

⑤发动机横梁和下摆臂的固定螺栓或衬套松旷,应予修理或更换。

⑥减振器或缓冲块损坏,应予更换。

⑦发动机横梁变形,应予校正或更换。

⑧车身变形,应予整形、修理等。

3)故障诊断方法

以桑塔纳乘用车为例,先检查左右轮胎的气压、规格是否一致,再检查悬架、车身等部位,确定故障位置。车身横向倾斜常见故障原因的诊断流程如图11-34所示。

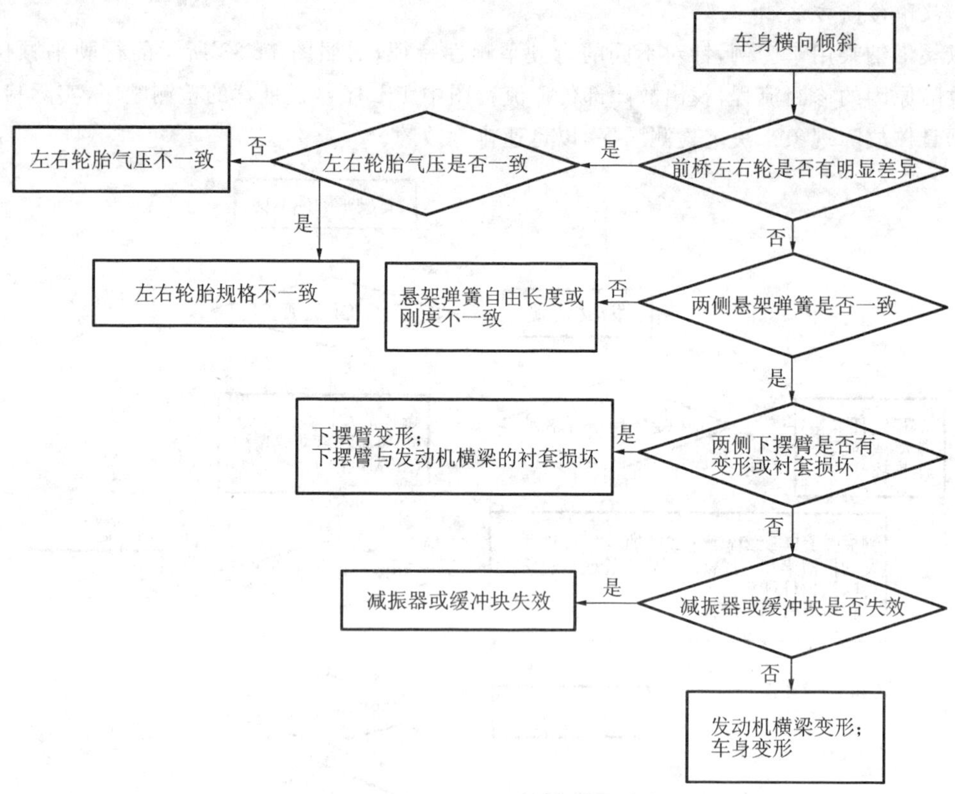

图 11-34　车身横向倾斜常见故障原因的诊断流程

3. 轮胎异常磨损

1)故障现象

轮胎磨损速度加快,胎面出现如图 11-35 所示的不正常磨损形状。

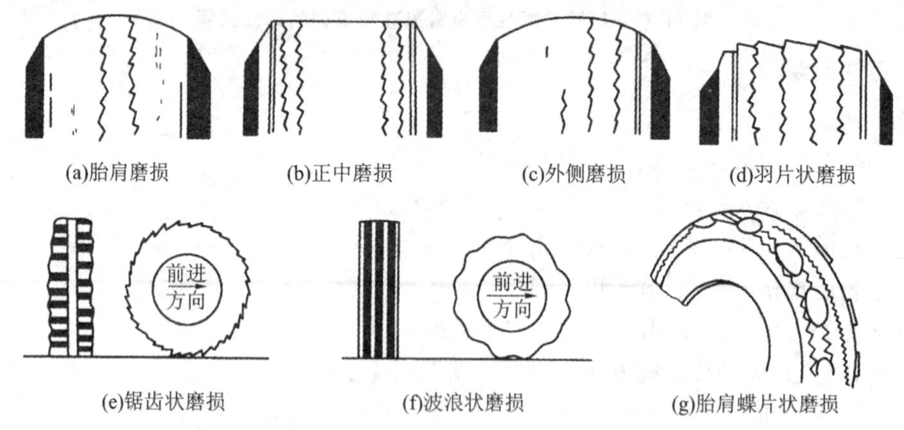

图 11-35　前轮轮胎不正常磨损示意图

2)故障主要原因及处理方法

①轮胎气压不符合要求,轮胎质量不佳或车轮螺栓松动,应按规定充气,更换轮胎或紧固车轮螺栓。

②轮胎长期未换位或汽车经常行驶在拱度较大的路面上,应及时进行轮胎换位(一般行驶 10 000 km 时应换位,并进行动平衡校正)。

③前轮定位不正确或前轮旋转质量不平衡，应校正前轮定位和车轮平衡。

④纵横拉杆、轮毂轴承松旷或转向节与主销松旷，应予修理或更换。

⑤钢板弹簧U形螺栓松旷或钢板弹簧衬套与主销松旷，应予紧固或更换。

⑥经常超载、偏载、起步过急、高速转弯或制动过猛，应采用正确的驾驶方法。

⑦转向梯形不能保证各车轮纯滚动，出现过度转向时，应予调整。

⑧前轴与车架纵向中心线不垂直或车架两边的轴距不等，应予调整。

⑨前梁或车架变形，应予整形。

⑩前轮放松制动回位慢或制动拖滞，应予排除等。

因此车架、悬架与四轮定位对车轮的运动非常敏感，尤其是汽车高速运行时，若四轮运动不能协调一致，就会导致轮胎的不正常磨损及车辆震动。

3)故障诊断方法

以桑塔纳乘用车为例，根据轮胎磨损的情况确定故障原因。

①胎冠两肩磨损与胎壁擦伤，是由轮胎气压不足或汽车长期超载引起的。

②胎冠中部磨损，是由轮胎气压过高引起的。

③胎冠内(外)侧偏磨损，是由车轮外倾角过大(小)引起的。

④胎冠两侧成锯齿状磨损，是由轮胎换位不及时或汽车经常紧急制动或长期超载引起的。

⑤胎冠由外(里)侧向里(外)侧呈锯齿状磨损，是由前束过大(小)引起的。

⑥胎冠呈波浪状或碟片状磨损，是由轮毂轴承松旷或车轮动不平衡引起的。

二、行驶系统故障的仪器检测

行驶系统的常用诊断参数有车轮静不平衡量(g)、车轮动不平衡量(g)、车轮前束(mm或°)、车轮外倾角(°)、主销后倾角(°)、主销内倾角(°)、车轮侧滑量(m/km)等。

以上参数的数值正确与否，凭人工经验很难判断，必须通过专用仪器进行检测。具体参数因车型不同而异。

1. 车轮平衡的检测

随着道路质量的提高和高速公路的普及，汽车行驶速度越来越高，因此对汽车车轮平衡度的要求也越来越高。车轮高速旋转时，不平衡质量会引起车轮上下跳动和横向摆振，不仅会影响汽车的行驶平顺性、乘坐舒适性和操纵稳定性，而且会影响行车安全。车轮的上下跳动和横向摆振还会加剧轮胎的磨损，缩短汽车使用寿命，增加汽车运输成本。

车轮不平衡的原因主要是：轮辋、轮胎在生产和修理过程中的精度误差，轮胎材料不均匀；轮胎装配不正确，轮胎螺栓质量不一；平衡块脱落；汽车行驶过程中的偏磨损；使用翻新胎或补胎等。

1)车轮静平衡的检测

对于非驱动桥上的车轮：支起车轴，调整好轮毂轴承松紧度，用手轻转车轮，使其自然停转。在停转的车轮离地最近处做一标记，然后重复上述步骤。如果每次试验标记都停在离地最近处，则说明车轮静不平衡；如果多次转动自然停止后的标记位置各不相同，则说明车轮静平衡。

驱动桥上的车轮，由于受到差速器等的制约，无法使用该法，只能在装车前检测，即使是静平衡的车轮，在装车使用时也可能动不平衡，因此还应对车轮动平衡进行检测校正。

2)使用离车式动平衡机检测校正车轮动平衡

①清除车轮上的泥块、石子和旧平衡块。

②将轮胎气压充至规定值。

③根据轮辋中心孔的大小选择锥体或多孔式连接盘，将车轮装上动平衡机，拧紧固定螺母。

④测量轮辋宽度 b、轮辋直径 d 和轮辋边缘至机箱的距离 a，将这三个值输入动平衡机。

⑤放下车轮防护罩，打开电源开关，按动启动按钮，车轮开始旋转，动平衡机开始采集数据。

⑥检测结束后，从指示装置读取车轮不平衡量和不平衡位置。

⑦抬起车轮防护罩，用手慢慢转动车轮，当指示装置发出声音或灯光等信号时停止转动。根据显示的平衡块质量，在轮辋内侧或外侧牢固安装平衡块。

⑧重新检测动平衡，直到指示装置显示不平衡质量小于 5 g，或显示“00”“OK”为止。

⑨关闭电源开关，取下被测车轮。

离车式动不平衡检测原理如图 11-36 所示。具体检测方法详见使用其说明书。

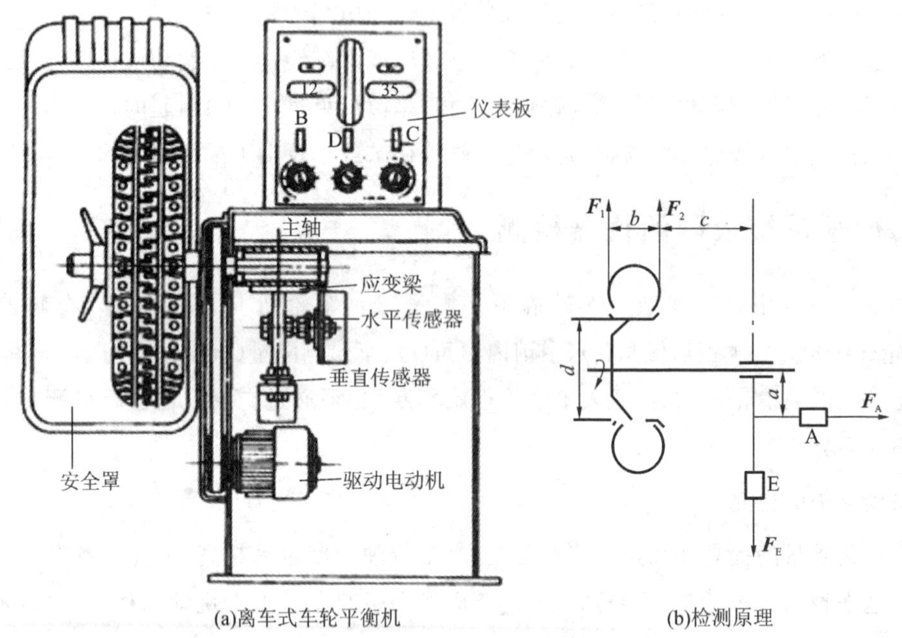

(a)离车式车轮平衡机　(b)检测原理

图 11-36　离车式动不平衡检测原理

A—水平传感器；E—垂直传感器

3)使用就车式动平衡机检测校正车轮动平衡

车轮动平衡的检测可将车轮安装到离车式车轮动平衡机上检测与校对，但需要把车轮拆下。就车式车轮动平衡机可直接在在用车上使用，非常方便，而且既可进行动平衡检测，又可进行静平衡检测，校正的部件包括车轮、制动鼓(盘)、轮毂轴承等高速旋转体。

(1)检测前的准备工作。

如图 11-37 所示为就车式车轮动平衡机示意图。

①检测前，将汽车前部用千斤顶支起。注意保持前轴水平，使两边车轮离地间隙相等。

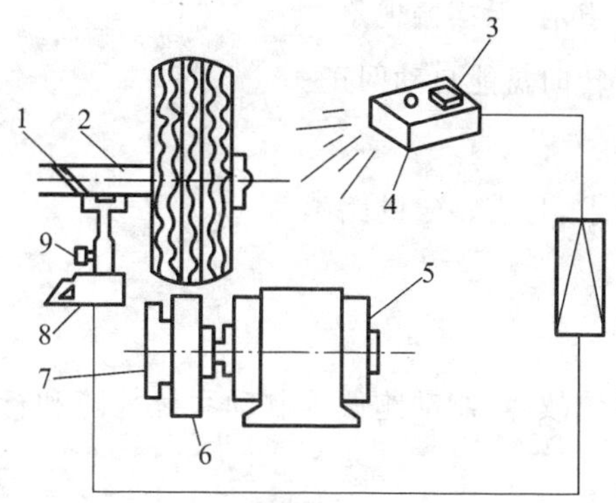

图 11-37 就车式车轮动平衡机示意图

1—传感磁头；2—转向节；3—不平衡度表；4—频闪灯；5—电动机；

6—转轮；7—制动器；8—底座；9—可调支架

②清除被测车轮上的泥土、石子和旧平衡块等。

③检查轮胎气压，必要时调整至规定值。

④用手转动车轮，检查轮毂轴承是否松旷，必要时调整至规定值。

⑤在轮胎外侧任意位置上用白粉笔或白胶布做上记号。

(2)车轮静平衡的检测校对。

①使用三角垫木或其他方法固定另一个前轮和两后轮，将传感磁头吸附到悬架或转向节上，调节可调支架高度并锁紧。

②推动车轮动平衡机至车轮侧面或前面(视车轮平衡机形式不同而异)，检查频闪灯工作是否正常，检查转轮的旋转方向能否使车轮的转动方向与汽车前进行驶的方向一致。

③操纵车轮动平衡机转轮与轮胎接触，启动电动机带动车轮旋转至规定转速。

④观察频闪灯照射下的轮胎标记位置，并从指示装置上读取不平衡量数值(用第一挡显示)。

⑤操纵车轮动平衡机上的制动装置，使车轮停止转动。

⑥用手转动车轮，使其上的标记仍处于上述观察位置，此时轮辋的最上部即加装平衡块的位置。

⑦按指示装置显示的静不平衡量选择平衡块，并将其牢固地装卡到轮辋边缘上。

⑧重新驱动车轮进行复试，这时指示装置用二挡显示。调整平衡块的质量和位置，直至符合平衡要求。

(3)车轮动平衡的检测校对。

①将传感磁头吸附在经过擦拭的制动底板边缘平整处，使磁头与车轮旋转中心处于同一水平位置。

②驱动车轮旋转至规定转速，按照上述的检测方法观察轮胎标记位置，读取动不平衡值。

③停转车轮，按动不平衡值选择平衡块和在车轮上的加装位置，加装平衡块。

④按照上述的检测方法进行复查，直至符合平衡要求。

2. 前轮定位及侧滑的检测

前轮定位是否良好可以以汽车行驶状态来判定。

①汽车直线行驶时车身稳定，无摆振现象。

②转弯时无横向滑移且转向盘能自动回正。

③轮胎磨损最小。

④转向盘操纵力满足要求，且有一定的路感。

⑤转向灵敏度适宜。

⑥有良好的操纵稳定性。

⑦无转向沉重等转向系统故障、制动跑偏等制动系统故障和行驶跑偏、轮胎异常磨损等行驶系统故障。

1)前轮定位简介

汽车车轮定位主要是指转向轮定位。除一些特殊汽车(如铲车)采用后轮转向外，大部分汽车都采用前轮转向。所以，转向轮定位一般也称为前轮定位。不少乘用车的后轮也有定位(后轮定位主要有后轮外倾、后轮前束等)，即四轮定位。

前轮定位一般包括主销后倾、主销内倾、前轮外倾和前轮前束。前轮定位是前轴技术状况的重要诊断参数。车轮定位正确与否，将直接影响汽车的操纵稳定性、安全性、燃油经济性、轮胎等部件的使用寿命及驾驶员的劳动强度等。因此，车轮定位值的检测不仅对在用车十分必要，而且对新车定型和质量抽查也是必不可少的。

常见车型车轮定位参数如表 11-5 所示。

表 11-5　常见车型车轮定位参数

参数 车型	前轮前束	前轮外倾	主销后倾	主销内倾	后轮前束	后轮外倾
别克	−0.2°～0.2°	0.2°～1.2°	1.3°～2.3°		−0.4°～0.2°	−0.65°～0.35°
宝来	±10′	−30′±30′	7°40′±30′		20′±10′	−1°27′±10′
桑塔纳 (JV 发动机)	−20′±10′	−1°40′±20′	30′		25′±15′	−1°40′±20′
丰田日冕 RT81	4～6 mm	1°20′±30′	20′±30′	6°55′		
奥迪 100	0.5～1 mm	−30′±30′	50′±40′	14°20′		
切诺基	−0.79～0.79 mm	±15′	7°30′±30′			
夏利 TJ7100	−1～3 mm	20′±10′	2°55′±1°	12°±30′	4～8 mm	
跃进 NJ1041A	1.5～3 mm	1°	2°30′	8°		
解放 CA1091	2～4 mm	1°	1°30′	8°		
东风 EQ1090E	1～5 mm	1°	2°30′	6°		

需要说明的是，现代乘用车上广泛使用的低压轮胎，具有断面宽、与路面接触面大、弹性好、稳定力矩大等特点，有利于转向轮自动回正和提高汽车行驶稳定性。所以，现代乘用车车轮定位值，已不同于传统车系，比如：其主销后倾角小，甚至为负值；主销内倾角大到十几度；车轮外

倾角小，有负值；车轮前束也有负值。从表11-5中也能看出这些变化。

2)前轮定位的检测

前轮定位的检测，是指根据车轮旋转平面与各定位角之间存在的直接或间接的几何关系，用特制的仪器和设备测量其是否符合原厂规定。检测方法有静态检测法(汽车停止不动)和动态检测法(汽车以一定速度行驶，一般在试验台上进行)，使用的仪器设备有气泡水准式车轮定位仪、光学式车轮定位仪、激光式车轮定位仪、电子式车轮定位仪和微机式车轮定位仪等。

国产GCD-1型光束水准车轮定位仪结构简单，价格低廉，便于携带。该仪器除由一个水准仪、两个支架和两个转盘组成外，还配备有两个聚光器、两个标尺、两个标杆和一个踏板抵压器。聚光器在与标杆的配合下可测得车轮前束值，聚光器在与标尺的配合下可测得后轴与前轴间的平行度、后轴与车架间的垂直度以及后轴与车架在水平平面的弯曲变形度等。在车轮定位值的检测中，有时应将制动踏板踩下，使车轮处于制动状态，踏板抵压器(实际上是一个抵杆)可将制动踏板压下而顶靠在驾驶座或其他支承物上，以节省人力。

下面介绍如何使用国产GCD-1型光束水准车轮定位仪对前轮定位进行静态检测。

(1)检测前的准备。

①检查轮胎气压和车轮载荷是否符合原厂规定，检查车轮轮毂轴承、转向节衬套与主销是否松旷，检查制动器是否可靠。

②检测场地应水平、平整，并将汽车的前轮回正成直线行驶位置，再将两前轮分别放在各自的转盘上，使主销中心线的延长线基本上通过转盘中心。在有工厂标记的条件下，依工厂标记将转向器定在中间位置，即可保证前轮的直线行驶位置。如果没有工厂标记且认为前束在每个前轮上是均匀分配的，则可参照下述方法来确定前轮的直线行驶位置：取下转盘锁止销，在两前轮上分别安装支架和聚光器，将聚光器光束水平投向在后轮中心且与后轮垂直的带三脚架的标尺上，标尺应紧靠在车轮中心上；调节聚光器焦距，使在标尺上得到一清晰的带有缺口的扇形图像；读出两侧标尺上指针所指数值，如果两侧数值相等，则认为前轮处于直线行驶位置。

③前轮直线行驶位置找好后，应将转盘扇形刻度调整到零位，对准游动指针，然后加以固定。这样，在转动转向盘时，前轮的转角便可在转盘刻度尺上读出。

④将固定支架的两个固定脚卡在轮辋适当部位，再移动活动支架，使其固定脚也卡在轮辋上，然后用活动支架的偏心卡紧机构将三个固定脚的定位端面贴紧在轮辋的边缘上。松开调整支座弹性固定板的固定螺栓，使调整支座沿导轨滑动，通过特制芯棒使调整支座上安装聚光器或水准仪的孔中心与前轮中心重合，然后拧紧螺栓，将调整支座固定于导轨上。

(2)前轮外倾角的检测。

①将水准仪黑箭头指示的定位销插入支架的中心孔内，并使水准仪在左、右方向上处于水平状态。轻轻拧紧锁紧螺钉，固定水准仪。

②转动水准仪上的A调节盘，直到对应气泡管内的气泡处于中间位置，然后在黑刻度盘上读出A调节盘红线所指的角度值，该角度值即前轮外倾角。用同样的方法可检测其他车轮的外倾角。

(3)主销后倾角的检测。

①前轮外倾角测定后，不动水准仪，接着进行主销后倾角的检测。

②将前轮向内转 20°(对于左前轮则向左转,对于右前轮则向右转,下同),松开弹簧锁紧螺钉,使水准仪左、右方向处于水平状态,然后拧紧锁紧螺钉。转动水准仪上的 B 、C 调节盘,使其上的红线与蓝、红、黄刻度盘零线重合。调整对应气泡管的旋钮,使气泡管内气泡处于中间位置。

③将前轮向相反方向转 40°。转动 B 、C 调节盘使气泡管的气泡回到中间位置,在蓝盘上读出 B 、C 调节盘红线所指之值,该值即主销后倾角。用同样的方法测出另一侧主销后倾角。

(4)主销内倾角的检测。

①先踩下制动踏板或用踏板抵压器压住制动踏板,保持前轮的制动状态,再从支架上取下水准仪,将红、黄箭头所指的定位销插入支架中心孔内,轻轻拧紧锁紧螺钉。将被测前轮向内转 20°,松开锁紧螺钉,使水准仪在左、右方向上处于水平状态,然后拧紧锁紧螺钉。

②转动 B、C 调节盘,使其红线与蓝、红、黄刻度盘零线重合。调节对应气泡管的旋转按钮,使气泡管内的气泡处于中间位置。

③将前轮向外转 40°,调节 B、C 调节盘使气泡管的气泡回到中间位置,此时 B、C 调节盘红线或黄线所指之值即主销内倾角。用同样的方法检测另一侧的主销内倾角。检测左前轮时在黄刻度盘上读数,检测右前轮时在红刻度盘上读数,简称“左黄右红”。

(5)前轮前束的检测。

①调整汽车两前轮至直线行驶位置,并保持不动。调节两套标杆的长度,使同一标杆两标盘之间的距离略大于被测轮距且两根标杆长度完全相同,并能使聚光器光束指针大致投射到标牌的中间位置。将已调好的两套标杆分别放置在前桥的前后侧,并平行于该桥。标杆与车轮中心之间的距离为车轮上前束测量点处车轮半径的 7 倍。

②将车轮一侧聚光器的光束投到前标杆的标盘上,使光束指针指向某一整数,再将该聚光器的光束向后投射到后标杆的标牌上,平行移动后标杆使光束指针落在与前标牌同一指示数值上。然后,将另一侧聚光器分别向前标杆、后标杆投射光束,读出光束指针指示值。用后标杆指示值减去前标杆指示值所得的差值,即前束值。

3)前轮侧滑量的检测

前轮侧滑量的检测一般在侧滑试验台上进行,其值不得超过 5 m/km。前轮侧滑量是前轮定位失准的一种表现形式。

(1)影响侧滑量检测结果的因素。

①转向轮外倾与前束匹配不当。

②轮毂轴承间隙过大或左右松紧度不一致。

③转向节主销和衬套磨损严重。

④横、直拉杆球头松旷或左右悬架性能有差异。

⑤前后轴不平行。

⑥左右轮胎气压不等或花纹不一致。

⑦轮胎磨损过大或严重偏磨。

⑧轮胎表面有水、油或石子等。

⑨汽车通过侧滑试验台的速度过快。

⑩汽车通过侧滑试验台时转向轮与侧滑板不垂直。

(2)检测前的准备。

①调整轮胎气压至规定值。

②清除轮胎表面的水、油或石子等。

③检查试验台导线连接情况，仪表复零。

④打开试验台锁止装置，检查侧滑板能否滑动自如和回位(侧滑板回位后，指示装置应指示零点)。

(3)检测。

①汽车以 3～5 km/h 的速度垂直平稳地通过侧滑板。

②从显示装置上读取侧滑值。

③锁止侧滑板，切断试验台电源。

(4)注意事项。

①避免试验台超载。

②汽车通过试验台时，不允许转向、制动或将汽车停放在试验台上。

③保持试验台及周围环境的清洁，尤其是侧滑板的清洁。

④后轮有定位的乘用车，也要检测后轮的侧滑量是否合格。

三、车轮和轮胎的维护

车轮由轮毂、轮辋和连接两者的轮辐组成，车轮装上轮胎就成为车轮总成，如图 11-38 所示。

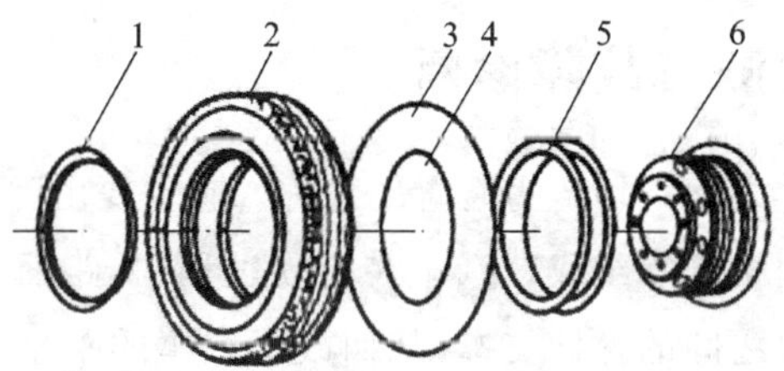

图 11-38 车轮和轮胎

1—挡圈；2—外胎；3—内胎；4—气门嘴；5—垫带；6—轮辋

车轮和轮胎的种类很多。目前，乘用车大都采用铝合金车轮；而低压轮胎由于弹性好，断面宽，与路面接触面大，壁薄而散热良好，也在乘用车上得到了广泛应用。

1. 车轮和轮胎维护作业的主要内容

(1)检查轮辋及挡圈，应无裂损、变形。

(2)检查车轮螺栓连接是否可靠。

(3)检查气门嘴帽是否齐全。

(4)检查轮毂轴承有无明显松旷。

(5)检查调整轮胎气压等。

2. 车轮和轮胎在使用中应注意的事项

(1)规格不同，甚至厂牌不同的轮胎不得同轴使用。

(2)选定的轮胎与轮辋应相配。

(3)使用中避免超载、紧急制动,合理分配各车轮的负荷。

(4)定期检查轮胎气压和外胎表面,清除铁钉、石块等异物。

(5)为使轮胎磨损均匀,延长使用寿命,一般每行驶 10 000 km 应进行一次轮胎换位,轮胎换位的方法如图 11-39 所示。

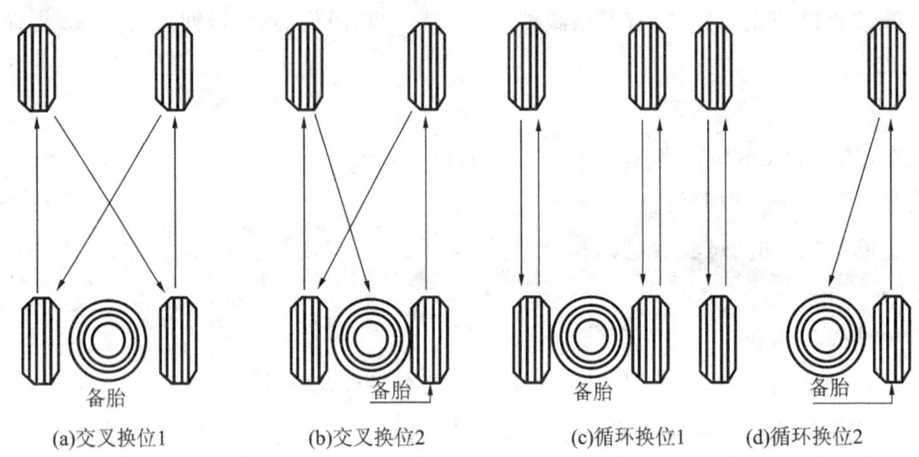

图 11-39　轮胎换位的方法

图 11-39(a)和图 11-39(b)为交叉换位,适用于经常在拱形路面上行驶的汽车;图 11-39(c)和图 11-39(d)为循环换位,适用于经常在平坦路面上行驶的汽车。注意:根据经常行驶的路面情况选择换位方法后,下次仍然要使用该种换位方法;翻新胎、有损伤或磨损严重的轮胎,不得用于转向桥。

四、电控悬架的检测与故障诊断

悬架是连接车身和车轮之间一切传力装置的总称。它主要由弹簧(如钢板弹簧、螺旋弹簧、扭杆弹簧等)、减振器和导向机构等组成。汽车在行驶过程中,路面情况和车速是变化不定的,悬架系统能实现车身和车轮之间的弹性支撑,从而改善汽车的乘坐舒适性、行驶平顺性和操纵稳定性。

随着汽车工业的发展,一些较高档的轿车为了有效地抑制路面不平所引起的车体震动,保证乘坐舒适性,已较多地采用了电子控制的悬架系统。电子控制的悬架系统能通过闭环控制系统,根据汽车行驶过程中的运动状况、路面状况和实际需要,随时调节悬架的刚度和阻尼力,以抑制车身的震动和摆动,使悬架始终处于最佳的减振状态,从而达到最佳的行驶平顺性和操纵稳定性。

电子控制空气弹簧式悬架系统主要由信号输入装置、悬架刚度及减振器阻尼力调节装置、车身高度调节装置及悬架控制单元 ECU 组成,系统的布置如图 11-40 所示。

丰田轿车的电子控制空气系统(TEMS)能同时控制弹簧刚度、减振器阻尼力和车身高度,使汽车乘坐的舒适性和行驶稳定性在各种不同的工况下均能大幅度提高。

现以丰田公司的凌志 LS400 轿车 UCF20 车型的 TEMS 为例,进行检测与故障诊断。如图 11-41 所示为 UCF20 车型的 TEMS 控制电路图。

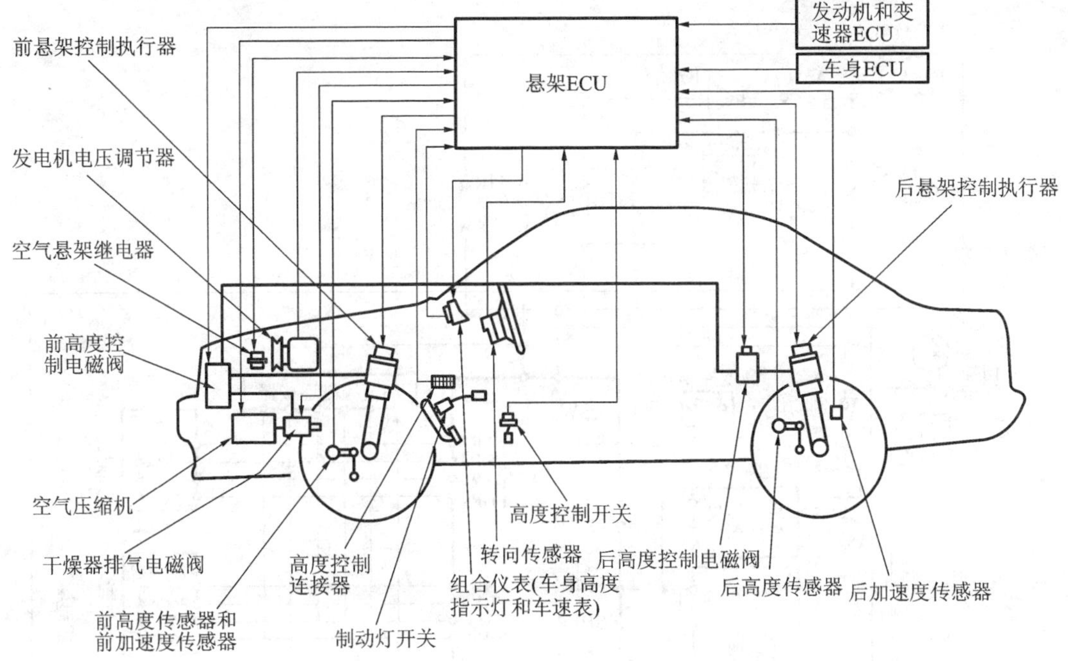

图 11-40 电子控制空气弹簧式悬架系统的布置

1. 车身高度调整功能检查

通过操作高度控制开关来检查汽车车身高度的变化。

(1)检查轮胎气压是否符合要求(前轮 230 kPa,后轮 250 kPa)。

(2)测量车身高度。

(3)启动发动机,将高度控制开关从"NORM"位置转换到"HIGH"位置,高度的变化量应为 10～30 mm,从操作高度控制开关到压缩机启动的时间应为 2 s,从压缩机启动到高度调整完成的时间应为 20～40 s。

(4)使车辆处于"HIGH"位置时,启动发动机,将高度控制开关从"HIGH"位置转换到"NORM"位置,车辆高度变化应为 10～30 mm,从操作高度控制开关到开始排气的时间应为 2 s,从开始排气到高度调整结束的时间应为 20～40 s。

2. 溢流阀的检查

迫使压缩机工作以检查溢流阀能否动作。

(1)点火开关置于"ON",连接高度控制连接器的端子 3 与 6,如图 11-42 所示,迫使压缩机工作。

(2)压缩机工作一段时间后,检查溢流阀能否放气。若不能放气,则应检查压缩机、溢流阀是否工作不良,以及管路是否漏气。

(3)将点火开关转到"OFF",清除故障码(迫使压缩机工作时,悬架 ECU 中将记录故障码)。

3. 管路漏气的检查

将高度控制开关置于"HIGH"位置以使车辆高度升高,然后使发动机熄火,用中性肥皂水检查压缩机空气管路及接头有无泄漏现象。

4. 车辆高度调整

将高度控制开关置于"NORM"位置,车辆停放在水平路面。

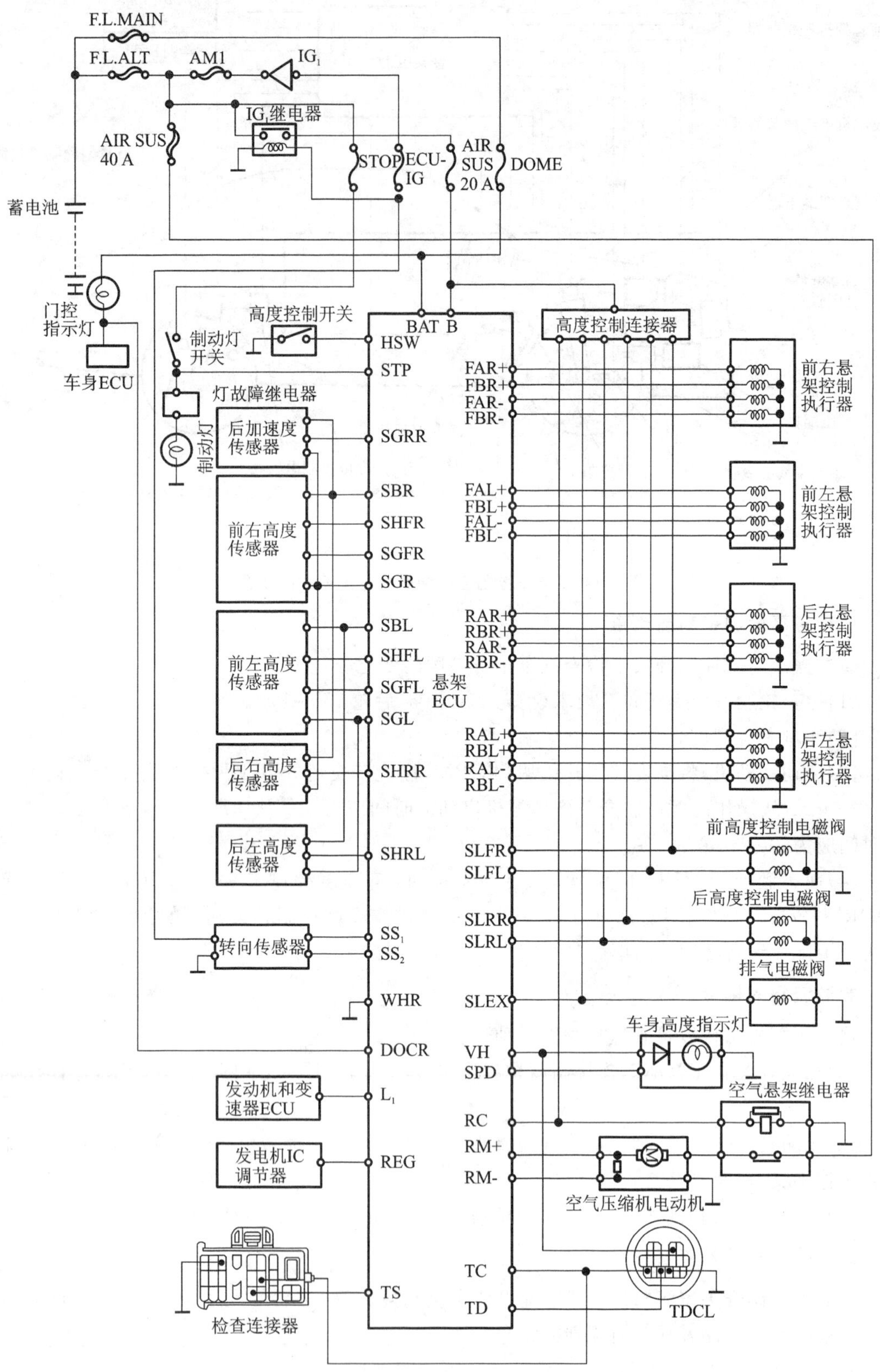

图 11-41 UCF20 车型的 TEMS 控制电路图

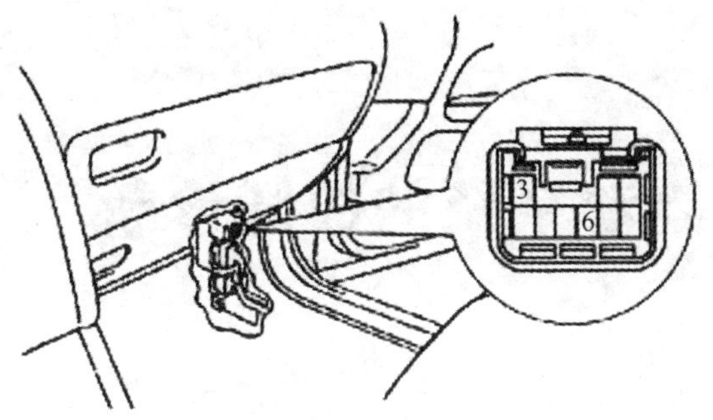

图 11-42 溢流阀的检查

(1)检查车身高度。

(2)测量高度传感器控制杆的长度,标准值为 59.3 mm(前)、35.0 mm(后),如图 11-43(a)所示。若测量值不符,应做如下调整。

(3)调整车身高度,松开高度传感器连接杆上的两个锁紧螺母,转动该连接杆调节其长度(螺栓每转一圈,车身高度约变化 5 mm)。检查车身高度传感器连接杆的尺寸,如图 11-43(b)所示,应小于 10 mm(前)、14 mm(后)。调好后拧紧锁紧螺母,再次检查车身高度。

(4)检查车轮定位。

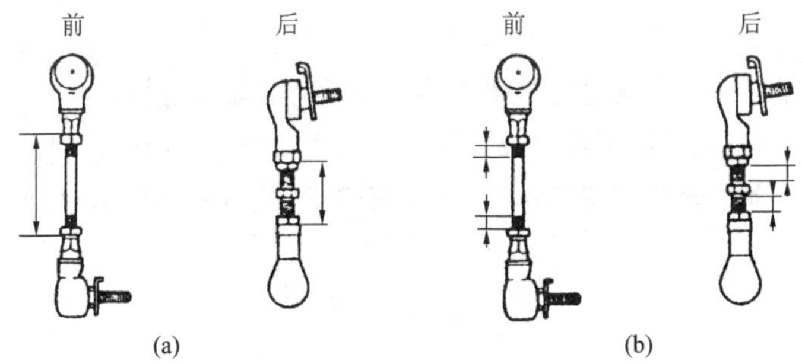

图 11-43 车身高度调整

【任务实施】

问题 1 行驶系统的常见故障部位有哪些?

问题 2 轮胎异常磨损的故障原因有哪些?怎样诊断?

问题 3 如何检测校正车轮静平衡?

问题 4 如何检测校正车轮动平衡?

问题 5 如何检测车轮侧滑量?

问题 6 如何检测四轮定位?

问题 7 如何进行轮胎换位?

项目 12 汽车制动系统的故障诊断

【案例引入】

一辆大众宝来轿车，行驶里程 95 212 km，最近发现制动效果不良，制动减速度降低，而且在制动时会发出“吱吱”的异响，制动时踏板变软，有时要连踏几脚制动踏板才感觉得到制动效果。如何进行故障检修与诊断？

学习任务 1 常规制动系统的故障诊断

【任务导入】

一辆大众桑塔纳轿车在行驶过程中明显感到制动力不足，连续制动，效果也无好转。通过初步检查，是真空助力器空气滤网堵塞使膜片两边压差过小所致，清洗滤网后，制动良好。

本任务旨在根据制动系统的故障现象，进行检测，判断出故障部位，从而迅速排除故障，恢复汽车的制动性能。

【知识准备】

为了保证汽车能在安全的条件下具有高速行驶能力，制动系统一般应具有良好的制动性能和制动稳定性，且制动时不跑偏、不侧滑，制动可靠，操作轻便，反应灵敏等。要迅速诊断和排除制动系统的故障，需熟悉以下相关知识。

一、液压制动系统的组成

液压制动传动装置主要由前轮制动器、制动钳、制动管路、制动踏板、制动主缸、制动轮缸、后轮制动器等组成。桑塔纳 2000 型液压制动系统如图 12-1 所示。

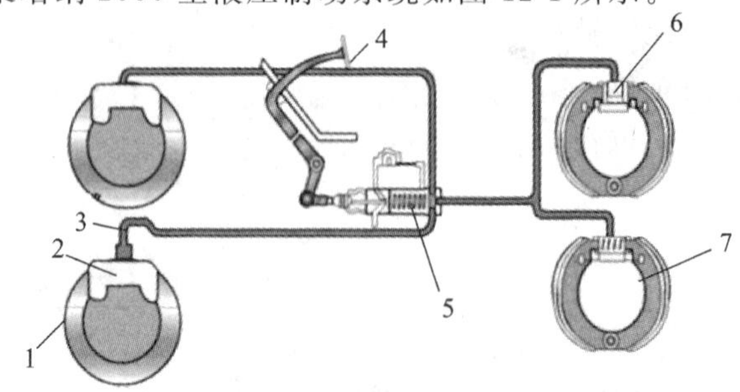

图 12-1 桑塔纳 2000 型液压制动系统

1—前轮制动器；2—制动钳；3—制动管路；4—制动踏板；5—制动主缸；6—制动轮缸；7—后轮制动器

踩下制动踏板，制动主缸的液压油被推送到各个轮缸，从而推开轮缸活塞，张开制动蹄片或加紧制动轮盘，实现制动。在小型轿车上，通常装有真空助力器，可利用发动机进气歧管的真空度来协助完成制动。

二、驻车制动装置的组成

驻车制动装置主要由操纵杆、平衡杠杆、拉绳、拉绳调整接头、拉绳支架、制动器等组成。桑塔纳2000型驻车制动装置如图12-2所示。

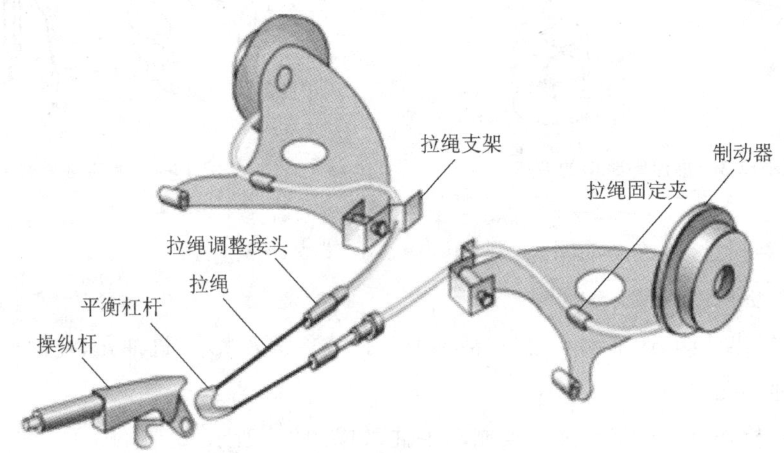

图12-2 桑塔纳2000型驻车制动装置

拉起制动手柄，通过拉索直接使制动装置起作用，即可实现驻车制动。

三、液压制动系统故障检测与诊断

液压制动系统的常见故障主要包括制动不灵、制动失效、制动拖滞、制动跑偏和制动器异响等。

1. 制动不灵

制动不灵又称为制动力不足。

1)故障现象

①制动时，汽车不能立即减速或停车。

②踏下第一脚制动踏板时，制动不灵，连续踏下踏板，制动力逐渐增大，但仍感不足，制动效果不佳。

2)故障主要原因及处理方法

①制动管路中有空气，油管凹瘪、老化、发胀、内孔不畅通，管路内壁积垢太厚。

处理步骤：更换老化、发胀、凹瘪、内孔不畅通的油管，排出管路中的空气，如图12-3所示。

②储液罐制动液不足或变质。

处理步骤：添加或更换成厂家规定规格的制动液。

③制动主缸和制动轮缸的皮碗、活塞、缸壁磨损过甚。

处理步骤：更换部分零配件或总成。

④制动主缸、制动轮缸、管路或管接头漏油。

处理步骤：检查排除，如图 12-4 所示。

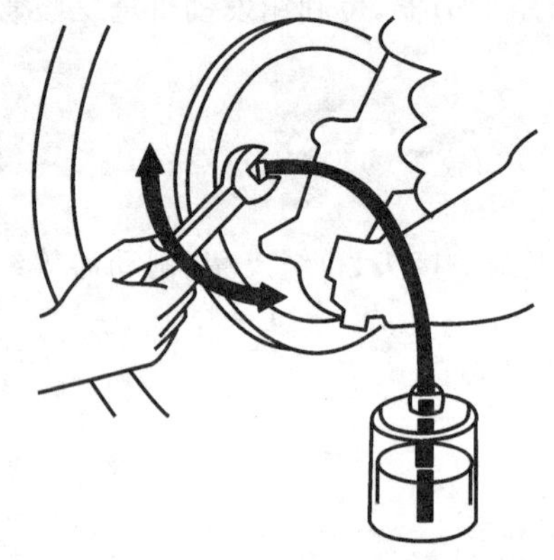

图 12-3　排出管路中的空气

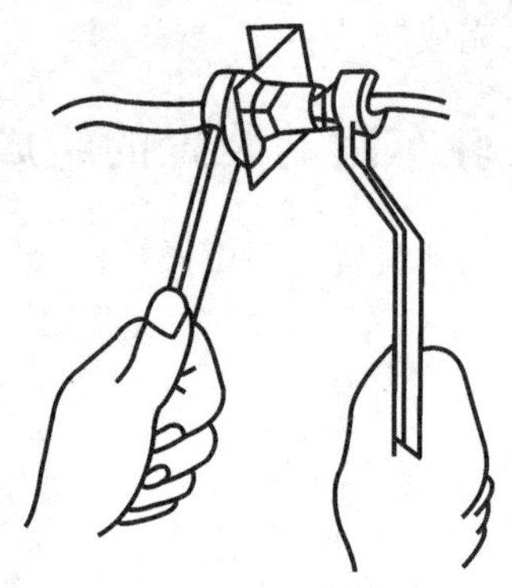

图 12-4　检查油管接头

⑤制动鼓磨损过甚，或制动间隙调整不当。

处理步骤：更换或调整。

⑥制动主缸出油阀、回油阀不密封，活塞回位弹簧预紧力太小，进油孔、补偿孔、储液罐通气孔、活塞前贯通小孔堵塞。

处理步骤：检查、调整、清洁或更换制动主缸，如图 12-5 所示。

⑦制动主缸或制动轮缸皮碗老化、发黏、发胀。

处理步骤：更换制动主缸、制动轮缸皮碗或制动主缸、制动轮缸总成。

⑧制动器摩擦片（制动盘）与制动鼓（制动钳）的接触面积太小，制动蹄摩擦片质量欠佳或使用中表面硬化、烧焦，铆钉外露。

处理步骤：磨削、修理或更换制动器摩擦片。

⑨增压器、助力器效能不佳或失效。

处理步骤：更换增压器、助力器。

⑩制动踏板自由行程太大。

处理步骤：调整制动踏板自由行程到规定值，如图 12-6 所示。

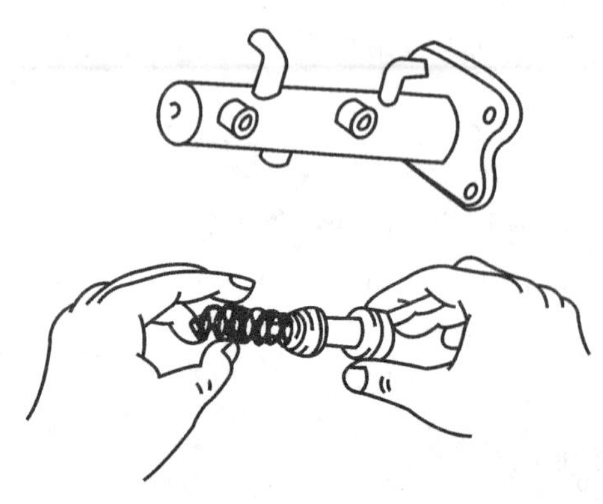

图 12-5　检查制动主缸

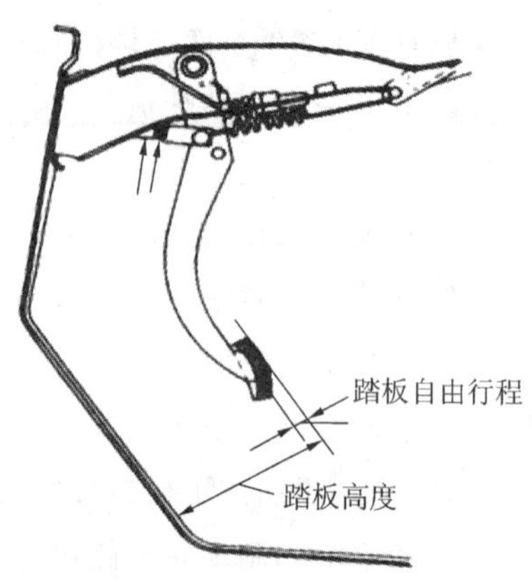

图 12-6　调整制动踏板自由行程

3)故障诊断方法

①若连续踏下制动踏板,踏板能逐渐升高,再往下踏感到有弹性,则为制动系统内有空气,应对制动系统进行排气,如图12-7所示。将软管接在轮缸的放气螺钉上,拧松放气螺钉,结合踏板,排除空气。

②若一脚制动不灵,连续踏下制动踏板时,踏板位置逐渐升高且效果良好,则表明自由行程过大或摩擦片与制动鼓间隙过大,应予以调整,调整方法如图12-8和图12-9所示。

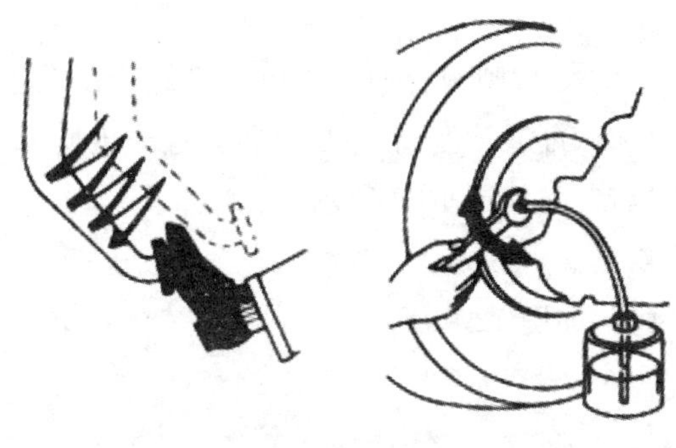

图12-7 排出制动系统内的空气

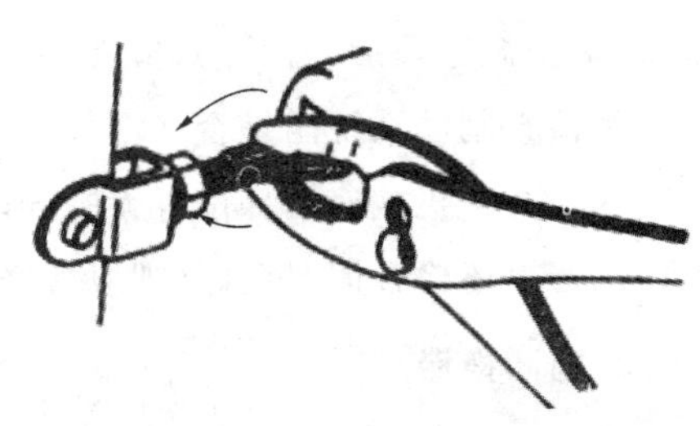

图12-8 调整主缸推杆自由行程

③若连续踏下制动踏板,踏板位置能逐渐升高,升高后不抬脚继续踏,感到有下沉感,如图12-10所示,则表明制动系中有漏油之处或制动主缸出油阀关闭不严,应检查油管、油管接头和主缸。

④若踏下踏板时,踏板高度符合要求,不软弱、不下沉,但制动效果不好,则应检修车轮制动器,如图12-9所示。

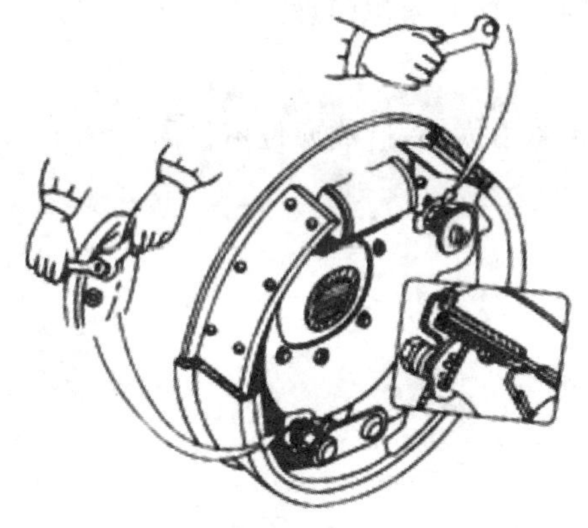

图12-9 调整车轮制动器

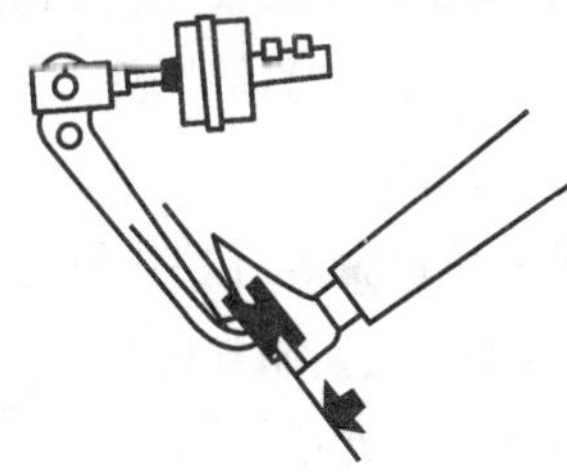

图12-10 在保持压力时,踏板有下沉感

2. 制动失效

1)故障现象

汽车行驶时,踩下制动踏板车辆不减速,即使连续踩几次制动踏板也无明显作用。

2)故障主要原因及处理方法

①制动主缸内无制动液。

处理步骤:添加制动液至规定高度。

②制动主缸、制动轮缸皮碗严重破裂。

处理步骤:更换制动主缸、制动轮缸皮碗或总成。

③制动软管、金属管断裂或接头处严重泄漏。

处理步骤:更换或检修油管、接头。

④制动踏板至制动主缸的连接脱开。

处理步骤:予以修理。

3)故障诊断方法

①踏几次制动踏板,若制动踏板始终到底且无反力,则检查制动主缸是否缺少制动液。若缺少,应按规定添加;若不缺,检查管路和接头有无破漏或堵塞,若有应进行修理或更换。

②检查制动系统内是否有空气,若有,应予以排气,如图 12-7 所示。

③检查各机械连接部位有无脱开,若有,应修复。

④若上述检查情况良好,则应检修车轮制动器,如图 12-9 所示。

3. 制动拖滞

1)故障现象

①在行车制动中,当抬起制动踏板时,全部或个别车轮的制动作用不能完全立即解除,以致影响车辆重新起步、加速行驶或滑行。

②汽车行驶一定里程后,制动鼓发热。

2)故障主要原因及处理方法

①制动踏板无自由行程。

处理步骤:调整制动踏板自由行程,如图 12-6 所示。

②踏板回位弹簧脱落、拉断、拉力不足或踏板轴锈蚀、卡住而回位困难。

处理步骤:连接或更换踏板回位弹簧。

③制动主缸皮碗发胀、发黏或活塞回位弹簧拉断、预紧力太小,造成回位不畅。

处理步骤:更换制动主缸皮碗或活塞回位弹簧。

④制动主缸补偿孔被污物堵塞。

处理步骤:予以清洁。

⑤制动蹄回位弹簧脱落、拉断、拉力不足而回位不畅。

处理步骤:连接或更换制动蹄回位弹簧。

⑥制动器制动间隙太小。

处理步骤:调整制动器制动间隙,如图 12-9 所示。

⑦制动油管凹瘪、堵塞或制动液太脏、太稠而使回油困难。

处理步骤:予以更换。

3)故障排除

①若制动时车辆向左跑偏,则为右侧车轮制动不灵;若制动时车辆向右跑偏,则为左侧车轮制动不灵。

②当确定某车轮制动不灵后,应先调整制动鼓与制动蹄片之间的间隙,如图 12-9 所示。若制动间隙符合要求,应对该制动轮缸进行排气,如图 12-7 所示。

③若经上述检查调整后，故障仍不能排除，则应拆检车轮制动器。

4. 制动跑偏

1）故障现象

制动时，左、右车轮制动效能不同，致使车辆行驶方向产生偏斜。

2）故障原因

制动跑偏的故障实质是两侧车轮受力不等或制动生效时间不一致。

①两侧轮胎气压不同、磨损程度不一致。

②一侧制动轮缸工作不良，存在漏油或黏滞等现象。

③一侧制动管路漏油、凹瘪堵塞使制动液流动不畅或存在空气。

④一侧制动蹄或制动钳摩擦片沾有油污。

⑤一侧制动蹄、制动鼓或制动盘变形，致使蹄鼓（或蹄盘）贴合不良。

⑥两侧车轮制动器制动间隙、摩擦片磨损程度不一致。

⑦一侧制动底板或制动钳支架紧固螺栓松动。

⑧压力调节器调整不当或制动压力分配阀失效。

⑨两侧轮毂轴承预紧度调整不一致。

⑩前轮定位失准，两侧主销内倾角、主销后倾角、车轮外倾角不一致，前束不正确，悬架固定件松动等。

3）故障诊断与排除

出现制动跑偏现象时，应根据跑偏方向及制动时的轮胎印迹确定制动效能不良的车轮。汽车向右（左）跑偏，说明左（右）侧车轮制动力不足或制动迟缓。其中，印迹短的车轮为制动迟缓，印迹轻的车轮为制动力不足。

①路试。车辆运行中减速制动时，若车辆向一侧偏斜，则说明另一侧车轮制动迟缓或制动力不足，应仔细检查该轮制动管路有无凹瘪堵塞及漏油现象，并予以排除。

②若上述情况良好，则可对该轮轮缸进行排气，并检查轮胎气压及其磨损程度。

③若上述均无问题，则应检查制动底板或制动钳支架是否松动，并检查、调整轮毂轴承预紧度。

④拆检制动器，检查摩擦片表面是否沾有油污，若沾有油污，则查明油污来源。同时应检查制动蹄、制动鼓或制动钳、制动盘是否变形严重，制动轮缸是否工作不良等，视情维修或更换。

⑤检查压力调节器或制动压力分配阀，视情维修或更换。

⑥若经上述检查调整后，汽车仍存在行驶跑偏现象，则需检查前轮定位、悬架、车身等。

5. 制动器异响

1）故障现象

车辆行驶或制动时，制动器发出不正常的响声。

2）故障原因

①制动蹄摩擦片磨损严重，铆钉外露。

②摩擦片硬化或破裂。

③制动鼓或制动盘变形或磨损起槽。

④盘式制动器制动蹄定位(防振)弹簧或鼓式制动器制动蹄保持弹簧损坏。

⑤制动底板松动、变形或制动钳支架松动,造成制动鼓与制动底板或制动钳与制动盘相碰擦。

⑥制动器滑动部位润滑不良。

3)故障诊断与排除

①若车辆未制动时,制动器即发出不正常的响声,则应检查制动底板或制动钳支架是否松动,制动底板是否明显翘曲变形,制动蹄定位弹簧是否损坏等,视情予以紧固或更换。

②若车辆制动时制动器发响,则应检查制动蹄片的损伤程度,制动鼓、制动蹄及制动盘有无明显变形,制动器各运动副润滑是否良好等,并对其运动副表面进行润滑或更换损坏的机件。

四、驻车制动装置故障检测与诊断

驻车制动装置常见的故障主要包括驻车制动效能不良、驻车制动拉杆不能定位。

1.驻车制动效能不良

1)故障现象

在坡道上停车,拉起驻车制动拉杆,车辆仍能溜动。

2)故障主要原因及处理方法

①拉杆的工作行程过大。

处理步骤:调整拉绳的长度。

②后制动摩擦片或制动鼓有油污。

处理步骤:予以清洁。

③拉索连接部分松旷或因阻滞而运动不畅。

处理步骤:予以调整、清洁或更换拉绳。

3)故障诊断方法

检查驻车制动拉杆的工作行程。如果正常,则故障一般由后制动摩擦片或制动鼓有油污,后制动摩擦片烧蚀引起;如果不正常,则故障一般由驻车制动工作行程调整过大,驻车制动拉索连接部分松旷或因阻滞而运动不畅引起。

2.驻车制动拉杆不能定位

1)故障现象

拉起拉杆至某一位置,放手后拉杆又回到初始位置,或拉杆不能拉起。

2)故障主要原因及处理方法

①棘爪弹簧失效或折断。

处理步骤:更换棘爪弹簧。

②棘爪与齿板轮齿磨损过甚而滑牙。

处理步骤:更换棘爪与齿板轮。

③棘爪或拉杆变形卡滞。

处理步骤:予以校正或更换。

3)故障诊断方法

反复按放驻车制动拉杆,观察拉杆能否复位。如果能,则故障一般由棘爪弹簧失效或折断,棘爪与齿板轮齿磨损过甚而滑牙引起;如果不能,则故障一般由棘爪或拉杆变形卡滞,棘爪或齿板等处铆钉脱落引起。

五、轿车液压制动系统的检查与调整

1. 制动液的检查与更换

1)制动液液面高度的检查

正常情况下,汽车每行驶 10 000 km 时和制动系统维修后,均应检查储液罐内制动液的液面高度。正确的液面高度应在储液罐的上限和下限标线之间,如图 12-11 所示。行驶中制动液面过低导致报警灯发亮时,应立即添加制动液。

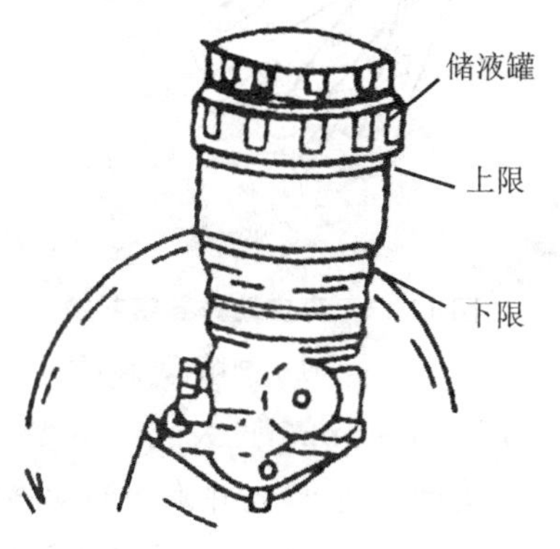

图 12-11 储液罐液面高度

2)制动液的更换

正常情况下,汽车每使用一年,应更换一次制动液。更换新的制动液时,通常应清洗液压制动管路。有一种不拆卸管路而有良好清洗效果的方法:由两人配合,一人踏住制动踏板,另一人按由远而近的顺序拧松制动分泵的放气螺钉,使旧制动液和污物从此管中排出。当储液罐内刚好无制动液时加入新制动液,再按上述方法将旧制动液彻底排净,直到新制动液流出为止。

新制动液应选用优质产品,厂家推荐使用 921 合成制动液或 DOT-3 制动液。制动液应清洁、密封良好。制动液吸入空气中的潮气或混入杂质,会导致制动液系统中总泵、分泵的磨损而影响制动效果。不同牌号的制动液不能混用,否则会使制动失灵。

2. 制动系统内的排气

在更换制动管路,维护制动总泵、分泵之后,必须将制动系统内的空气排净,以确保良好的制动效果。放气的一般程序如下。

(1)检查储液罐内的液面高度,通常应加至规定的上限值。放气过程中,应及时加添制动液,保持液面高度不低于下限值。

(2)放气顺序:由远至近,即“右后轮—左后轮—右前轮—左前轮”。

(3)为了清洁和回收制动液,应将放气螺钉擦干净,并接上透明塑料软管和容器。

(4)一人踏制动踏板数次,当制动踏板较高时,用力踏住不放松。

(5)另一人用扳手逆时针转动放气螺钉 1/3～1/2 圈,使制动液从管中流出,在液压消失之前顺时针拧紧放气螺钉。在拧紧放气螺钉之前,绝不可放松制动踏板。

(6)若空气没排尽,可重复(4)、(5)的动作,直至流出的制动液没有气泡为止。排气过程结束后,检查制动管路,不应有渗漏现象。

3. 制动真空助力性能的检查

汽车行驶一定里程后或认为真空助力性能较差时,应对其性能进行检查。

1)真空助力作用的检查

在发动机熄火时,按正常制动力踏下制动踏板并保持不动,然后启动发动机,若即刻间制动踏板向下移动了一个位置,则说明真空助力作用正常;若制动踏板不向下移动或移动不明显,则说明助力作用丧失或减弱。

2)真空助力器的密封检查

启动发动机并使其运转 1~2 min 后熄火。然后,如图 12-12 所示,踏几下制动踏板,踏板高度应一次比一次高。否则,应检查助力缸的密封状况。

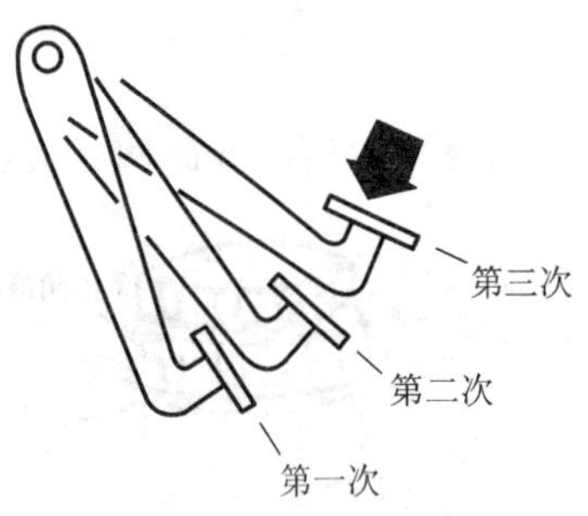

图 12-12　真空助力器密封检查时制动踏板的高度

3)负荷气密性的检查

启动发动机,运转 1~2 min 后,踏下制动踏板。然后使发动机熄火,在 30 s 内踏板高度应无变化。若有变化,则应检查单向阀是否密封,真空管路是否有泄漏等。

4. 检查与调整制动踏板

1)制动踏板自由行程的检查与调整

将直尺一端放置于制动踏板的前围板上,另一端接触制动踏板一侧(直尺应垂直于踏板平面)。用手轻压踏板,当感到有阻力时应停止,察看踏板移动的距离,即自由行程,应为 3~7 mm,过大或过小均应调整。

调整后,应检查并确保制动踏板高度和制动灯开关正常。

2)制动踏板高度的检查与调整

测量踏板高度,即踏板在自由状态下其上表面至前围板的距离,应为 176~181 mm。若不符合规定,则应进行调整。制动踏板高度的调整如图 12-13 所示。

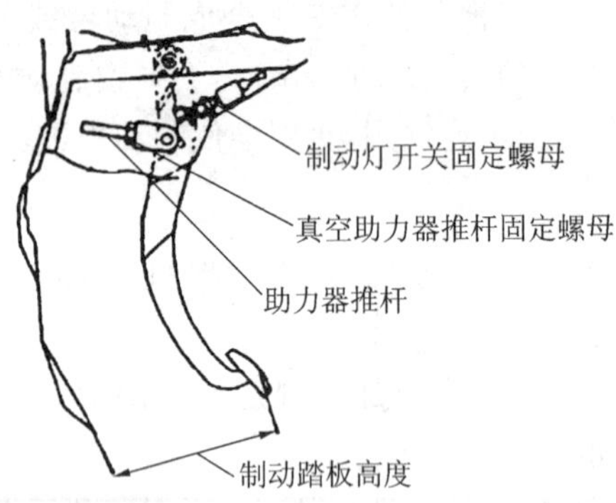

图 12-13　制动踏板高度的调整

①拆下制动灯开关导线,拧松制动灯开关固定螺母。

②旋转制动灯开关,同时检查踏板高度,直到符合规定时,再将制动灯开关固定螺母固定。

③装复制动灯开关导线,检查与调整制动踏板自由行程,使之符合规定。

5. 检查与调整驻车制动

夏利轿车驻车制动,是将操纵杆拉紧后,经过拉线和杆件等,使后轮制动器中的两制动蹄压紧制动鼓而产生制动作用。

1)驻车制动的检查

将操纵杆在完全放松时拉紧,其工作行程应在 59 个齿之间。不符合规定时,应进行调整。

2)驻车制动的调整

驻车制动装置的调整部位如图 12-14 所示，转动调整螺母，直到制动操纵杆的工作行程达到规定值为止。调整后，将轿车停在大于 20°的坡度上，轿车满载，用大于 400 N 的力拉住操纵杆，轿车能够停住为符合要求。

6. 制动器的检查

1) 前轮制动器的检查

通过制动钳体上的检查孔，如图 12-15 所示，检查制动衬块的厚度(标准值为 10 mm，磨损极限值为1 mm)和制动盘的厚度(标准值为 11 mm，磨损极限值为 10 mm)。

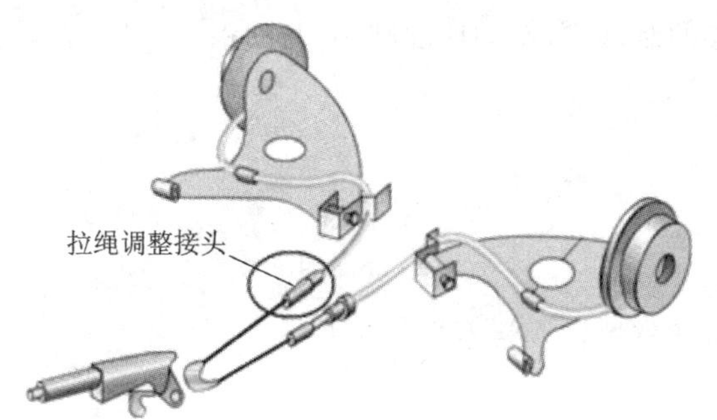

图 12-14 驻车制动装置的调整部位

检查孔

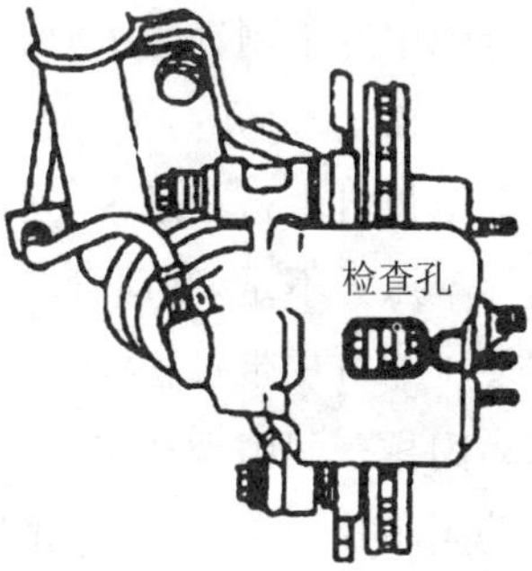

图 12-15 检查制动衬块与制动盘的厚度

2)后轮制动器的检查

制动蹄片的标准厚度为 4 mm，磨损极限值为1 mm。制动鼓的标准内径是 180 mm，使用中的磨损会使其内径变大，其极限值为 181 mm。

制动器零件是关键部件，当磨损接近或达到极限值时，应及时更换磨损件。

六、气压制动系统故障检测与诊断

1. 制动失效

1)故障现象

汽车行驶中踩下制动踏板时无制动作用，抬起制动踏板后，排气阀无排气声，或行驶中制动突然失灵。

2)故障原因

①制动踏板到制动阀的拉臂或各连接处松脱。

②无压缩空气。

③制动阀排气间隙调整螺钉、最大工作气压调整螺钉调整不当。

④制动阀进气阀打不开或排气阀严重漏气。

⑤制动阀膜片、制动气室膜片或气压软管严重破裂。

⑥空气压缩机损坏、皮带断裂、出气管堵塞或制动管路结冰(冬季)。

3)故障诊断与排除

①检查气压表，若无气压指示，则启动发动机并运转几分钟，气压表指示压力应逐渐上升。如果仍无气压指示，则拆下空气压缩机出气管，倾听有无泵气声，有泵气声说明空气压缩机到储

气罐的管路漏气；无泵气声则说明为空气压缩机故障，应检修或更换空气压缩机。

②检查制动踏板至制动阀的连接情况，若有松脱现象，应连接紧固。

③踩下制动踏板，倾听制动系统有无严重漏气声，若系统漏气，应检修漏气部位。

④踩下并放松制动踏板，若制动阀无排气声，则说明制动阀进气阀打不开或储气罐至制动阀的管路堵塞（冬季结冰）；若有排气声，则说明制动阀到制动气室的管路堵塞，应检查制动管路，调整制动阀排气间隙调整螺钉和最大工作气压调整螺钉。

2. 制动效能不良

1）故障现象

汽车行驶中踩下制动踏板时，不能产生足够的制动力，制动速度减小，制动距离过长。

2）故障原因

①制动踏板自由行程过大、连接松旷。

②储气罐压力不足，制动管路不畅或漏气。

③空气压缩机皮带过松。

④制动阀排气间隙调整螺钉、最大工作气压调整螺钉调整不当。

⑤制动阀膜片破裂、平衡弹簧预紧力过小。

⑥制动气室膜片破裂、推杆行程调整不当。

⑦制动蹄、凸轮轴卡滞。

⑧制动间隙调整不当。

⑨制动蹄摩擦片表面硬化、烧焦、铆钉外露等。

⑩制动鼓磨损过甚或变形。

3）故障诊断与排除

①检查踏板自由行程，自由行程过大应进行调整。

②启动发动机，观察气压表读数，若长时间达不到规定气压值，则应检查空气压缩机皮带是否过松，压缩机至储气罐的管路有无堵塞或泄漏，压缩机排气阀门是否关闭不严等。

③若气压表指示正常但发动机熄火后气压下降，则为控制阀或管路漏气。

④若气压表指示正常，将踏板踩到底，气压瞬间下降过小，则故障为制动阀进气阀开度过小或平衡弹簧预紧力过小，应调整最大气压或更换制动阀。若踩下踏板后气压一直下降，且制动系统有漏气声，则故障为制动阀排气阀关闭不严，制动气室膜片破裂或管路漏气，应更换制动阀或制动气室，修复漏气部位。

⑤检查、调整制动间隙。

⑥一人连续踩制动踏板，另一人观察制动气室推杆的移动情况。若推杆不动或移动量过小，则可能是制动凸轮锈蚀、卡滞。

⑦若上述均正常，则拆检制动器，更换制动蹄摩擦片，检修制动鼓等。

3. 制动拖滞

1）故障现象

实施制动并抬起制动踏板后，制动阀排气缓慢或不排气，不能立即解除制动，或制动阀排气正常，但仍有制动作用。

2)故障原因

①制动踏板自由行程过小、制动阀排气间隙调整不当,导致制动阀排气阀开度过小、排气不畅。

②制动踏板卡滞、回位弹簧过软,导致回位困难。

③制动阀排气阀黏滞或膜片回位弹簧过软。

④制动间隙过小或调整不当。

⑤制动气室膜片回位弹簧、制动蹄回位弹簧过软或折断等。

⑥制动凸轮、制动蹄卡滞。

⑦制动管路老化,回气不畅。

⑧轮毂轴承预紧度调整不当。

3)故障诊断与排除

制动后抬起制动踏板时,制动阀排气缓慢或不排气,多为制动阀故障或踏板自由行程过小,表现为各个车轮均有拖滞过热现象;若排气快或断续排气,一般为个别车轮制动器故障,表现为个别车轮制动鼓过热。

①行驶汽车并多次实施制动,停车检查各制动鼓的温度。若各车轮制动鼓均发热,则应检查制动踏板能否彻底回位、自由行程是否过小。

②踩下并抬起制动踏板,若排气声小而缓慢,排气时间长,则说明制动阀排气不畅,应更换制动阀。

③如果只是个别车轮制动鼓发热,则一人连续踩制动踏板,另一人观察制动气室推杆的回位情况,若不能彻底回位,则为制动蹄、制动气室膜片回位弹簧过软或折断,制动蹄、制动凸轮卡滞,制动间隙过小等,应拆检制动器或更换制动气室。

④若轮毂轴承处发热,则为轴承过紧,应重新调整。

4. 制动跑偏

1)故障现象

制动时,左、右车轮制动效能不同,致使车辆行驶方向产生偏斜。

2)故障原因

①两侧轮胎气压不同、磨损程度不一致。

②一侧制动软管通气不畅或漏气。

③一侧制动蹄或制动钳摩擦片沾有油污。

④一侧制动蹄、制动鼓或制动盘变形,致使蹄鼓(或蹄盘)贴合不良。

⑤两侧车轮制动器制动间隙、摩擦片磨损程度不一致。

⑥一侧制动底板或制动钳支架紧固螺栓松动。

⑦两侧制动气室推杆外露长度不等、伸张速度不等。

⑧两侧轮毂轴承预紧度调整不一致。

⑨两侧前轮定位调整不一致,两侧钢板弹簧弹力不等。

3)故障诊断与排除

①路试,根据轮胎拖印和跑偏方向,找出制动效能不良的车轮,然后按气压制动效能不良的

故障诊断程序排除故障。

②若各个车轮制动效能均良好，则应检查轮胎气压、前轮定位、钢板弹簧弹力、转向拉杆的连接等。

【任务实施】

问题 1 液压制动系统的常见故障部位有哪些？

问题 2 液压制动系统的常见故障有哪些？

问题 3 液压制动系统制动拖滞的故障原因有哪些？怎样诊断？

问题 4 液压制动系统的维护作业主要包括哪些内容？

问题 5 如何排除液压制动系统内的空气？

问题 6 气压制动系统的常见故障有哪些？

问题 7 气压制动系统制动不灵的故障原因有哪些？怎样诊断？

问题 8 如何调整驻车制动系统的驻车制动间隙？

学习任务 2 防抱死制动系统的故障诊断

【任务导入】

汽车电子控制防抱死制动系统（ABS，antilock braking system）是根据汽车在不同的车轮滑移率下所对应的轮胎与地面间的摩擦系数的变化情况而研制的汽车安全制动系统。它可以根据路面状况，将车轮的滑移率控制在某一范围（15%～20%）之内，从而使制动时的轮胎的附着力保持在最佳状态，充分发挥制动效能，使汽车具有良好的抗侧滑能力和操纵能力，并获得较短的制动距离，以有效地降低交通事故的发生，提高车辆行驶的安全性。

由于 ABS 具有失效保护功能，若故障发生在 ABS 中，ABS ECU 就会立即停止 ABS 的工作，转换至正常制动系统，ABS 的自诊断功能使 ABS 警告灯发亮，以警告驾驶员。因此，在对 ABS 进行故障分析排除时，首先要确定故障是发生在 ABS 还是制动系统。

【知识准备】

一、轿车 ABS 的组成

现代轿车的 ABS 主要由液压控制单元、电动液压泵、车轮转速传感器、电子控制单元和 ABS 故障警告灯、制动装置警告灯等组成，电动液压泵和储液罐与液压控制单元常常组装在一起，如图 12-16 所示。

整体式液压控制单元安装在制动主缸和轮缸之间，执行 ABS 电子控制单元的指令，通过控制液压控制单元内电磁阀电流的通断来自动调节制动器中的液压压力。低压储液罐暂时存储从轮缸中流出的制动液，以缓解制动系统的压力波动。电动液压泵在压力减小的过程中，将轮缸的制动液经储液罐泵回到制动主缸，同时在增压阶段将储液罐中的部分制动液泵入液压循环

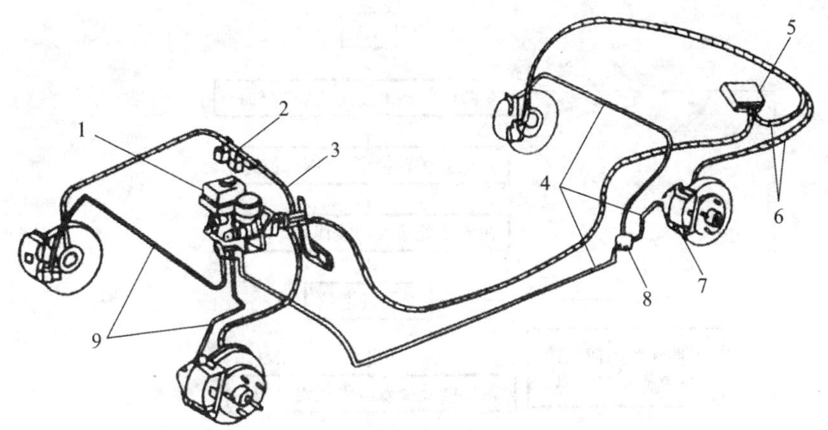

图 12-16　轿车 ABS 示意图

1—液压控制单元总成；2—继电器；3—前轮转速传感器电路；4—后制动管路；5—电子控制单元；
6—后轮转速传感器电路；7—盘式制动器总成；8—比例阀；9—前制动管路

系统，增加系统压力。液压控制单元内包括多个电磁阀，如捷达轿车 MK20-Ⅰ型 ABS 的液压控制单元有 8 个电磁阀，每个回路各一对，其中一个是常开的进油阀，另一个是常闭的出油阀。电子控制单元通过控制电磁阀的通断来调节系统油压：在保压阶段，进、出油阀均关闭；在降压阶段，进油阀关闭，出油阀打开；在增压阶段，进油阀打开，出油阀关闭。车轮转速传感器用于测定车轮转速，并把信号输送到电子控制单元。电子控制单元系统的控制中心用于接收传感器的信号，并进行测量、比较、分析和判断，计算出制动滑移率和车轮角加速度，然后输出指令，通过液压控制单元(电磁阀和电动油泵)控制轮缸的压力。ABS 在仪表盘上设有两个故障警告灯：ABS 故障警告灯和制动装置警告灯。正常情况下，当点火开关打开到启动挡时，ABS 进行自检，ABS 故障警告灯点亮约 2 s，在拉起驻车制动操纵杆时，制动装置警告灯点亮，解除驻车制动时，制动装置警告灯熄灭。如果上述过程中灯不亮，则说明故障警告灯本身或线路有故障，应排除。如果 ABS 故障警告灯常亮，则说明 ABS 系统出现了故障；如果制动装置警告灯常亮，则说明制动系统中缺少制动液。

在制动过程中，如果车轮没有抱死趋势，ABS 将不参与制动压力控制，此时制动过程与常规制动过程相同。如果 ABS 系统出现故障，电子控制单元不再给液压控制单元发出指令，ABS 不参与制动力控制与调节，即 ABS 不起作用，制动过程与常规制动过程相同，此时仪表盘上的 ABS 故障警告灯亮，发出故障警告信息。

二、ABS 自诊断

ABS 具有自诊断功能，当电控系统发生故障时，警示灯会立即报警，系统自动关闭，返回常规制动状态。车型不同，ABS 的自诊断方法也不相同。下面以捷达轿车 MK20-Ⅰ型 ABS 为例，介绍 ABS 的自诊断方法和故障诊断过程。

ABS 用 V.A.G 1551 故障诊断仪进行故障诊断的流程图如图 12-17 所示。

1. 故障代码的读取

ABS 可采用专用仪器读取故障码，也可进行人工读码。捷达轿车采用 V.A.G 1551 专用故障诊断仪读取故障代码，操作步骤如下。

(1)关闭点火开关，将 V.A.G 1551 专用故障诊断仪与车上的故障诊断接口相连，然后启动发动机。

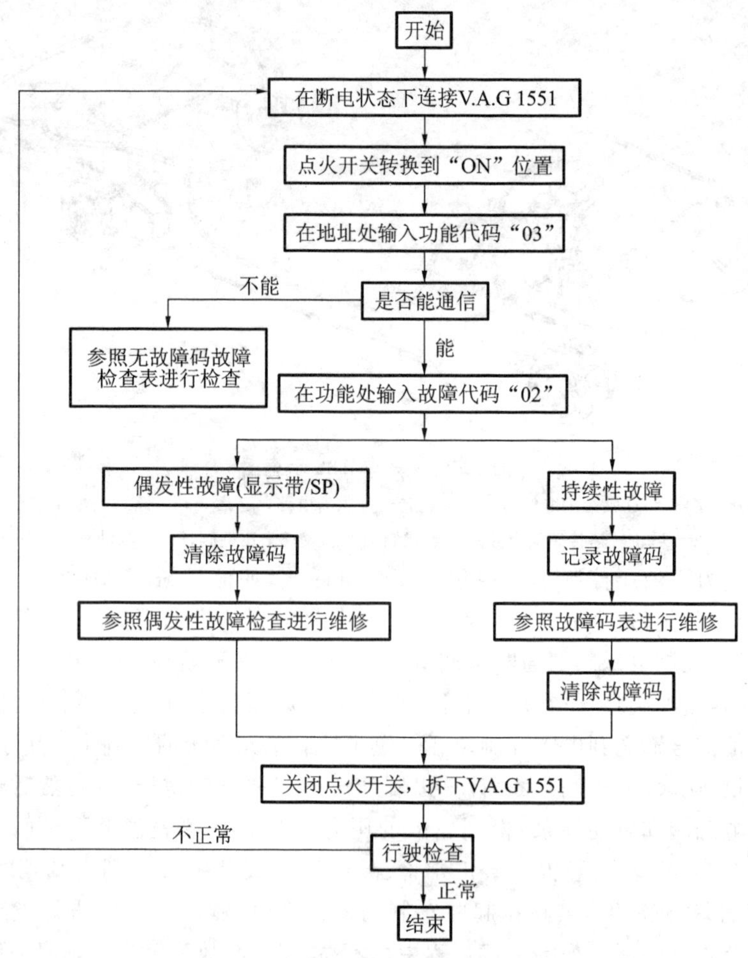

图 12-17　使用故障诊断仪进行 ABS 故障诊断的流程图

(2)按下“0”和“3”键，进入“防抱死制动系统”，按“Q”键确认。

(3)按下“0”和“2”键，选择“故障查询”功能，按“Q”键确认，再按“→”键，依次显示所有故障信息，读取所有故障代码。捷达轿车 ABS 故障代码如表 12-1 所示。

表 12-1　捷达轿车 ABS 故障代码

故障代码	故障部位	故障原因
65535	电子控制单元	损坏
01276	ABS 液压泵	电动机不能正常工作
00283	左前轮转速传感器	电气及机械故障
00285	右前轮转速传感器	
00290	左后轮转速传感器	
00287	右后轮转速传感器	
01044	ABS 编码错误	
00668	供电端子 30	无电压或电压不正常
01130	ABS 工作异常	传感器信号不合理

(4)键入“06”,然后按“Q”键,结束退出。

2. 故障码显示故障的诊断与排除

1)故障码“01276”:ABS液压泵电动机不能正常工作

当车速超过20 km/h时,ABS控制单元将控制电动机工作,若此时检测到电动机工作不正常,则出现此故障码。其主要故障原因为电源线路短路或搭铁及电动机线束松脱,诊断过程如下。

①拔下电动机线束连接器,直接给电动机提供蓄电池电压,若电动机不能正常工作,则应更换液压控制单元。

②检查熔断器和ABS控制单元连接器,若损坏或腐蚀、松动,则应更换熔断器或线束。

③接好电动机线束,连接V.A.G 1551,打开点火开关,清除故障码(选择功能“05”),利用V.A.G 1551做液压控制单元功能测试(驱动电动机),若电动机仍不能正常工作,则更换电子控制单元;若电动机运转正常,则可能是接触不良引发的偶然性故障,用模拟法查找故障部位,并排除故障。

2)故障码“00283、00285、00290、00287”:车轮转速传感器电气及机械故障

在下列几种情况下,可能出现上述车轮转速传感器故障码。

①当检查不到电路断路,而车速达到10 km/h以上仍没有信号输出时,即出现此故障码。

②当检测到车速超过40 km/h,传感器信号超出公差值时,即出现此故障码。

③传感器存在可识别的断路故障时,即出现此故障码。

对于前两种情况,可能的故障原因是传感器安装不当、传感器线圈或线束短路、传感器与齿圈气隙过大、齿圈损坏、轴承间隙过大、ABS控制单元损坏等。诊断时,首先检查车轮转速传感器,若安装不正确或损坏,则重新安装或更换;然后检查齿圈及气隙,齿圈损坏则更换,气隙过大则重新安装调整;接着检查车轮轴承间隙,不正常则进行调整;最后检查车轮转速传感器与ABS控制单元间的线束和连接器,损坏或松旷则更换。

对于第三种情况,可能的故障原因为传感器或线圈连接不良、传感器线圈短路、传感器连接器或线束短路或搭铁、ABS控制单元信号处理电路有故障。诊断时,检查传感器电阻值,应为1.0~1.3 kΩ。若阻值正常,则可能是电子控制单元损坏,应更换;若阻值不正常,则检查传感器连接器,若腐蚀或松动,则检修或更换。随后检查ABS控制单元与传感器之间的线束,短路或断路则更换线束。若上述各项均正常,则可能是偶发性故障,用模拟法检查,确定故障部位并排除故障。

3)故障码“01044”:ABS编码错误

当电子控制单元的软件编号与ABS线束的硬件编号不一致时,即出现此故障码。可能的故障原因是ABS线束内跳针连接错误、ABS电子控制单元编码错误。

①使用V.A.G 1551检查ABS电子控制单元,软件编码应为“03604”(Jetta 5 V),否则需重新编码。

②检查ABS线束跳针端子15和21(Jetta 5 V)间是否导通,若不导通,应检修或更换线束。

4)故障码“00668”:端子30供电电压异常

当供电端子30未提供电压或电压过高时,即出现此故障码。可能的故障原因为ABS熔断器烧断、蓄电池电压过高或过低、ABS线束连接器不良、ABS电子控制单元损坏。

①检查蓄电池电压是否正常。

②检查 ABS 30A 熔断器,若烧断应更换。

③断开 ABS 电子控制单元连接器,打开点火开关,测量端子 8 和 9、24 和 25、8 和 23 之间的电压,应均为 9.5～16.5 V。若电压正常,则可能是控制单元损坏,应更换;若电压不正常,则检查控制单元连接器,若有腐蚀、松旷现象,应修复或更换。

④若为偶发性故障,则可用模拟法检查并排除故障。

5)故障码“01130”:信号不合理

当 ABS 微处理器进行车速信号比较,认为不合理时,即出现此故障码。可能的故障原因为高频电波干扰、车轮转速传感器损坏或连接器不良、ABS 电子控制单元损坏。

①检查车轮转速传感器输出的信号电压,若信号正常,则为电子控制单元故障,应更换。

②如果信号输出不正常,则检查车轮转速传感器,损坏则更换。

③如果传感器正常,则检查电子控制单元和传感器之间的线束及连接器。

三、无故障码输出时 ABS 的故障诊断与排除

1. 发动机未启动,打开点火开关时,ABS 故障警告灯不亮

此故障的可能原因为熔断器烧断、警告灯灯泡损坏、电源电路断路或连接器损坏、ABS 警告灯控制器损坏。

(1)检查中央电器盒内的 ABS 熔断器,烧断则更换。

(2)检查中央电器盒熔断器插座,损坏则修复。

(3)断开电子控制单元连接器,打开点火开关,若 ABS 故障警告灯点亮,则为警告灯控制器一侧或电子控制单元一侧的电路断路,应检修或更换线束。若 ABS 故障警告灯仍然不亮,应检查警告灯灯泡,损坏则更换。

(4)若灯泡良好,则检查警告灯电源电路、搭铁电路及其连接器,若有断路现象或腐蚀,则更换线束。

(5)在检查过程中,轻轻晃动线束及连接器,如果故障消失,则为接触不良引起的偶发性故障,视情排除。

(6)若上述检查结果均正常,则故障可能是警告灯控制器损坏所致,应更换警告灯控制器。

2. 发动机启动后,ABS 故障警告灯常亮

此故障的可能原因为警告灯控制器损坏或电路断路、ABS 电子控制单元损坏。

(1)检查电子控制单元与警告灯控制器之间的线束,若电路断路则更换线束。

(2)检查 ABS 故障警告灯控制器,若不正常则更换。

(3)若警告灯电路及控制器均正常,则故障在电子控制单元,应进行更换。

3. ABS 系统工作异常而无故障码输出

此故障不仅和 ABS 系统有关,还与驾驶状况及路面条件有密切联系。其主要故障原因为车轮转速传感器安装不当、传感器失效或沾有异物、连接器接触不良、齿圈损坏、车轮轴承损坏、ABS 液压控制单元及电子控制单元损坏。

(1)检查车轮转速传感器的安装情况,若不正确则重新安装。

(2)检查传感器输出信号电压,若信号电压正常,则故障在液压控制单元,用 V.A.G 1552 液压单元功能测试进行检查,不正常则更换。

(3)检查各个传感器,传感器损坏则更换。

(4)检查传感器齿圈,若有损坏,应及时更换。

(5)检查车轮轴承,若轴承过松或损坏,应予调整或更换。

(6)在检查过程中,轻轻晃动线束及连接器,如果故障消失,则为接触不良引起的偶发性故障,视情排除。

(7)断开电子控制单元连接器,检查线束端子4和11、3和18、2和10、1和17间的电阻值,应均为1.0～1.3 kΩ。若阻值不正常,应检修连接器或更换线束。

(8)若上述检测结果良好,则为电子控制单元有故障,应更换电控单元。

4.行驶中进行制动时,制动踏板行程过长

导致此故障的原因为制动液泄漏或系统机械部分有故障,可能是液压系统泄漏或有空气、常闭阀关闭不严、制动盘严重磨损、驻车制动调整不当所致。

(1)检查制动管路及接头,若有泄漏,应按要求拧紧或修复。

(2)拆检制动器,检查制动盘的磨损情况,视情修理或更换。

(3)检查驻车制动调节装置,不正常则更换。

(4)对液压制动系统进行排气。

(5)用V.A.G 1552液压单元功能测试检查常闭阀的密封性能,若不正常,应更换液压控制单元。

5.行驶中需要用很大的力踩制动踏板才能实施有效制动

此故障的可能原因是踏板自由行程调整不当、真空助力器失效或液压控制单元内常开阀有故障。

(1)用V.A.G 1552液压单元功能测试检查常开阀,若不正常,应更换液压控制单元。

(2)用传统方法检查真空助力器及踏板自由行程。

【任务实施】

问题1　轿车ABS由哪些元件组成?各元件的作用是什么?

问题2　简述ABS的工作原理。

问题3　捷达轿车ABS是如何进行控制的?

问题4　捷达轿车ABS工作不良而无故障码输出时,应如何进行检查和诊断?

模　块　4

汽车电器常见故障诊断

项目 13 汽车充电系统和启动系统的故障诊断

【案例引入】

一辆大众桑塔纳轿车，在冬季气温突然降低的某一天早晨，发动机启动不了，前一天工作正常，没有一点故障征兆，现在钥匙打到启动挡只听到“嗒”的一声，听不到启动机和发动机运转的声音了，司机不知道是蓄电池亏电还是启动机故障，请帮他排除故障、解决问题。

学习任务 1 充电系统的故障诊断与检测

【任务导入】

桑塔纳轿车行驶中充电指示灯常亮，电流表指示放电状态，显然，发电机不工作，无法给用电器供电，更不能向蓄电池充电。为了防止发动机因亏电而自行熄火，以及不影响下次启动发动机，我们要进行有针对性的检测，判断出具体的故障部位，排除故障，恢复发电机的供、充电能力。

【知识准备】

一、充电系统线路分析

轿车在使用过程中，发动机高于怠速运转时，充电指示灯应熄灭。若充电指示灯不熄灭，则说明发电机不工作，不能向用电设备供电，也不能向蓄电池充电。另外，当发动机转速逐渐升高时，发电机电压应逐渐升高并稳定在某一电压不变，一般为 14～16 V。如果电源电压不稳定，则可能会引发一系列故障。为了更好地检测和诊断充电系统的故障，我们要先学习以下相关知识。

桑塔纳轿车充电系统的组成如图 13-1 所示。

桑塔纳充电系统采用 11 管的硅整流发电机，它集整流器和电压调节器于一体，采用内置结构。充电系统由蓄电池、点火开关、充电指示灯和发电机等组成。

当点火开关接通时，电流由蓄电池“＋”接线柱经电缆至启动机的“30”接线柱，再经红色导线、中央线路板 P 后与点火开关“30”接线柱接通，经点火开关“15”由黑色导线进入仪表板 14 孔黑色插接件，经过仪表板印刷线路板到 R2 和充电指示灯串接线与 R1 并联电路，经过一只二极管再接到仪表板 14 孔黑色接插件，由蓝色导线与中央线路板 A16 连接，经内部连通 D4 结点，又经 T1 插件后，用蓝色导线接到发电机“D＋”接线柱。发电机“B＋”接线柱经红色导线接至启动机“30”接线柱后，由电缆接至蓄电池的“＋”极。

充电系统线路检测时使用万用表，采用逐点搭铁检测法可确诊断路部位，采用依次拆断检测法可确诊短路搭铁部位。检测程序可从前向后，也可从后向前，或从中间向前、向后依次选择各个节点进行。检测线路主要有两个：一是励磁线路（在点火开关置于“ON”时逐点检测），二是

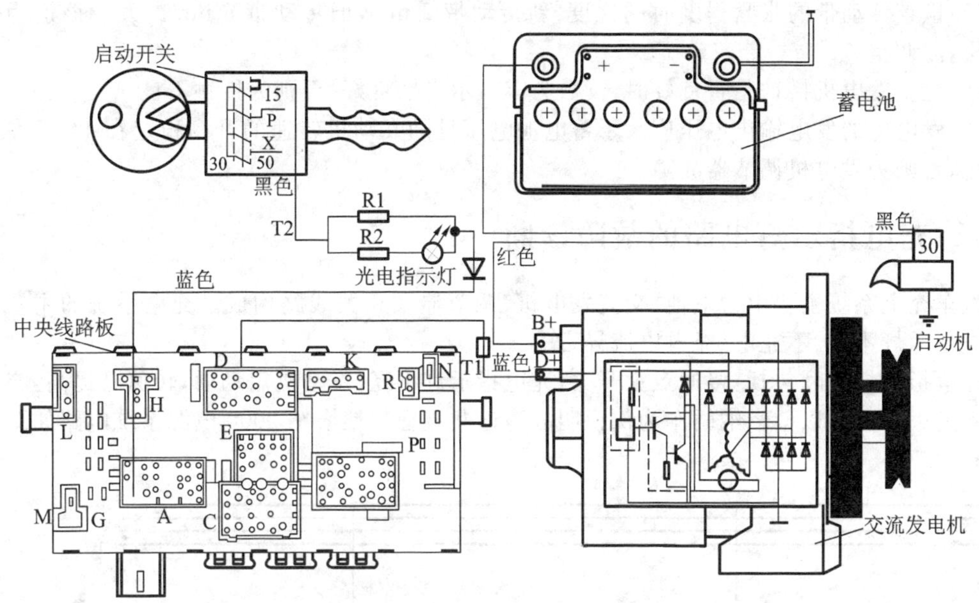

图 13-1 桑塔纳轿车充电系统的组成

充电线路(在点火开关置于"OFF"时逐点检测,注意在拆下连接电枢的导线之前应先断开蓄电池的正极线或搭铁线,防止大电流搭铁而烧线)。

二、蓄电池和发电机的检测

1. 检测步骤

(1)检查蓄电池是否有破裂、漏液现象。

(2)观察蓄电池"电眼"显示的颜色。

(3)确认蓄电池极性,用万用表的电压挡检查蓄电池电压。

(4)用拇指力量压下发电机传动带,检查传动带的张紧程度,如图 13-2 所示。

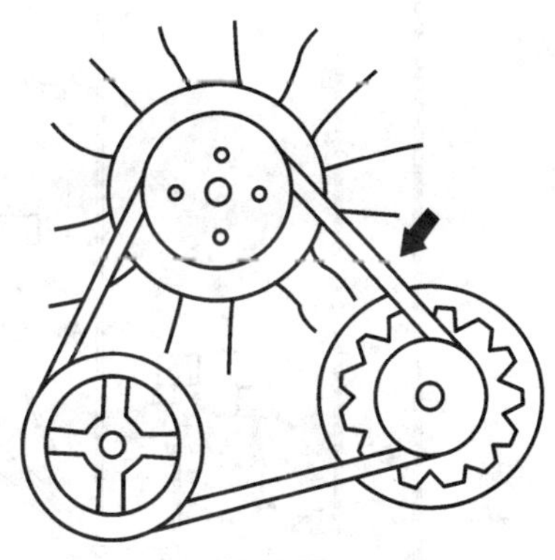

图 13-2 检查传动带的张紧程度

(5)检查发电机搭铁是否良好。用万用表的电压挡,红表笔接触发电机壳,黑表笔接触蓄电池负极,读出电压值。

(6)启动发动机,检查发电机的发电输出电压。用万用表的电压挡,红表笔接触蓄电池正极,黑表笔接触蓄电池负极,读出电压值。发动机加速,观察电压值的变化情况。

2. 注意事项

(1)检测发电机电枢"B+"时,注意此点电压不受点火开关控制,严禁其引线搭铁短路。

(2)严禁使用搭铁试火法检测线路节点是否有电。

3. 诊断标准

(1)蓄电池电眼显示绿色:电量充足。

(2)蓄电池电眼显示黑色:电量低,需充电。

(3)蓄电池电眼显示无色或黄色:应更换蓄电池。

(4)蓄电池电压不低于 12 V 为正常,低于 12 V 时需充电。

(5)检查传动带的张紧程度时的挠度:新传动带 2 mm,旧传动带 5 mm。大于该值为传动带过松,需调整。

(6)检查发电机搭铁是否良好时,读数为零表示搭铁良好,否则为接触不良。

(7)发电机的发电输出电压应大于蓄电池电压且随发动机转速的升高稳定在 14 V 左右不再变化,否则为发电机调节器故障。

三、充电指示灯电路的故障诊断

汽车充电系统主要由蓄电池、交流发电机、调节器及相关线路构成。充电系统的主要故障有充电指示灯不亮、不充电、充电电流异常等。

充电指示灯故障包括:接通点火开关,充电指示灯不亮;发动机启动后,转速已提高,充电指示灯不熄灭。下面以桑塔纳轿车为例说明故障诊断流程。桑塔纳 2000 电源系统电路如图 13-3 所示。

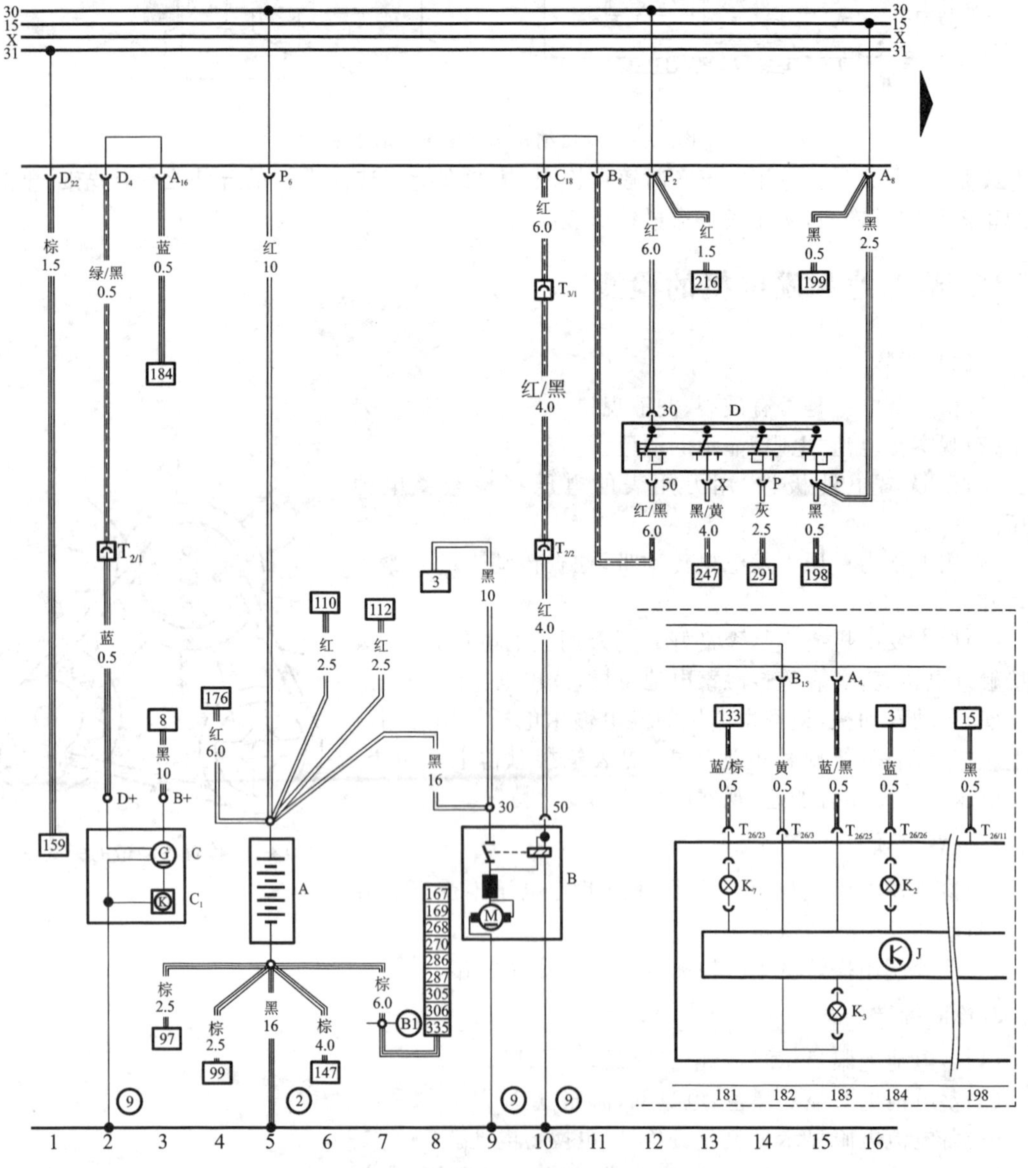

图 13-3　桑塔纳 2000 电源系统电路

1. 接通点火开关，充电指示灯不亮

1）故障现象

接通点火开关后，充电指示灯不亮。

2）故障原因

①充电指示灯的灯泡烧毁。

②发电机励磁绕组断路、电刷故障。

③充电指示灯电路断路。

3）故障诊断与排除

充电指示灯不亮故障的诊断与排除流程图如图 13-4 所示。

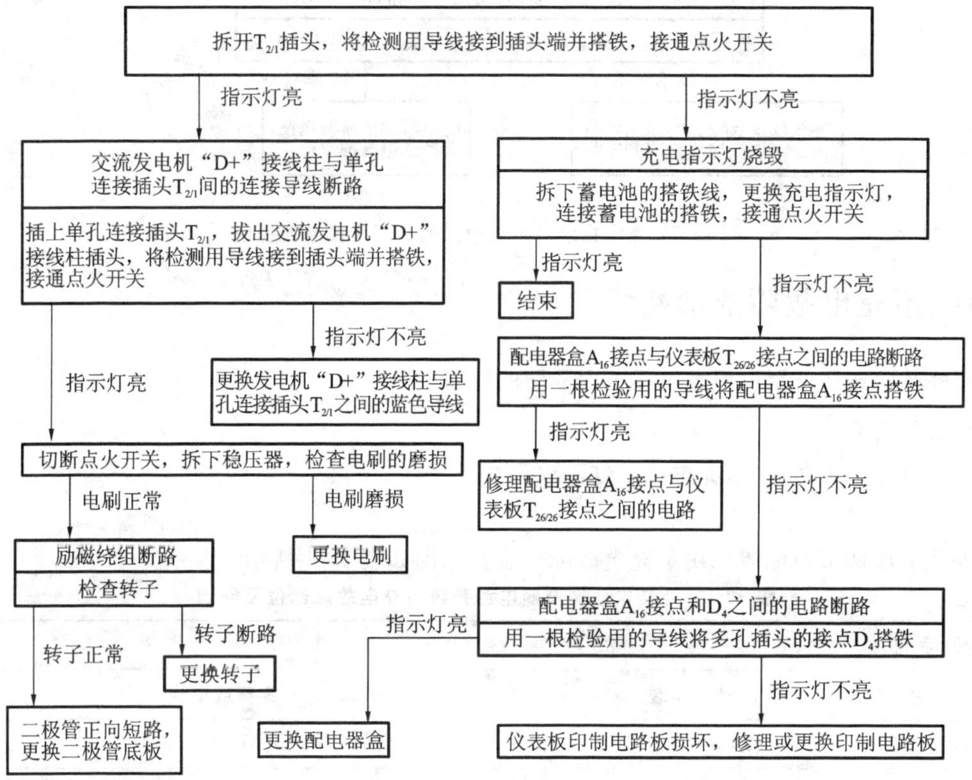

图 13-4　充电指示灯不亮故障的诊断与排除流程图

2. 发动机启动后，转速已提高，充电指示灯不熄灭

1）故障现象

发动机以中速以上的转速运转时，充电指示灯不熄灭。

2）故障原因

①发动机电压调节器损坏。

②充电指示灯线路的某处搭铁。

3）故障诊断与排除

充电指示灯不灭故障的诊断与排除流程图如图 13-5 所示。

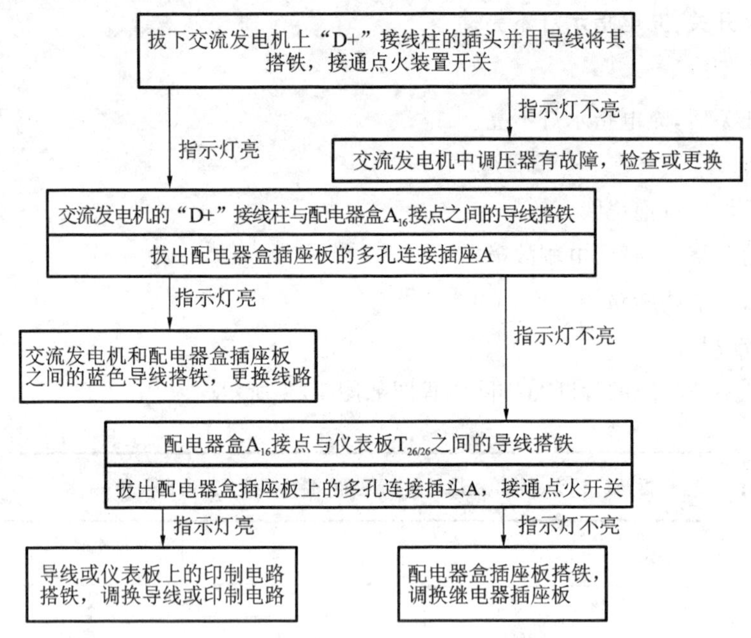

图 13-5　充电指示灯不灭故障的诊断与排除流程图

四、不充电故障的诊断

1. 外装电压调节器电源系统不充电故障的诊断

1）故障现象

发动机在中等转速时，充电指示灯不熄灭。

2）故障原因

外装电压调节器电源系统不充电故障部位及原因如表 13-1 所示。

表 13-1　外装电压调节器电源系统不充电故障部位及原因

故障部位		故障原因	排除方法
风扇皮带		过松或断裂	调整或更换
充电指示灯		损坏	更换
发电机	定子绕组	断路或搭铁	建议更换发电机总成
	励磁绕组	断路或搭铁	建议更换发电机总成
	整流器	二极管烧坏、脱焊	更换整流器总成，焊补脱焊部位
	滑环或炭刷	滑环严重烧蚀、脏污或有裂纹，炭刷过渡磨损、卡滞	焊接、机加工修复滑环，更换或修复炭刷
调节器		机械式调节器低速触点严重烧蚀或高速触点烧结，晶体管调节器损坏	更换调节器总成
外部线路		断路或接线柱松脱	接通电路，拧紧接线柱

3）故障诊断与排除

外装电压调节器电源系统不充电故障的诊断与排除如图 13-6 所示。

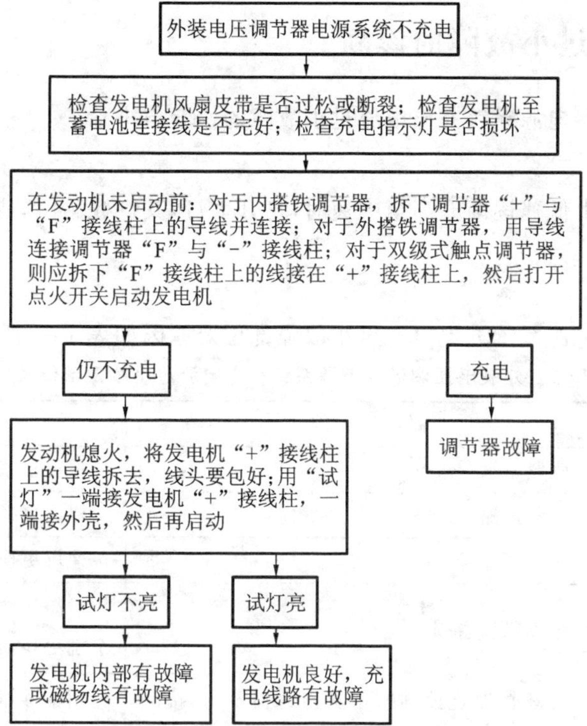

图 13-6　外装电压调节器电源系统不充电故障的诊断与排除

2. 内装电压调节器电源系统不充电故障的诊断

以桑塔纳 2000 为例，如图 13-3 所示，说明内装电压调节器电源系统不充电故障的判断方法。内装电压调节器电源系统不充电故障的诊断与排除如图 13-7 所示。

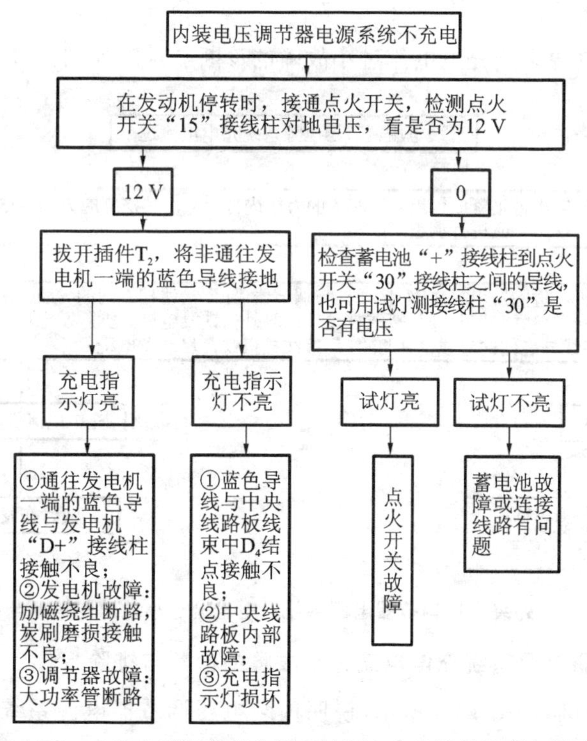

图 13-7　内装电压调节器电源系统不充电故障的诊断与排除

五、充电电流过小故障的诊断

1. 外装电压调节器电源系统充电电流过小故障的诊断与排除

1）故障现象

当将发动机转速由低速逐渐升高至中速时，打开大灯，其灯光暗淡，或按喇叭，其音量小；蓄电池经常存电量不足。

2）故障原因

外装电压调节器电源系统充电电流过小故障部位及原因如表 13-2 所示。

表 13-2　外装电压调节器电源系统充电电流过小故障部位及原因

故障部位		故障原因	排除方法
风扇皮带		张紧不够	按要求张紧
发电机	定子绕组	匝间短路	建议更换发电机总成
	励磁绕组	匝间短路	建议更换发电机总成
	整流器	个别二极管损坏	对于压装（静配合）的二极管可以个别更换，否则更换整流器总成
	滑环或炭刷	滑环轻度烧蚀、脏污，炭刷磨损不均、接触不良	用细砂纸打磨滑环，更换炭刷及炭刷弹簧
调节器		机械式调节器触点接触不良，或调节器调节电压过低	更换调节器总成
外部线路		接线柱松动或接触不良	拧紧接线柱

3）故障诊断与排除

外装电压调节器电源系统充电电流过小故障的诊断与排除如图 13-8 所示。

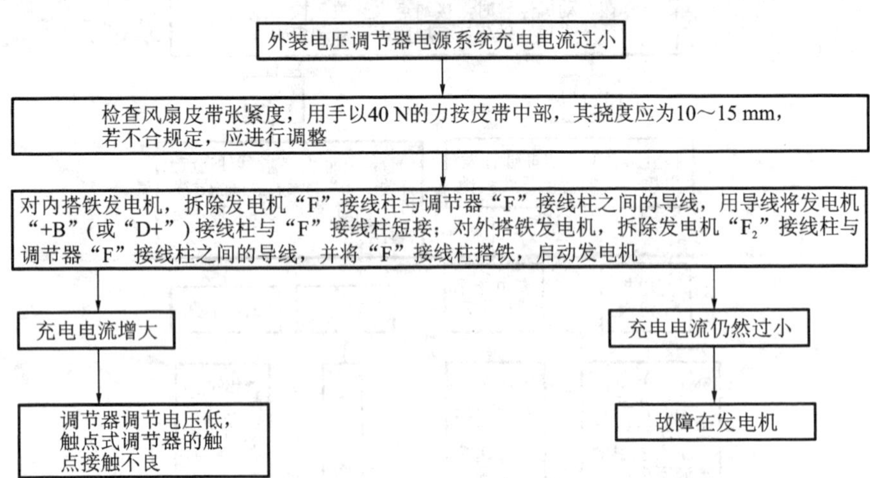

图 13-8　外装电压调节器电源系统充电电流过小故障的诊断与排除

2. 内装电压调节器电源系统充电电流过小故障的诊断与排除

以桑塔纳 2000 为例，如图 13-3 所示，说明内装电压调节器电源系统充电电流过小故障的判断方法。内装电压调节器电源系统充电电流过小故障的诊断与排除如图 13-9 所示。

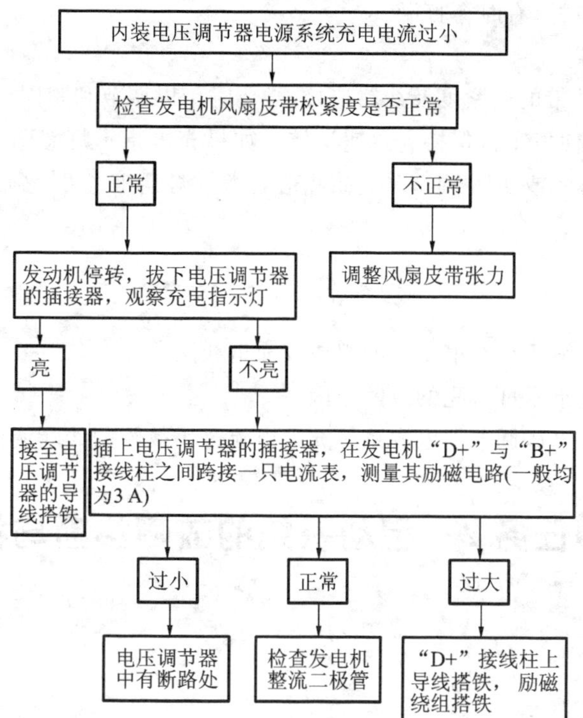

图 13-9　内装电压调节器电源系统充电电流过小故障的诊断与排除

六、充电电流过大或不稳

1. 充电电流过大

1)故障现象

汽车的各种灯泡易烧毁，蓄电池的电解液消耗过快(装有电流表的充电系统，电流表始终指示 10 A 以上的充电电流)。

2)故障原因

①调节器故障：双触点式调节器的电磁线圈短路或断路，高速触点接触不良，弹簧张力过大或气隙不当而使调节电压值过大，导致调节器失调；电子调节器的开关三极管短路或其他电子元件有故障而使开关三极管不能截止。

②充电系统电路故障：双触点式调节器搭铁不良(搭铁线断脱)，电子调节器接线有错误。

3)故障诊断与排除

检查调节器与发电机的连接线路是否有错误或调节器的搭铁是否良好，若线路无问题，则应检修或更换调节器。

2. 充电电流不稳

1)故障现象

充电指示灯忽明忽暗、变化不定(装有电流表的汽车，电流表指针会来回摆动)。

2)故障原因

①发电机故障：电刷与滑环接触不良，内部导线连接处松动。

②调节器故障：双触点式调节电阻断路，电子调节器的元件松动或搭铁不良。

③电路故障：充电系统有关线路的连接处松动。

④发电机传动带较松，有时会打滑。

3)故障诊断与排除

①检查发电机传动带的松紧度及线路连接，必要时予以调节和紧固。

②将调节器短路，使发动机保持高怠速运转。如果充电指示灯忽明忽暗的现象消失，则说明发电机无故障，应检修或更换调节器；如果充电指示灯仍有忽明忽暗的现象，则需检修发电机。

【任务实施】

问题 1　说明桑塔纳轿车充电系统的组成及充电线路。

问题 2　说明充电指示灯常亮的故障原因。

问题 3　说明内装电压调节器电源系统充电电流过小故障的诊断流程。

学习任务 2　启动系统的故障诊断与检测

【任务导入】

认识轿车不能启动的故障症状，根据所用教学车辆的故障现象，分析故障的可能原因，并制定诊断的流程步骤。

【知识准备】

一、启动系统线路分析

发动机启动系统分为无启动继电器的启动系统和有启动继电器的启动系统。要使发动机由静止状态过渡到工作状态，必须用外力转动发动机的曲轴，曲轴在外力作用下开始转动到发动机开始自动地怠速运转的全过程称为发动机的启动。

有启动继电器的启动系统线路由点火开关控制启动继电器，再经过启动继电器控制启动机。

启动机由直流电动机、传动机构和操纵机构三部分组成。直流电动机的作用是将蓄电池输入的电能转换为机械能，产生电磁转矩。传动机构由单向离合器与驱动齿轮、拨叉等组成，其作用是在启动发动机时使驱动齿轮与飞轮齿圈相啮合，将启动机的转矩传递给发动机曲轴。操纵机构主要是指启动机的电磁开关，用来接通或断开电动机与蓄电池之间的电路。

桑塔纳轿车启动系统主要由蓄电池、点火开关、启动机和导线等组成。桑塔纳轿车启动线路如图 13-10 所示。蓄电池“＋”接线柱引出电缆直接与启动机的“30”接线柱连通，以便向启动机供电启动；同时由启动机的“30”接线柱引出红色导线接入中央接线板 P 区的一个接线柱，经内部连通 P 区的另一接线柱后通过红色导线与点火开关“30”接线柱连通，经点火开关启动位“50”引出由红黑色导线接入中央接线板 B8 接线柱，经内部连通 C18，由 C18 再引出红黑色导线接入启动机的“50”启动接线柱上。

启动系统线路检测时使用万用表，采用逐点搭铁检测法可确诊断路部位，采用依次拆断检测法可确诊短路部位。检测程序可从前向后，也可从后向前，或从中间向前、向后依次选择各个节点进行。检测线路主要有两个:一是启动控制线路,主要检测线路的通断情况;二是启动机供电线路,重点检测线路各节点的电压降情况,各节点连接处的电压降不得大于0.2 V。

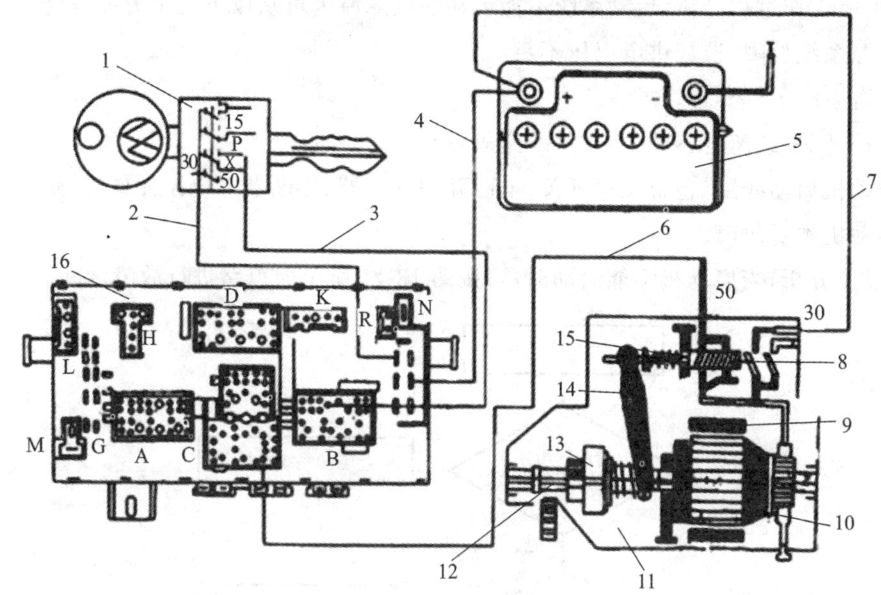

图13-10 桑塔纳轿车启动线路

1—点火开关;2、4—红色导线;3、6—红黑色导线;5—蓄电池;7—黑色导线;

8—电磁开关;9—定子;10—电枢;11—启动机;12—驱动齿轮;

13—单向离合器;14—拨叉;15—回位弹簧;16—中央接线板

二、蓄电池和启动机的就车检测

1. 检测步骤

(1)不启动发动机,用万用表的电压挡测量蓄电池的电压。

(2)用万用表的电压挡测量蓄电池正极与启动机的电缆导线接线柱之间的连接情况。

(3)启动发动机,检查启动瞬时蓄电池的电压。

(4)启动发动机,检查启动瞬时启动机电缆接线柱30端子(见图13-10)与启动机壳体之间的电压。

(5)启动发动机,检查启动瞬时启动机另一接线柱50端子(见图13-10)与启动机壳体之间的电压。

(6)将启动开关拨回“ON”位,观察点火开关与启动机之间的连接处是否断开。

2. 诊断标准

(1)不启动发动机,用万用表的电压挡测量蓄电池的电压,标准值应在12 V以上。若用蓄电池测试仪保持5 s测试低于9 V之下,则为蓄电池故障或蓄电池电量不足。

(2)用万用表的电压挡测量蓄电池正极与启动机的电缆导线接线柱之间的电压,标准值接近0,否则表明连接导线老化、接触不良。

(3) 启动发动机,检查启动瞬时蓄电池的电压,观察万用表指示值的变化情况,电压值最低降至9.6 V。若低于9.6 V,则表明蓄电池电量不足。

三、启动系统不能启动故障原因分析

根据以上工作过程分析，启动系统不能启动的故障原因可从以下几个方面考虑。

(1)电源系统故障，造成供电电压不足。

(2)防盗系统工作异常。

(3)空挡开关(或离合器开关)及其线路故障。

(4)启动机启动线路(包含点火开关、电磁开关继电器、熔断器等电路元件)故障。

(5)启动机本身故障。

根据以上分析，当启动机不能启动时，可按图13-11所示的思路进行故障诊断。

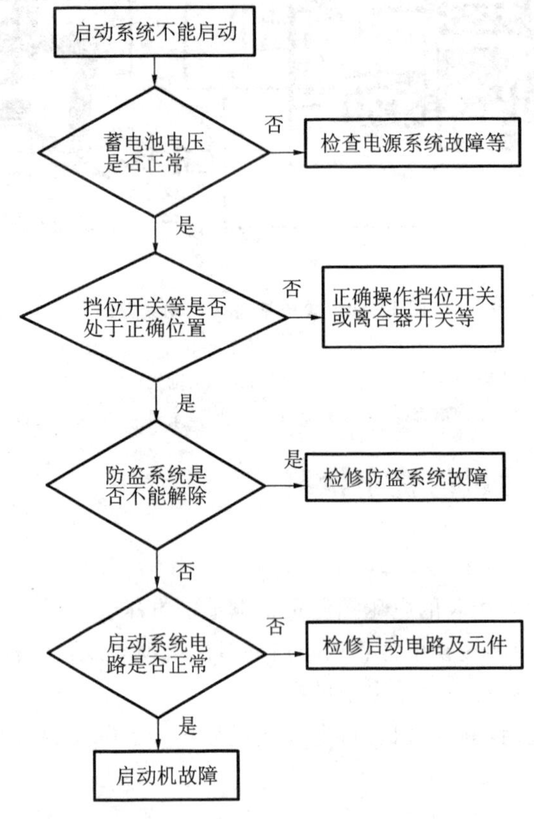

图13-11　启动系统故障诊断思路

四、启动机运转无力故障的诊断

1. 故障现象

启动时，驱动齿轮能啮入飞轮齿环，但启动机转速明显偏低甚至停转。

2. 故障原因

(1)电源故障：蓄电池亏电或极板硫化、短路，启动电源导线连接处接触不良等。

(2)启动机故障：换向器与电刷接触不良，电磁开关接触盘和触点接触不良，电动机磁场绕组或电枢绕组有局部短路等。

3. 故障诊断与排除

诊断程序基本与启动机不转时相同。因为这两种故障的产生因素基本一样，只是程度不同。

(1)接通启动开关，启动开关处只是"咔嗒"一声。转动无力的故障常发生在电磁控制式启动机和电枢移动式启动机。

(2)对于电磁控制式启动机，若接通电磁开关，有"咔嗒"声，但启动机不转动，则说明电磁开关线圈短路或接触不良，产生的磁力太小，不足以进一步压缩回位弹簧，致使主回路接触盘接触不良。

(3)若电磁开关线圈正常，则可能是在启动时启动机小齿轮刚好顶在飞轮端面不能啮入。这时，将发动机曲轴摇转一个角度，往往又可使小齿轮啮入飞轮齿间而显示工作正常。若在这种情况下还不能使小齿轮啮入发动，则表明回位弹簧过硬。

(4)对于电枢移动式启动机，接通电磁开关时，动触点的上触点先闭合，辅助线圈接通，电枢缓慢旋转并移动，圆盘顶起扣爪块，使动触点的下触点也闭合，将主回路接通，启动机有力地转动。若扣爪块与圆盘接触的凸肩磨损，不能顶起扣爪块释放限止板，动触点的下触点不能闭合，主回路不通，则启动机只能缓慢无力地转动。另外，如果辅助线圈断路或短路，启动机启动时不能缓慢旋转，则往往会产生启动机小齿轮顶住发动机飞轮轮齿端面而不易啮入的情况。

五、启动机空转故障的诊断

1. 故障现象

接通启动开关，启动机空转，小齿轮不能啮入飞轮齿圈带动发动机转动。

2. 故障原因

(1)机械强制式启动机的拨叉脱槽，不能推动驱动小齿轮，不能进入啮合。

(2)电磁控制式启动机的电磁开关铁芯行程太短。

(3)电枢移动式启动机辅助线圈短路或断路，不能将电枢带到工作位置。

(4)启动机单向啮合器打滑。

(5)飞轮齿严重磨损或损坏。

3. 故障诊断与排除

启动机空转实际有两种情况：一种是启动机驱动小齿轮不能与飞轮齿圈啮合的空转，故障主要在启动机的操纵和控制部分；另一种是启动机驱动小齿轮已和飞轮齿圈啮合，由于单向啮合器打滑而空转，故障主要在启动机单向啮合器。

(1)若驱动小齿轮不能与飞轮齿圈啮合，则应进行如下检查、诊断。

①对于机械强制式启动机，应先检查传动叉行程是否调整适当。若调整不当，在未驱使驱动小齿轮与飞轮齿圈啮合时，启动机电磁开关内的接触盘已与触点接通而导致启动机空转。若调整适当，则可能是传动叉脱出嵌槽。

②对于电磁控制式启动机，则应检查启动机电磁开关内的接触盘的行程是否过小。若过小，则会使启动机主电路提前接通，造成电枢提前高速旋转。

③对于电枢移动式启动机，主要是扣爪块上阻挡限止板的凸肩磨损，不能阻挡限制板的移

动，致使活动触点的下触点提前闭合，并使电枢高速旋转。活动触点与固定触点上、下两触点间隙调整不当，即下触点间隙太小时，也同样会引起电枢提前高速旋转。

(2)若单向啮合器打滑空转，则应分解启动机进行检修或更换启动机的单向啮合器。

六、启动机有异响

1. 故障现象

接通启动开关，启动机运转时有撞击声，且不能带动发动机运转。

2. 故障原因

(1)启动开关或电磁开关行程调整不当。

(2)电枢移动式固定触点和活动触点间隙调整不当。

(3)启动机驱动小齿轮或飞轮轮齿磨损过甚或打滑。

(4)启动机固定螺栓松动或离合器壳松动。

(5)启动机内部故障。

3. 故障诊断与排除

此现象表明启动机驱动小齿轮与飞轮齿圈啮入困难。首先将曲轴摇转一个角度，再接通启动开关试验。

(1)若撞击声消失且能啮入启动发动机，则说明飞轮齿圈部分轮齿啮入端打环，应予以更换。

(2)若曲轴转到任何角度都不能消除撞击声，驱动小齿轮始终不能啮入，则表明启动机拨叉行程或电磁开关行程过短，导致驱动小齿轮尚未啮入即高速旋转。

(3)当接通启动开关时，启动机壳体明显抖动，说明启动机固定螺栓或离合器壳固定螺钉松动，应立即紧固，否则可能造成启动机驱动端盖折断。

(4)此外，根据撞击声响特征也可大致判明原因。一般行程调整不当或带有空转的撞击声是连续的，而启动机固定螺栓或离合器壳松动或飞轮齿损坏引起的撞击声是断续的，且有时可以啮入启动。空转带有撞击声的诊断方法与启动机空转故障相同。

【任务实施】

问题 1　描述见到的实训车辆不能启动的故障现象并分析原因。

问题 2　按诊断原则，分析启动机运转无力的故障诊断流程。

问题 3　启动机有异响的故障现象及原因有哪些？

项目14 电动门窗及电动座椅的故障诊断

【案例引入】

一辆大众轿车在一次电气维修后，出现驾驶员座椅位置不能调整、车窗不能运动的现象，于是送厂维修，该怎样排除此类故障呢？

学习任务1 电动门窗的故障诊断

【任务导入】

在汽车使用过程中，经常会遇到车窗不能运动，或某个车窗在一个或两个方向上都不能运动，导致汽车门窗不能关闭，失去防盗、密封等作用。本任务就是要检测和诊断电动门窗、电动天窗的故障，使其恢复使用功能和良好的技术状态。

【知识准备】

造成电动门窗不能关闭的原因一般有两个：一是电路故障，即配电设施或用电器故障，配电设施或用电器包括开关、保险丝、继电器、搭铁接点等；二是门窗机械传动机构卡滞或润滑不良。要排除这些故障，应该先熟悉以下相关知识。

一、电动门窗的电路分析

电动车门窗玻璃升降器的结构如图14-1所示。

电动车门窗玻璃升降器的组合开关如图14-2所示。点火开关置于“ON”时，可使用按键式组合开关方便地控制四扇车门窗玻璃的升降。后排座位的乘客还可以使用安装在左、右门上的按键开关进行单独操作。

组合开关上的四个按键分别控制各自相应的车门窗玻璃升降，中间黄色开关为后窗玻璃升降总开关，可以切断后窗车门上的窗玻璃升降器开关。

驾驶员门窗玻璃升降的操作与其他门窗玻璃有所不同，只需要点一下下降键，车门窗玻璃即可一降到底，若需中途停下，点一下上升键就可以了。

当点火开关关闭时，延时继电器会工作1 min，在此期间，车门窗玻璃仍可起开关作用，然后自动切断(地线)。

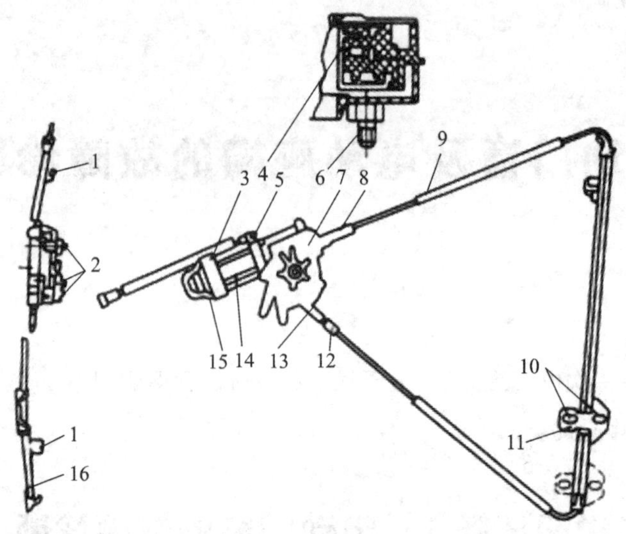

图 14-1 电动车门窗玻璃升降器的结构

1—支架安装位置；2—电动机安装位置；3—固定架；4—联轴缓冲器；5—电动机；6—卷丝筒；
7—盖板；8—调整弹簧；9—绳索结构；10—玻璃安装位置；11—滑动支架；
12—弹簧套筒；13—安装缓冲器；14—铭牌；15—均压孔；16—支架结构

图 14-2 电动车门窗玻璃升降器的组合开关

电动车门窗玻璃升降器的电气线路如图 14-3 所示。

电路中左侧五个开关由司机控制，布置在驾驶座位附近。右侧两个开关布置在后排两边车门的把手上，由后排乘员单独控制；但是，这两个开关受控于司机控制的后窗总开关。当司机打开后窗总开关时，所有乘员都能控制门窗玻璃的升降。

控制开关接通自动继电器，使电动机转动，玻璃窗开始升降动作。若某玻璃窗卡滞，使通过电动机的电流变大、时间变长，则过热保护断路器会自动断开电路，从而保护电动机不被烧毁。当关闭点火开关，拔下点火钥匙时，延迟继电器会继续向电动机供电 10～20 s，以确保门窗玻璃关闭。

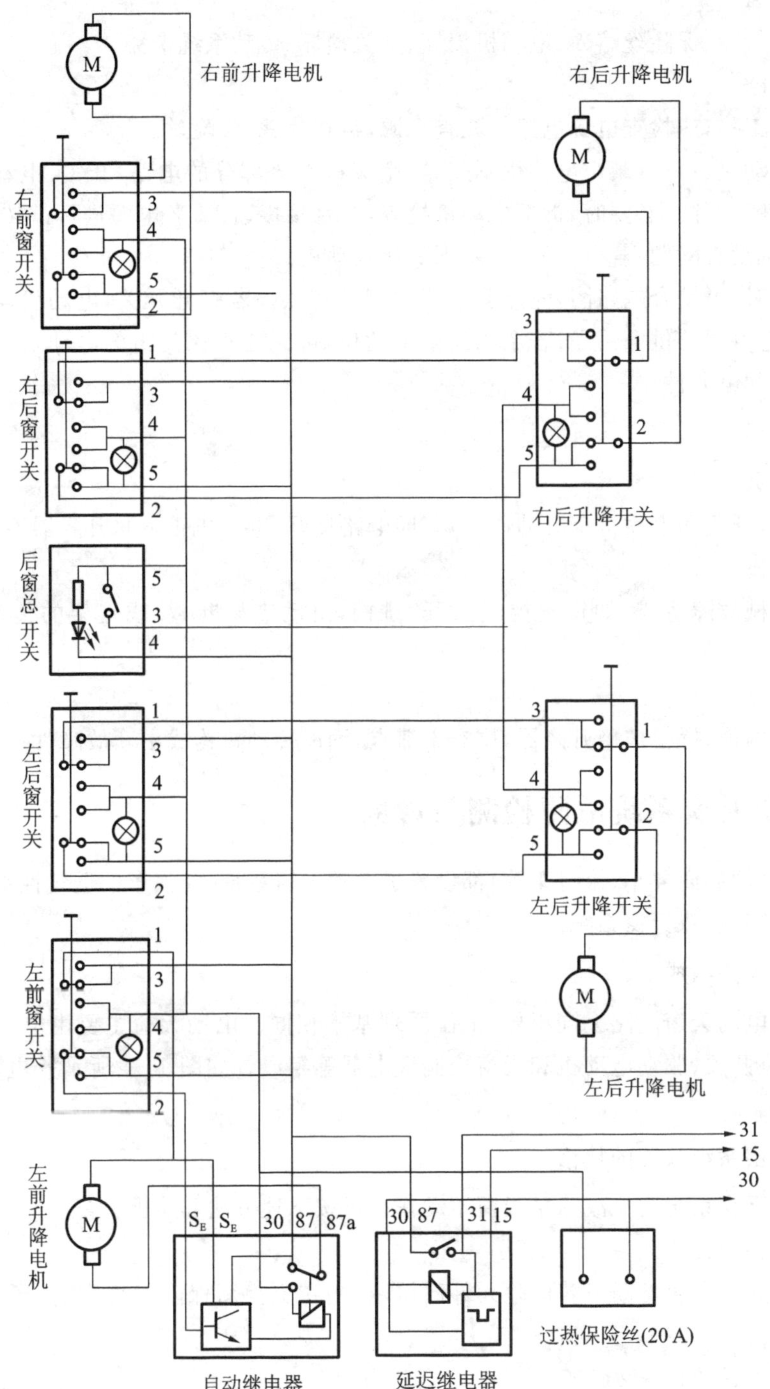

图 14-3 电动车门窗玻璃升降器的电气线路

二、电动门窗系统故障检测与诊断

1. 电路故障

1）故障现象

玻璃升降器不工作。当点火开关置于“ON”位时，玻璃升降器全部、部分或某个不工作。

2)故障原因

电源电路故障、保险丝熔断、电动机损坏、开关损坏、传动系统卡滞。

3)故障排除

若全部不工作,应检查电源电路。先查电源,再查搭铁、保险丝。

若部分电动机或只有某个电动机不工作,则应检查该部分的电路、开关、电动机,可用短路法逐渐确定故障元件。必要时,拆下电动机检查,或直接接通 12 V 电源进行试转。若电动机转动,则该电动机没有问题;若电动机不转,则更换电动机。

故障诊断时,可结合电路图,先熟悉电路连接的特点。若打开开关,电动机均无声响、无动作,则应先检查电源的供电情况;若个别门窗不动作,可先检查该门窗的电动机,再检查该门窗电路及其相关配电元件。

2. 机械故障

1)故障现象

打开开关,开关和电动机都有动作声响(即电路良好、电动机正常),升降器不动作。

2)故障原因

通常是机械故障造成,如钢丝拉绳断开、跳槽,滑动支架断裂,或支架的传动钢丝夹松动移位。

3)故障排除

打开车门内饰,拆检玻璃升降器,排查卡滞点,润滑传动机构或更新故障件。

三、电动天窗系统故障检测与诊断

现代轿车(例如商务车、旅行车等)都设置了电动天窗系统,使汽车的透气性更好,使用更方便,有的车型还具有双天窗系统。

1. 电动天窗的组成

各种车型电动天窗电路大同小异,工作原理基本相同。电动天窗主要由电源继电器、天窗控制开关、限位开关、驱动电动机和天窗控制继电器等组成。如图 14-4 所示是电动天窗控制系统电路原理图。

2. 电动天窗系统故障的检修

汽车电动天窗系统常见故障是天窗不动作。可按下述方法和步骤检修。

1)保险元件的检查方法

检查保险元件是否熔断。若保险元件已熔断,则在更换新保险元件之前,还要检查电路中是否有短路之处。

2)电源继电器的检查方法

电源继电器也就是图 14-4 中的天窗主继电器。主要应检查其内线圈是否有断路现象,当线圈中有电流通过时,其常开触点是否能闭合接通。

3)天窗控制开关和限位开关的检查方法

对于天窗控制开关和限位开关,主要是检查它们的通、断性能。当其接通时,触点间应能可靠地闭合;当其断开时,触点间应能可靠地分离。

4)天窗驱动电动机的检查方法

对于天窗驱动电动机,可将其从配线连接器上分离下来,直接对其施加正向或反向蓄电池电压，看其运转状况。如果直接通电后驱动电动机不转，或虽转但电动机发热严重，或驱动齿轮旋转方向与规定的方向不符，则说明电动机有问题，应对其进行修理或更换新件。

5)天窗控制继电器的检查方法

可先对天窗控制继电器周围的相关配线及连接器进行检查，确认无误后，再根据相关技术数据，用万用表测量其相应端子与地间及相应端子间的导通情况。如果与相关技术数据所列的状态不相符，则说明天窗控制继电器内部有问题，应更换新件。

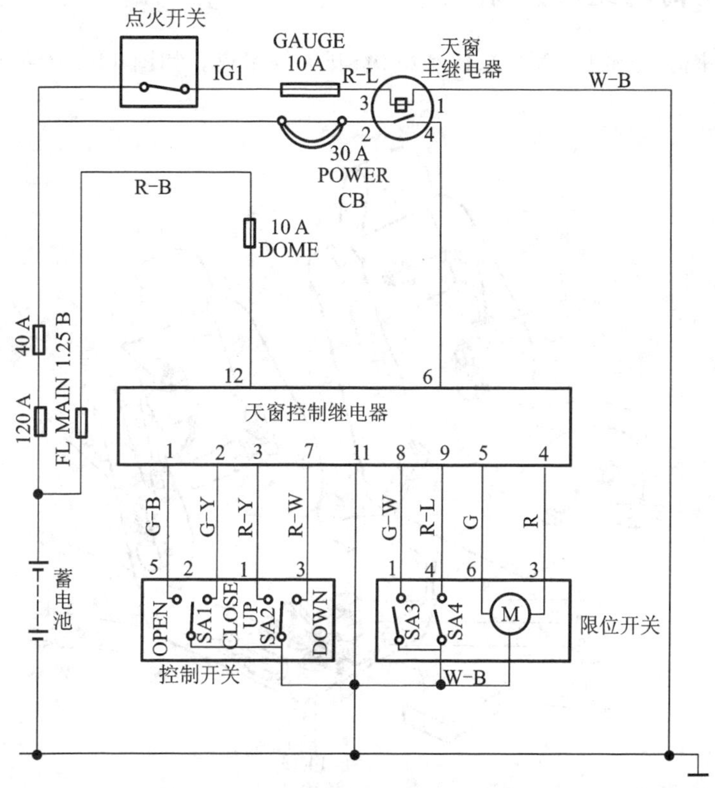

图 14-4 电动天窗控制系统电路原理图

【任务实施】

问题 1 结合故障车辆，说明玻璃升降器工作不良的电路故障可能有哪些。

问题 2 结合故障车辆，说明电动天窗驱动电动机的检查方法。

问题 3 学生自己按电路图和技术操作规程对电动门窗系统的元件进行检测，发现问题及时处理。

学习任务 2 电动座椅的故障诊断

【任务导入】

一辆帕萨特轿车，驾驶员座椅位置不能调整，送厂检修。电动座椅有独立的电路系统。本任务就是要对电动座椅电路系统进行故障诊断和检修，从而排除故障。

【知识准备】

电动座椅是指汽车座椅空间位置的调整由电动机来完成，即实现座椅的自动滑动，从而实现座椅的前垂直、后垂直、前后倾斜、头枕和腰垫位置的调整，以满足不同驾驶者的舒适性需要，减轻驾驶员的疲劳强度。

一、电动座椅的组成及原理

电动座椅由座椅、电动机(多个)、传动机构、开关等组成。如图 14-5 所示是电动座椅元件位置图。

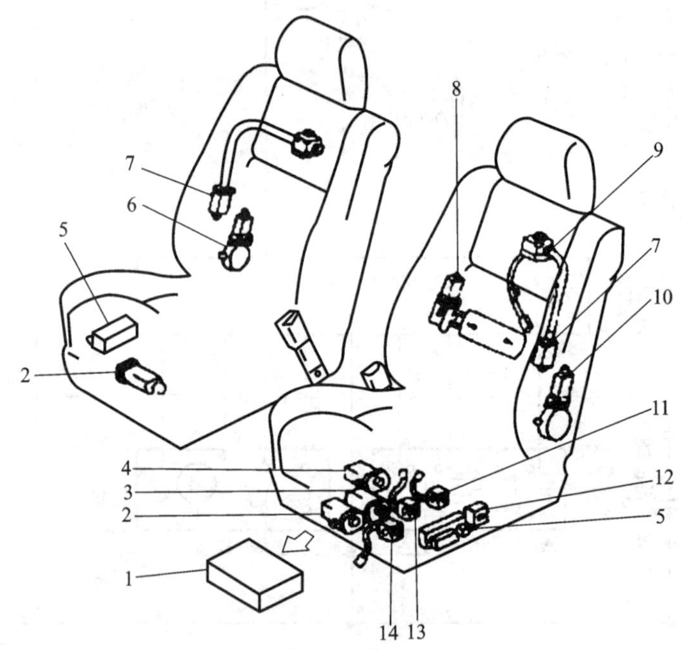

图 14-5　电动座椅元件位置图

1—电动座椅 ECU；2—滑动电动机；3—前垂直电动机；4—后垂直电动机；5—电动座位开关；
6—倾斜电动机；7—头枕电动机；8—腰垫电动机；9—位置传感器(头枕)；
10—倾斜电动机和位置传感器；11—位置传感器(后垂直)；12—腰垫开关；
13—位置传感器(前垂直)；14—位置传感器(滑动)

1. 电动机

电动座椅用的电动机为直流双向式，可正反转。根据电动座椅的功能，一般配置多个电动机，常见装有 6 个，以满足不同位置和方向的调整。

2. 传动机构

电动机的旋转运动驱动传动机构改变座椅的空间位置。

(1)高度调整机构如图 14-6 所示。由蜗杆轴、蜗轮、芯轴等组成。调整时，蜗杆轴在电动机的驱动下，带动蜗轮转动，从而保证芯轴旋进或旋出，实现座椅的上升与下降。

(2)纵向调整机构如图 14-7 所示。由蜗杆、蜗轮、齿条、导轨等组成，齿条装在导轨上。调整时，电动机转矩通过蜗杆传至两侧的蜗轮上，经导轨上的齿条，带动座椅前后移动。

(3)靠背倾斜调整机构。由两个调整齿轮与连杆组成。调整时，电动机带动两端的调整齿轮转动，调整齿轮与连杆联动，通过连杆的动作，达到调整靠背倾斜度的目的。

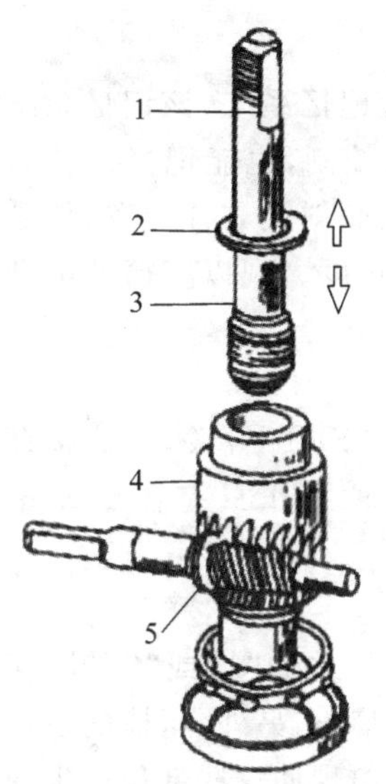

图 14-6 高度调整机构

1—铁平面；2—止推垫片；3—芯轴；
4—蜗轮；5—挠性驱动蜗杆轴

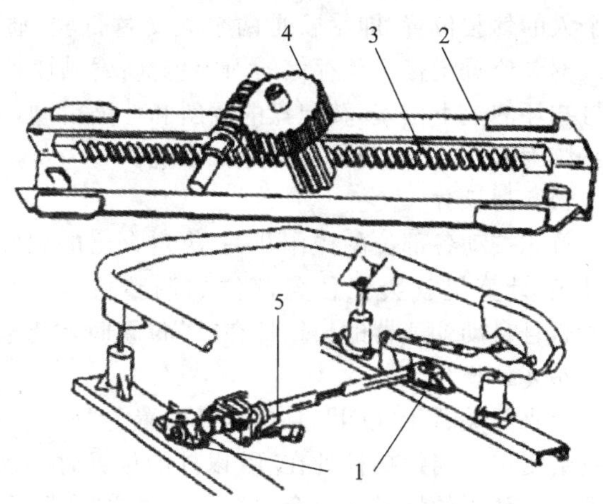

图 14-7 纵向调整机构

1—支承及导向元件；2—导轨；3—齿条；
4—蜗轮；5—反馈信号电位计

3. 电子控制电路

电子控制电路如图 14-8 所示。

存储装置用四个电位计来感传座椅的调定位置。其中电位计有一根螺杆驱动一个滑块在电阻丝面上滑动。传给电子控制装置的电压信号取决于滑块的位置。当座椅位置调定后，驾驶员只要按下存储器的按钮，电子控制装置就会把这些电压信号储存起来，作为以后重新调整座椅位置的基准。

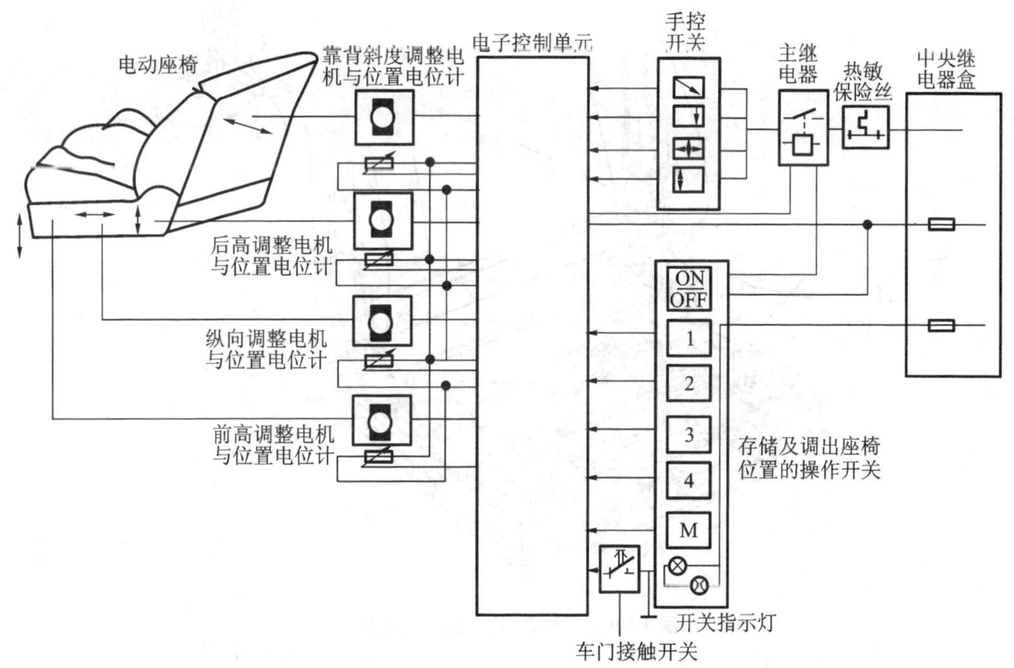

图 14-8 电子控制电路

4. 驾驶位置记忆系统

现代汽车为更好地适应驾驶者的驾驶习惯，设置了驾驶位置记忆系统，该记忆系统能存储两个人的驾驶位置，即尽管是两个人交替行驶，通过开关的单独控制，也能记忆自己的驾驶位置。驾驶位置记忆系统存储的内容包括：驾驶座椅的前后、上下、倾斜及靠枕位置，驾驶员用安全带扣环的上下位置，转向盘的倾斜和伸缩滑动，左右后视镜的角度。现以座椅的电动调整记忆系统为例，介绍驾驶员位置记忆系统。

1）存储操作

首先按动各部位的操作开关，决定自己的驾驶位置。一边按“SET”开关，一边按存储及返回开关，计算机就会记住各部位的调整位置。为安全起见，这种操作只有在点火开关置于“ON”，且自动变速器的换挡杆在“P”位置时才能进行。

2）复位操作

点火开关置于“ON”，且换挡杆位置为“P”时，按存储及返回开关的“1”或“2”键，存储的状态就会复位。当换挡杆处在“P”以外的位置时，上述复位动作被禁止，另外，座椅的复位动作在踩下制动踏板的情况下也会被禁止。总之，要防止在行驶过程中出现使这些部位产生变化的因素，保证安全驾驶。

3）位置传感器

座椅的位置调整是通过电动机实现的，为检测各部位的位置，相应部位设置有传感器。如图 14-9 所示是座椅各传感器的安装位置。如图 14-10 所示是位置传感器结构。在电动机传动轴上安装磁铁，当轴旋转时，产生磁通变化，通过霍尔管及放大电路输出旋转脉冲信号，用这种方法可检测出相对位置。

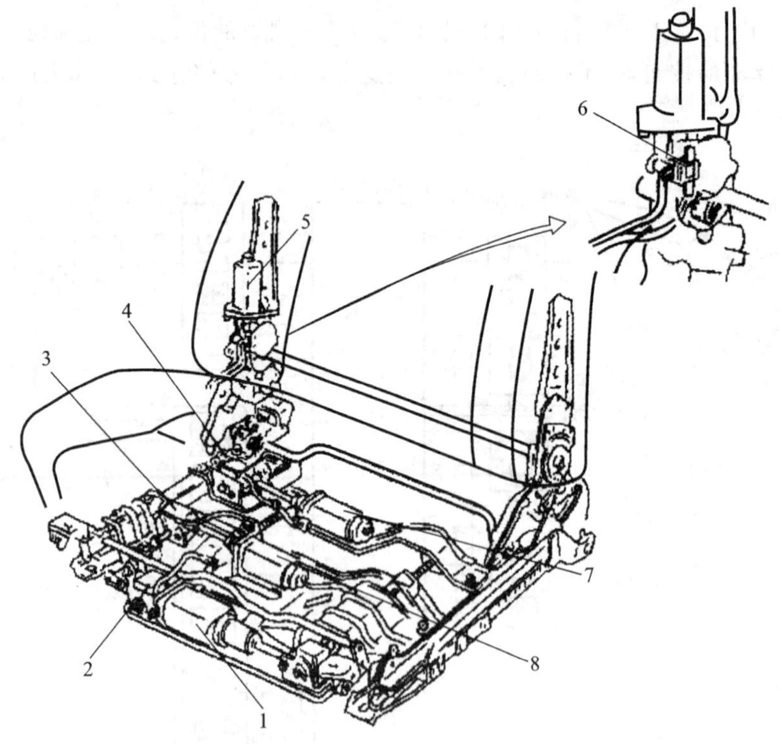

图 14-9　座椅各传感器的安装位置

1—座椅滑移电动机；2—座椅滑移位置传感器；3—前位直立位置传感器；
4—后位直立位置传感器；5—斜椅电动机；6—斜椅位置传感器；
7—后部直立电动机；8—前部直立电动机

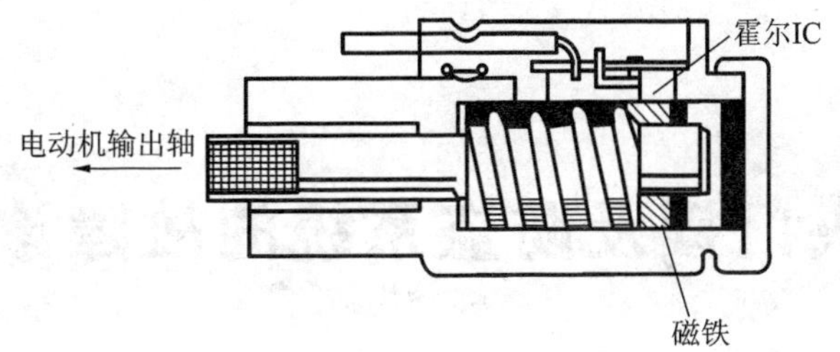

图 14-10 位置传感器结构

二、电动座椅的故障检测与诊断

1. 电动座椅失去记忆

1)故障现象

电控座椅移动不能达到原设置位置。

2)故障主要原因及处理方法

①电控单元 ECU 故障,用替换比较法检查 ECU 是否有故障,即用同型号无故障 ECU 进行替换比较。

②电控座椅电路或用电器故障,包括开关、继电器、保险丝、电动机、导线接触不良等。建议先检查电源和搭铁点,然后检查配电设施或执行电动机等。

3)故障诊断方法

先从故障现象出发,结合电路图判断故障点,并在车上找到故障部位,逐一排查故障。如果电源供电良好,则可直接检查故障点:比如座椅不动作,可先检查电动机,然后检查电动机前后的电路和配电设施。

2. 电动座椅不动作

1)故障现象

电动座椅不能自动调节。

2)故障主要原因及处理方法

①ALT 熔断丝烧断,此时应更换熔断丝。

②门控继电器损坏或电线断路,检查电路连接情况,检查继电器的工作情况。

③电动座椅开关损坏。检查方法:将线束从开关上拔出,用欧姆表检查开关在各操作位置时的通断情况,看是否和动作要求一致。

3)故障诊断方法

打开点火开关,若一点反应都没有,则应先查电源,再查搭铁、保险丝;若有反应,只是移动不到位,或根本不移动,则应检查电动机。可拆下电动机,用两根导线直接连接蓄电池正、负极,看其是否动作,若不动作,则说明电动机已损坏,应更换电动机。

【任务实施】

问题 1 电动座椅失去记忆的故障如何诊断?

问题 2 学生自己按电路图和技术操作规程对电动座椅进行综合检测,发现问题及时处理。

问题 3 指导教师模拟设置电动座椅故障,让学员进行故障检测、诊断并排除故障。

项目 15 中央门锁及防盗系统的故障诊断

【案例引入】

一辆大众捷达轿车，修理后发动机不能启动，无点火和喷油信号。用大众公司专用故障诊断仪，读取故障码为 011769（钥匙非法或信号太弱），显然是由于防盗系统被激活，需要解除防盗系统约束才能启动发动机。出于防范，防盗系统一般比较敏感，比如，拆下蓄电池，防盗系统即被激活。因此，检修车辆时，必须小心谨慎。对于防盗系统的故障诊断，我们应该从何处着手呢？

学习任务 1 中央门锁系统的故障诊断

【任务导入】

对于捷达轿车来说，在门锁系统失灵时，应先观察是全部门锁失灵还是某个门锁失灵。如果是全部门锁失灵，一般是电源断路、空气管路破裂、控制单元损坏所致；若打开或关闭前门锁时，双向压力泵工作时间长达 30 s，但门锁不动作，则说明系统有漏气处；如果只是某个门锁失灵，一般是该门锁机械方面的故障，只要拆检故障所在的车门即可查出。

【知识准备】

一、中央门锁系统的结构与原理

1. 中央门锁系统的功能

电控门锁的作用是通过一系列电子控制来打开或锁住车门。电控门锁通常由电子控制部分和执行机构两部分组成，多数自动门锁在车速超过某一预设值时或具备一定条件时，能自动锁住车门。本任务以捷达轿车为例，介绍中控门锁的原理和故障诊断方法。

2. 中控门锁的结构原理

捷达轿车的中控门锁采用的是双向压力泵式中控门锁，它主要由机械部分、空气管路和控制电路三部分组成，其控制电路如图 15-1 所示。电路部分的核心是中控门锁控制单元，它连同双向压力泵装在一个塑料盒内，安装在后座椅下面，用连接器与中控门锁线束连接。当用钥匙或拉出两前门的任一门锁操纵杆来打开车门锁时，由于门锁通过连接杆与前车门锁执行元件相连接，连接杆被向上拉起，车门锁执行元件中门锁开关的开锁触点Ⅰ闭合，中控门锁控制单元收到此信号后，立即控制双向压力泵转动，接通压缩空气，使系统管路中的气体呈正压，气体进入四个车门及行李舱的执行元件内，膜片推动连接杆向上运动将车门打开。反之，当连接杆被压下时，车门锁执行元件中的门锁开关的门锁触点Ⅱ闭合，中控门锁控制单元控制双向压力泵向另一方向运转，用以抽吸空气，系统管路中呈负压，各门锁执行元件进入真空状态，膜片带动连接杆向下运动而将车门锁住。

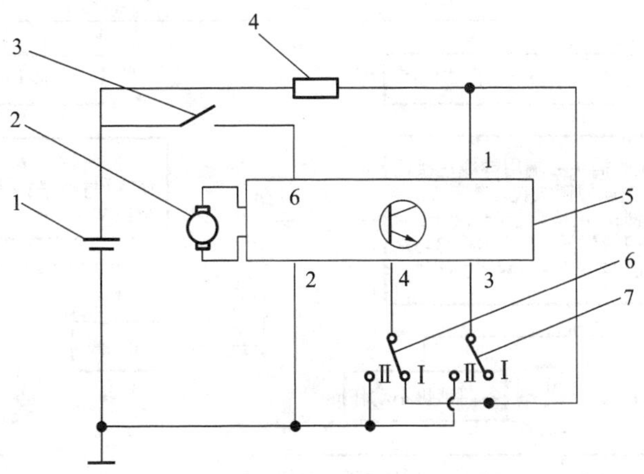

图 15-1 捷达轿车中控门锁控制电路

1—蓄电池；2—双向压力泵；3—点火开关；4—熔断丝；

5—中控门锁控制单元；6—左前门锁开关；7—右前门锁开关

二、中央门锁系统的故障诊断

1. 双向压力泵不工作

1）故障现象

打开或关闭前门锁时，双向压力泵不工作，其他三个车门的锁扣都不动作。

2）故障原因

①电源熔断丝熔断。

②中控门锁控制单元或双向压力泵损坏。

③前门锁执行元件中的门锁开关损坏。

④线路故障。

3）故障诊断

双向压力泵不工作的故障诊断流程如图 15-2 所示。

2. 中央联锁机构无法联锁

1）故障现象

各车门无法联锁。

2）故障原因

①管路泄漏。

②双向压力泵失效。

3）故障诊断

在 19 号熔断丝工作正常、蓄电池电压符合要求的情况下，拆掉后座椅，取出双向压力泵绝

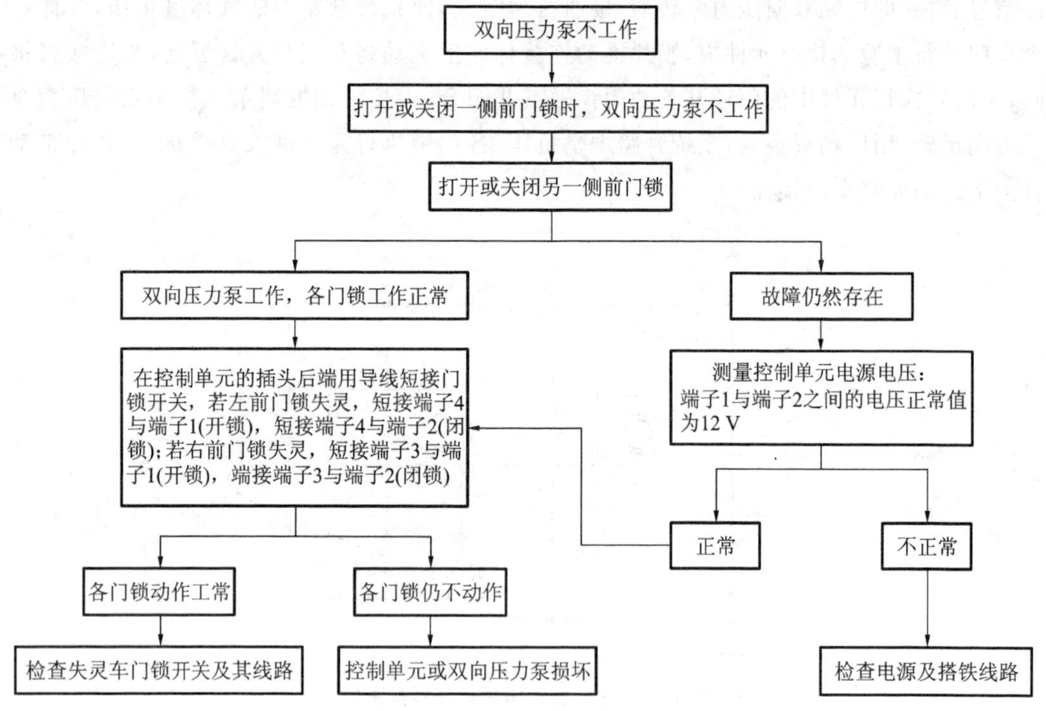

图 15-2　双向压力泵不工作的故障诊断流程

缘材料，断开中控门锁控制单元 6 孔插头后，用万用表进行测试。

①检查双向压力泵电压供给情况。用万用表测量插头端子 1 和 2 之间的电压，应约为 12 V。若未达到规定值，则检查线路是否断路并排除故障。

②检查点火开关至双向压力泵的供电电压。将点火钥匙插入点火开关，不接通点火开关，用万用表测量插头端子 6 和 2 之间的电压，应约为 12 V。若未达到规定值，则检查线束及点火开关的工作情况。

③检查点火开关功能。拔下点火钥匙，用万用表测量插头端子 6 和 2 之间的电压，应为 0，否则说明点火开关损坏。

④检查驾驶员一侧车门的开关功能。用万用表测量门锁锁止时端子 1 和 4 之间以及门锁开启时端子 4 和 2 之间的电压，其值均应为 12 V，否则应检查线路及车门开关控制单元。

⑤检查前排乘员一侧车门的开关功能。用万用表测量门锁锁止时端子 1 和 3 之间以及门锁开启时端子 3 和 2 之间的电压，其值均应为 12 V，否则依电路图查找线路及车门开关单元。

⑥检查泄漏点。若双向压力泵的运行时间超过 3 s，最多达 7 s，而中控门锁机构仍不工作，并于 30 s 后自动切断工作电路，则说明系统泄漏。检查泄漏点应从泵开始，然后逐个拔下三通真空软管，判定泄漏点在哪一侧，最后找出泄漏点。

⑦若无泄漏点且该系统仍不工作，则应更换双向压力泵。

【任务实施】

问题 1　说明捷达轿车中控门锁系统的控制原理。

问题 2　说明捷达轿车中控门锁各车门无法联锁的故障诊断方法。

学习任务 2 防盗系统的故障诊断

【任务导入】

大众汽车公司采用的防盗系统是一种防盗点火开关系统，它通过点火钥匙来进行电子应答，从而判断用户使用的钥匙是否合法，并以此确定是否允许发动机控制器工作。若钥匙非法，识读线圈就会通过防盗器控制单元发出信号给发动机电控单元，执行停火、停油指令，并发出防盗报警系统的声光信号。造成防盗系统故障的原因有：使用了非法钥匙；在检修发动机时拆下了蓄电池，因而启动了防盗系统。

为了解决防盗系统的故障，应熟悉以下相关知识。

【知识准备】

常见的电控车辆防盗系统有两种类型：一种是车主身份识别系统，另一种是防盗与门锁控制系统。当然，也有很多其他防盗系统，如超声波、红外线防盗系统，以及电流敏感或声音敏感传感系统等。

一、车主身份识别系统

大众桑塔纳 2000GSi 轿车防盗系统属于车主身份识别系统。汽车防盗器组成如图 15-3 所示。

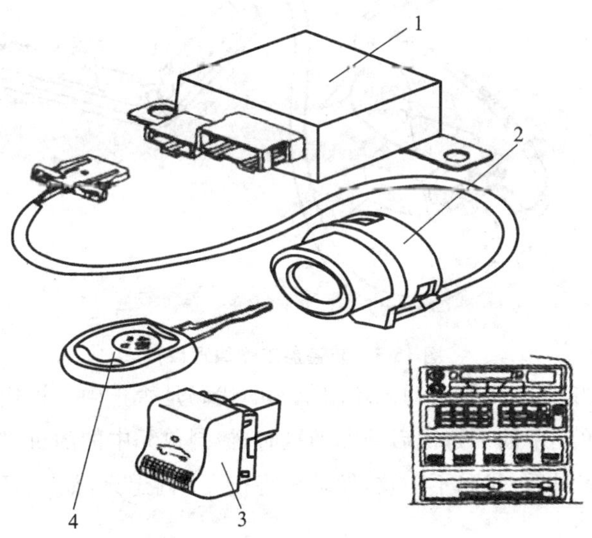

图 15-3 汽车防盗器组成

1—防盗器控制单元(J363)；2—读识线圈；

3—防盗器警告灯；4—带转发器的汽车钥匙

当点火开关打开时，防盗器开始工作。防盗器控制单元通过识读线圈把能量传送给钥匙中的脉冲转发器，如图 15-4 所示。

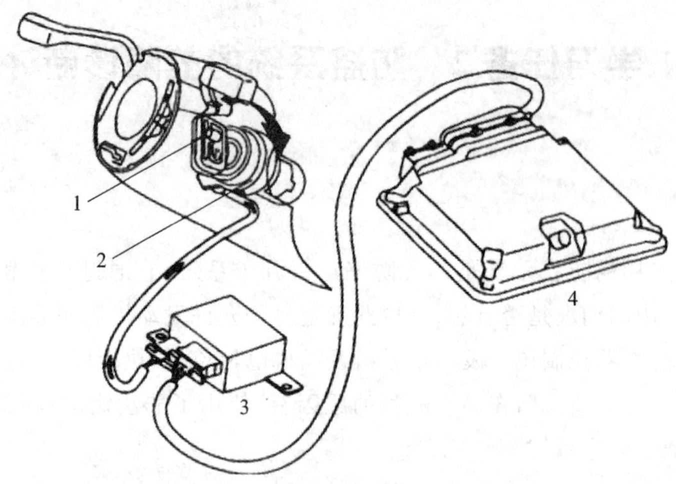

图 15-4　防盗器工作原理(1)

1—脉冲转发器；2—读识线圈；3—防盗器控制单元；4—发动机控制单元

此时，脉冲转发器被激活，通过识读线圈把它的程控代码送给防盗器控制单元。在防盗器控制单元里，输入的程控代码与先前储存在防盗器控制单元中的钥匙代码进行比较，如图 15-5 所示。

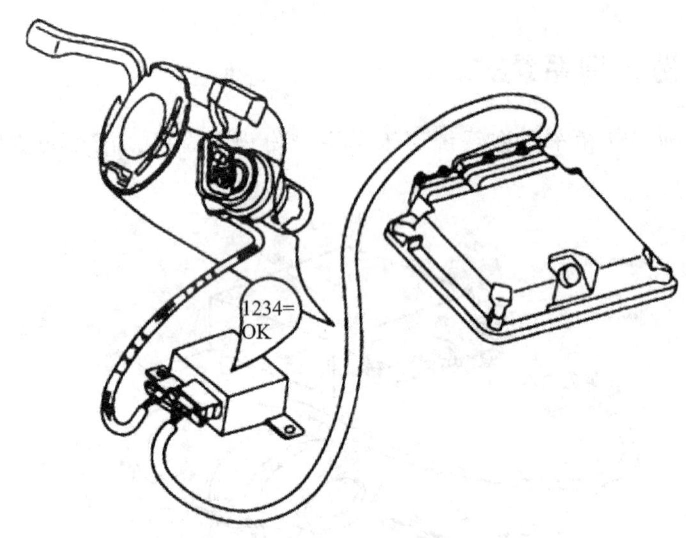

图 15-5　防盗器工作原理(2)

然后，防盗器控制单元再核对发动机控制单元的代码是否正确。该代码是由发动机控制单元储存在防盗器控制单元中的。每次启动发动机时，控制单元中的随机代码发生器都会发生一个可变的代码。如果核对后，代码不一致，发动机将在 2 s 内熄火，如图 15-6 所示。

二、防盗与门锁控制系统的组成与工作原理

中央门锁工作时是通过一系列电子控制来打开或锁住车门的。多数自动门锁在车速超过某一设定值或具备一定条件时，能自动锁住或打开车门。中央门锁控制系统一般由原厂钥匙控制与遥控辅助控制两套系统组成，使用这两套系统开启车门为正常开启，否则为非法开启。

防盗与门锁控制系统一般由点火开关、外侧门拉手开关、车门开关(开门和锁门)、发动机罩

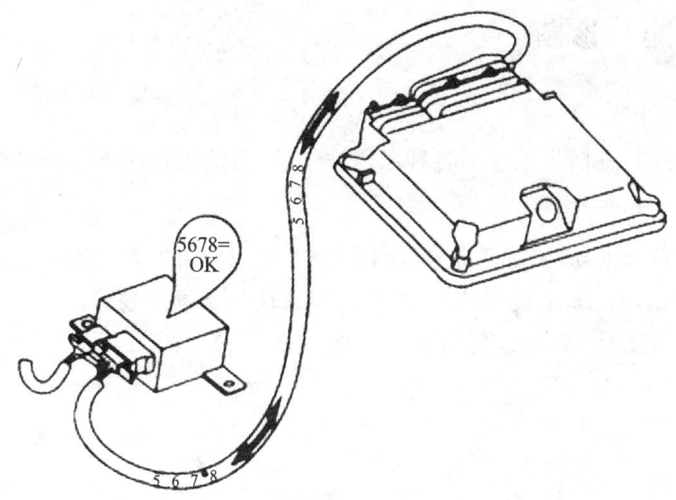

图 15-6 防盗器工作原理(3)

开关、行李箱盖开关、防盗与门锁控制 ECU、防盗警告灯、报警喇叭、报警灯及启动继电器等组成,如图 15-7 所示。

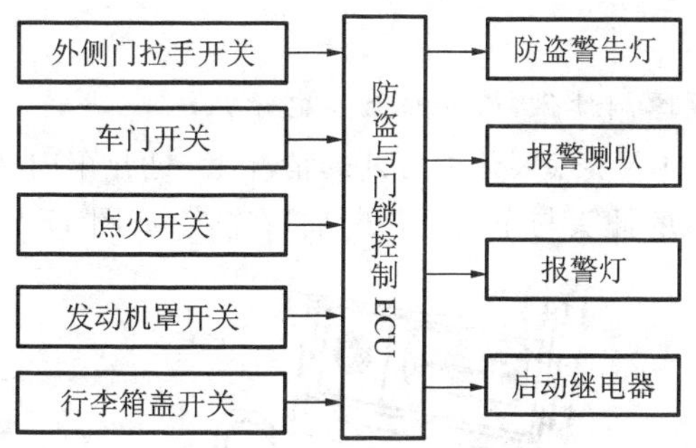

图 15-7 防盗与门锁控制系统的组成

点火开关、车门开关(开门和锁门)、发动机罩开关及行李箱盖开关等向防盗与门锁控制 ECU 输入各开关的状态信号。防盗与门锁控制 ECU 的作用是根据各开关输入的信号判断车门是正常打开还是非法打开,从而向防盗执行器(防盗警告灯、报警喇叭、报警灯及启动继电器等)发出控制指令。防盗警告灯用于指示防盗系统的工作状态。报警喇叭的作用是当汽车被盗时发出报警声响。报警灯的作用是当汽车被盗时开始闪烁,发出报警信息。启动继电器的作用是当汽车被盗时切断启动机的工作电路,使发动机不能启动。

防盗与门锁控制 ECU 通常由报警状态设置、防盗检测、定时报警和解除报警状态等几个控制模块组成。当锁好所有车门时,该系统会执行约 30 s 的定时检测,随后指示器开始断续闪烁,表明系统处于预警状态。当防盗与门锁控制 ECU 根据各开关(如点火开关、行李箱盖开关等)的信号判断车门为正常开启时,即解除报警状态;当判断为非法开启车门时,便控制各执行机构动作,使防盗喇叭和汽车喇叭鸣叫,使前灯、尾灯和防盗警告灯开始闪烁,同时切断发动机启动线路,使启动机不能工作,发动机不能发动。

防盗报警系统通常与汽车中控门锁系统配合工作,当汽车处于防盗报警功能状态时,若有人企图不用钥匙强行进入汽车或打开发动机罩、行李箱门时,防盗报警系统的各种传感器便能检测到这种信息,立刻启动防盗报警系统,一方面发出警报(如灯光闪烁、喇叭鸣叫),另一方面阻止车辆运行(如切断点火电路、启动电路及供油电路等)。

三、故障检测与诊断

1. 故障现象

大众桑塔纳 2000GSi 防盗系统因各种原因被激活，系统锁止或不起防盗作用。

2. 故障诊断方法和程序

防盗系统具有自诊断功能，如果系统元件产生故障，相应的故障代码就储存在控制单元故障记忆中，可以用 V.A.G 1551 或 V.A.G 1552 故障阅读仪来读出故障。

防盗器的地址指令是 25，可以使用下列功能。

02 查询故障。

05 清除故障存储。

06 结束输出。

08 读测量数据块。

10 匹配。

00 频道，防盗器控制单元与发动机控制单元匹配。

21 频道，匹配钥匙。

11 输入密码(登录)。

1)连接 V.A.G 1552 故障阅读仪，选择防盗器电子系统

①在蓄电池电压大于 11 V，点火开关打开的情况下，打开车内变速器杆前自诊断插口盖，将 V.A.G 1552 故障阅读仪的插头与车内自诊断插口连接，如图 15-8 所示。

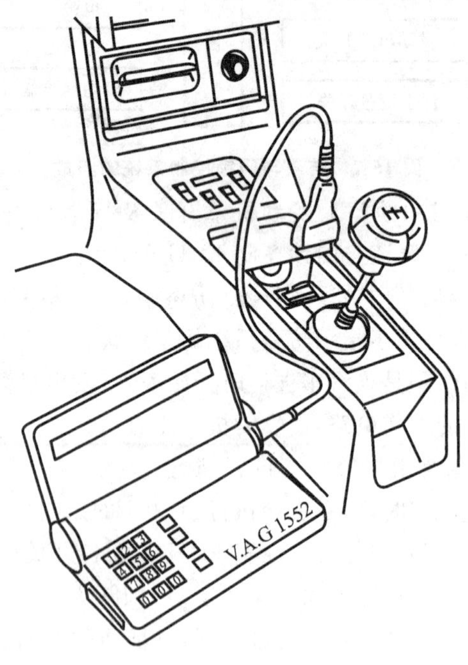

图 15-8　连接 V.A.G 1552 故障阅读仪

此时显示器将显示：

Test of vehicle system　HELP Insert address word　××	车辆系统测试　帮助 输入地址词　××

②输入防盗器地址指令25，显示器上将显示：

Test of vehicle system Q 25-Immobiliser	车辆系统测试 确认 25-防盗器

③按“Q”键确认，大约5 s后，显示器将显示：

330 953 253 IMMO VWZ6Z0T0456789 V01 → Coding 00000 WSC 01205

显示器内容说明如下：330 953 253为防盗器控制单元零件号；IMMO为电子防盗系统缩写；VWZ6Z0T0456789为防盗器控制单元14位数编号；V01为防盗器控制单元软件版本；Coding 00000为编码号；WSC 01205为维修站代码（修理电子防盗器使用V.A.G 1552故障阅读仪时，必须先输入维修站代码）。

④按“→”键，显示器上将显示：

Test of vehicle systems HELP Select function ××	车辆系统测试 帮助 选择功能 ××

2）查询故障

①当需要查询防盗器故障时，输入“02查询故障”功能，按“Q”键确认，此时显示器将显示：

X Faults recognized →	*X*个故障发现 →

②按“→”键，可以逐个显示故障代码和故障内容，直到全部故障显示完毕为止。如果没有故障，显示器将显示：

No faults recognized →	没有故障发现 →

③按“→”键，退回功能主菜单，显示器将显示：

Test of vehicle system HELP Select function ××	车辆系统测试 帮助 选择功能 ××

在查询故障时，应注意：所有存在的故障或偶然故障都储存在故障记忆中；识别一个存在的故障至少需要2 s；如果一个故障目前已不存在，作为偶然故障出现时，在显示器右下角将出现“/SP”；50次驱动循环后，偶然故障将被自动清除。防盗器故障表如表15-1所示。

表15-1 防盗器故障表

V.A.G 1552屏幕显示	故障的原因	产生的后果	故障的排除
65535 Control unit defective 控制单元损坏	◆控制单元J362损坏	◆发动机不能启动，警告灯亮	—更换控制单元

续表

V.A.G 1552 屏幕显示	故障的原因	产生的后果	故障的排除
00750 Fault lamp 警告灯故障 ◆对地短路/开路 ◆对正极短路	◆线路损坏 ◆线路开路 ◆警告灯 K117 损坏 ◆线路损坏	◆警告灯亮 ◆警告灯不亮 ◆警告灯不亮 ◆警告灯不亮	—修理线路损坏 —修理线路开路 —更换警告灯 —修理线路损坏
01128 Reader coil for immobiliser 防盗器读识线圈	◆读识线圈 D2 损坏 ◆线路开路 ◆短路	◆发动机不能启动，警告灯亮	—更换读识线圈 —修理线路开路 —修理线路损坏
01176 Key 钥匙 ◆Signal too weak 信号太弱 ◆Not authorised 非法钥匙	◆转发器损坏 ◆钥匙不匹配 ◆读识线圈 D2 损坏	◆发动机不能启动，警告灯亮	—配制新钥匙 —完成汽车所有钥匙匹配程序 —更换读识线圈
01177 ◆Engine control unit not adapted 发动机控制单元没有匹配	◆更换发动机控制单元 ◆发动机控制单元与防盗器控制单元连接线开路或短路	◆发动机不能启动，警告灯亮 ◆发动机不能启动，警告灯不亮	—完成发动机控制单元与防盗器控制单元匹配程序 —检修发动机控制单元与防盗器控制单元连接线
01179 ◆Key programming incorrect 配钥匙程序错误	◆钥匙不匹配	◆警告灯快速闪烁（每秒 2 次）	—查询故障 —清除故障存储 —完成汽车所有钥匙匹配程序

3）清除故障存储

清除故障存储这一功能用于在查询故障后，清除防盗器控制单元的故障存储。输入“05 清除故障存储”功能，按“Q”键确认，此时显示器将显示：

Test of vehicle systems →
Fault memory is erased

车辆系统测试 →
故障存储已被清除

4）结束输出

输入“06 结束输出”功能，按“Q”键确认，此时显示器将显示：

Test of vehicle systems HELP Enter address word ××	车辆系统测试 帮助 输入地址词 ××

完成这一功能后，V.A.G 1552 故障阅读仪将退出防盗器自诊断程序。

5）读测量数据块

①输入“08 读测量数据块”功能，按“Q”键确认，此时显示器将显示：

Read measuring value block HELP Enter display group number ××	读测量数据块 帮助 输入显示组号 ××

②输入显示组号 22，按“Q”键确认，此时显示器将显示：

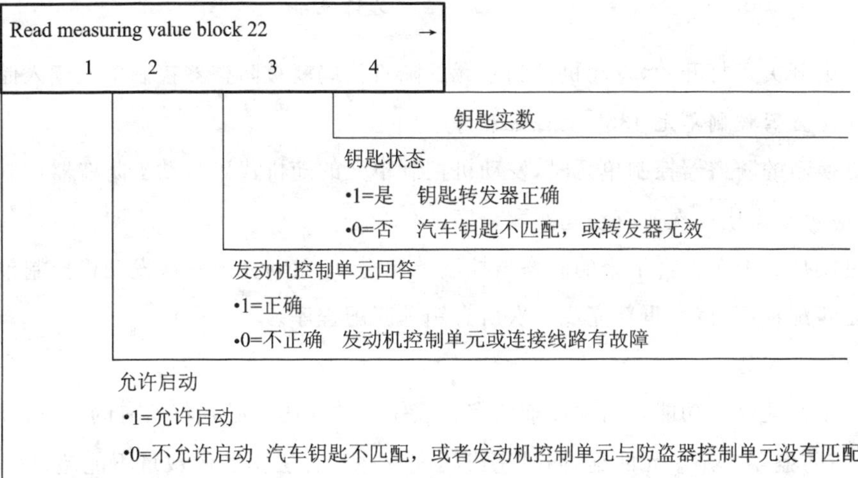

6）匹配

更换发动机控制单元后，必须重新与防盗器控制单元进行匹配，完成此项工作必须使用一把合法的汽车钥匙。

①连接 V. A. G 1552 故障阅读仪，打开点火开关，输入防盗器地址指令 25，并按“Q”键确认。

②按“ →”键，显示器将显示：

Test of vehicle systems HELP Select function ××	车辆系统测试 帮助 选择功能 ××

③输入“10 匹配”功能，此时显示器将显示：

Test of vehicle systems Q 10-Adaptation	车辆系统测试 确认 10-匹配

④按“Q”键确认，此时显示器将显示：

Adaptation Feed in channel number ××	匹配 输入频道号 ××

⑤输入“00 频道”号，按“Q”键确认，此时显示器将显示：

Adaptation　　　　Q Erase learned Values?	匹配　　　　确认 清除已知数值?

⑥按"Q"键确认,此时显示器将显示:

Adaptation　　　　→ Learned values have been erased	匹配　　　　→ 已知数值已被清除

⑦按"→"键,完成匹配程序,退回功能主菜单,此时显示器将显示:

Test of vehicle systems　　　　HELP Select function　××	车辆系统测试　　　　帮助 选择功能　××

此时点火开关是打开的,发动机控制单元的随机代码就被防盗器控制单元读入储存起来。

7)更换防盗器控制单元 J362 的匹配程序

①当更换新的防盗器控制单元时,发动机控制单元的随机代码自动被防盗器控制单元读入储存起来,应重新完成一次所有钥匙匹配程序。

②当更换从其他车上拆下来的防盗器控制单元时,应重新完成一次发动机控制单元与防盗器控制单元匹配程序,然后重新完成一次所有钥匙匹配程序。

8)匹配汽车钥匙

匹配汽车钥匙这一功能是清除以前所有合法钥匙的代码。必须将所有的汽车钥匙(包括新配的钥匙)与防盗器控制单元匹配,同时完成匹配程序。合法钥匙的数量不能超过 8 把。如果遗失了 1 把合法钥匙,为了安全起见,必须将其他所有合法钥匙重新进行匹配,这样能使丢失在外的钥匙变为非法钥匙,不能启动发动机。匹配钥匙必须先输入密码,从用户保存的一块涂黑的密码牌上刮去涂黑层即可看见 4 位数密码。

①连接 V.A.G 1552 故障阅读仪,打开点火开关,输入防盗器地址指令 25 ,按"Q"键确认。

②按"→"键,此时显示器将显示:

Test of vehicle systems　　　　HELP Select function　××	车辆系统测试　　　　帮助 选择功能　××

③输入"11 输入密码"功能,显示器将显示:

Test of vehicle systems　　　　Q 11-Login procedure	车辆系统测试　　　　确认 11-输入密码

④按"Q"键确认,此时显示器将显示:

Login procedure Enter code number　××××	输入密码 输入密码号　××××

⑤输入密码号,在四位数密码前加一个"0",如"01234",此时显示器将显示:

Login procedure　　　　　Q	输入密码　　　　　确认
Enter code number 01234	输入密码号　01234

⑥按“Q”键确认，此时显示器将显示：

Test of vehicle systems　　　HELP	车辆系统测试　　　　帮助
Select function　××	选择功能　××

如果显示器显示：

Function is unknown or　　　→	功能不清楚或此刻不能执行　→
cannot be carried out at moment	

表明密码号输错，必须重新输入密码。如果连续两次输入错误，第三次输入密码前，必须输入“06 结束输出”，退出防盗器自诊断程序，打开点火开关等 30 min 以后才能重新输入密码。

⑦输入“10 匹配”功能，按“Q”键确认，此时显示器将显示：

Adaptation	匹配
Feed in channel number　××	输入频道号　××

⑧输入“21 频道”号，按“Q”键确认，显示器将显示：

Channel 21 Adaptation 2　　→	频道 21　匹配 2　　　→
<—1　3—>	<—1　3—>

输入汽车钥匙数。汽车钥匙数根据需要可以输入 0～8，可以按数字键直接输入钥匙数，也可以用数字键“1”和“3”，按“1”键为减少 1 把钥匙数，按“3”键为增加 1 把钥匙数，直到显示器右上角的数字符合需要的钥匙数为止。如果输入“0”，表示全部钥匙都变为非法钥匙，不能启动发动机。

⑨按“→”键，显示器将显示：

Channel 21 Adaptation 2　　→	频道 21　匹配 2　　　→
Enter adaptation value　××××	输入匹配钥匙数　××××

⑩按“0”键 4 次，再输入匹配钥匙数，例如匹配 3 把钥匙，输入“00003”，此时显示器将显示：

Channel 21 Adaptation 2　　Q	频道 21　匹配 2　　　确认
Enter adaptation value 00003	输入匹配钥匙数 00003

⑪按“Q”键确认，显示器将显示：

Channel 21 Adaptation 3　　Q	频道 21　匹配 3　　　确认
<—1　3—>	<—1　3—>

⑫按“Q”键确认，显示器将显示：

Channel 21 Adaptation 3　　Q Store changed value?	频道 21　匹配 3　　确认 是否要储存改正的钥匙数？

⑬按“Q”键确认，此时显示器将显示：

Channel 21 Adaptation 3　　→ Changed value is stored	频道 21　匹配 3　　→ 改正的钥匙数已储存

⑭按“→”键。

⑮输入“06 结束输出”，在汽车点火开关上的这把钥匙匹配完毕。

⑯关闭点火开关，拔出汽车钥匙，然后插入下一把钥匙，打开点火开关。

⑰重复上述操作，直到把所有的钥匙都匹配完毕为止。

在进行匹配汽车钥匙程序中，应注意以下几点。

a. 匹配全部钥匙的操作不能超过 30 s，如果只是插入钥匙，而没有打开点火开关，那么这把钥匙匹配无效。

b. 如果系统在读钥匙的过程中发现错误，如将已匹配过的钥匙再次进行匹配等，警告灯将以每秒 2 次的频率闪亮，读钥匙过程自动中断。

c. 每次匹配钥匙的过程顺利完成时，警告灯会点亮 2 s，然后熄灭 0.5 s，再亮 0.5 s，最后熄灭。

d. 在匹配钥匙完毕后，应选择“02 查询故障”，如果没有故障显示，则说明匹配钥匙已成功地完成。

e. 如果要匹配的钥匙中转发器是坏的，或者钥匙中没有转发器，显示器将显示：

Function is unknown or　　→ cannot be carried out at moment	功能不清楚或此刻不能执行　　→

9）获得密码的方法

如果 4 位数密码不清楚，或者密码牌丢失，可按以下步骤获得密码。

①连接 V.A.G 1552 故障阅读仪，打开点火开关，输入防盗器地址指令 25，按“Q”键确认，约 5 s 后，显示器将显示：

330 953 253 IMMO VWZ6Z0T0456789 V01　→ Coding 00000　　WSC01205

VWZ6Z0T0456789 为该车防盗器控制单元的 14 位数编号。

②维修站将读出的 14 位数防盗器控制单元编号电传到上海大众售后服务中心，然后由上海大众服务中心将查得的密码电传到维修站。

【任务实施】

问题 1　如何给汽车防盗系统解码？

问题 2　如何对汽车防盗系统进行故障诊断？

问题 3　按电路图和技术操作规程对防盗系统的元件进行检测，发现问题及时处理。

项目 16 汽车空调系统的故障诊断

【案例引入】

一辆大众轿车，进厂报修空调系统制冷不足，车辆在启动后初期感觉空调制冷正常，但行驶一段时间后，感觉车内越来越热，请对此车辆空调系统故障进行诊断和排除。

学习任务 1　空调系统的故障诊断基础

【任务导入】

结合汽车空调系统的组成与工作原理，分析汽车空调系统制冷不足故障发生的可能原因，拟订诊断的流程方案。

【知识准备】

一、汽车空调系统的组成

大众桑塔纳轿车空调系统由蒸发器、压缩机、冷凝器、储液干燥器、软管、加注阀等总成或零件组成。空调系统布置如图 16-1 所示。

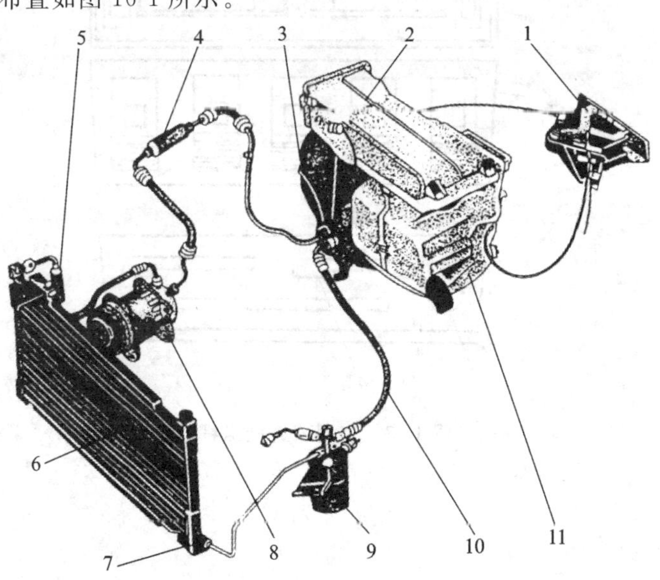

图 16-1　空调系统布置

1—控制装置；2—进气罩；3—蒸发器；4—S 管；5—D 管；6—冷凝器；7—C 管；8—空调压缩机；9—储液干燥器；10—L 管；11—加热器

空调系统工作原理如图 16-2 所示。由蒸发器出来的低温、低压制冷剂 HCF-134a 气体，经低压软管、低压阀进入压缩机，变成高温、高压的制冷剂气体，由高压阀出来经过高压管进入冷凝器，并把热量排出车外，被冷却为高温、高压的液态 R134a，从冷凝器底部流向储液干燥器，经过滤、脱水后由高压管送至膨胀阀，经膨胀阀的高压液态制冷剂减压后，成为低温、低压的雾状物进入蒸发器，通过蒸发器芯管吸收周围空气中的热量而变为气体，冷却后的空气即冷气，经风扇被强制送回车内，完成了降温的目的。低温、低压的气态制冷剂，经低压软管回到压缩机，开始新一轮的工作循环。

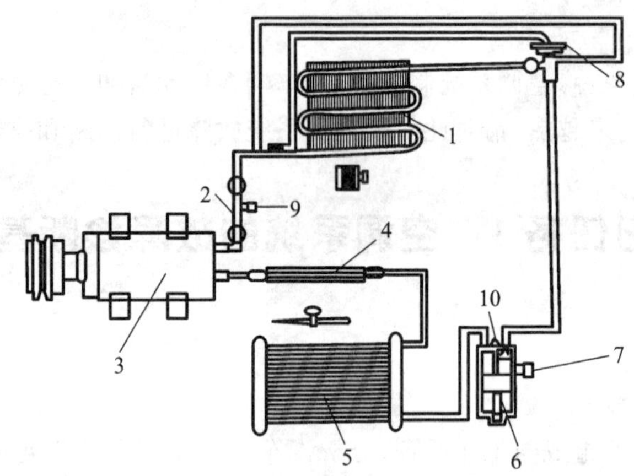

图 16-2　空调系统工作原理

1—蒸发器；2—低压软管；3—压缩机；4—高压软管；5—冷凝器；
6—储液干燥器；7—高压阀；8—膨胀阀；9—低压阀；10—压力开关

空调系统操纵杆和空调系统出风口布置如图 16-3 和图 16-4 所示。

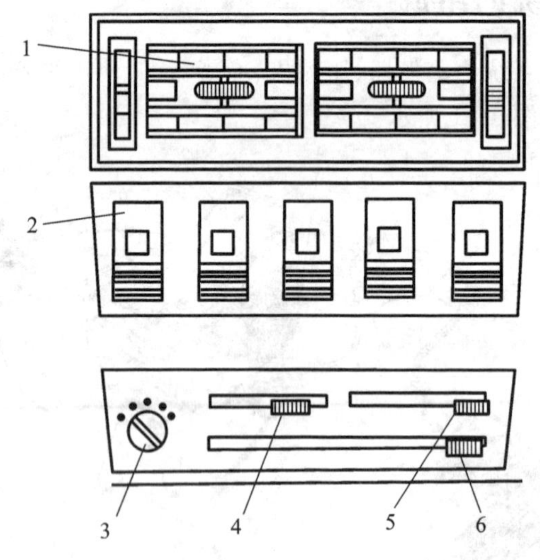

图 16-3　空调系统操纵杆

1—中央出风口；2—空调控制开关；3—自然风鼓风机开关；
4、5—气流分布拨杆；6—温度选择拨杆

1. 压缩机

大众桑塔纳系列轿车空调系统的制冷剂为 R134a，这种制冷剂具有高渗透性，压缩机为 SE-5H14 型。该压缩机是在 SD-508 压缩机的基础上根据制冷剂的要求进行局部改动而成，主要改动有：

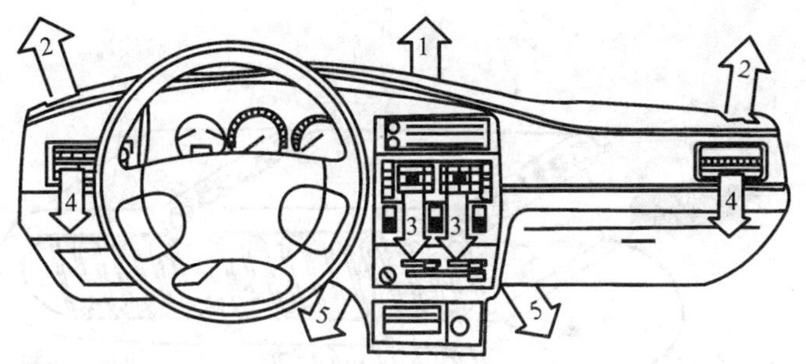

图 16-4 空调系统出风口布置

(1)冷冻机油由原 5GS 矿物油改为 SW-100 酯类合成油；

(2)轴封由原来的机械密封式改为双唇口径向密封式；

(3)有关零件提高了强度或改变了材料。为提高密封性能，其中的橡胶密封件材料由 NBR/FKM 改为氢化丁腈橡胶。

SE-5H14 型压缩机属于摇摆斜盘式压缩机，其工作原理如图 16-5 所示。当主轴旋转时，摇板做轴向往复摇摆，从而带动压缩机的活塞做轴向往复运动。压缩机采用电磁离合器式压缩机，当接通电源时，电磁离合器线圈中的电流在离合器片与固定框之间产生一磁场，离合器的磁铁吸向转子，电磁离合器带轮将从发动机上得到的动力传给压缩机轴，带动压缩机工作。当切断电源时，磁场消失，离合器分离，带轮空转。

这种压缩机吸、排气压力及工作转矩的波动小，平均功耗低，工作变化平稳，且不会结霜。

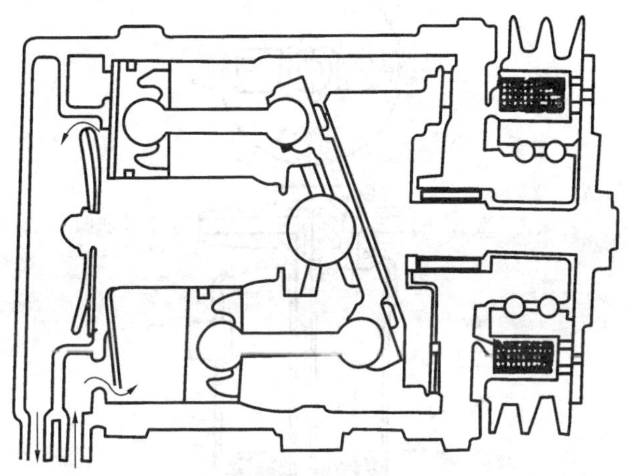

图 16-5 摇摆斜盘式压缩机工作原理

2. 冷凝器

冷凝器的作用是把来自压缩机的高温制冷剂气体冷凝成高压液体，并把吸收的热量释放到车外环境中去。由于使用 HFC-134a 制冷剂后，系统压力升高，为提高冷凝效果，已将桑塔纳 LX 型采用的管片式冷凝器改为传热效果更好的全铝管带式平流冷凝器，如图 16-6 所示。

3. 蒸发器

蒸发器安装在副驾驶员一侧杂物箱下方，采用风冷全铝板带式结构，它的功能是：将经节流阀流入的制冷剂液体蒸发成气体，吸收车内热空气的热量，从而达到降温的目的。蒸发器上插有感温开关的毛细管。由于采用 HFC-134a 制冷剂，引起冷凝压力和温度上升，制冷效率下降。为此，桑塔纳 2000 系列轿车将蒸发器的扁管加宽，翅片间距减小，从而增大了热交换面积，改善

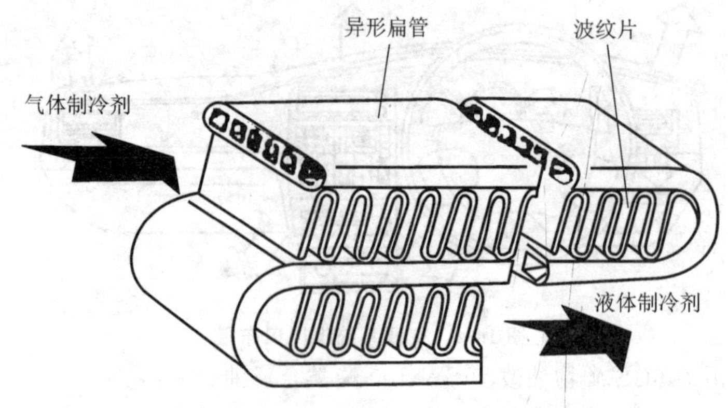

图 16-6　全铝管带式平流冷凝器结构图

了换热性能。

4. 储液干燥器

储液干燥器安装在发动机左前方纵梁上，它由过滤器、窥视玻璃孔、组合开关及引出管等组成，如图 16-7 所示。它的主要功能有储存制冷剂、吸收制冷剂中的水分及过滤异物、高低压保护等。

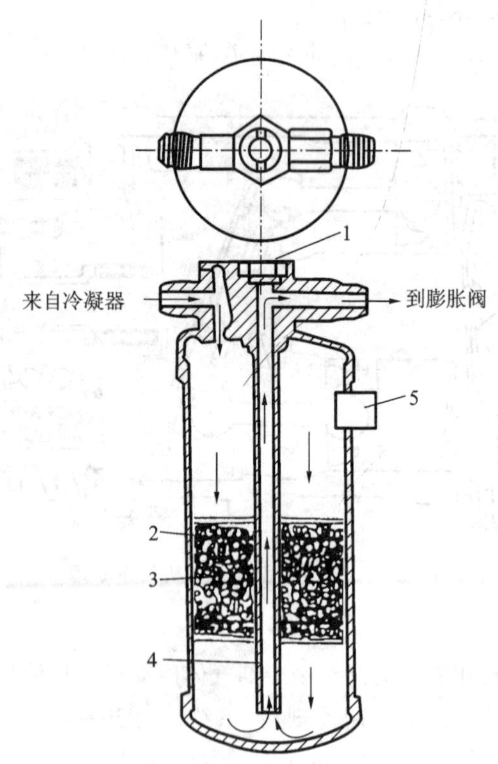

图 16-7　储液干燥器结构

1—窥视玻璃孔；2—过滤器；3—干燥剂；4—引出管；5—组合开关

由于 HFC-134a 与水的亲合力强，脱水困难，故干燥剂由原来的 XH-4A-5 改为 XH-7，干燥剂用量增加，为提高罐体的抗腐蚀能力，其材料由铁改为铝。储液干燥器主要规格如表 16-1 所示。

表 16-1 储液干燥器主要规格

配套车型	桑塔纳 2000	配套车型	桑塔纳 2000
容量/mL	500	开关值（表压/MPa）	高压开关 3.14±0.20
干燥剂型号(分子筛)	XH-7		中压开关 1.77±0.10
干燥剂重量/g	50		低压开关 0.196±0.10
平衡吸水量/g	3	气门芯	快速连接
易熔塞击穿温度/℃	103～110.5	适用制冷剂	R134a
压力开关名称	高、中、低三位一体压力开关		

储液干燥器要直立安装，倾斜度不要大于 15°，否则，液态与气态制冷剂将不能完全分离。在空调系统的安装和维修过程中，干燥器必须最后安装到系统中，防止空气进入干燥器。

5. 膨胀阀

膨胀阀的主要功能是：把高温、高压的液态制冷剂节流降压，转化为低压、低温的雾状物，送入蒸发器，并控制向蒸发器的供液量，防止过多的液体引起阻滞现象。

桑塔纳 2000 系列轿车采用 H 形膨胀阀，如图 16-8 所示，主要由阀体、感温元件、调节杆、弹簧、球阀等组成。与桑塔纳 LX 型所采用的 F 形膨胀阀相比，由于 H 形膨胀阀的感温元件直接安装在阀体内，因而调节灵敏度和制冷效率更高。

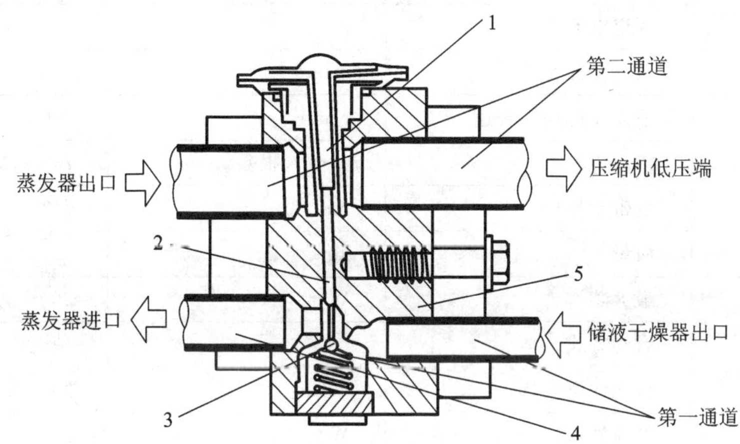

图 16-8 H 形膨胀阀结构示意图

1—感温元件；2—调节杆；3—球阀；4—弹簧；5—阀体

二、结构参数和技术性能参数

桑塔纳 2000 系列轿车空调系统技术性能及参数如表 16-2 所示。

表 16-2 桑塔纳 2000 系列轿车空调系统技术性能及参数

项目		单位	参数
整体性能	制冷量	W	3997
	制热量	W	7000～8000
	风量(干)	m^3/h	420

续表

项　目		单　位	参　数
压缩机	型号		SE-5H14
	形式		摇摆斜盘式
	缸径	mm	ϕ35
	行程	mm	28.6
	缸数		5
	每转排量	cm^3	138
	最大允许转速	r/min	7000
	制冷剂		HFC-134a
	润滑油		Castrol SW-100
	润滑油量	cm^3	135
	质量	kg	5
	功率消耗	kW	2.7
离合器部分	额定电压	V	12DC
	脱离转矩	N·m	29.5
	最小啮合电压	V	7.5DC
	额定电流	A	2.5～3.0
	最大允许转速	r/min	7000
	最大允许连续转速	r/min	6000
	传动带	型号×根数	A×1,M×1
	皮带轮外径	mm	ϕ130
	质量	kg	2.4
散热器风扇	最大功率	W	200
	启动方式		满电压直接启动
	抗无线电干扰	MHz	20～150
	高速挡风扇功率	W	150
	低速挡风扇功率	W	95
	车上主动风扇高速挡电流	A	6～7
	车上主动风扇低速挡电流	A	3～4
	主动风扇带动从动风扇后 高速挡电流 低速挡电流	 A A	 8～10 4～6

三、暖风装置

汽车暖风装置是用来为车厢内取暖及风窗除霜的，它是汽车空调的组成部分。桑塔纳轿车采用水暖式暖风机，包括暖风水箱(散热器)、鼓风机及外壳。它与制冷气的蒸发器组成一体，与冷风共用鼓风机及壳体。暖风水箱的进水管上设置调节水阀，以实现热水从发动机分流到暖风水箱，并可调节水流量的大小。

桑塔纳轿车的采暖量可通过改变水阀的开度来调节，也可通过改变风机转速来调节，水阀的开度通过绳索由操纵板控制。

除前风窗的热风除霜口外，在左右两侧还有侧窗除霜口，以提高行车安全性。

1. 水暖式暖气装置

以发动机冷却循环水的余热作为热源，并引入热交换器，由鼓风机将车厢内部空气或外部空气，吹过热交换器而使其升温。水暖式暖气装置如图 16-9 所示。

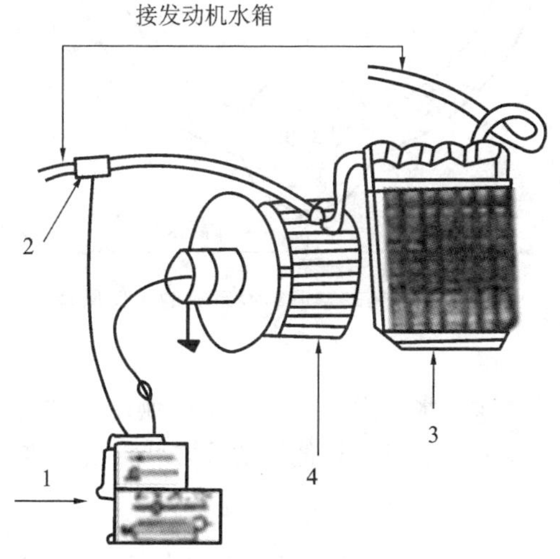

图 16-9 水暖式暖气装置

1—控制板；2—暖气循环水控制开关；3—暖气水箱；4—暖气鼓风机

这种暖气装置结构简单、耗能少、成本低、操作维修方便，因此在轿车和小型车辆上广泛采用。该暖气装置可使车室内外温差达 35～40 ℃。

2. 内外混合循环式暖气装置

内外混合循环式暖气装置以内部旧空气和外部新空气的混合体为载热体，通过热交换器加热，向车室内供暖。

外部空气吸入口吸进新鲜空气，内部空气吸入口吸入内部空气，内、外部空气在混合室混合后，由风机送入热交换器空气侧，热交换器空气侧由温水提供热源，混合气体加热后被送往前座脚下，通过后座导管，暖气由管道供给后座席取暖，通过接管输送到前窗除雾。

四、汽车空调系统的工作原理

汽车空调制冷系统的工作原理如图 16-10 所示。

1. 压缩过程

制冷剂 R134a 在蒸发器中吸收车内热量而汽化为低压、低温的制冷剂蒸汽，然后被吸入空调压缩机。

2. 放热过程

压缩机在发动机的驱动下旋转，将制冷剂 R134a 蒸汽压缩成高压、高温的气体送入冷凝器；制冷剂被环境空气冷却，在冷凝器中放出热量后，由气态冷凝成液态。

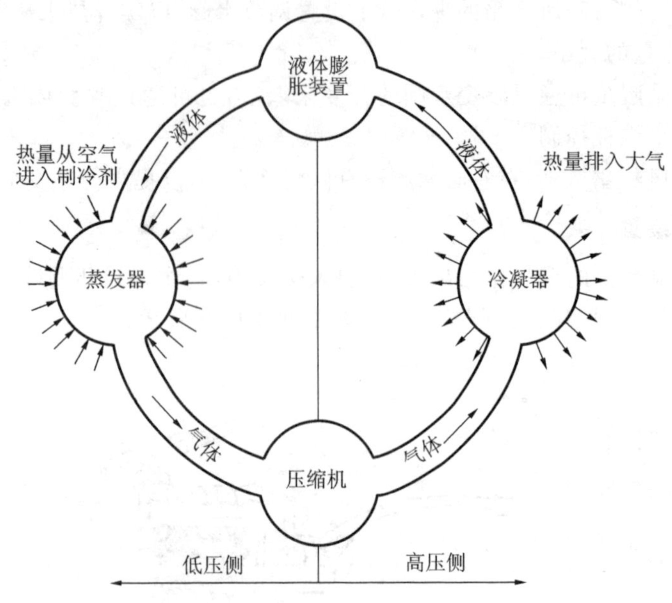

图 16-10　汽车空调制冷系统的工作原理

3. 节流过程

液态制冷剂经储液器过滤除去水分后，高温、高压的制冷剂通过节流装置（膨胀阀或孔管）的节流、减压作用，体积突然变大，成为低温、低压的液雾状混合物进入蒸发器。

4. 吸热过程

低温、低压的制冷剂在蒸发器内吸收周围空气中的大量热量，由液态变成气态，又被吸入压缩机，开始下一个循环的工作。如此周而复始地循环，使车内温度降低。

五、汽车空调系统的故障诊断方法

1. 人工经验检测法

空调系统的人工经验检测法是利用听（主要听机械运转的声音）、看（查看各部件的表面情况）、摸（用手触摸零件的温度）、测（借助压力表测量系统高、低压侧压力值）等方法进行系统检测，并分析故障原因，最终确定故障部位。

1）听

听有两方面的含义：一是听取驾驶员对故障形成原因的说明，二是监听空调系统有无异响。如：倾听电磁离合器，若有刺耳噪声，则可能是电磁线圈吸力不足导致电磁离合器打滑而产生噪声，也可能是离合器片因磨损间隙过大打滑而产生噪声；倾听压缩机，若有液击声，则可能是系统制冷剂过多或膨胀阀开度过大，导致制冷剂在未被完全汽化的情况下吸入压缩机。当接通空调开关，压缩机开始工作时，发动机声音稍微增大，可视为正常。

2）看

①观察仪表盘上的压力指示灯、水温指示灯、油压指示灯等的工作状况。

②观察压缩机安装是否牢固、驱动皮带是否歪斜或过松，用两个手指压皮带中间部位，能压下 7～10 mm 为正常。

③检查冷凝器、蒸发器表面是否脏污、变形。

④检查制冷系统管路、接头及组件表面有无油迹、渗漏。

⑤通过储液干燥器观察窗口查看制冷剂是否适量。

3)摸

开启空调开关,使压缩机运转 15～20 min,在触摸系统高压区域时,应特别小心,避免烫伤。

①利用手感比较车厢冷气栅格吹出的冷风凉度及风量大小。

②用手触摸压缩机的进、排气管,两者应有明显的温差。前者发凉,后者发烫。

③利用手感比较冷凝器的进管和出管温度,后者低于前者为正常,且冷凝器上部温度应比下部温度高;若两者温度相差不大,甚至相同,则说明冷凝器有故障。

④用手触摸储液干燥器前后管道,两者温度一致为正常,否则说明干燥过滤器堵塞。

⑤膨胀阀前面的管道与出口应有很大的温差,否则说明膨胀阀有故障。

4)测

通过看、听、摸这些过程,只能发现不正常的现象,对于一些较为复杂的故障,还要借助于仪器进行检测。

①用检漏仪检查系统有无泄漏。

②用万用表检查电气控制系统。

③用温度计检查冷凝器、蒸发器、储液干燥器。正常情况下,冷凝器的入口温度为 70 ℃,出口温度为 50 ℃左右;蒸发器表面温度在不结霜的情况下越低越好;储液干燥器的温度为 50 ℃左右,若其上下温度不一致,则说明干燥器堵塞。

④用压力表组检测高低压侧的压力值。

2. 空调系统自诊断

汽车自动空调系统具有自诊断功能,不同车系的自动空调系统,其自诊断检查操作及故障码的读取方式也不相同。

1)宝来轿车故障代码的读取

宝来轿车自动空调系统利用故障检测仪 V.A.G 1551 进行系统检测和读取故障码,方法如下。

①连接故障检测仪 V.A.G 1551,按“1”键显示输入地址码。

②按“0”和“8”键,输入地址码,进入“空调/暖风系统”,并按“→”键直至显示“功能选择”。

③按“0”和“2”键,选择功能“查询故障存储器”。

④按“Q”键确认。然后按“→”键,直至显示最后一个故障代码。

宝来轿车故障代码及故障原因如表 16-3 所示。

表 16-3 宝来轿车故障代码及故障原因

故障代码	故障原因
0000	无故障
00281 车速传感器 G68	发动机控制单元到空调控制单元的线路断路、短路或连接器故障,速度传感器 G68 故障
00532 供电电压	电压调节器故障,空调控制单元 J255 导线或连接器故障
00538 参考电压	导线断路、短路或连接器故障、控制单元 J255 连接器 T166 的端子 8 到步进电机的导线短路或断路,电位计 G92 或 G112、G115、G114 故障

续表

故障代码	故障原因
00603　脚窝/除霜翻板位置电机 V85	电机 V85 导线或连接器短路或断路,V85 锁死或损坏
00779　环境温度传感器 G17	导线或连接器对正极短路、断路,导线或连接器对地短路、断路,G17 损坏
00787　新鲜空气进气温度传感器 G89	· 导线或连接器对正极短路、断路,导线或连接器对地短路、断路,G89 损坏
00792　空调压力开关 F129	导线或连接器短路、断路,制冷剂管路故障,发动机冷却不良
00797　阳光照度传感器 G107	导线断路或对正极短路,导线或连接器对地短路,G107 损坏
01206　临时故障信号	导线或连接器短路、断路,空调控制单元损坏,组合仪表损坏
01271　温度翻板位置电机 V68	导线或连接器短路、断路,电机 V68 安装后未进行基本设定,V68 卡死或损坏
01272　中央翻板位置电机 V70	导线或连接器短路、断路,V70 卡死或损坏
01273　鼓风机 V2 或鼓风机控制单元 J126	鼓风机线路或连接器短路、断路,鼓风机或鼓风机控制单元损坏
01274　空气翻板位置电机 V71	导线或连接器短路、断路,V71 卡死或损坏
01296　中央通风温度传感器 G191	没有安装中央通风温度传感器 G191,控制单元 J255 编码错误
01297　脚窝通风温度传感器 G192	导线或连接器对正极短路、断路,导线或连接器对地短路,G192 损坏
65535　空调控制单元	导线或连接器故障,空调控制单元损坏

2)丰田凌志 LS400 轿车自动空调系统故障代码的读取

丰田凌志 LS400 轿车自动空调系统具有故障自诊断功能,诊断操作可直接在空调控制器按钮上进行,其故障代码可从温度显示屏上读取。

①将点火开关置于“ON”,同时按下“AUTO”键和“REC”键,检查指示灯在 2 s 内是否连续亮灭 4 次,且蜂鸣器发出声音。指示灯检查结束后,自动进入故障代码检查。要取消检查模式时,按下“OFF”键即可。若要分步显示,可按下“Λ”键。每次按下“Λ”键,显示器就变化一次,故障代码按从小到大的顺序显示。

②故障代码显示时,如果蜂鸣器发出声音,则表明是当前故障,否则为历史故障代码。

③环境温度为−30 ℃或更低时,即使系统正常,故障代码也可能被输出。

④如果检查是在黑暗的地方进行,可能显示故障代码“21”。因此,应在日光传感器上点亮一盏灯进行故障代码检查。如果故障代码“21”仍然显示,则说明日光传感器电路有故障。

⑤压缩机不工作(故障代码“22”)仅作为当前故障被显示,可按下列步骤确定故障代码:在发动机工作的同时,进入故障代码检查模式;按下“REC”键进入驱动器检查模式;按下“AUTO”键返回故障代码检查模式,约 3 s 后显示故障代码。

丰田凌志LS400轿车空调系统的故障代码及故障部位如表16-4所示。

表16-4 丰田凌志LS400轿车空调系统的故障代码及故障部位

故障代码	故障内容	故障部位
00	正常	
11	车内温度传感器线路断路或短路	车内温度传感器或线束
12	车外温度传感器线路断路或短路	车外温度传感器或线束
13	蒸发器温度传感器线路断路或短路	蒸发器温度传感器或线束
14	水温传感器线路断路或短路	水温传感器或线束或连接器
21	日光传感器线路断路或短路	日光传感器或线束或连接器
22	①压缩机故障 ②压缩机锁止传感器线路或短路	伺服电动机电位计或线束或连接器
31	空气混合伺服电动机电位计线路断路或短路	伺服电动机电位计或线束或连接器
32	进风控制伺服电动机电位计线路断路或短路	伺服电动机电位计或线束或连接器
33	①空气混合伺服电动机锁止 ②电动机线路断路或短路	伺服电动机或线束或连接器
34	①进风控制伺服电动机锁止 ②电动机线路断路或短路	伺服电动机或线束或连接器

【任务实施】

问题1 在汽车空调系统中,压缩机的功能是__________,膨胀阀的功能是__________,膨胀阀出现故障的故障表现有__________、__________、__________等。

问题2 描述实训故障车辆的空调制冷情况,故障现象为__________。

学习任务2 空调系统的性能测试

【任务导入】

空调系统检修完成之后,应进行性能试验,以检查制冷系统的制冷性能是否恢复、故障是否排除。

【知识准备】

一、检查制冷剂的量

制冷剂的量及工作状态可利用储液干燥器玻璃观察窗口来进行检查。检查前,关闭所有车门,温度控制开关在最冷(COOL)位置,鼓风机控制开关在最高(HI)位置,进气控制开关在内循环(REC)位置,打开空调(A/C)开关,发动机在1500 r/min的转速下运转。储液干燥器观察窗口迹象如图 16-11 所示。

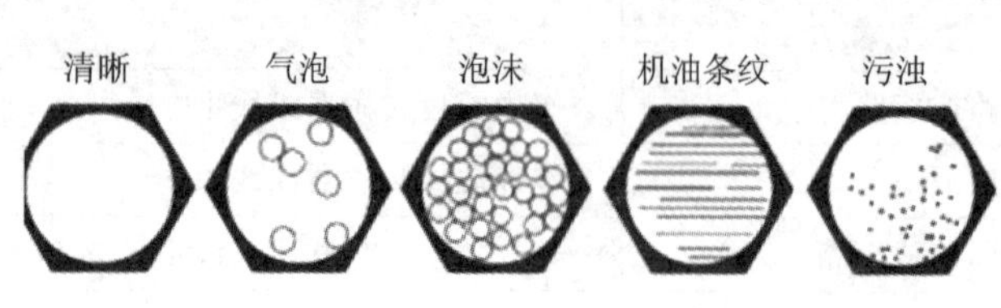

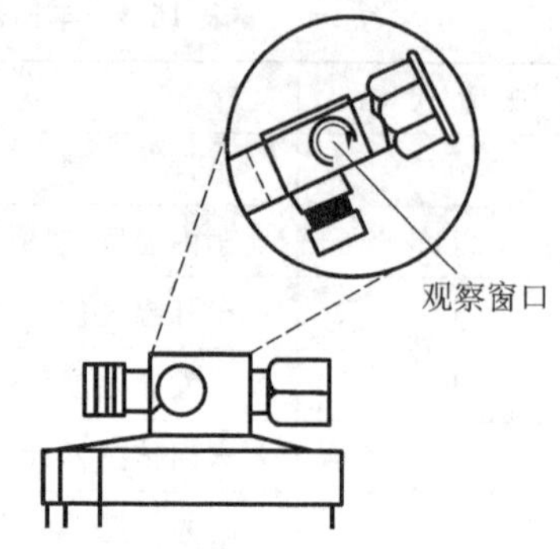

图 16-11　储液干燥器观察窗口迹象

(1)清晰、无气泡。交替开、关空调,若开、关的瞬间制冷剂出现泡沫,然后变澄清,则说明制冷剂适量;交替开、关空调,若观察不到任何现象,且出风口不冷,压缩机进、出口没有温度差,则说明制冷剂漏光;若出风口冷度不够,而且关闭压缩机后无气泡、无流动现象,则说明制冷剂过多。

(2)如果有气泡且气泡不断流过,则说明制冷剂不足;如果泡沫很多,则可能有空气。

(3)若偶尔出现气泡,且时而伴随有膨胀阀结霜,则说明系统中有水分;若无膨胀阀结霜现象,则可能是制冷剂略少或有空气。

(4)若有长串油纹,观察窗口也有条纹状的油渍,则说明润滑油过多。

二、空调系统检漏

1. 试漏灯检漏

1)试漏灯的调整

①打开节气门,点燃气体,调节火焰,高度应在反应板上 12.7 mm 左右为宜。

②火焰高度应调整烧至铜反应板变成樱红色为止。

③降低火焰高度,使其在反应板上 6.35 mm 或与反应板平齐。

2)泄漏程度的判定

若有制冷剂出现,反应板上火焰的颜色就会发生变化,故可以根据火焰颜色来判定泄漏程度。

①火焰呈淡蓝色,表明无制冷剂泄漏。

②火焰边缘呈淡黄色,表明制冷剂有轻微泄露。

③火焰呈黄色,表明有少量泄漏。

④火焰由红紫色变成蓝色,表明制冷剂有大量泄漏。

⑤火焰呈紫色,表明制冷剂严重泄漏,其泄漏量过大时,可使火焰熄灭。

3)漏点的查找

移动导漏软管,使其开口依次放在各系统接头、密封件和控制装置下部,检查其密封性。断开和系统连接的真空软管,检查真空软管接口处有无制冷剂蒸汽出现。若发现漏点,应修复。

2. 电子检漏仪检漏

电子检漏仪示意图如图 16-12 所示。应遵照制造厂家有关规定进行检查。检查步骤如下。

(1)转动控制器敏感性旋钮至“OFF”或“ON”位置。

(2)接入电源,打开开关。如果不是电池供电,应有 5 min 的升温期。

(3)升温期结束后,将探头放置在疑点处,调整控制器和敏感性旋钮,直至检漏仪有新反应为止。移动探头，反应应当停止，若继续反应，则是敏感性调整得过高。

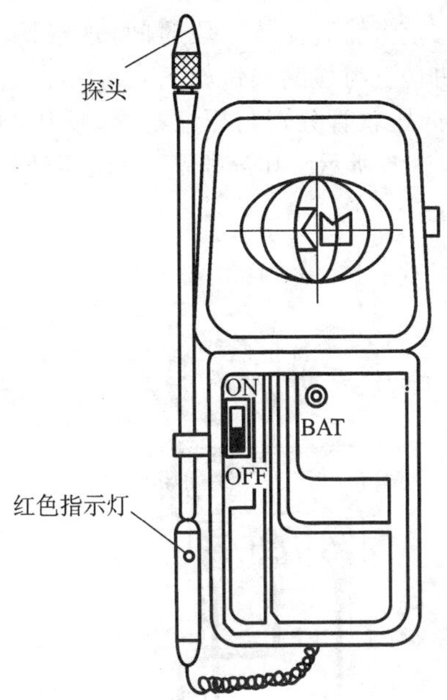

图 16-12 电子检漏仪示意图

(4)移动导漏软管，依次在各接头、密封件和控制装置处进行检查。

(5)断开和系统连接的真空软管，检查各真空软管接头处有无制冷剂蒸汽。

(6)如果发生漏点，检漏仪就会出现反应，发出警报。

(7)探头和制冷剂的接触时间不应过长，不要把制冷剂气流或严重泄漏的地方对准探头，否则会损坏探测仪敏感元件。

3. 皂泡检漏

有些漏点局部凹陷，试漏灯或电子检漏仪很难进入，要确定泄漏的确切位置，应用皂泡检漏。

(1)调好皂泡溶液(用肥皂粉加水即可)，溶液的浓度要黏稠到用刷子一抹就可形成气泡的程度。

(2)将全部接头或可疑区段抹上皂液，观察皂泡是否出现，皂泡形成处就是漏点所在。

4. 染料检漏

把黄色或红色的染料溶液引入空调系统，可以确定泄漏点和压力漏点，这就是染料检漏。染料能指出漏点的准确位置，在漏点周围有红色和黄色两种染料积存，并且不会影响系统的正常运行。有的制冷剂中含有染料。

1)准备工作

将压力表组接入系统，放掉系统中的制冷剂；拆下表座中间软管换接一根长 152 mm、两端带坡口螺母的铜管；铜管的另一端和染料容器相接，中间软管的一端也接在染料容器上，而另一端则和制冷剂罐接通。

2)使染料进入系统

启动发动机并怠速运转，调整控制器到最冷位置；缓缓地打开低压侧手阀，使染料进入系统，向系统充注制冷剂，应为实际量的一半。让发动机连续运行 15 min，然后关闭发动机和空调系统。

3)观察系统

观察软管和接头是否有染料溶液泄漏现象，如果发现漏点，应按要求修理。染料可以保留在系统内，对系统无害。

5. 真空检漏

真空检漏是对制冷系统抽真空，然后保持一段时间，观察检测系统中真空压力表的指针变化，判断空调系统有无泄漏。抽真空与检漏操作如下。

（1）将歧管压力表上的高、低压软管分别与压缩机高、低压阀的接口相连，将歧管压力表的中间软管与真空泵相连，如图 16-13 所示。压缩机高、低压阀处于微开位置，歧管压力表座上的手动高、低压阀处于闭合位置。

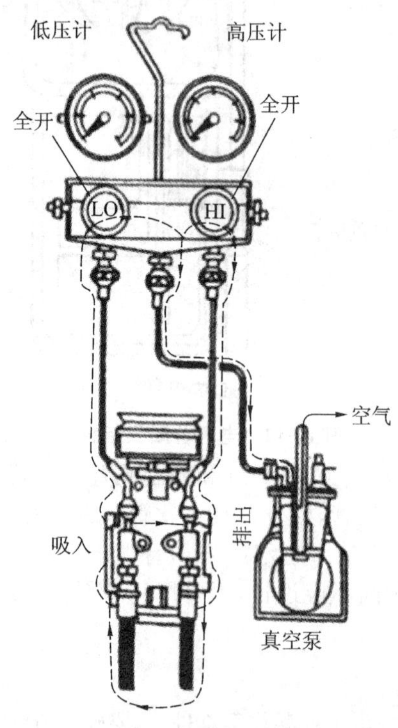

图 16-13　汽车空调制冷系统抽真空

（2）打开歧管压力表的手动高、低压阀，启动真空泵，观察压力表，将系统压力抽真空至98.70～99.99 kPa。

（3）关闭歧管压力表的手动高、低压阀，观察压力表指针指示的压力是否回升，若有回升说明系统泄漏，应进行检漏修复。若压力表指针保持不动，则打开手动高、低压阀，启动真空泵继续抽真空 15～30 min，使压力表指针稳定。

（4）关闭歧管压力表手动高、低压阀，然后关闭真空泵。

三、压缩机冷冻机油量的检查

通过压缩机上安装的玻璃镜，可以观察压缩机冷冻机油量。如果压缩冷冻机油油面达到视镜高度 80%的位置，一般认为是合适的。如果油面在此界限以上，应放出多余的机油；若油面在此界限之下，则应添加机油。

未装观察镜的压缩机，可用量油尺检查其油量，油面应在上、下限之间。这种压缩机有的只有一个油塞，油塞下面装有油尺，有的油塞没有油尺，需另外用专用油尺插入检查。

四、空调系统的性能试验

空调系统检修之后，应进行性能试验，以检查其制冷性能是否恢复、故障是否排除等。

1. 冷气系统性能检测程序

性能试验是为了检验冷气系统的效率，其试验程序如下。

(1)将车辆停放在阴凉处，关闭汽车所有门窗。

(2)将压力表组与压缩机上的高、低压检修阀或充、排气阀相连。

(3)启动发动机，使发动机转速维持在较高转速。

(4)将温度控制开关调整到最冷(COOL)位置，把冷气窗口全部打开。

(5)当车厢内温度为25～35 ℃时，压力表读数应为高压侧1.37～1.57 MPa，低压侧0.15～0.25 MPa。

(6)测量冷气出口处的温度，用干湿球温度计求相对湿度。

(7)观察玻璃窗口，进行分析判断。

2. 测试方法

1)用压力表组测试

把压力表组的高、低压两侧分别接在压缩机的检修阀或高、低压管路的充、排气阀上，发动机预热后，在下列特定条件下，从压力表组读取压力值(由于环境的影响，表上指示值可能有轻微的变化)：将开关设定在内循环状态，空气进口处温度为30～35 ℃，发动机在1500 r/min的转速下运转，鼓风机转速控制开关位于最高挡，温度控制开关处于最冷位置。R134a空调系统低压侧压力值应为0.15～0.25 MPa，高压侧压力值应为1.37～1.57 MPa。

①若高、低压侧的压力都偏低，从玻璃观察窗口看到有连续的气泡出现，高压管路微热，低压管路微冷，则可能是制冷剂不足或系统某些部位发生渗漏。

②若低压侧压力有时正常，有时指示真空，高压侧压力指示正常，有时稍高，间歇性制冷甚至不制冷，则可能是系统有水分，干燥剂吸湿能力达到饱和，膨胀阀(或孔管)处结冰，阻塞了制冷剂的流动，当冰融化后，系统又恢复到正常状态。

③若高压侧和低压侧压力都偏低，从储液干燥器到主机组的管路都结霜，制冷不足，则可能是储液干燥器堵塞，阻滞了制冷剂的流动。

④若低压侧压力指示真空，高压侧压力指示太低，膨胀阀或储液干燥器前后管路上有露水或结霜，不制冷或间歇制冷，则可能是系统中有水分或污物、膨胀阀感温包破裂导致阀门关闭，使制冷剂无法流动。

⑤若低压侧和高压侧压力均偏高，即使发动机转速快速升高或降低，通过观察窗口也见不到气泡，且制冷不足，则可能是系统中制冷剂过量、冷凝器散热不良。

⑥若高压侧和低压侧压力都过高，低压管路发热，在储液干燥器观察窗口中出现气泡，制冷效果差，则可能是抽真空不彻底，使系统中残存部分空气。

⑦若高压侧和低压侧压力都太高，低压侧管路结霜或有大量露水，且制冷不足，则可能是膨胀阀存在故障或感温包安装不正确。

⑧若低压侧压力过高，高压侧压力过低且无冷气吹出，则可能是压缩机磨损严重，阀门渗漏或损坏。

2)用玻璃温度计和干湿球温度计测试

高、低压值检测之后，再检测车厢内的降温效果。将干湿球温度计放在冷气系统进风口处，把玻璃棒温度计放在冷气的出口处。

①测量车厢内的相对空气湿度。测出制冷系统空气进口处(蒸发器进口)干湿球温度计的干球和湿球温度，利用湿空气曲线图(见图16-14)，求出在蒸发器进口处的空气相对湿度。例如，假设蒸发器进口处的干球温度和湿球温度分别为25 ℃和19.5 ℃，此时的相对湿度为60%。

②测量制冷系统进气口和排气口的温度差。读出制冷系统冷气出口处的玻璃棒温度计的

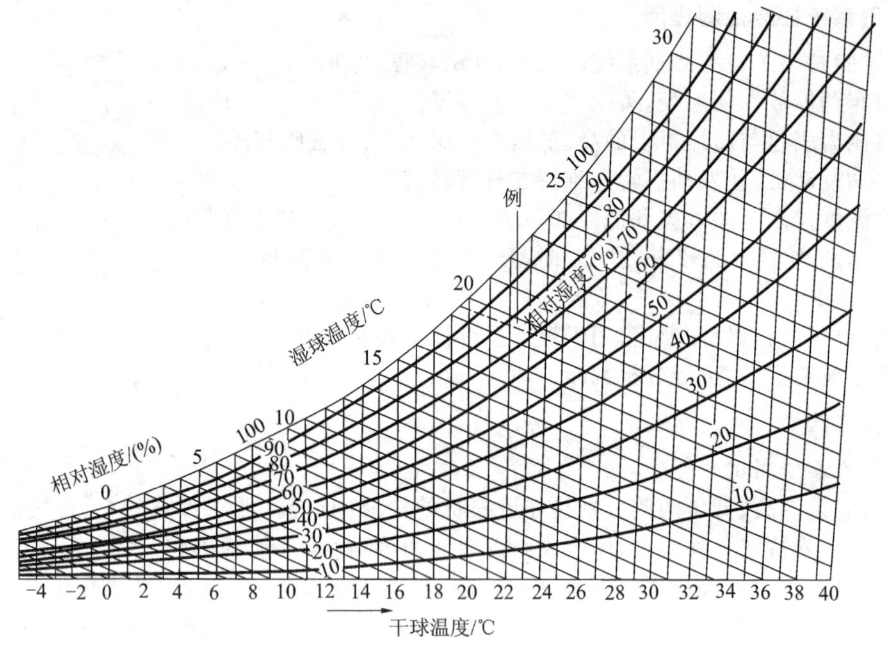

图 16-14 湿空气曲线图

指示值和进气口处干湿球温度计的指示值，二者之差即所求之温差。

③评定制冷性能。若空气相对湿度和进、排气口的冷气温差的交叉点在标准性能曲线图16-15的两条线的包围范围之内（两条阴影线之间），则说明制冷性能良好；如果交叉点在这两条线的区域外，则说明所检测的空调系统制冷性能不良，还需进一步检修和调整。

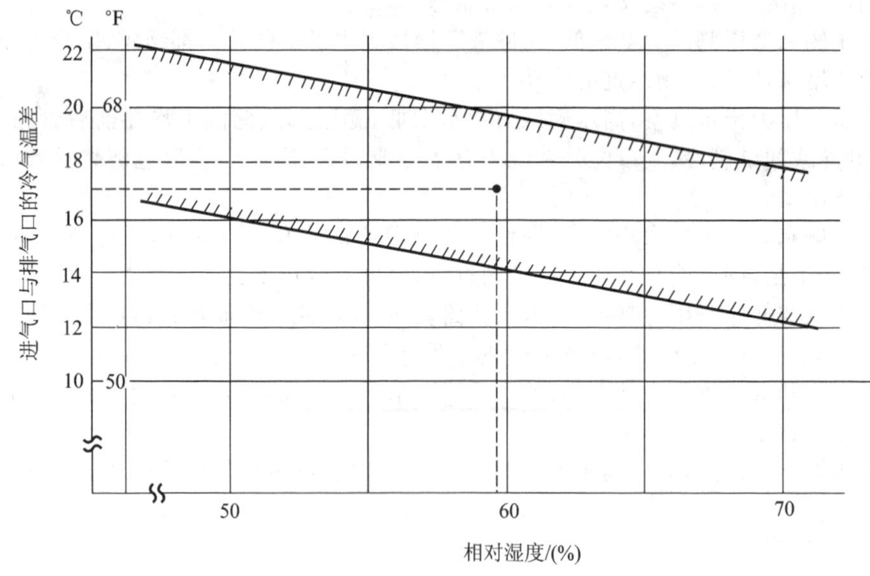

图 16-15 标准性能曲线图

【任务实施】

问题 1 如何利用储液干燥器玻璃观察窗口检查制冷剂的量及工作状态？

问题 2 如何利用试漏灯检漏？

问题 3 如何检查压缩机冷冻机油量？

学习任务3 空调系统的故障诊断

【任务导入】

汽车空调系统故障包括电气故障、功能部件的机械故障、制冷剂和冷冻机油引起的故障等，这些故障具体表现为系统不制冷、制冷不足或异响等。根据故障诊断思路展开故障诊断与检测，排除故障。

【知识准备】

一、空调系统不制冷

1. 故障现象

启动发动机并将转速稳定在1500 r/min左右运行2 min，打开空调开关及鼓风机开关，冷气口无冷风吹出。

2. 故障原因

(1)熔断器熔断，电路断路。

(2)鼓风机开关、鼓风机电机或其他电器元件损坏。

(3)压缩机驱动皮带过松、断裂，压缩机密封性差或其电磁离合器损坏。

(4)制冷剂过少或无制冷剂。

(5)储液干燥器(或积累器)、膨胀阀滤网(或膨胀管)、管路或软管堵塞。

(6)膨胀阀感温包损坏。

(7)膨胀阀不能关闭，低压表读数太高，蒸发器流出液体制冷剂。

3. 故障诊断与排除

空调系统不制冷的故障诊断流程如图16-16所示。

二、空调系统制冷不足

1. 故障现象

空调系统长时间运行，车厢内温度能够下降，但吹风口吹出的风不冷，没有清凉舒适的感觉。

2. 故障原因

当外界温度为34 ℃左右，出风口温度为0～5 ℃时，车厢内温度应达到20～25 ℃。若达不到此温度，则说明空调系统有问题。引起膨胀阀出口制冷剂流量下降的一切因素，均会导致系统制冷不足。此外，系统高低压侧压力、温度等超过或低于标准值也会引起制冷不足。所以，空调制冷不足主要是制冷剂、冷冻机油和机械方面的原因所致。

(1)制冷剂注入量太多，引起高压侧散热能力下降。

(2)制冷剂和冷冻机油脏污,使储液干燥器膨胀阀发生堵塞,导致通向膨胀阀的制冷剂流量下降。

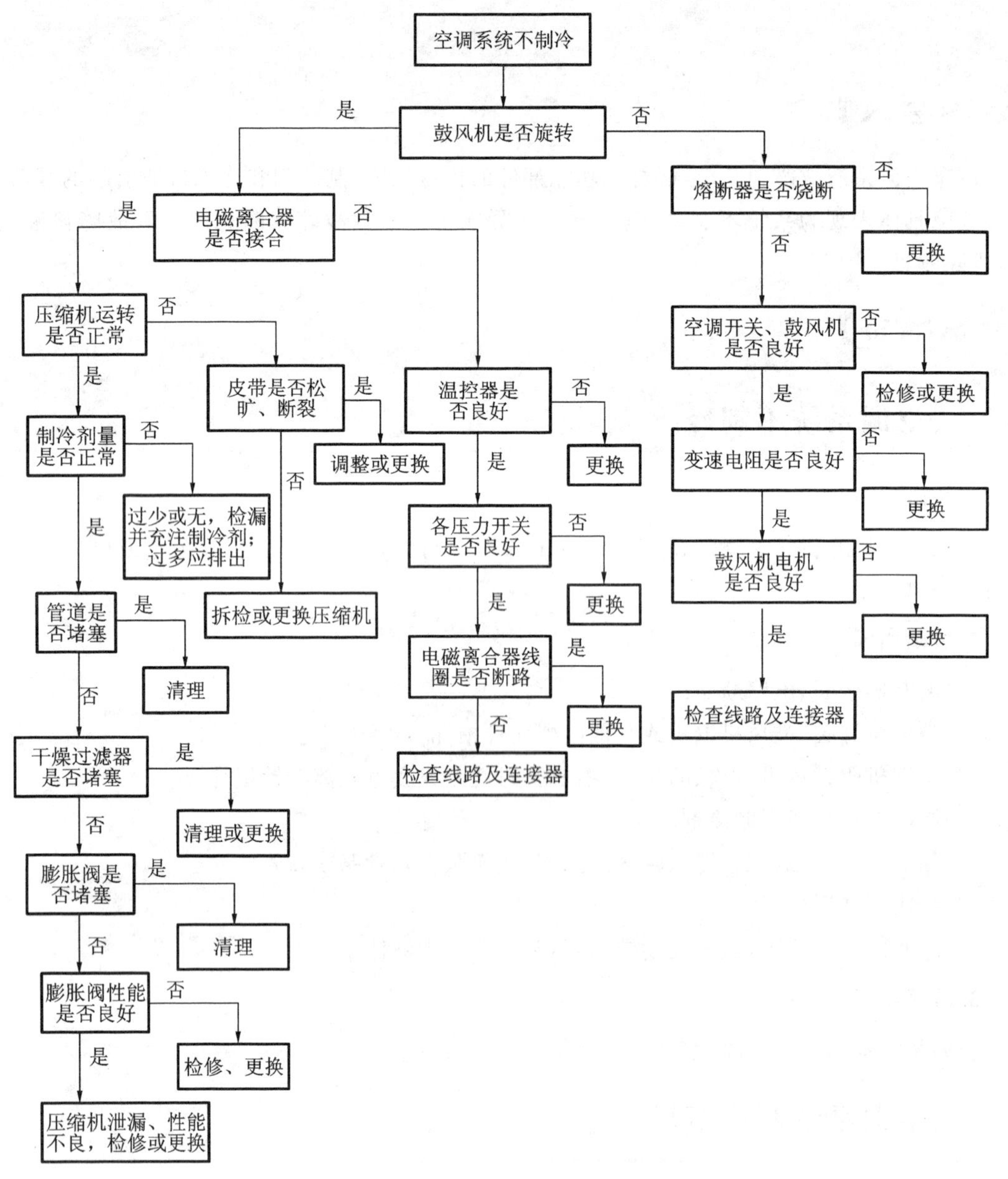

图 16-16　空调系统不制冷的故障诊断流程

(3)制冷剂和冷冻机油中水分过多,导致膨胀阀节流孔出现冰堵。

(4)系统中空气过多,使冷凝器散热能力下降。

(5)驱动皮带松弛打滑,电磁离合器打滑,压缩机密封不良等。

(6)冷凝器表面积污太多,冷凝器变形等,导致冷凝器散热能力降低。

(7)膨胀阀开度调整过大,蒸发器表面结霜,膨胀阀感温包包扎不紧或外面的隔热胶带松脱,造成开启度过大;或膨胀阀开度过小,使流入蒸发器的制冷剂量减少。

(8)送风管堵塞或损坏。

(9)温控器性能不良,使蒸发器表面结霜,冷风通过量减少。

(10)鼓风机开关、变速电阻、鼓风机电机、继电器、线路等工作不良,导致冷风量减少。

3. 故障诊断与排除

空调系统制冷不足的故障诊断流程如图 16-17 所示。

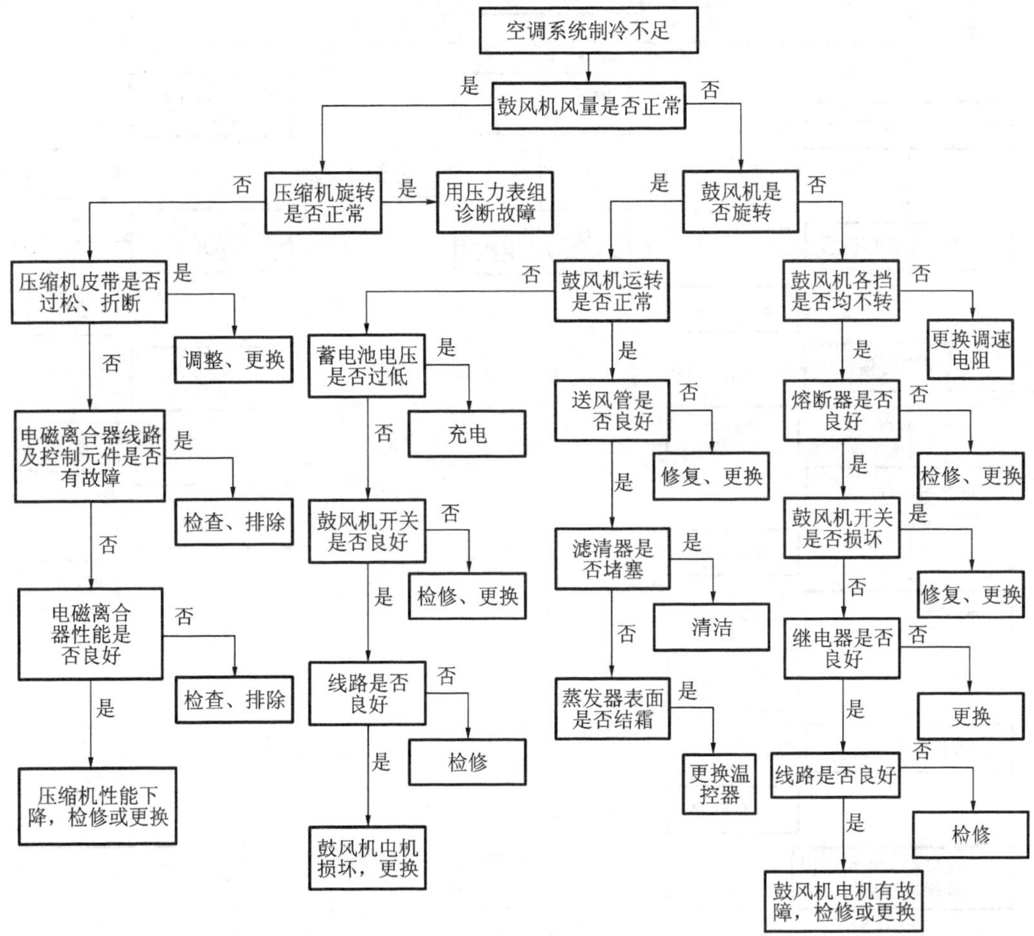

图 16-17 空调系统制冷不足的故障诊断流程

三、空调系统异响或震动

1. 故障现象

空调系统进行工作时,发出异常的声响或出现震动。

2. 故障原因

(1)压缩机驱动皮带松动、磨损过度,皮带轮偏斜,皮带张紧轮轴承损坏等。

(2)压缩机安装支架松动或压缩机损坏。

(3)冷冻机油过少,使配合副出现干摩擦或接近干摩擦。

(4)间隙不当、磨损过度、配合表面油污、蓄电池电压低等造成电磁离合器打滑。

(5)电磁离合器轴承损坏、安装不当。

(6)鼓风机电机磨损过度或损坏。

(7)系统制冷剂过多,工作时产生噪声。

3. 故障诊断与排除

空调系统异响或震动的故障诊断流程如图 16-18 所示。

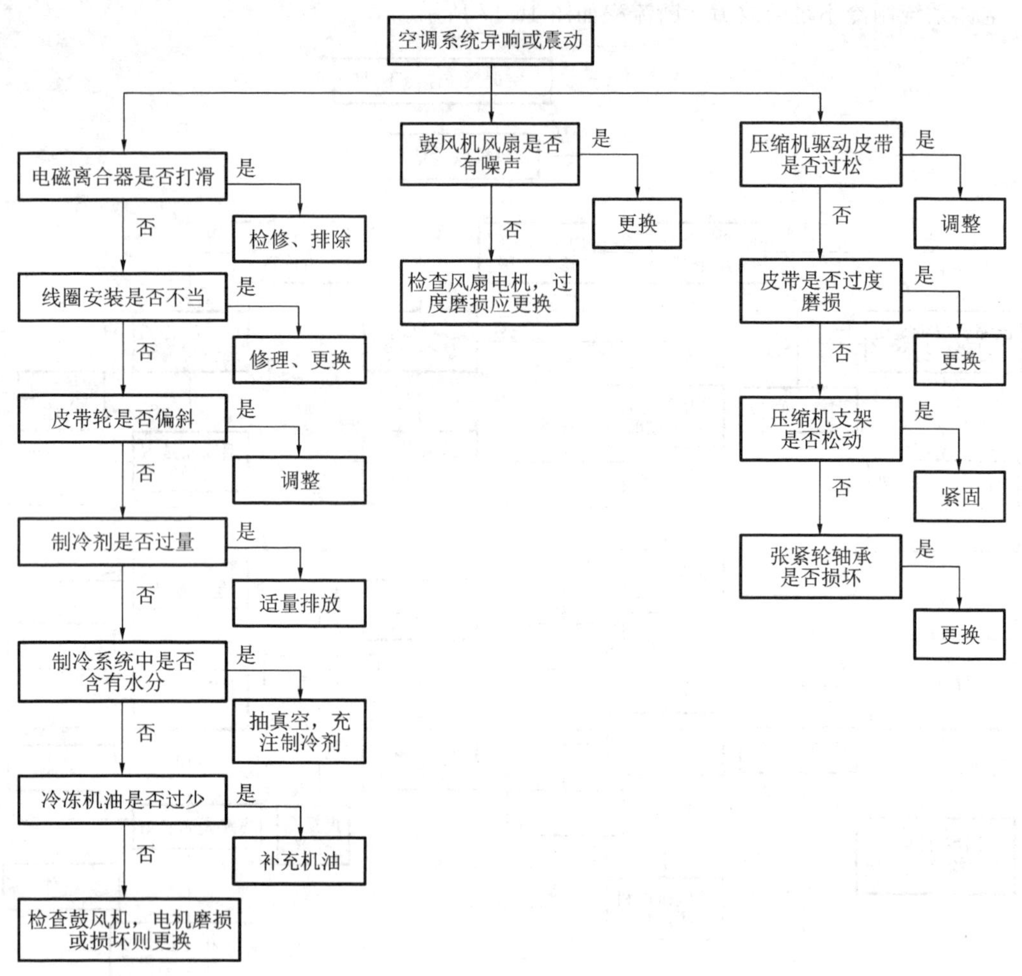

图 16-18　空调系统异响或震动的故障诊断流程

四、汽车空调系统的维护

1. 汽车空调系统的使用

空调系统的操作使用是比较方便的，但是否正确使用，对机组的性能及其使用寿命、发动机的稳定性、发动机能耗、乘员的舒适性都有很大的影响。为此，驾驶员一定要注意以下几点。

（1）夏日应避免直接在阳光下停车暴晒，尽可能把车停在荫凉处。

（2）夏日长时间停车后，车厢内温度很高，在这种情况下，应先开窗、开通风扇（即空调不开，只开鼓风机），将车内的热空气赶出车厢，再关门窗、开空调。

（3）超车时，若本车空调无超速自动停转装置，则应关闭空调。超速空调开关一般安放在油门踏板下面，可先试一下，若突然重重地踩下油门踏板，空调能停止工作（压缩机停转），则说明有此装置。

（4）长距离上坡行驶时，应暂时关闭压缩机，避免水箱开锅。

（5）使用空调时，若鼓风机开在低速挡，冷气温控开关不宜调得过低。因为这样做不仅达不到使车内温度进一步降低的目的(蒸发器易结霜,产生风阻),而且容易出现压缩机液击现象。

(6)膨胀阀的过热度一般出厂时已调定好,不宜再自行随便调整。必须重新调整时应由空调专业技术人员进行调整。

(7)应该经常清洗冷凝器(用压缩空气或冷水冲,不可用热蒸汽喷)。

(8)冬季不使用制冷压缩机,但也应该定期开动压缩机,避免压缩机轴封处因油封干而泄漏,也避免转轴因油封干而咬死。

(9)在空调运行时,若听到空调装置有异响(如压缩机响、鼓风机响、管子爆裂等)或发生其他异常情况,应立即关闭空调,并及时请有关维修人员检修。

2. 汽车制冷系统的检查和维护

空调系统的使用寿命,首先取决于正确的维护。维护作业需要十分小心,必须严格按照使用说明书的规定认真检查、维护。即使天气很冷,每隔一段时间要让制冷压缩机运转几分钟。因为压缩机如果很久不运转,突然再使用,由于压缩机油封、衬垫等零件变干和发硬,很容易开裂,致使制冷剂泄漏。同时,压缩机的主要零件(如斜盘式压缩机的旋转斜盘和滚珠,往复活塞式压缩机的活塞与气缸、曲轴与轴承等)的表面粗糙度要求很高,需要润滑油进行润滑。如果压缩机长久不运转,零件摩擦表面的润滑油会变干,或者润滑油会把零件粘在一起。倘若以后压缩机零件再运动,开始阶段就会出现润滑不足或没有润滑,后果是可想而知的。因而压缩机停止运转的时间的长短与空调系统的故障是成正比的,所以一定要认真检查、定期维护空调系统。

空调系统的维护项目和内容没有固定的标准,根据空调系统的各零件的不同作用及各自的结构特点,建议进行以下项目的检查和维护,仅供参考。

1)每季度需进行一次检查和维护的有以下零件。

①管路、接头。检查管路接头有无渗漏或油污,各个软管和管道是否有裂纹、老化、变脆、压伤、压扁、损坏等现象。

②制冷剂的量。从检视窗口观察或用歧管压力表检测,判断制冷剂的量。实行多放少补的原则。

③冷凝器。检查冷凝器散热片是否完好,清理冷凝器散热片上的垃圾,保证冷却空气流动畅通。

④蒸发器。清除蒸发器芯子和进、出风口的污垢,检查排泄系统是否能畅通地将水分排出车外。

⑤热力膨胀阀。检查热力膨胀阀的外部是否有结霜或结冰现象,若有则需检查制冷系统内水分的含量是否超标。

⑥压缩机。除需经常检查压缩机的冷冻机油量外,每季度还需对其支架的固定状况、油封的密封状况、电磁离合器的工作状态及皮带轮的运转状况进行一次检查。

2)每三个季度需进行一次检查和维护的有以下零件。

①储液干燥器。检查储液罐内的干燥介质的状态是否良好,必要时予以更换。

②鼓风机。检查鼓风机叶片是否有损伤,鼓风机运转是否正常。

【任务实施】

问题1 简述造成空调系统不制冷的故障原因和故障诊断过程。

问题2 简述造成空调系统制冷不足的故障原因和故障诊断过程。

问题3 简述造成空调系统异响或震动的故障原因和故障诊断过程。

参考文献 CANKAOWENXIAN

[1] 柳炽伟.汽车故障诊断与检测技术[M].北京:中国铁道出版社,2012.

[2] 王秀贞.汽车故障诊断技术[M].西安:西安电子科技大学出版社,2007.

[3] 罗富坤.汽车故障诊断技术[M].北京:化学工业出版社,2009.

[4] 仇雅莉,张松青.汽车故障诊断技术[M].3版.北京:电子工业出版社,2011.

[5] 于志友.汽车检测与故障诊断[M].北京:机械工业出版社,2012.

[6] 李春明,刘艳莉,张军.汽车故障诊断方法与维修技术[M].2版.北京:北京理工大学出版社,2009.

[7] 秦兴顺.汽车简单故障诊断与排除[M].北京:人民交通出版社,2010.

[8] 张钱斌.汽车故障诊断技术[M].北京:人民邮电出版社,2011.

[9] 戴强.汽车故障诊断技术[M].北京:中国劳动社会保障出版社,2010.

[10] 潘伟荣.汽车故障诊断与检测技术[M].重庆:重庆大学出版社,2009.

[11] 罗念宁,张京明.汽车诊断与检测技术[M].北京:北京大学出版社,2009.

[12] 王盛良.汽车故障诊断与检测技术[M].北京:机械工业出版社,2010.

[13] 高维,强爱民.现代汽车故障诊断与检测技术项目化教程(汽车类)[M].北京:中国海洋大学出版社,2011.

[14] 张建俊.汽车检测技术[M].北京:高等教育出版社,2006.